姜明安公法著作系列丛书

宏观公法学导论

姜明安——著

Introduction to Public Law:
A Macro Perspective

法律出版社
LAW PRESS · CHINA

序　言

2020年,必将是在人类历史上留下深深印痕的一个年份。截至我为本书写这个序言的日子——2020年10月5日,全球确诊新冠肺炎的人数已接近3500万,因新冠肺炎死亡的人数已经超过100万。

笔者从2020年1月23日(武汉因暴发新冠肺炎疫情封城之日)至2020年8月6日(北京新发地聚集性疫情确诊病例中最后一名患者治愈出院,其病例清零之日)半年多时间(共193天),除了隔三差五去小区门口取个快递或购买一点维持生活必须的食物外,几乎天天被禁足在家,未曾外出过一天半日。新冠疫情,这一突如其来的灾祸降临,给笔者,给千千万万的普罗大众的生活带来了诸多的不便,人们心烦意燥,备受煎熬,但又无可奈何。不过,这个令亿万人厌之恨之诅咒之的疫情,倒是给了笔者一个实现多年夙愿的机会:半年时间,没有了各种各样的会议,没有了各种各样的社交活动,没有了各种各样的朋友聚餐和应酬,它给了笔者这么一个大块的集中时间,让笔者能完成这部10年前即规划写作而一直未能动笔的作品。10年来,我一直为北大宪法学与行政法学专业的硕士研究生和博士研究生开设公法导论课程,然而却一直没有能给他们提供一本专门的教材或一本系统的教学用书。每年的课程结束后,笔者都曾暗自给自己下达任务:下个学期上课我一定要为学生们编写出该课程的教材来,至少是要编写出一本非正式教材的讲义,但是,年复一年,每年总是忙啊忙啊……2020年,可恶可恨的疫情终于给了我这个机会,让我能不紧不慢、不慌不忙地把这10来年讲课的提纲和笔记都一一找了出来,整理出目前呈现在各位读者面前的这本谓之《宏观公法学导论》的拙作来,使笔者得以完成自己10年来的这一夙愿。

至于我为什么要给北大宪法学与行政法学专业的硕士研究生和博士研究

生开设公法导论(将宪法、行政法、刑法、诉讼法、社会公法、国际公法等整合在一起)这样"宏大叙事"性的课程,为什么要撰写《宏观公法学导论》(研究这些部门公法的共性原理和诸多"形而上"问题)这种不接"地气"的著作,笔者在本书第一章"概述"中作了较详细的阐释和说明,故这里不再赘述。笔者在此想要强调的一点是,作为法学硕士、博士研究生,作为法学学者,研究学问,既要研究微观的、具体的问题,也要研究比较宏观、比较抽象的问题;既要研究特别有现实感,特别接"地气",特别有实用价值的问题,也要研究一些有点虚幻,离地面、离现实稍微有点距离,实用意义不那么大、不那么明显的问题。过去我在指导硕士、博士研究生撰写学位论文时,总是嘱咐他们选题要"小",要"小题大作",不要"宏大叙事",选题"小",才易于写出有深度、厚度的文章来。"宏大叙事"、面面俱到的文章往往易于陷入论述肤浅,内容空洞无物。我还嘱咐他们论文选题一定要接"地气",研究和解决实际问题。因为法学是应用科学,行政法学更是应用科学中的应用学科,不能把法学论文写成哲学论文乃至玄学论文。现在看来,这些观点虽然大体是对的,至少没有大错,但过分强调这种研究目标和研究方法似乎也有一定的片面性。作为学者,即使是法学学者,即使是应用法学的学者,是否也需要思考和研究一些宏观的、"形而上"的问题呢?诸如,法是什么?法是从哪里来的?人类共同体为什么需要法?人们企望获得"良法"为什么很多时候获得的却是"恶法"?公权力是什么?公权力是从哪里来的?人类共同体为什么需要公权力?公权力为什么会异化?一代一代的人类为什么会放弃自己诸多的权利、自由,并向公权力缴费纳税去维系这个经常会侵害自己权益的"利维坦"?人类怎样才能驯服"利维坦",防止公权力异化呢?……笔者深以为然。当然,我们学者,尤其是法学学者,不能都去研究这些似乎悬在天上,不接"地气"的问题,绝大多数学者无疑应该去研究人们当下迫切需要解决的"形而下"的问题。但是,作为一个思想者的群体,是否也应该多少有一些人,哪怕是很少的一些人,去思考和研究那些"形而上"的问题呢?作为研究应用法学的学者,当然应该用绝大部分时间去研究有现实实用价值的法律问题,但是作为思想者群体的学者,是否也应该稍微留出一点时间,哪怕是很少的时间,去思考和研究一些与现实稍有一点距离,不那么经世致用的"形而上"问题呢?笔者深以为然。

笔者给公法硕士、博士研究生开设公法导论这样的课程和撰写《宏观公法学导论》这样的著作，其目的就是希望引导作为我们未来高层次公法人才来源的硕士、博士研究生们在学好一般部门公法学课程的同时，适度思考和研究公法领域内一些宏观的，既在地上，又不完全在地上的，既有“形而下”因素，又有“形而上”因素的一类超部门公法学的问题。当然，笔者本人目前对这些问题研究也还非常肤浅，本书中的很多思想、很多观点源于古今中外的权威学者（不限于公法学者）。本书只是将之收集、整理，使之构成一个体系。笔者可能的贡献是在宏观公法研究的方法论上做了一个“抛砖引玉”的尝试，期望未来——不久的未来——能有学者（包括10年来选修我的课程的硕士、博士研究生学者）推出更有深度且更有系统性的研究成果——真正称得上“宏观公法学”的著作（而非本书这种“导论”）。

姜明安

于北京海淀区八里庄公寓

2020年10月5日

目　　录

Contents

第一章 宏观公法学研究概述

◇对公法进行宏观、整体研究的意义

◇宏观公法学的研究对象和范围

◇宏观公法学的研究方法

宏观公法学是相对于部门公法学(微观公法学)而言的。初学法学的人在开始接触和学习公法学时,总是从接触和学习部门公法学入门。大学本科开设的公法学课程首先是宪法和行政法(含行政诉讼法),除此以外,高等法律院校还会开设可以归入广义公法学课程的刑法、诉讼法、国家赔偿法、公务员法、地方政府法、环境法、社会公法和国际公法等。但是,学生们学习了这些课程,往往还不能解释、解答涉及公权力和公法的一些更为抽象、更为宏观、更为深层次的问题。

这些问题主要包括:

人类为什么会形成和产生共同体?人类怎样从"自然状态"进入社会状态?

人类为什么会形成和产生公权力?公权力由什么组织机构行使和如何进行配置?

公权力与共同体是什么关系?公权力如何管理共同体?共同体如何控制公权力?共同体是否可以撤换已授权代表共同体行使公权力的、作为公权力主体的组织和个人?如果可以,在什么条件下撤换和如何撤换?

共同体与共同体成员是什么关系？共同体成员是否必须完全服从共同体？共同体的共同意志怎么形成？是否应当少数服从多数？少数为什么应当服从多数？

公权力主体与共同体成员是什么关系？二者如发生冲突，如何解决？共同体成员是否可以直接抵制公权力？如果可以，在什么条件下抵制和如何抵制？

公权力在运作过程中为什么会发生异化？导致公权力异化的经济、社会、文化和人性的根源各有哪些？

人类是否可以防止和控制公权力的异化？如果可以？怎么防止和控制？

公法是怎样产生的？共同体为什么需要公法？公法的主要功能和作用是什么？

国家共同体、社会共同体、国际共同体相互是什么关系？三者如何互动？

国家公法、社会公法、国际公法各是怎样产生的？三者的关系如何？

公法中硬法和软法的比例如何？公法中的硬法和软法各有哪些内容和哪些形式？

中国公权力、中国公法与各国公权力、各国公法有什么共性？有什么特色？

……

为了帮助学习公法的学生们解释、解答上述问题，我们决定为大学研究生阶段的学生们开设一门新的公法课程——宏观公法学导论（或简称“公法导论”）。

一、对公法进行宏观、整体研究的意义

我们在学习和研究了各个具体的部门公法学之后，为什么还要学习和研究跨具体部门公法学的宏观公法学，对公法进行宏观、整体研究？这主要是基于“五个需要”。

（一）全面、深入学习和研究公法，系统、宏观把握公法整体原理的需要

学习、研究公法与学习、研究其他任何事物一样，应从特殊到一般，再从一般到特殊。毛泽东同志指出，“就人类认识运动的秩序说来，总是由认识个别的和特殊的事物，逐步地扩大到认识一般的事物。人们总是首先认识了许多

不同事物的特殊的本质，然后才有可能更进一步地进行概括工作，认识诸种事物的共同的本质。当着人们已经认识了这种共同的本质以后，就以这种共同的认识为指导，继续地向着尚未研究过的或者尚未深入地研究过的各种具体的事物进行研究，找出其特殊的本质，这样才可以补充、丰富和发展这种共同的本质的认识，而使这种共同的本质的认识不致变成枯槁的和僵死的东西。这是两个认识的过程：一个是由特殊到一般，一个是由一般到特殊"。[①] 这种认识论方法既适用于自然科学研究，同样也适用于社会科学研究。如对宇宙的研究，首先是从研究地球、月亮、太阳等开始，然后到银河系，然后再到浩瀚无垠的宇宙，在把握了宇宙的大框架、大图景之后，再探讨地球、月亮、太阳和其他各种星球、各种天体的具体运行规律，会更准确，更客观，更接近科学；对人的生理学研究，首先是从人的各个具体器官（如心脏、肝、脾、肺等）开始，然后到人生理的各个系统（如神经系统、呼吸系统、内分泌系统、消化系统、血液循环系统等），然后再对人的整体生理规律进行研究。在把握了人的整体生理原理以后，再探讨人的各个具体器官和由人的各个具体器官构成的人的各个生理系统，会更准确、更深入地了解和掌握这些具体器官和系统的生理规律。

同理，对公法学的学习和研究，我们必须先学习、研究具体的部门公法学，如宪法学、行政法学、刑法学、诉讼法学、社会公法学、国际公法学等。在学习和研究了这些具体的部门公法学之后，我们就有必要学习和研究整体的宏观的公法学，探讨各具体部门公法的普遍性规律，研究公权力运作和公法关系的各种共性问题。在做了这种整体宏观的研究之后，我们对各具体的部门公法和公法学知识与理论会有更深层次的认识和理解。

（二）研究和探讨公法统一规范公权力运作，协调解决公权力运作过程中各种社会问题的需要

在现实社会生活中，同一公权力关系及社会问题通常受多个公法部门——行政法、刑法、诉讼法、宪法、社会公法、国际公法等调整，很少有某一公权力关系及社会问题只受单一公法部门调整的。因此，人们只有综合运用各种不同部门的相应公法规范，才能有效解决公权力在各种不同时空运作过程

---

① 《毛泽东选集》（第1卷），人民出版社1966年版，第284～285页。

中的各种社会问题。

例如，自2020年年初，我国和世界各国（整个人类共同体）应对新冠肺炎疫情，所涉及的公法问题即是全方位的公法问题，既包括如何规范公权力主体行为的行政法问题，也包括如何保障公权力相对人权利自由的宪法问题；既包括如何规范防控疫情秩序、社会公共秩序的公共卫生法和治安管理法问题，又包括如何打击破坏疫情防控的犯罪（如生产、销售伪劣的防治新冠肺炎的药品、器械犯罪，虚假广告罪，囤积防疫物资然后高价出售的非法经营罪等）的刑法和刑事诉讼法问题；既包括如何调整国内医疗资源整合的国内公法问题，又包括如何协调各国防控疫情合作的国际公法问题等。要有效解决所有问题，执法者、执政者必须全面宏观地掌握宪法、行政法、刑法、诉讼法、社会公法和国际公法的宏观公法学理论和知识。如果你只了解一个具体部门公法而不懂宏观公法的理论和知识，你肯定不能科学、合理、公正地处理涉及这一疫情防控领域的诸多法律问题。

又如，近两年社会高度关注的城市房屋拆迁和农村集体土地征收问题既涉及行政法规范，如土地使用权审批、许可，规划审批、许可，环评审批、许可，建设审批、许可，以及相应的行政强制、行政处罚、行政裁决，等等；也涉及宪法上公民基本权利，如公民财产权、居住权乃至更广泛意义的人权等；还涉及复议、仲裁、诉讼等争讼、救济法等诸多领域。如果你是一个法律研究人员或法学教授，你只了解一个具体部门公法，肯定不能讲清楚这类案件涉及的各种相应问题；如果你是一个法律实务人员，如律师、法官等，你只了解一个具体部门公法，肯定不能处理这样涉及诸多法律问题的争议案件。

宏观公法不是部门公法之和，而是一个有机整体。只有把握公法的整体原理、原则，才能融会贯通，实现真正有效的依法治理。

（三）研究和探讨解决人类共同体在当下发展过程中遇到的各种新型问题的需要

人类在农业社会、工业社会出现的公权力运作问题，大部分都能通过单个部门公法解决。但在全球化、信息化，特别是当下互联网、大数据、人工智能广泛运用的新时代，公权力运作的大多数问题均必须依靠调整不同公权力整体运作的宏观公法统一调整才能解决，通过国家公法和国际公法的结合调整才能解决。

例如，对于现代网络安全问题，首先，涉及宪法的言论自由、表达自由、新闻自由与政府因公共利益需要对这些自由的限制问题。要解决言论自由、表达自由、新闻自由的边界和政府限制自由边界的冲突，就必须求助于宪法的规范；其次，网络安全的维护和保障不能不在很大程度上依赖行政规制。而行政规制则涉及规制主体的权限、规制范围、规制手段、规制程序（如是否需要说明理由、听取申辩，遵循正当法律程序）等问题，解决这些问题需要求助于行政法规范；最后，网络安全还可能涉及有关国际法的问题，如何处理国外黑客对网络的攻击及窃取国家秘密、商业秘密，如何追究他们的法律责任，如何通过国际协商、谈判，签订条约、协定，处理与他国的网络关系，维护双方或多方的网络安全，则需求助于相关国际法规范。

又如，解决当下“新业态”（如网约车、共享单车、民宿旅社等）的各种问题需求助于行政法、社会法和刑法等各种法律部门的公法规范；解决全球气候变暖导致的各种生态、环境及灾害（如台风、海啸、沙尘暴、雾霾等）问题需求助于环境法、行政法和国际法等各种国内、国际法律部门的公法规范；解决“三股势力”（宗教极端主义、恐怖主义、民族分裂主义）及其引发的各种问题需求助于宪法、宗教法、行政法、社会法、刑法和国际法等各种法律部门的公法规范；解决当下太空探索与开发的各种问题（如太空资源使用、太空垃圾处理、卫星发射及空间站运行等）亦需求助于航空航天法、太空生态环境法、宪法、行政法和国际法等各种国内、国际法律部门的公法规范。

解决上述所有人类面临的各种新型问题可能涉及不同部门公法的冲突、国内公法与国际公法的冲突、人权公法与主权公法的冲突，从而必须通过国家共同体、社会共同体和国际共同体（整个人类命运共同体）共同协调发力，通过宏观公法调整、协调和平衡不同部门公法、国内公法与国际公法、人权公法与主权公法的关系。

（四）研究和探讨全面依法治国、依法行政、依法执政，全面建设法治国家、[1]法治社会和执政党在宪法、法律范围内活动的途径的需要

如果单独解决依法治国、依法行政、依法执政和建设法治国家、法治社会、

① 这里没有将法治政府与法治国家并列。因为法治国家包含法治政府，法治政府是法治国家的重要的不可或缺的要素。

执政党在宪法和法律范围内活动的某一特定具体问题,我们求助于某一特定部门法即可,但是我们如果要系统解决法治建设的整体问题,就必须依靠宏观公法,运用宏观公法。

根据马克思主义的观点,国家只是人类社会某一个阶段的产物和现象,在人类社会的早期,只有社会而无国家;在人类社会阶级和阶级斗争消失了以后,国家亦会消亡,那时也只有社会而无国家。[①] 但在人类社会的现阶段,即从奴隶社会、封建社会、资本主义社会到社会主义社会,均是国家社会并存的,尽管各个时期国家和社会的比重很不一样,有时是大国家(大政府)小社会,有时是大社会小国家(小政府)。就我国而言,中华人民共和国成立以后,计划经济时代是大国家(大政府)小社会,改革开放以后,社会的比重逐步增加,各种行业协会(如律师协会、医师协会、注册会计师协会等)、公益事业组织(如环保、非遗、食安及各种志愿者组织)以及各种 NGO(Non-Governmental Organization,非政府组织)、NPO(Non-Profit Organizations,非营利组织)以及宗教组织大量形成、建立。这些组织除了要遵守、适用国家公法外,还要遵守、适用它们自己制定和认可的社会公法(如章程、公约、活动规则和习俗、惯例等)。因此我们要建设现代法治社会,不能只研究部门公法而不研究和探讨作为宏观公法的国家公法和社会公法。

在我国,研究和探讨法治,除了要研究和探讨法治国家和法治社会建设以外,还必须研究和探讨执政党在宪法、法律范围内活动的问题。在西方国家,政党一般属于社会的范畴。但是,在坚持和实行社会主义制度的中国,执政党不只是具有社会的要素,属于社会的范畴,同时也具有国家的要素,属于国家的范畴。中国共产党是长期执政的政党,不仅对国家经济、政治、社会、文化和生态环境建设实行全面领导,而且直接行使一定的国家公权力,如党管干部(中国共产党不只是管理党自己的干部,而且管理国家全体公职人员)、党管军队、党管意识形态等。为了直接行使国家公权力,中国共产党从中央到地方各个级别均设立公权力机构,如中组部、中宣部、统战部、中纪委、中政委以及省市县的相应机构,这些机构的工作人员均视为国家公职人员(依《公务员

---

① 参见恩格斯:《家庭、私有制和国家的起源》,载《马克思恩格斯选集》(第 4 卷),人民出版社 1972 年版,第 18~175 页。

法》和公务员制度管理),其活动经费均由国家预算支出。它们的组织和活动既受国法(国家法律、法规)规范,也受党规(执政党党内法规)规范。从而执政党党规也属宏观公法的范畴。在中国,要实现依法治国,必须实现执政党依法执政,而要实现执政党依法执政,就不仅要推进执政党依国法活动,而且要推进执政党依党规行为。国法和党规均是中国宏观公法的组成部分,故必须对之进行统一研究。

(五)研究和探讨公法和公法学本身发展规律和发展趋势的需要

公法是与人类共同体共生的现象,有人类共同体就必然有公法,尽管公法的概念和公法学的产生较之公法要晚得多,公法的部门化则更是现代社会才发生的。因此,要研究和探讨公法和公法学发展规律和发展趋势,只能从宏观公法和宏观公法学的视角考察,将公法作为一个整体法律系统,将公法学作为一个统一的法学学科进行研究和探讨。

早在公元前七世纪,雅典在德拉科(Draco)执政时,就制定了第一部公法性质的法典《德拉科法典》,[①]建立了名为雅典最高法院(Areopagus)的四百人议事会,其成员用抽签的方式从有权持有武器的大地主这一少数阶层中选出。之后,梭伦改革,其用《梭伦法典》取代了《德拉科法典》。《梭伦法典》将公民按财产估价分为四个等级,最低等级的公民不能充任官职,但可参加讨论决定国家事务的公民大会。梭伦改革通过创建由各个阶级成员所组成的陪审团庭审系统,剥夺了雅典最高法院的大部分司法权。这些陪审团甚至还能判决由法官不公正审理引发的申诉案件。[②]

虽然法典化的公法源自雅典的《德拉科法典》和《梭伦法典》,但明确的公法概念却源自罗马法。直至公元三世纪,罗马著名法学家乌尔比安(Ulpian)才在其学术著作中明确提出公私法的划分及其定义:[③]公法是关于国家的法律,私法是关于个人利益的法律。他在《学说汇编》中指出,法有公私法之分。公法造福于公共利益,私法造福于私人。公法见之于宗教事务、宗教机构和国

---

① 参见[古希腊]亚里士多德:《雅典政制》,日知、力野译,商务印书馆 1999 年版,第 7 页。

② 参见[美]斯科特·戈登:《控制国家——西方宪政的历史》,应奇等译,江苏人民出版社 2001 年版,第 67 页。

③ 参见[古罗马]查士丁尼:《法学总论:法学阶梯》,张企泰译,商务印书馆 1989 年版,第 6~7 页。转引自谷春德主编:《西方法律思想史》,中国人民大学出版社 2004 年版,第 82 页。

家管理机构之中。他在《法学总论》中指出,“公法涉及罗马帝国的政体,私法则涉及个人利益”。[①] 他还说,罗马皇帝的权力源于“王权法”,人民通过“王权法”把他们的全部权威和权力转移给他。[②] 这里所说的“王权法”是公元前一世纪罗马公民大会为罗马第一位皇帝奥古斯都制定的,这应该是典型的罗马公法。

为对整个人类公法史进行整体研究,我们将逐一考察人类各个主要阶段公权力和公法制度的运作情况:(1)中国远古时代的公权力和公法制度;(2)古代雅典、罗马时代的公权力和公法制度;(3)中国封建专制时代的公权力和公法制度;(4)欧洲自治公国时期的公权力和公法制度;(5)现代西方宪政时期的公权力和公法制度;(6)苏联东欧传统社会主义时期的公权力和公法制度;(7)改革开放以来中国特色社会主义时期的公权力和公法制度。

很显然,要探讨整个人类历史公权力和公法制度运作的规律和发展趋势,我们只有将公法作为一个整体,以宏观公法学的视角对之进行研究。

二、宏观公法学的研究对象和范围

宏观公法学是整体性探讨公法普遍原理、原则、制度与机制,对公法进行宏观、统一研究与全方位、全过程和立体考察的学科。其“宏观”性表现在作为其研究对象公法的“法”的宏观性和研究课题和研究内容的宏观性。

(一)作为宏观公法学研究对象公法的“法”的范围

作为宏观公法学研究对象公法的“法”的范围包含以下六对范畴:

1. 国家法与非国家法

作为宏观公法学研究对象公法的“法”既包括国家法,也包括非国家法。所谓“国家法”,是指由国家制定或认可的,规范公民、法人、其他组织的行为以及国家本身行为的,由国家强制力保障实施的规则。国家法的基本立法主体是代议机关。各国代议机关的名称不完全相同,如中国的全国人民代表大会(以下简称全国人大)及其常务委员会(以下简称全国人大常委会)、美国的

---

① 参见[古罗马]查士丁尼:《法学总论:法学阶梯》,张企泰译,商务印书馆 1989 年版,第 5~6 页。转引自谷春德主编:《西方法律思想史》,中国人民大学出版社 2004 年版,第 82 页。

② 参见[爱尔兰]J. M. 凯利:《西方法律思想简史》,王笑红译,法律出版社 2002 年版,第 65 页。

国会(含众议院与参议院)、英国的议会(含下院与上院)、俄罗斯的联邦会议(含国家杜马和联邦委员会)等。所谓“非国家法”,是指由社会组织或国际组织制定或认可的,规范社会组织或国际组织成员行为,以及组织自身行为的,非由国家强制力保障实施的规则。非国家法的立法主体是各种各样的,如我国工会、妇联等各种社会团体,律协、医协、注协等各种行业协会,村民委员会、居民委员会等基层群众性自治组织,以及作为国际组织的联合国及其安理会和各种其他国际组织等。

关于国家法和非国家法,马克斯·韦伯(Max Weber)指出,“只有在这样一种情况下,即在有保证通过政治共同体的专门的、在正常情况下直接的、有形的强制手段,来实施法律强制之时,我们才想说是‘国家的’法,也就是说,由国家保障的法”。① “凡是存在着政治权力之外的、其他权力的其他强制手段——例如一种僧侣统治的强制手段——并且构成一种‘权利’的保障的地方,应该说是‘国家之外的法’。‘国家之外的法’,也存在着不是暴力的强制手段,它们以相同的力量,或者在有些情况下以更强的力量,像暴力强制手段一样发挥着作用。对某一特定的行为,开除出一个团体、进行抵制或者类似手段的威胁,以及预示对阳间某些受魔力制约的实惠或不快,或者预示在阴间的褒奖或惩罚……”②“私立团体对付执拗不驯的成员,其典型的法律强制手段是开除出团体,使之享受不到它的物质的或思想的优惠。在医生和律师的职业团体里也好,在社交的或政治的俱乐部也好,这都是最后的手段……在英国,赋予国家的法院在有人投告时审理被开除出俱乐部的案件;在美国,在有人投告的情况下,法院甚至可以受理控告各政党和审查工会使用管理‘标识’合法性的案件。”③可见,对于非国家法的实施,在个别特定情况下,也可受到特定国家强制手段的保障。再者,“在一些团体的强制权力不仅针对其成员,而且也或者恰恰是针对局外人员的,并且力争使局外人服从它们的准则……国家法在很大程度上也不得不容忍团体的强制权力”。④ 此外,“在(国家)法的强制使一种习俗变为一种‘法的义务的地方,(国家)法的强制对于习

① 韩水法编:《韦伯文集》(上),中国广播电视出版社2000年版,第174页。
② 韩水法编:《韦伯文集》(上),中国广播电视出版社2000年版,第175~176页。
③ 韩水法编:《韦伯文集》(上),中国广播电视出版社2000年版,第179页。
④ 韩水法编:《韦伯文集》(上),中国广播电视出版社2000年版,第180页。

俗的有效性往往几乎没有添加任何东西,而在(国家)法的强制对抗习俗的地方,哪怕是企图对实际行为施加影响的地方,(国家)法的强制常常是失败的'。不过,在个人无数的生活关系中依赖对其环境完全自愿的、根本不是由阳间或阴间的权威保障或迁就的地方,对于他的举止来说,尤其是'惯例'这一事实往往远比(国家)法的强制机器的存在,可能更具有决定的意义"。①

由此可见,我们在研究公法时,不能只重视国家法。在一定时空条件下,非国家法可能比国家法有更重要的作用。

2. 制定法与非制定法

作为宏观公法学研究对象公法的"法"既包括制定法(成文法),也包括非制定法(不成文法)。所谓"制定法",是指由一定机关、组织制定的成文规则;所谓"非制定法",是指国家、社会组织、国际组织等认可且实际遵循的不成文规则。在公法学研究乃至整个法学研究中,学者们一般都认可"非制定法"构成法的组成部分。无论是国家法还是非国家法,都存在一定的"非制定法"成分。

例如,英国学者哈耶克(F. A. Hayek)、哈特(H. L. A. Hart)、巴克爵士(Sir Frenest Barker)均对非制定法予以相当的重视和进行了较深入的研究。哈耶克将法区分为"法律"与"立法"。立法是制定法,而法律是非制定法。他指出,"法律本身却从来不是像立法那样被'发明'出来的,因此与这种法律不同,立法的发明在人类历史上要相对晚一些。立法这种发明赋予了人类以一种威力无比的工具——它是人类为了实现某种善所需要的工具,但是人类却还没有学会控制它,并确使它不产生大恶"。② "那种在强制性行为规则意义上的法律,无疑是与社会相伴而生的;因为只有服从共同的规则,个人才可能在社会中与其他个人和平共处。早在人类语言发展到能够被人们用来发布一般性命令之前,个人便只有在遵循某个群体的规则的前提下,才会被接纳为该群体的一员。在某种意义上讲,这样的规则也许还不为人所知道且有待发现,因为从'知道如何'行事或者从能够辨识他人的行为是否符合公认的惯

---

① 韩水法编:《韦伯文集》(上),中国广播电视出版社 2000 年版,第 182~183 页。

② [英]弗里德利希·冯·哈耶克:《法律、立法与自由》,邓正来等译,中国大百科全书出版社 2000 年版,第 113 页。

例，到能够用文字陈述这类规则，仍有很长的路要走。”[①]“毋容置疑的是，早在人类想到自己能够制定或改变法律之前，法律已然存在很长一段时间了。”[②]

哈特指出，“并非所有的法都是制定的，也不全是像我们的模式中的一般命令那样是某人意志的表达。这种情况看来不适用于习惯，在大多数法律制度中习惯占有真正的、尽管是质朴的地位”。[③]

巴克爵士也认为非制定法的法律高于立法。他说，“法律（就最后的诉求对象这意义而言的法律）高于立法；立法者毕竟在法律之下，毕竟服从于法律”。[④]

3. 第一性规则与第二性规则

哈特在《法律的概念》一书中将法律分为“第一性规则”（primary rules）的法与“第二性规则”（secondary rules）的法。作为宏观公法学研究对象公法的“法”同样既包括“第一性规则”的法，也包括“第二性规则”的法。

哈特指出，“按照可以被认为是基本的或第一性的那类规则，人们被要求去做或不做某种行为，而不管他们愿意与否。另一类规则在某种意义上依附于前者或对前者来说是第二性的，因为它们规定人们可以通过做某种事情或表达某种意思，引入新的第一性规则，废除或修改旧规则，或者以各种方式决定它们的作用范围或控制它们的运作。第一类规则设定义务，第二类规则授予权力，公权力或私权力”。[⑤] 哈特认为，由简单的第一性规则构成的社会结构有三个缺陷：一是不确定性：人们对于相应规则产生疑义，缺少权威性释疑的官员、文本依据和程序；二是静态性：在社会情况发生变化时，缺少有意识地清除旧规则和引入新规则的机制；三是无效性：在相应的公认规则被违反或争议发生时，缺少被授权的权威机构制裁违法和解决争议。[⑥] 正是为了补救第

---

① ［英］弗里德利希·冯·哈耶克：《法律、立法与自由》，邓正来等译，中国大百科全书出版社2000年版，第113~114页。

② ［英］弗里德利希·冯·哈耶克：《法律、立法与自由》，邓正来等译，中国大百科全书出版社2000年版，第115页。

③ ［英］哈特：《法律的概念》，张文显等译，中国大百科全书出版社1996年版，第28页。

④ 转引自［英］登特列夫：《自然法——法律哲学导论》，李日章译，台北，联经出版事业公司1996年版，第3页。

⑤ ［英］哈特：《法律的概念》，张文显等译，中国大百科全书出版社1996年版，第83页。

⑥ 参见［英］哈特：《法律的概念》，张文显等译，中国大百科全书出版社1996年版，第93~95页。

一性规则的上述缺陷,第二性规则应运而生。“对第一性规则体制的不确定性的最简单的补救,就是引入我们称之为‘承认规则’的东西……这一从前法律世界到法律世界的迈进是经历了几个不同阶段而完成的,其中第一个阶段仅仅是使迄今以前不成文的规则变为成文的规则。这本身并不是决定性的步骤,尽管它是很重要的一步。有决定性意义的是承认对这一书面或碑文的引证具有权威性,即承认为消除对规则存在怀疑的适当方式。”①“对第一性规则体制的静态性的补救在于引入我们称之为‘改变规则’的东西。这种规则的最简单的形式是授权个人或群体,给群体的生活行为或群体中某一阶层的行为引入新的第一性规则或废除旧规则。……对简单的第一性规则体制的第三个补救,即旨在补救它的分散的社会压力的无效性而作的补充,是由授权个人对特定情况下第一性规则是否已被破坏的问题作出权威性决定的第二性规则构成的。最原初的审判形式就在于这种决定,我们将把授权作出这种决定的第二性规则称为‘审判规则’。除确认谁去审判外,这些规则也将规定审判应当遵循的程序。”②

4. 自然法与人为法

作为宏观公法学研究对象公法的“法”,当然首先包括人为法,但也包括自然法。所谓“人为法”,是指由国家、社会组织或国际组织制定的法。所谓“自然法”,是指人类在长期的社会生活中自然形成的法。

孟德斯鸠(Montesquieu)认为,“从最广泛的意义来说,法是由事物的性质产生出来的必然关系。在这个意义上,一切存在物都有它们的法。上帝有他的法;物质世界有它的法;高于人类的‘智灵们’有他们的法;兽类有它们的法;人类有他们的法”。③“在法律制定之先,就已经有了公道关系的可能性,如果说除了人为法所要求或禁止的东西以外,就无所谓公道不公道的话,那就等于说,在人们还没有画圆圈之前一切半径都是长短不齐的。”④

关于自然法,孟德斯鸠的解说是,“在所有这些规律之先存在着的,就是

---

① [英]哈特:《法律的概念》,张文显等译,中国大百科全书出版社1996年版,第95~96页。
② [英]哈特:《法律的概念》,张文显等译,中国大百科全书出版社1996年版,第97~98页。
③ [法]孟德斯鸠:《论法的精神》(上册),张雁深译,商务印书馆2005年版,第1页。
④ [法]孟德斯鸠:《论法的精神》(上册),张雁深译,商务印书馆2005年版,第2页。

自然法。所以称为自然法,是因为它们是单纯渊源于我们生命的本质”。[①] 自然法有四条最重要的规则:一是和平,人类在自然状态下,每个人都有自卑感,不想互相攻打,希望和平地共同生活;二是生存,人类在自然状态下,“感觉到软弱,又感觉到需要”,所以自然法的另一条规则就是促使他们去寻找食物,以维持生存;三是亲爱,畏惧使人逃跑,但是互相畏惧也使人类互相亲近起来……加之,两性由于彼此的差异而感觉到的情趣也会增加这种快乐。因此,相互之间经常存在自然的爱慕,这应当是自然法的第三条规则;四是社交,人类除了最初的感情以外,又逐渐得到了知识……因此,他们有了一个互相结合的新理由:希望过社会生活,这是自然法的第四条规则。[②]

关于人为法,孟德斯鸠认为源于人类从自然状态逐步进入战争状态:人类一有了社会,便立即失掉自身软弱的感觉;存在于他们之间的平等消失了,于是战争状态开始。人们为了在战争状态下生存,不至于相互毁灭,于是产生了人为法。人们制定国际法调整人类在不同地域人民之间的关系;制定政治法调整人类在治者与被治者之间的关系;制定民法调整人类在一切公民间的关系。[③]

关于自然法与人为法的关系,英国学者巴克爵士认为自然法高于人为法,相对于人为法,自然法是更高的或终极的法律:“自然法观念的起源,可以归诸人类心灵之一项古老而无法取消的活动,这活动促使心灵形成一个永恒不变的正义观念。这种正义,是人类的权威所加以表现或应加以表现的,却不是人类的权威所造成的。这种正义,也是人类的权威可能未加以表现的——如果它未加以表现,它便得接受惩罚,因而缩小乃至丧失其命令的力量。这种正义被认为是更高的或终极的法律,出自宇宙之本性——出自上帝之存有以及人之理性。”[④]

5. 已形成的法和正在生长的法

作为宏观公法学研究对象公法的“法”,既包括“已形成的法”,也包括“正

---

① [法]孟德斯鸠:《论法的精神》(上册),张雁深译,商务印书馆2005年版,第4页。

② 参见[法]孟德斯鸠:《论法的精神》(上册),张雁深译,商务印书馆2005年版,第4~6页。

③ 参见[法]孟德斯鸠:《论法的精神》(上册),张雁深译,商务印书馆2005年版,第6页。

④ 转引自[英]登特列夫:《自然法——法律哲学导论》,李日章译,台北,联经出版事业公司1996年版,第3页。

在生长的法”。所谓“已形成的法”,是指已经国家、社会组织或国际组织制定或认可,在实践中得到较普遍遵循的规则。所谓“正在生长的法”,是指随着社会的发展变化和相应新的事物、新的业态、新的社会关系的出现,人们开始逐步确立和形成一些未见之于传统法律中,但社会迫切需要的规则。

关于“已形成的法”和“正在生长的法”的关系,美国大法官卡多佐(Benjamin N. Carzo)这样论述:“‘法律必须稳定,但不能一成不变’(庞德语),我们每每在这一点上陷入严重的矛盾。无法消除和无法限制的静与动,有着同样的破坏性。”[①]所谓“静”,就是指“已形成的法”和法的稳定性、确定性;所谓“动”,就是指“正在生长的法”和法的变动性、发展性。卡多佐指出,“确定性在发达的法律体系中的价值毋容赘言。如果法律不为人所知或者不可知,那么它对于人的行为的引导作用将丧失殆尽”。[②] 不过,“当我们获得了确定性时,我们还必须记住:它并不是唯一的好东西,我们也许得为它付出过高的代价:恒静与恒动有着同样的危险;必须从生长的原则中找出妥协之道”。[③] “过分强调确定性,有可能使我们崇拜一种难以容忍的刻板……‘法案必须具有普适性,行为却总与特殊性相联’(亚里士多德语)。今后不断变化着的复杂事物,仍将冲击古老范畴的高墙。生活中有着无法被划分为固定模块的关系。模子时大时小。现行的规则和原则可以告诉我们现在的方位、我们的处境、我们的经纬度。夜晚遮风挡雨的客栈毕竟不是旅行的目的地。法律就像旅行者一样,天明还得出发。它必须有生长的原则”。[④]

关于法从“正在生长的法”到“已形成的法”的生长过程,韦伯曾从习俗至惯例至法的制度过渡过程加以描述:“法的制度天衣无缝地,没有任何阶梯地过渡到另一个领域,这就是‘惯例’以及‘习俗’领域——我们想在概念上对两者加以区别。我们想把‘习俗’理解为一种在类型上衡稳的行为的情况,这种

---

① [美]本杰明·内森·卡多佐:《法律的生长》,刘培峰、刘骁军译,贵州人民出版社 2003 年版,第 3 页。

② [美]本杰明·内森·卡多佐:《法律的生长》,刘培峰、刘骁军译,贵州人民出版社 2003 年版,第 4 页。

③ [美]本杰明·内森·卡多佐:《法律的生长》,刘培峰、刘骁军译,贵州人民出版社 2003 年版,第 10 页。

④ [美]本杰明·内森·卡多佐:《法律的生长》,刘培峰、刘骁军译,贵州人民出版社 2003 年版,第 11 页。

行为仅仅由于它的‘习惯’和不加思索地‘模仿’,在传统的常规中得以保持,亦即一种‘群众性行为’,没有任何人在任何意义上‘强求’个人继续进行这种行为。”①对于这种转化过程,我们可以将习俗和惯例理解为“正在生长的法”。而“在法的强制使一种‘习俗’变为一种‘法的义务’的地方”,就出现了“已形成的法”。

6. 硬法与软法

在部门公法学研究中,我们更多地以硬法为研究对象,但在宏观公法学研究中,我们会更多地关注软法,特别是社会公法和国际公法中的软法。所谓“硬法”,一般是指由国家制定或认可的,以国家强制力保障实施的人们行为的规则。对于社会公法和国际公法中是否包含“硬法”规范,学者们的观点则存在争议。所谓“软法”,一般是指由社会组织和国际组织制定或认可的,不以国家强制力保障实施的人们行为的规则。对于国家公法中是否也包含某些“软法”规范,学者们的观点亦存在争议。

关于软法的概念和特征,我国首倡公法软法研究的北大学者罗豪才教授曾经指出,“软法是一个概括性的词语,被用于指称许多法现象,这些法现象有一个共同特征,就是作为一种事实上存在的可以有效约束人们行动的行为规则,而这些行为规则的实施总体上不直接依赖于国家强制力的保障”。②“我们尝试把软法的特征概括为以下几个方面:第一,从主体上看,软法规则的形成具有多样性,既可能是国家机关、公法人,也可能是社会自治组织或混合组织等……第二,从形式上看,软法的表现形式多样,既可能以文本形式存在,也可能以某些具有规范作用的惯例的形式存在;第三,从内容上看,软法一般不规定罚则,通常不具有硬法那样的强制制裁性法律后果,而更多地是自律和激励性的规定;第四,从过程来看,开放协商、协调机制是软法形成和实施不可或缺的重要环节;第五,从效力上看,……软法的实施则需要行为者将规范的要求内部化,违反软法规范通常不能起诉到法院或受到其他形式的国家强制。……其约束力的实现是凭借制度与舆论导向、文化传统和道德规范等保

---

① 韩水法编:《韦伯文集》(上),中国广播电视出版社 2000 年版,第 181 页。

② 罗豪才等:《软法与公共治理》,北京大学出版社 2006 年版,第 6 页。

障,需要依靠人们内心的自律和外在社会舆论的监督。”①

(二)宏观公法学导论研究的主要问题和内容

宏观公法学研究的范围相当广泛,导论则仅选择其中若干更为基础性的课题进行研究。本书主要对下述九大课题及其相关问题进行集中探讨和阐释。

1. 关于公权力的一般理论

本课题主要探讨和阐释公权力的概念、公权力的产生、公权力的传承和取得方式、公权力的分类,以及公权力的功能与作用。

2. 关于公法的一般理论

本课题主要探讨和阐释公法的概念与特征、公法的调整对象、公法与私法的区分,以及公法的发展趋势。

3. 公权力与公法发展简史

本课题主要介绍人类社会主要文明国家不同阶段公权力组织的结构及运作与公法的基本情况。

4. 公法关系

本课题主要探讨和阐释公法关系的概念、公权力主体与共同体的关系、公权力主体与公权力相对人的关系,以及公权力相互之间的关系。

5. 公法上的权力与权利

本课题主要研究公权力主体权力和公权力相对人权利。包括研究公权力主体权力的合法性、公权力主体权力作用的范围、公权力主体行使权力的主要方式,以及公权力相对人权利的权源、公权力相对人权利的范围和公权力相对人行使和实现权利的主要方式。

6. 公法部门

本课题分别探讨公法部门的概念和介绍公法部门的主要类别(六大类别):宪法、行政法、刑法、诉讼法、社会公法和国际公法,分别研究各部门公法的发展沿革、渊源和主要内容等。

7. 公法行为

本课题首先研究公法行为的概念和特征,然后分别探讨几种最主要和最

① 罗豪才等:《软法与公共治理》,北京大学出版社2006年版,第7页。

常见的公法行为：立法行为、行政行为、司法行为、公法契约行为和公法软法行为，并分别阐释这些公法行为的主体、范围、形式和程序等。

8. 公法监督

本课题首先研究公法监督的概念和意义，然后分别探讨几种最主要和最常见的公法监督种类：议会监督、监察监督、检察监督、审判监督、审计监督和社会监督，并分别阐释这些公法监督的主体、对象、监督范围、监督权限（手段）和程序等。

9. 公法救济

本课题首先研究公法救济的概念与种类，然后分别探讨几种最主要和最常见的公法救济种类和形式：违宪审查、集会、结社、游行、示威与请愿、申诉与信访、行政复议、行政诉讼和国家赔偿，并分别阐释这些公法救济的启动主体、受理主体、救济范围、方式、标准和程序规则等。

三、宏观公法学的研究方法

公法学与私法学同属法学；法学与政治学、经济学、社会学同属社会科学；社会科学、人文科学、自然科学同属科学（尽管有人认为只有自然科学属于科学，其他学科、学说并非科学）。因此，公法学有与私法学、其他社会科学、其他科学具有某些相同的研究方法，公法学的某些研究方法在一定时空、一定范围内也适用于私法学、其他社会科学乃至自然科学。但是，公法学，特别是作为宏观公法学的研究方法，仍有其自身的特色，区别于其他学科的研究方法。主要适用于宏观公法学的研究方法（包括同时适用于其他学科的或不完全适用于其他学科的研究方法）主要有以下八项。

（一）宏观研究与微观研究相结合

宏观公法学的研究方法当然主要是宏观性研究、整体性研究，但宏观公法学必须以部门公法学为基础，宏观公法学必须通过研究各种微观问题去探讨公权力、公法、公法关系的整体规律，如研究公法行为、公法手段必须先研究行政许可、行政处罚、行政强制、行政确认、行政裁决等各种具体行政行为，有时甚至要具体研究行政处罚中的警告、罚款、拘留，行政强制中的查封、扣押、划拨等更微观的行为。

（二）静态研究与动态研究相结合

宏观公法学的静态研究指对公法法律条文、规则、规范、制度的研究，宏观公法学的动态研究指对法律制度运作及法律关系的研究，对公法与社会、政治、经济和文化的互动的研究。二者必须结合进行。

（三）规范研究与实证研究相结合

宏观公法学的规范研究指对公法原理、原则，运用公法原理、原则分析公权力的运作规律，宏观公法学的实证研究则指通过实证调查，研究公权力运作的实际成效和存在的问题，通过解剖个案阐释公法的普遍原理原则。

（四）定性研究与定量研究相结合

宏观公法学的定性研究是指通过对某一领域公法规范、公共政策或公法关系、公法行为进行整体的、宏观的质的分析和逻辑推理、演绎，力求把握研究对象的性质和发展趋势，宏观公法学的定量研究则是通过具体数据（特别是大数据）揭示研究对象的规律。二者各有长短，必须互补。

（五）实然研究与应然研究相结合

宏观公法学的实然研究主要探讨研究对象是什么，如对法律规范、制度含义的分析、阐释；宏观公法学的应然研究则以相应价值观为指导，探讨研究对象（如法律规范、制度）的利弊得失，得出改进或重构的建议或设想（一般认为，科学只探索是什么，不研究应该是什么，但引入价值观乃是公法学和其他社会科学的特色）。

（六）硬法研究与软法研究相结合

宏观公法学的硬法研究主要指探讨由国家制定或认可的，以国家强制力保障实施的法律规范，宏观公法学的软法研究则主要指探讨公权力运作实践中自然形成的或由社会组织、国际组织制定的，非由国家强制力保障实施的人们行为的规范。宏观公法学必须坚持此二者研究的结合。

（七）本土研究与域外研究相结合

宏观公法学研究之所以必须坚持本土研究与域外研究相结合，是因为各国公法制度根植于各国的政治、经济、文化的土壤，有厚重的本土特色，但一国公法制度又必须和必然借鉴他国公法制度（我国和法治发达较晚的国家尤其如此，许多制度始自域外）。没有对二者的结合研究，既不可能了解他国的公法制度，也不可能真正了解本国的公法制度。

（八）现实研究与历史研究相结合

宏观公法学研究自然应以现行公法规范、制度和公法关系为重点，但也应考察各种公法制度产生、形成、发展、演变的历史过程，只有深入了解了公法的昨天，才能准确认识公法的今天和展望公法的明天。

第二章 公权力概述

◇公权力的概念

◇公权力的产生、取得与传承

◇公权力(公共职位)的取得和传承

◇公权力的分类

◇公权力的功能与作用

一、公权力的概念

(一)公权力的含义

我国宪法没有使用“公权力”的概念,而是以“权力”或“国家权力”指称这一概念。例如,《宪法》第2条第1、2款规定,“中华人民共和国的一切权力属于人民。人民行使国家权力的机关是全国人民代表大会和地方各级人民代表大会”。《宪法》第58条、第127条、第131条、第136条分别使用了“国家立法权”“监察权”“审判权”“检察权”的表述。而《监察法》第1条则在我国法律中第一次明确使用了“公权力”的表述。

“公权力”是公法学,特别是宏观公法学中最核心的支柱性概念,是公法产生、存在、演变和发展的原因、理由和根据。在各种学术文献中,对“公权力”有各种表述,如“公共权力”(public power)、“政治权力”(political power)、“政治权威”(authority political)、“主权”(sovereignty)等。

恩格斯在《反杜林论》中指出,“一切政治权力起先总是以某种经济的、社会的职能为基础的,随着社会成员由于原始公社的瓦解而变为私人生产者,因而和社会公共职能的执行者更加疏远,这种权力加强了”。①

狄骥(Léon Duguit)在《公法的变迁》中指出,“国家相对于个人的这种优越性就构成了我们所称的公共权力或主权。国家是组织而成的。它建立了一个政府来代表自己。政府是作为国家意志的代表来行为的。因此,政府以国家的名义来行使主权……”②

《牛津法律大辞典》使用“政治权威”(authority political)对“公权力”一词进行阐释:“这是一个涉及到伦理学、法律和习惯的基本问题,国家以这种权力为基础,这种权力存在于一国政治机构之中。从伦理学上讲,它是一个关于国家根据什么理由要求其国民忠诚于国家和遵守其法律的问题。这种理由包括权力、公共秩序的需要、神的意志、统治阶级的共同意愿、实际效用等。从法律上讲,这一问题涉及到确认和承认国家以及通过该国政府所实施、限制和控制的各种制度的问题。从政治上讲,这一概念涉及到实际制定政策的势力的问题。这一术语也用来指领导人在社会生活中的权力和影响。”③

《布莱克法律词典》则直接使用“公权力”(public power)对这一概念进行阐释:“公权力是指授予某人(机构)作为国家代理人或国家职能行使者的权力。公权力由立法权、司法权和行政权等各种形式的权力构成。”④

戈登(Scott Gordon)在所著《控制国家——西方宪政的历史》一书中同时使用了“主权”和“政治权力”指称公权力。他说,“在学术文献、法律和日常话语中,‘主权’这个术语具有两种完全不同的意义。一是指代一个民族国家相对于其他民族国家的地位,表明每个国家在其自身的地理范围之内都拥有自主的管辖权。⑤ 另一个则是指这样的观念,即在每个个别的国家之内存在着

① 《马克思恩格斯选集》(第3卷),人民出版社1972年版,第222页。

② [法]莱昂·狄骥:《公法的变迁·法律与国家》,郑戈、冷静译,辽海出版社、春风文艺出版社1999年版,第9页。

③ [英]戴维·M. 沃克:《牛津法律大辞典》(中文版),北京社会与科技发展研究所组织翻译,光明日报出版社1988年版,第73页。

④ See Bryan A. Garner(editor in chief), *Black's Law Dictionary*, 1208.

⑤ 此种意义的“主权”即国际法上的“主权”。

构成最高政治和法律权威的实体”。[①]“‘政治’权力的概念有时用来指代一种特定的社会机构，即国家的政策和活动。但是，诸如教会、实业公司、研究所以及公共利益协会也是权力的宝库。正因为国家机器要通过制度的重要的组成部分才能开动起来，对政治权力的任何完整的研究就必须把这些制度考虑进去。在考虑国家制定法律的权威时，有必要牢记权力所强制的是个人之间的关系。说‘国家’行使权力是一种转喻的说法。行动的并不是国家，而是由国家的权威赋予特权的人。”[②]

整合上述关于公权力的种种表述、说法和阐释，去除其片面性和某些缺陷，我们可以给公权力下一个较为完善的定义（尽管任何定义都不可能是完美和完善的）：所谓公权力，是指由一定人类共同体依一定规则和一定程序授予的，由共同体一定机构、组织或个人依一定规则和一定程序行使的，为共同体成员提供公共物品（公共秩序和公共服务），能代表共同体对内、对外做出相应行为的职权和职责的总和。这一定义包含以下六个要素：

其一，公权力是由一定人类共同体授予的。世间不存在没有共同体的公权力，也不存在没有公权力的共同体。

其二，行使公权力的机构、组织和个人是公权力的形式主体，[③]公权力的实质主体是共同体和共同体全体成员。

其三，公权力的目的是为全体共同体成员提供公共物品，即维持公共秩序和提供公共服务，而非为公权力行使者或共同体部分成员服务。

其四，公权力的效力及于整个共同体（具有普遍性）。共同体所有成员都有服从公权力管理的义务，但共同体整体有监督公权力主体行使公权力的权利。

其五，公权力是指公权力主体行使的职权和履行的职责的结合，是职权和职责的统一体。

---

① 此种意义上的“主权”即公法上的“公权力”。参见［美］斯科特·戈登：《控制国家——西方宪政的历史》，应奇等译，江苏人民出版社 2001 年版，第 20 页。

② ［美］斯科特·戈登：《控制国家——西方宪政的历史》，应奇等译，江苏人民出版社 2001 年版，第 10 页。

③ 尽管我们通常都称这些机构、组织和个人为“公权力主体”。而且，在下文中，除非有特别说明，我们使用“公权力主体”均是指公权力的行使者。

其六,公权力的取得(授予)和行使均受公法调整和规范,须遵循一定规则和程序,以保障共同体全体成员或大多数成员意志和利益的实现。

(二)公权力与其他相关概念的联系和区别

为了进一步明确公权力的概念,我们有必要对公权力与下述几个相关概念——国家权力、主权、公权利——的含义加以区分和辨析,以明确其联系和区别:

国家权力。国家权力是公权力的一种而非全部。但国家权力是最主要、最基本、最重要的公权力。狭义的公权力仅指国家公权力。狄骥指出,“政治权力(公权力),我们将它放在不同环境下来看待,在原始状态的游牧部落中,它属于一个首领或一个年长者;在城市中,它属于家族首领们;在现代大国中,它属于一个复杂程度不一的个人或组织的集合体,例如君王们、摄政者们、国王们、皇帝们、总统们或是议会等……存在政治分化、统治者与被统治者差别,或者按习惯表达方式来说,存在着政治权力的所有人类社会都是最一般意义的国家。位于中非服从于一个酋长的部落与欧洲众多拥有精巧复杂统治机构的社会一样,都是国家。但应该马上说明的是,国家这个词被专门留作指代政治分化到一定程度的社会”。[①]

主权。主权可以指国家公权力,属于公权力的一种。也可以指国家在国际法上的地位,是国家公权力的属性在国际关系中的体现。对于作为国家公权力的主权,法国法学家让·博丹(Jean Bodin)认为,“主权之第一性的且最为重要的特征是为公民立法的资格”,“国家中的最高统治者的权力必须真正规制实定法每一部门,并只服从于上帝法、自然法和万民法”。[②] 他说的服从万民法仅仅是名义上的,博丹主张主权完全属于专制君主,君主立法根本无须臣民同意。英国的霍布斯(Thomas Hobbes)也是主张作为国家公权力的主权完全属于君主:“一个君主的臣民,不得到君主的允许,便不能抛弃君主政体,返回乌合之众的混乱状态,也不能将他们自己的人格从承当者身上转移到另一个人或另一个集体身上。因为他们已经人人相互订约承认已成为自己的

---

① 参见[法]莱昂·狄骥:《宪法学教程》,王文利等译,辽海出版社、春风文艺出版社1999年版,第14页。

② 转引自[爱尔兰]J. M. 凯利:《西方法律思想简史》,王笑红译,法律出版社2002年版,第166页。

主权者的人所作的一切以及他认为适于作出的一切,并被称为是这一切的授权人。"①卢梭(Jean-Jacques Rousseau)和洛克(John Locke)与博丹、霍布斯一样,也曾以"主权"这一术语表述"公权力",但是,他们是将主权归属于共同体全体成员或共同体的大多数成员,而不是像博丹、霍布斯一样,将主权归属于专制君主。卢梭说,"这一由全体个人的结合所形成的公共人格……当它是被动时,它的成员就称它为国家,当它是主动时,就称它为主权者"。② 洛克说,"无论是谁要脱离自然状态而联合成为一个共同体,就必须认为他们把联合成为共同体这一目的所必须的一切权力(公权力或称主权)都交给了这个共同体的大多数(一般多数),除非他们明确地议定把权力交给超过大多数的任何人数(特定多数)"。③

公权利。公权利是相对于公权力主体权力的权利,一般属于共同体成员。共同体成员享有两种不同的公权利:一是作为共同体主体和公权力实质主体的权利,如知情权,平等权,自由权,参与权,监督权,表达权,出版、结社、集会、游行示威权等;二是作为公权力主体相对人的权利,如申请权、陈述权、申辩权、要求说明理由权、申诉控告检举权、提起公法争讼救济(复议、行政诉讼、宪法诉讼、国家赔偿)权等。

公权利不同于私权利。私权利主要是共同体成员相互间的权利,如物权、债权、合同权、继承权、被侵权后获得赔偿权等。

公权利是公权力产生、存在的理由、根据。公权力是公权利实现的手段和保障,也是私权利实现的手段和保障。

在现代社会,公权利也可能存在于共同体成员相互之间。例如,公民与某些生活必需品(自来水、燃气、电等)提供者的私人之间,就可能产生公权利关系,公民作为国家共同体的成员,享有获得这些生活必需品的公权利,作为提供这些公共物品的私人,即具有提供的公义务,其不能随意不提供或少提供,也不能对特定消费者实行歧视。

新西兰一名叫墨菲的法官在一项判决中指出,"当权利扩张到如此地

---

① [英]霍布斯:《利维坦》,黎思复等译,商务印书馆 1997 年版,第 133 页。
② [法]让-雅克·卢梭:《卢梭文集 2:社会契约论》,何兆武译,红旗出版社 1997 年版,第 34 页。
③ [英]约翰·洛克:《政府论两篇》,赵伯英译,陕西人民出版社 2004 年版,第 186 页。

步，以至于行使它们的后果对公众的影响到了显著的程度，它们就应该被认定为公权利，并且它们的实现应该被认定为行使公权力”。[①]“被告在其土地上举办赛马会的活动在性质上与普通房主行使其私有财产权的行为是不同的……一个普通房主行使其排他的财产权时，其地位不同于一个被许可经营公共礼堂、餐馆、剧院或赛马场的人。从早期开始，普通法就拒绝承认那些从事公共职业（比如酒馆）的人享有专断地驱逐他人的权利……当我们离开房主的纯内部领域以及只影响个人的合同，而转入其实施会明显影响到公众的那些权利时，正当程序的要求就越来越多，也不再允许有专断和不合理的行为……事情到了这个阶段，将一个人不明不白地排除在公共赛马场外的权力，应该视作必须遵循正当程序的公权力。”[②]

可见，公权利与公权力是密切联系的。当一项私人行为涉及他人基本人权或其他重要权利（如生存权、平等权等），相对人就可能产生和具有了公权利，行为人的行为就可能具有公权力的因素，从而要受公法的一定约束。

二、公权力的产生、取得与传承

关于公权力的产生，理论上主要有五种学说：

（一）神授说

神授说认为公权力是由神——上帝授予的。公权力源于上帝。此说又分“超自然神权学说”和“天意神权学说”两种。狄骥在《宪法学教程》中介绍了这两种神权学说：

超自然神权学说。这种学说宣扬，上帝——最高力量不仅创造了政治权力本身，并且在确定国家中，指定了某个人或某些人被赋予该政治权力，如某个王朝。狄骥举例说，路易十四的《回忆录》称，是上帝委派其行使权力。权力的源泉来自上帝。其行使权力只对上帝负责。1770 年 12 月，路易十五在其诏书的开场白中说，“上帝赐给我们王冠。制定法律的权力……只属于我

① 转引自［新西兰］迈克尔·塔格特：《行政法的范围》，金自宁译，中国人民大学出版社 2006 年版，第 13 页。

② ［新西兰］迈克尔·塔格特：《行政法的范围》，金自宁译，中国人民大学出版社 2006 年版，第 13~14 页。

们,不依赖任何人,也没有任何人能与我们分享该权力”。①

天意神权学说。这种学说认为,上帝并不通过其意志的超自然启示,而是通过对人类历史事件与人类意志的天意指引来指定公权力主体的。公权力虽然源于上帝,但拥有权力的人则是通过人类方式而非上帝直接授予特定人的方式获得该权力的。这种方式是在无所不在的、看不见的天意指引下完成的。②

英国宪法学家白芝浩(Walter Bagehot)在其名著《英国宪法》中曾提到过远古社会的公权力神授论及其实践:“早期的国王的确由于宗教律令而被神圣化,他本质上是一个另样的人,一个高于其他人的人,一个按神意被圣化,甚至是一个为上帝所生的人”。“法律出自君王之口,他制定法律就像所罗门作出裁判一样——包含在具体的案件之中,而所倚仗的权威不仅来自他自身,而且来自上天。神意宣示者遇到神意的限制是不可能的,而其他渊源的法律又是不存在的。”③白芝浩认为,“早期的国王(受神意的一定制约)并不像后来的专制君主那样专横,他没有用以镇压叛乱的常备军,没有用以刺探不同政见的有组织的特务机构,没有发达的用以抹平顺服生活惯例的官僚机构”。④

爱尔兰学者凯利(J. M. Kelly)在其所著《西方法律思想简史》的著作中曾描述过中世纪公权力神授论及其实践:“中世纪早期的理论认为,无论统治者是怎样的暴虐,臣民都没有反叛的权利。在590—604年间担任教皇的圣格列高里一世认为即便批评邪恶的统治者都是有罪的,遑论反抗之;在他看来,埋怨国王事实上就是埋怨上帝;在整个中世纪,这位教皇的无上特权使得他的观点构成了对专制而不承担责任的王权的支持。他的同代人,塞维利亚的圣伊西多引用先知何西阿(Hosea)说明如下理论:上帝基于仁慈给人善的统治者,基于愤怒给人恶的统治者,以此作为对人的惩罚。在这两种情形下,人民都应当服从国王,因为他是上帝任命的。”⑤

---

① 转引自[法]莱昂·狄骥:《宪法学教程》,王文利等译,辽海出版社、春风文艺出版社1999年版,第16页。

② 参见[法]莱昂·狄骥:《宪法学教程》,王文利等译,辽海出版社、春风文艺出版社1999年版,第16页。

③ [英]沃尔特·白芝浩:《英国宪法》,夏彦才译,商务印书馆2005年版,第279页。

④ [英]沃尔特·白芝浩:《英国宪法》,夏彦才译,商务印书馆2005年版,第279页。

⑤ [爱尔兰]J. M. 凯利:《西方法律思想简史》,王笑红译,法律出版社2002年版,第92~93页。

（二）暴力论

暴力论认为公权力是由因暴力产生的。由于在自然状态下的社会，人与人处在战争状态，力量强势的人，即运用暴力取得公权力，让弱势群体服从。弱势群体为了生存，不致被强势者消灭，也被迫或自愿服从强势者统治，认可其公权力主体的地位。

霍布斯（Thomas Hobbes）在其所著《利维坦》一书中曾提出这种理论：人类最初"在没有一个共同权力（公权力）使大家摄服的时候，人们便处在所谓的战争状态之下。这种战争是每一个人对每个人的战争"。[①] 之所以如此，因为在人类天性中，"有三种造成争斗的主要原因存在。第一是竞争，第二是猜疑，第三是荣誉。第一种原因使人为了求利、第二种原因使人为了求安全、第三种原因使人为了求名誉而进行侵犯"。[②] 人们为了在战争状态下不致相互毁灭，于是订立契约，建立共同体。而为了使人们遵守契约，维持共同体，就需要建立以武力维持的公权力。"如果没有某种权威使人们遵从，便跟那些驱使我们走向偏私、自傲、复仇等的自然激情互相冲突。没有武力，信约便只是一纸空文，完全没有力量使人们得到安全保障。"[③]"因为我们如果可以假定大群体无需有共同的权力（公权力）使大家畏服就能同意遵守信义和其他自然法，那么我们便大可以假定在全体人类中也能出现同样的情形；这时就根本既不会有，也无需有任何世俗政府或国家了，因为这时会无需服从就能取得和平"。[④] 霍布斯据此得出结论：取得公权力有两种方式："一种方式是通过自然之力获得的……他们要是拒绝的话，他就可以予以处死；这一方式还有一种情形就是通过战争使敌人服从他的意志，并以此为条件赦免他们的生命。另一种方式则是人们相互达成协议，自愿地服从一个人或一个集体，相信他可以保护自己来抵抗所有其他的人。"[⑤]霍布斯认为，即使是后一种方式，人们相互达成协议（信约）也必须以武力保障人们遵从。

狄骥在他的《宪法学教程》一书中也曾提到过暴力论的观点："在所有可

① ［英］霍布斯：《利维坦》，黎思复等译，商务印书馆1997年版，第94页。

② ［英］霍布斯：《利维坦》，黎思复等译，商务印书馆1997年版，第94页。

③ ［英］霍布斯：《利维坦》，黎思复等译，商务印书馆1997年版，第128页。

④ ［英］霍布斯：《利维坦》，黎思复等译，商务印书馆1997年版，第129~130页。

⑤ ［英］霍布斯：《利维坦》，黎思复等译，商务印书馆1997年版，第132页。

以称之为国家的社会群体中,无论是最初级的和最简单的,还是最发达最复杂的,总是会有一个独特的现象,即某些人强于其他人,有能力并试图使其他人遵从其意志……有一个事实是一致的:弱者服从强者的意志"。① "社会学家了解得很清楚,应当认识到这种发展的最本质的原因。这个原因就是统治者与被统治者之间确实存在的区分;这个原因就是使有些人可能借助于具体强制手段给另一些人下命令;这个原因就是某一个社会团体垄断了这一具体强制手段;这个原因就是强者统治弱者。"②

另外,恩格斯在《反杜林论》中引述和归纳了杜林关于公权力产生的暴力论观点。杜林以《鲁滨逊漂流记》中鲁滨逊奴役星期五的例子说明暴力(鲁滨逊手中的剑)产生权力和决定政治关系(奴役星期五),而政治关系决定经济:"政治关系的形式是历史上基础性的东西,而经济的依存不过是一种作用或特殊情形,从而总是第二等的事实"(杜林语)。③ "事情本来由鲁滨逊奴役星期五这一著名的原罪证明了。这是一种暴力行为,因而是一种政治行为。由于这种奴役构成了到现在为止的全部历史的出发点和基本事实,并给这一历史灌注了非正义的原罪……由于直到现在还通行的全部'基于暴力的所有制'同样是以这种原始奴役为基础,所以很显然,一切经济现象都应该由政治原因来解释,即由暴力来解释"(恩格斯对杜林暴力论观点的归纳)。④

(三)社会契约论

关于公权力产生的最重要且最有影响的理论是社会契约论。这一理论认为,"统治者和被统治者之间的关系本质上是契约关系,尽管它在中世纪早期就要结束的时候才以明确的形式出现。正如我们已经看到的那样,古希腊、罗马的一些论述已经以极为宽泛的语言论说政治社会是公民之间的协议和约定。然而,到了中世纪早期,首次出现了一种与之外观显然不同且更为详尽的理论;即,尽管王权自身有着神圣起源,但特定君主取得王权的基础是他与人

---

① [法]莱昂·狄骥:《宪法学教程》,王文利等译,辽海出版社、春风文艺出版社1999年版,第21页。

② [法]莱昂·狄骥:《宪法学教程》,王文利等译,辽海出版社、春风文艺出版社1999年版,第22页。

③ 转引自《马克思恩格斯选集》(第3卷),人民出版社1972年版,第198页。

④ 参见《马克思恩格斯选集》(第3卷),人民出版社1972年版,第198~199页。关于恩格斯对杜林暴力论的批判和他与马克思提出的经济基础决定论,我们将在后面阐述。

民的双方契约……中世纪的国王们在即位的时候，通常要宣誓自己将施行正义、尊重法律，同时他的臣民也发誓效忠于他。不难看出，这些仪式表现的是双务性、互惠的约因，而这是标准契约的要件。”①这种社会契约的理论被认为对统治者（公权力主体）有一定的约束作用："由于没有人可自己称王，人民推举某人作他们的统治者只基于一个目的，那就是他应依据正当统治的原则进行统治和治理，给予每个人他应得的那一份，褒扬良善而惩罚罪恶，给予每个人正义。但是，事实上，如果他破坏了遴选之际的契约，扰乱了他本当维持秩序的事物，那么，合理的结论就是他解除了人民遵守契约的义务，因为是他自己首先放弃了约束双方当事人诚信的契约（*cum fidem prioripse deseruerit*）。”②

社会契约论最典型的代表人物是霍布斯（他同时也是暴力论的主张者）、洛克和卢梭。但他们三人所宣扬的社会契约理论并不完全一致，甚至存在很大的差别。在人类为什么要组建共同体和创建公权力，公权力应该归属谁，以及共同体成员将公权力授予公权力主体后是否可以再收回这三个重大问题上，三人的主张各不相同。

关于人类为什么要组建共同体和创建公权力，霍布斯是基于人类为了摆脱在自然状态下的“每一个人对每个人的战争”，通过签约组建共同体，创建公权力，以使共同体全体成员都摄服公权力，获得和平。关于公权力应该归属谁，霍布斯主张公权力应归属君主，作为签约另一方的共同体成员是臣民，应完全听命于君主。关于共同体成员将公权力授予公权力主体后是否可以再收回，霍布斯认为共同体成员一旦签约，将公权力授予了君主，就不能再收回，任何人不能再反对作为主权者的君主。“由于多数人以彼此同意的意见宣布了一个主权者，原先持异议的人必须同意其余人的意见。也就是说，他必须心甘情愿地声明承认这个主权者所作的一切行为。否则，其他的人就有正当的理由杀掉他。”③

洛克在人类为什么要组建共同体和创建公权力的问题上与霍布斯一样也

① ［爱尔兰］J. M. 凯利：《西方法律思想简史》，王笑红译，法律出版社 2002 年版，第 91 页。

② Ad Gtebehardum 47. 转引自［爱尔兰］J. M. 凯利：《西方法律思想简史》，王笑红译，法律出版社 2002 年版，第 92 页。

③ ［英］霍布斯：《利维坦》，黎思复等译，商务印书馆 1997 年版，第 135 页。

基于对人类“自然状态”的认识。但是洛克所认识的自然状态则完全不同于霍布斯的“每一个人对每个人的战争”的自然状态。洛克认为,自然状态“是一种完全自由的状态,人们在自然法的限度内,按照他们认为合适的方式,决定自己的行动和处理自己的财产与人身,而无需得到其他任何人的许可或依赖于其他任何人的意志”。[①] 自然状态“也是一种平等的状态。一切权力和管辖权都是相互的,没有一个人的权力多于他人……相同的自然动机使人们知道他们有爱人和爱己的同样责任……如果我希望得到好处,甚至希望从每个人手中得到任何人都希望得到的那么多,那么除非我设法满足无疑也为本性相同的其他人所怀有的同样欲望,我怎么能指望自己的任何欲望得到满足?……如果我伤害他人,我也就只能指望遭受伤害,因为没有理由要求别人对我表现出的爱超过我对他们的爱”。[②] 洛克既然认为人类的自然状态是这样美好,这样充满爱,那人类为什么还要组建共同体和创建公权力呢?洛克是这样解释的:自然状态之所以美好,是因为有自然法对人们行为的调整和规范。但自然法必须有公权力执行,如果“人人都有执行自然法的权力……人们充当自己案件的裁判者是不合理的,自我爱怜的本性会使人们偏袒自己和自己的朋友,而另一方面,内心邪恶、感情用事和报复心理都会使他们给予别人过度的惩罚,结果只会造成混乱和无序”。[③] 因此,在自然状态下的人为了保证自然法的执行,维护自己的权利和秩序,他们“通过同其他人(签约)达成一致,加入和联合成为一个共同体,以谋求他们相互之间的舒适、安全与和平的生活、平安地享受他们的财产,并且更可靠地防御共同体之外的任何侵犯”。[④]

洛克的社会契约论关于公权力应该归属谁的答案,亦完全不同于霍布斯的应归属君主的主张。洛克认为共同体的公权力应归属共同体的大多数成员:“当任何数量的人这样同意建立一个共同体或政府时,他们就立刻结合在一起,组成一个国家,其中大多数人有权采取行动并为其余的人作出决定。”[⑤]

---

① [英]约翰·洛克:《政府论两篇》,赵伯英译,陕西人民出版社 2004 年版,第 131~132 页。
② [英]约翰·洛克:《政府论两篇》,赵伯英译,陕西人民出版社 2004 年版,第 132 页。
③ [英]约翰·洛克:《政府论两篇》,赵伯英译,陕西人民出版社 2004 年版,第 137 页。
④ [英]约翰·洛克:《政府论两篇》,赵伯英译,陕西人民出版社 2004 年版,第 184~185 页。
⑤ [英]约翰·洛克:《政府论两篇》,赵伯英译,陕西人民出版社 2004 年版,第 185 页。

“当每个人和其他人同意建立一个政府治下的国家时,他就使自己对那个社会的每个成员负有服从大多数的决定并受大多数的约束的义务;否则,他和其他人为结合成一个社会而订立的那个初始契约就毫无意义。”①所以,洛克坚持认为共同体的公权力只能授予“共同体的大多数”成员或者“超过大多数的任何人数”的成员。

关于共同体成员将公权力授予公权力主体后是否可以再收回的问题,洛克的观点是:公权力的行使在发生下述情形时,政府将解体。“当政府解体时,人民可以按照自己最有利于自身安全和福利的方式,自由地为自己建立一个新的立法机关”。② 即收回原授予公权力主体的权力而创建新的公权力主体。洛克认为导致政府解体的情形包括:第一,某个个人或者君主用其专断意志代替立法机关所表达的作为社会意志的法律;第二,君主阻止立法机关如期集会,或阻止立法机关依照当初组织它的目的自由行使职权;第三,君主使用专断权力,未经人民同意,而且违背人民的共同利益,变更了选举者或选举方式;第四,君主或立法机关使人民屈从于外国的权力。除上述四种情形外,洛克还补充了可导致政府解体的另一种情形:当握有最高执行权的人玩忽职守放弃职责,使已经制定的法律无法执行。洛克认为,在出现上述情形时,共同体成员不仅有收回原授予公权力主体的权力而创建新的公权力主体,而且在情况急迫时有直接反抗公权力执掌者的权力。“无论是谁,只要不依据权利(法律)而使用武力,如同每一个不依法行事的人在社会中所做的那样,就使他自己与他使用武力所对付的人处于战争状态。在那种状态中,以前的一切约束都被解除,其他一切权力都停止存在,人人都有权自卫和抵抗侵略者。这一点是非常清楚的……在一些情况下,人民反抗他们的国王是合法的……对君主的反抗并不都是叛乱。”③

卢梭在人类为什么要组建共同体和创建公权力的问题上与霍布斯、洛克一样,也基于对人类“自然状态”的认识。但是卢梭对自然状态的认识完全不同于霍布斯,而大致与洛克相同,但亦有差别。他认为,在自然状态下,“漂泊

① [英]约翰·洛克:《政府论两篇》,赵伯英译,陕西人民出版社2004年版,第185页。

② [英]约翰·洛克:《政府论两篇》,赵伯英译,陕西人民出版社2004年版,第250页。

③ [英]约翰·洛克:《政府论两篇》,赵伯英译,陕西人民出版社2004年版,第249~253、260~261页。

于森林中的野蛮人,没有农工业,没有语言,没有住所,没有战争,彼此间也没有任何联系,他对于同类既无所需求,也无加害意图,甚至也许从来不能辨认他同类中的任何人。这样的野蛮人不会有多少情欲,只过着无求于人的孤独生活"。[①] 这些野蛮人在后来为什么和怎样结成共同体产生公权力的呢？卢梭设想,"人类曾达到过这样一种境地,当时自然状态中不利于人类生存的种种障碍,在阻力上已超过了每个个人在那种状态中为了自存所能运用的力量。于是,那种原始状态便不能继续维持;并且人类如果不改变其生存方式就会消灭"。[②] "人类便没有别的办法可以自存,除非是集合起来形成一种力量的总和才能克服这种阻力,由一个唯一的动力把他们发动起来,并使他们共同协作。"[③]"要寻找出一种结合的形式,使它能以全部共同的力量来卫护和保障每个结合者的人身和财富,并且由于这一结合而使每一个与全体相联合的个人又只不过是在服从自己本人,并且仍然像以往一样地自由。这就是社会契约所要解决的根本问题。"[④]

卢梭的社会契约论关于公权力应该归属谁的答案,既不同于霍布斯的应归属君主的主张,也不同于洛克的应归属共同体大多数成员的主张。卢梭认为,共同体的公权力应归属共同体及其全体成员:"每个结合者及其自身的一切权利全部都转让给整个的集体。因为,首先,每个人都把自己全部地奉献出来,所以对于所有人的条件便都是同等的,而条件对于所有的人既然都是同等的,便没有人想要使他成为别人的负担了。"[⑤]"每个人既然是向全体奉献出自己,他就并没有向任何人奉献出自己。而且既然从任何一个结合者那里,人们都可以获得自己本身所让渡给他的同样的权利,所以人们就得到了自己所丧失的一切东西的等价物以及更大的力量来保全自己的所有。"[⑥]

关于共同体成员将公权力授予公权力主体后是否可以再收回的问题,卢梭不仅认为可废除原约定,收回已让渡给公权力主体的权利,而且可自由退出

---

① [法]让-雅克·卢梭:《卢梭文集 1:论人类不平等的起源与基础》,李常山译,红旗出版社 1997 年版,第 92~93 页。

② [法]让-雅克·卢梭:《卢梭文集 2:社会契约论》,何兆武译,红旗出版社 1997 年版,第 32 页。

③ [法]让-雅克·卢梭:《卢梭文集 2:社会契约论》,何兆武译,红旗出版社 1997 年版,第 32 页。

④ [法]让-雅克·卢梭:《卢梭文集 2:社会契约论》,何兆武译,红旗出版社 1997 年版,第 32 页。

⑤ [法]让-雅克·卢梭:《卢梭文集 2:社会契约论》,何兆武译,红旗出版社 1997 年版,第 33 页。

⑥ [法]让-雅克·卢梭:《卢梭文集 2:社会契约论》,何兆武译,红旗出版社 1997 年版,第 33 页。

共同体："在国家之中，并没有任何根本法是不能予以废除的，即使是社会公约也不例外。因为全体公民集合起来一致同意破坏这个公约的话，那么我们就不能怀疑这个公约之被破坏乃是非常合法的。格劳秀斯甚至于认为每个人都可以退出自己原是其中的一个成员的国家，并且在离开国土时就重新获得了自己天然的自由和自己的财富。如果说集合在一起的全体公民竟不能做他们每个人分别开来所能做的事，那就未免太荒谬了"。[①] "君主表面上似乎只不过是在行使自己的权力时，非常容易把它们扩大，并以公共的安全为借口来禁止那些旨在重建良好的秩序的集会。从而他便可以利用一种不容易打破的沉默，或者是利用他所制造的不正常的状态，来假定那些因恐惧而缄默的人都是表态在拥护他，并且对那些敢于讲话的人进行惩罚。……世界上的一切政府，一旦假之以公共力量之后，迟早都是用这种简便的方法来篡夺主权权威的"。[②] "我在前面所谈到过的定期集会，是适用于防止或者拖延这种不幸的，尤其是当这种集会并不需要正式召集手续的时候。因为这时候君主若是加以阻止，便不能不公开宣告自己是法律的破坏者和国家的公敌了。这种只能以维护社会契约为目的的集会，永远应该以下述两个提案开始。这两个提案绝不能取消，并且要分别地进行表决：第一个是：主权者愿意保存现有的政府形式吗？第二个是：人民愿意让那些目前实际在担负行政责任的人们继续当政吗？"[③]须知"行政权力的受任者绝不是人民的主人，而只是人民的官吏。只要人民愿意，就可以委任他们，也可以撤换他们"。[④]

（四）社会连带论

在关于公权力产生原因的学说中，还有一种在理论上不具重要地位和影响，但在现实研究中也有一定价值的学说。这种学说就是狄骥在其《宪法学教程》中提出的"社会连带论"。狄骥认为，"人在社会中生存，他永远并只能

---

① ［法］让-雅克·卢梭：《卢梭文集 2：社会契约论》，何兆武译，红旗出版社 1997 年版，第 181 页。

② ［法］让-雅克·卢梭：《卢梭文集 2：社会契约论》，何兆武译，红旗出版社 1997 年版，第 180 页。

③ ［法］让-雅克·卢梭：《卢梭文集 2：社会契约论》，何兆武译，红旗出版社 1997 年版，第 180 页。

④ ［法］让-雅克·卢梭：《卢梭文集 2：社会契约论》，何兆武译，红旗出版社 1997 年版，第 179 页。

和其他同类一起在社会中自下而上。人类是一个原始的自然实体，绝不是人类意愿的产物，因而所有人无论过去、现在，或者将来都是人类群体的一部分。但同时人总是对其个体性有或多或少清晰的意识。人自我感觉为一个有需要、愿望和追求的个体。人也明白，只有通过与其他人的共同生活才能满足其需要，实现其愿望和要求。简单地说，随着时代不同，人总是或多或少清晰地意识到人与人之间的社会性，即人对人类群体的依赖与人的个体性”。[①] “社会群体存在并永远存在。作为其组成部分的人既意识到其个体性，也意识到自己与其他人的联系。是什么样的联系呢？我们用一个词来指代它。……这个词就是‘社会连带性’。人与人之间正是被这种社会连带性联系起来”。[②]

狄骥认为，人们之所以组建共同体和创建公权力，其根本原因即是社会连带性的存在。作为人类共同体的“社会群体在历史进程中有不同形式，它们的主要形式是按年代先后依次出现：游牧部落——人们出于防御及共同生计的需要而一起生活，居无定所；家庭——更具有一体性的组织，除去防御及共同生计的需要而产生的相互关联外，又加上了血缘联系及共同地域的相互关联；城市——群居的一些家庭，他们来自相同的地方，有共同的传统与信仰；最后是民族国家——现代文明社会的最高形式，其构成要素颇多，共同的‘法’、共同的政府、语言、地域、传统、共同的奋斗、失败与成功”。社会连带性使人类产生各种形式的共同体，并创建出公权力。“有一点仍是显而易见的，这就是在几乎所有人类社会中，无论是最低微最原始的或是最强大最文明的，我们总能发现这样一些个人，他们好像是在指挥其他人。如果必要，他们还会用具体的强制手段来使其清楚明显的命令得到执行。这正是符合其简单要素的政治分化。这些处于指挥地位的就是统治者，那些被他们指挥的个人就是被统治者。我们认为在这些社会中是有政治权力的，这种政治权力总是处处具有以上这一最为基本的特性。”[③]

---

① [法]莱昂·狄骥：《宪法学教程》，王文利等译，辽海出版社、春风文艺出版社 1999 年版，第 8 页。

② [法]莱昂·狄骥：《宪法学教程》，王文利等译，辽海出版社、春风文艺出版社 1999 年版，第 9 页。

③ [法]莱昂·狄骥：《宪法学教程》，王文利等译，辽海出版社、春风文艺出版社 1999 年版，第 14 页。

（五）经济基础决定论

马克思、恩格斯认为，生产力决定生产关系，经济基础决定上层建筑。所以，公权力，无论是国家公权力、社会公权力，还是国际公权力，其产生、发展和变化都是由经济基础决定的。恩格斯在《反杜林论》中通过引用大量的历史材料说明人类从原始状态中如何因为生产（打猎、种植农作物等）、生活（食物、用水分配等）的需要而逐步结成共同体，产生公权力，履行社会职能，乃至发展演变成政治统治的漫长过程。他指出，人类在最初的原始农业公社中，"一开始就存在着一定的共同利益，维护这种利益的工作，虽然是在全社会的监督之下，却不能不由个别成员来担当：如解决争端；制止个别人越权；监督用水，特别是在炎热的地方；最后，在非常原始的状态下执行宗教职能。这样的职位，在任何时候的原始公社中，例如在最古老的德意志的马尔克公社中，甚至在今天的印度，还可以看到。这些职位被赋予了某种全权，这是国家权力的萌芽。生产力逐渐提高，较密的人口在一些场合形成了各个公社之间的共同利益，在另一些场合又形成了各个公社之间的相抵触的利益，而这些公社集合为更大的整体又引起新的分工，建立新的机构来保护共同利益和反对相抵触的利益。这些机构，作为整个集体的共同利益的代表，在对每个单个的公社的关系上已经处于特别的、在一定情况下甚至是对立的地位，它们很快就变为更加独立的了。这种情况的造成，部分地是由于社会职位的世袭——这种世袭在一切事情都是自发地进行的世界里差不多是自然而然地形成的，部分地是由于同别的集团的冲突的增多，而使得建立这种机构的必要性增加了"。①

恩格斯对公权力产生、发展和演变过程的描述，完全是从历史事实出发，对历史事实的客观阐释，而不是像一些古典政治学学者一样完全根据其主观设计的理论模型而推演出历史事实。恩格斯通过考察原始人类的生产、生活和宗教活动，科学地论证了人类原始共同体的社会职能转化为公权力的管理、统治职能的历史逻辑。他指出，"我们没有必要来深入研究：社会职能对社会的这种独立化怎样逐渐上升为对社会的统治；起先的社会公仆怎样在顺利的条件下逐步变为社会的主人；这种主人怎样分别成为东方的暴君或总

① 《马克思恩格斯选集》（第3卷），人民出版社1972年版，第218页。

督,成为希腊的氏族首领,成为凯尔特人的族长等等;在这种转变中,这种主人在什么样的程度上终究也使用了暴力;最后,各个统治人物怎样集结成为一个统治阶级。在这里,问题在于确定这样的事实:政治统治到处都是以执行某种社会职能为基础,而且政治统治只有在它执行了它的这种社会职能时才能持续下去"。①

上述关于公权力产生的五种理论学说,只有马克思、恩格斯的经济基础决定论是基于实证分析的科学的理论。其他学说,作为公权力和公法的理论学说,虽然有唯心论史观的成分,但对于人类社会的发展进步,也都起过各种不同的作用,正面的或负面的、进步的或反动的作用。就像神授说这种完全非科学的学说,其在历史上也曾起过威慑统治者,使之不敢过分残暴、过分恣意妄为(否则,将遭受上帝惩罚)的正面作用。至于像洛克、卢梭的社会契约论,主张公权力源于人民的授予,应接受人民的监督,人民可反抗无法无天、残忍暴虐的统治者,更是对社会发展和进步有重要的正面作用。宏观公法学对所有这些理论无疑都要进行认真的研究和探讨。

三、公权力(公共职位)的取得和传承

公权力主体及公权力行使者取得公权力和传承的方式是多种多样的。在不同的历史时期,公权力取得和传承的方式各异。我们将在本书第四章"公权力与公法发展简史"中较详细介绍人类各个历史时期公权力主体和行使者产生的基本规则和程序,本节我们则仅笼统地和不加区分地概括和列举出公权力(公共职位)取得和传承的若干一般方式。

(一)选举

选举是遴选产生行使公权力的公职人员的最一般方式。古希腊的雅典和古罗马就有选举产生公职人员的先例。在雅典政制中,虽然绝大部分公职是由抽签方式产生的,但也有部分重要职位是经选举产生的。例如,戈登在《控制国家——西方宪政的历史》一书中指出,军事战略家、高级军事将领是经由选举而不是由抽签方式选出。但"不管是由选举还是由抽签的方式选出,被委任者在担任职务之前,陪审法庭必须对其实行称作'认可听证会'程序"的

① 《马克思恩格斯选集》(第3卷),人民出版社1972年版,第218~219页。

资质和能力审查。[①] 在罗马政制中，执政官（罗马最高行政长官，实际职责主要是掌管军事）和保民官（主要职责是为其权益受到行政官员侵犯的公民提供救济，他们获得了对任何总体上有违平民利益的行政行为进行否决的权力，包括否决公民大会的法案和元老院的法令）均由公民大会选举产生。当然公民大会不是所有罗马人都能参加的，有资格参加者只限于贵族阶层、骑士和很少的平民阶层人士。[②]

中国古代在原始氏族社会传说也曾有过公权力选举制度。氏族“设有相应的管理机关来履行氏族的社会职能，这种管理机关是由氏族全体成员选举产生的氏族酋长或首领、全体成员临时选举产生的临时军事酋长或首领、各家族首领（长老）组成的氏族议事会所构成的。氏族酋长负责领导生产、管理生活、处理氏族内部及外部关系，氏族军事酋长负责保护本氏族的生存领地和指挥对外战争，氏族议事会负责氏族内部事务和对外事务的谋议。原始氏族的重大事情，基本上是由氏族全体成年男女参加的民众大会来讨论决定，这就是人们常说的原始民主制”。[③]

当然，远古时代的民主选举制度的详细资料还有待进一步考察和挖掘。但在整个封建专制时代，无论是中国还是中世纪的欧洲诸国，公权力获得和传承基本都不曾采用民主选举的方式。直到西方资产阶级革命实行现代宪政后，选举才成为公权力主体产生的最主要最基本的方式。

（二）抽签

抽签不同于选举，后者对公职人员的遴选要考虑候选人的素质条件及选举人对候选人的偏好、意识形态及其他感情因素，而前者完全取决于候选人的运气。当然，共同体对参加抽签的候选人是有一定条件限制的，并非共同体所有成员都有参加抽签候选公职人员的资格。在人类远古的原始部落时代，共同体内公职（如氏族首领、部落酋长等）的产生大多采取抽签的方式。在雅典民主制时代，其公职也大多是通过抽签产生的。例如，作为立法和决策机关的

---

① 参见［美］斯科特·戈登：《控制国家——西方宪政的历史》，应奇等译，江苏人民出版社 2001 年版，第 76 页。

② 参见［美］斯科特·戈登：《控制国家——西方宪政的历史》，应奇等译，江苏人民出版社 2001 年版，第 75~77 页。

③ 柏桦：《中国政治制度史》，中国人民大学出版社 2011 年版，第 8 页。

议事会由500名成员组成,阿提卡的10个部落的每一个部落都选50人。其成员用抽签的方式从年过30岁的男性公民中选出,任期1年;作为行政执行部门的9位执政官和担任其他重要职务的官员同样也是用抽签的方式产生的,任期1年。①

(三)轮换

轮换是指共同体内符合担任公职资格条件的成员依一定标准(如年龄、资历、民族、政治派别等)定期轮换担任公职。在人类远古的原始氏族、胞族和部落社会中,一些氏族、胞族的酋长,部落首领就是依年资轮换担任的,原酋长、首领去世或因健康原因去职后,即由该氏族、胞族、部落中最年长者继任酋长、首领。在雅典,由通过抽签产生的500名成员组成的议事会是行政决策机构,而议事会的执行机构由50名成员组成,这50名成员则是由各部落代表轮换产生,实行轮流执政。② 轮换制不仅曾在古代社会实行过,现代社会的瑞士政府——瑞士联邦委员会亦实行这种制度。瑞士联邦委员会是瑞士的最高行政机构,由联邦议会两院(国民院和联邦院)联席会议选出七名委员组成(由一定比例的不同政党、民族、讲不同语言的人组成),从中再选出正、副主席各一人。主席每年轮换,期满由副主席升任,同时另选新的副主席。主席、副主席均不得连选连任。

(四)禅让或前任指定

据传说,在中国古代历史上,公共职位取得和传承还有一种禅让方式:在黄帝之后,黄河流域出现了几位优秀的首领,如尧、舜、禹。那时领导人的地位以禅让的方式传承。禅让是在位者自行进行的,推举有能力的年轻人成为新的部落首领,并且他们之间一般没有血缘关系。尧让位于舜,因为尧觉得舜是一个可造之材,于是就提拔了他当下一任的首领。后来舜年老的时候,把位置让给了治水有功并且能够服众的禹。禹年老后也本想继续禅让,把位置传给伯益(皋陶的儿子),但伯益觉得自己没有能力胜任,建议由大禹的儿子启继承这个位置。启比较强势,于是禹就将位置传给了启,从而将禅让制改变为世

---

① 参见[美]斯科特·戈登:《控制国家——西方宪政的历史》,应奇等译,江苏人民出版社2001年版,第73、76页。

② 参见[美]斯科特·戈登:《控制国家——西方宪政的历史》,应奇等译,江苏人民出版社2001年版,第73页。

袭制。当然,这只是传说,有学者完全否认禅让制在历史上的存在。"尧、舜、禹禅让的传说,是后人对先祖的崇敬和美好叙述,但这样以礼'禅让'出权力和地位,根本是不存在的。事实上,新的深得民心的首领代替已经失去民望,阻碍历史进步的旧首领,是历史进步的标志。"[①]尽管如此,禅让制在历史上存在虽然存疑,但占据公权力最高职位的领导人的生前选拔和指定接班人的事例在古今历史上却是实实在在存在的。

(五)世袭

世袭是封建专制国家公权力执掌者国王、皇帝职位传承的基本方式。无论是中国,还是外邦,均是如此。世袭也是君主的一种特权,更重要的是一种制度,它是以血缘为纽带维系君主专制的万世一系的政治制度,是君主制度的一个环节。就我国而言,世袭制曾沿袭几千年,皇位继承一般遵循两个原则:"父死子继"和"立嫡以长"。[②]"父死子继这个原则,早在奴隶制时代的西周已经确立。虽然也有过'兄终弟及'的皇位继承做法,但只是例外,且遭到史家抨击。春秋时期,宋宣公死,未把王位传给子而传其弟。其弟继王位死后,才再把王位传给宣公的儿子。这时这个弟弟的儿子就出来争王位,并刺杀了宣公的儿子。从此宋国大乱,五世不绝。孔子严厉批判了此事。在《春秋》中说:'宋之祸,宣公为之'"。[③]"如果说,'父死子继'原则把皇位继承权集中到儿子身上的话,那么,在诸多儿子中,'立嫡以长'的原则更进一步把皇位继承权集中在嫡长子身上"。[④]

(六)暴力

根据马克思主义的理论,公权力的产生并非源于暴力,暴力并不是公权力产生的终极原因。但是马克思主义并不否认暴力是获取公权力、取得政治权力的重要手段。暴力包括战争、政变和革命,毛泽东的名言"枪杆子里面出政权"就是说武装斗争是共产党取得政权的基本途径,至少是途径之一。"暴力,用马克思的话说,是每一个孕育着新社会的旧社会的助产婆;它是社会运

---

① 柏桦:《中国政治制度史》,中国人民大学出版社 2011 年版,第 7 页。

② 参见杨鸿年、欧阳鑫:《中国政制史》,安徽教育出版社 1989 年版,第 22~25 页。

③ 杨鸿年、欧阳鑫:《中国政制史》,安徽教育出版社 1989 年版,第 22~25 页。

④ 杨鸿年、欧阳鑫:《中国政制史》,安徽教育出版社 1989 年版,第 22~25 页。

动借以为自己开辟道路并摧毁僵化的政治形式的工具。"[①]对于这一点,我们如果浏览一下中国历朝历代农民起义导致政权更换的历史即可明了。有的封建朝代,其统治已腐朽不堪,亦难于自我终结,世袭制还会维持它继续苟延残喘。尽管农民起义创建的并非是一个终结封建王朝的新社会,但它导致了公权力执掌者的转移是事实。这就说明,暴力与竞选、世袭等一样,也是取得公权力的一种方式。

(七)购买

公权力(公共职位)通过购买获得,这种情况虽然很少,但也非完全不可能。例如,1867年3月30日,美国以700万美元外加20万美元的手续费从沙俄手中买下了近170万平方公里的阿拉斯加。这样,阿拉斯加这个地方的公权力就从沙俄政府手中转移到美国政府手中。这是作为政权的公权力通过购买转移的情形,至于作为公权力的公共职位的获取,通过购买取得的情况则更多一些,不要说非法的买官卖官的例子,就是国家公权力执掌者通过合法途径公开出卖,私人通过合法途径购买取得的情况也是存在的。据史籍记载,汉世卖官,始于武帝。其卖官的原因是"干戈日滋"财源空虚。汉代卖官明码标价,如二千石卖2000万;四百石卖400万等。"东汉卖官可一直卖到上至三公,当时的段闾、樊陵、张温等人皆以买官而得公位;崔烈因傅母入钱500万而得司徒之官。"[②]当然,世人对买官入仕之人,多不挂齿。据说,崔烈本是个名士,买官之后身价一落千丈,连他的儿子也看不起他,谓其"有铜臭味"。[③]

上述关于公权力取得和传承的方式,主要论及的是国家政权以及执掌国家共同体或社会共同体最高权力(如雅典、罗马的执政官,中国古代的国王、皇帝,现代社会的国家元首或政府首脑等)的职位或者执掌公权力的其他高官的职位的取得和传承的方式。至于一般公职职位,虽然也属于行使公权力的范畴,宏观公法学也要对之加以研究,但不是宏观公法学的重点研究对象。因为作为部门公法学的公务员法学中,通常都已经详细探讨过一般公职职位的取得的各种方式,如考任、委任、聘用等。[④]

---

① 《马克思恩格斯选集》(第3卷),人民出版社1972年版,第223页。
② 杨鸿年、欧阳鑫:《中国政制史》,安徽教育出版社1989年版,第220~222页。
③ 杨鸿年、欧阳鑫:《中国政制史》,安徽教育出版社1989年版,第222~223页。
④ 参见姜明安:《行政法》,北京大学出版社2017年版,第203~204页。

四、公权力的分类

依据不同的标准和研究目的,宏观公法学对公权力可以作各种不同的分类。在理论研究中较为重要且适用较为广泛的分类主要有以下六种。

(一)以公权力作用范围为标准的分类

公权力以其作用范围为标准,可以分为三类:一是国家公权力,如国家立法权、行政权、司法权等。二是社会公权力,如村民委员会、居民委员会等基层群众自治组织的自治权;律师协会、医师协会、注册会计师协会等行业协会制定行业行为规则,为会员提供公共服务的管理权。三是国际公权力,如联合国及其组织、WTO(World Trade Organization,世界贸易组织)、WHO(World Health Organization,世界卫生组织)等国际组织为维护国际和平、安全和人类健康等制定国际规则,发布决议、决定,对全球性或地区性事务进行治理的权力等。

(二)以公权力作用内容为标准的分类

公权力以其作用内容为标准,亦可以分为三类:一是制定规则权(立规权),如国家制定法律、法规权;社会组织制定章程、规则权;国际机构签订条约、协定权等。二是执行规则权(执规权),如政府的行政审批、许可、监督、检查、处罚、强制权等;社会组织的内部监督管理和处罚制裁权;国际组织对成员国(或地区)遵守条约、决议、决定的监督、制裁权等。三是纠纷解决权(解纷权),如国家司法机关裁决民事、行政等各种纠纷、争议权;社会仲裁机构、民间调解机构的仲裁、调解权;有关国际组织对国际争议、纠纷的调处、斡旋、裁决权等。

(三)以公权力作用方式为标准的分类

公权力以其作用方式为标准,可以分为两大类:一是强制性公权力(又称"刚性"公权力或"高权"公权力),指公权力主体依此权力,可以对相对人作出强制约束力,相对人必须服从的行为,如国家税收权、政府征收征用权等;二是非强制性公权力(又称"柔性"公权力或"指导性"公权力),指公权力主体依此权力,仅可对相对人进行指导、建议、劝说、协商等,相对人可根据自己的利益和意愿决定是否接受、遵循的行为,如公权力主体进行行政指导、签订公法契约、与相对人协商、谈判的权力等。

(四)以公权力受公法约束强度为标准的分类

公权力以其受公法规范约束的强度为标准,可以分为两大类:一是羁束性公权力,此类公权力的权限范围、行使方式、期限、程序等由法规范严格规定,公权力主体必须严格依法律规定行使权力。否则将被追究法律责任。二是裁量性公权力,此类公权力法规范仅对之规定弹性和宽泛的原则,法规范给公权力主体留下了广泛的自由裁量空间。公权力主体既可以根据行为的时空条件和行为对象的具体情况灵活作出行为和行使权力,也可以在一定的情况下不作出相应行为和不行使相应权力。

(五)以公权力的直接来源为标准的分类

公权力以其直接来源为标准,亦可以分为两大类:一是源公权力,此类公权力由共同体通过国家宪法、组织法、社会组织、国际组织的章程、决议直接授予;二是委授性公权力,此类公权力经由具有源公权力的机关、组织转授或委托而取得。具有源公权力的机关、组织是相应公权力的权力主体;通过具有源公权力的机关、组织以一定法规范形式授权的机关、组织也可以是相应公权力的权力主体,也可以不是相应公权力的权力主体,而只是源公权力的机关、组织的代理人(被具有源公权力的机关、组织委托行使权力),权力主体仍是源公权力的机关、组织。

(六)以公权力功能性质为标准的分类

公权力以其功能性质为标准,可以分为三类:一是为决策性公权力,此类公权力的主要职能是制定政策和作出决定;二是执行性公权力,此类公权力的主要职能是执行和落实第一类公权力主体制定的政策和作出的决定;三是监督性公权力,此类公权力的主要职能是对所有公权力主体行使公权力的行为进行监督,防止其滥用权力或玩忽职守,以保证公权力的合法、正当行使。

五、公权力的功能与作用

我们研究公权力的功能和作用,需依序回答下述三个问题:其一,人类为什么要创制公权力,即人类创制公权力,企望它发挥什么功能和作用?其二,公权力为人类创制后,能否发挥人类企望它发挥的功能、作用?如果能,为什么能?如果不能,为什么不能,即公权力为什么会异化?其三,人类怎样防止公权力异化?

(一)人类为什么要创制公权力?

关于人类为什么要创制公权力,人类创制公权力,企望它发挥什么功能和作用的问题,根据有关历史文献资料分析,我们可以简要概括为以下四个方面的缘由或因素。

1. 解决人类生存发展与自然世界的矛盾,保障人类战胜自然灾害,与自然和谐共存的需要

人类组建共同体,产生公权力最初无疑是为了应对洪水、干旱、沙尘暴等各种自然灾害以及豺狼虎豹等凶猛动物对人类生存的威胁。这一点,从马克思、恩格斯关于人类原始社会论述的许多文献中以及霍布斯、洛克、卢梭等关于人类自然状态描述的著作中都可以得到证明。① 中外许多考古发现的资料也可以很好地证实这一缘由。

2. 解决人类不同共同体之间的相互矛盾、冲突,避免人类在自身矛盾、冲突中自我灭亡的需要

人类在原始的自然状态中,虽然不像霍布斯描述的那样,完全处于人与人的战争状态,但是,由于不同地域、不同群体的人们之间存在不同利益和不同的目标追求和想法,相互之间的矛盾和冲突是不可避免的。矛盾和冲突促成他们形成各种共同体(氏族、部落、民族,乃至国家和国家的联合体)和组织、管理、指挥共同体的公权力主体。更多、更大的共同体及其公权力主体的不断形成、产生,既可能导致更多、更大规模的矛盾、冲突,乃至战争的发生,同时也导致各种各样的谈判、妥协、斡旋、调停,以避免两败俱伤或同归于尽。如果一方没有公权力,一盘散沙,必然被另一方消灭,双方或各方均没有公权力,无法组织谈判、妥协、斡旋、调停,必然矛盾、冲突没完没了,战争没完没了,最后导致人类的自我灭亡。可见,矛盾、冲突、战争的发生、发展导致公权力的产生、发展,而平息矛盾、冲突、战争,取得和平也需要公权力的行使、运作。公权力虽然不源于暴力和战争,但扼制暴力和战争,保障人类的可持续发展则需要公权力。

3. 解决共同体内部矛盾、纠纷,保障共同体成员和平、友好共处,维护共同体内部秩序的需要

因为不同利益的存在,不同共同体之间矛盾、冲突不可避免。同样,因为

① 这方面的文献,前已述及,故不再列举。

不同利益的存在，共同体内部之间的矛盾、纠纷（包括共同体成员相互之间的矛盾、纠纷，共同体成员与共同体公权力主体之间的矛盾、纠纷，共同体成员、共同体公权力主体与共同体之间的矛盾、纠纷等）亦不可避免。不同共同体之间矛盾、冲突需要公权力的介入：谈判、妥协、斡旋、调停等，以维护和保障和平，避免人类在相互残杀中自我灭亡；共同体内部之间的矛盾、纠纷，同样需要公权力介入：制定规则、分配资源、裁决争议、制裁违法等，以维持共同体内部的秩序，以避免共同体四分五裂而最终瓦解、消失和不复存在。

4. 解决人的主体性、人格独立性与人的社会性、政治性的矛盾，人的理性、人性与非理性、兽性的矛盾，促进人的文明、进步的需要

人区别于动物，一是其主体性、人格独立性。人有个人意志，不希望，不愿意完全依附于同类或异类，希望独立思考，有自己的独立见解，有些时候，人愿意独处，不希望别人打扰，自己一个人静静地呆在一个地方想些自己的事，或想些别人、国家、社会的事（很多知识分子更是如此）。二是其社会性和政治性。人有与人交往的意愿，想与别人讨论问题，交换看法，希望别人认同自己的观点和看法，获得别人的表扬、点赞，甚至想出人头地，领导和指挥别人。为此，他就不能完全独处，他需要共同体，希望在共同体中获得某种公共职位或权力。

人的主体性、人格独立性与人的社会性、政治性的矛盾怎么会导致对公权力的需求，霍布斯曾有较深入的分析。他说，亚里士多德认为，某些动物如蜜蜂、蚂蚁等，它们群处地生活，亦具有社会性和政治性，可谓之政治动物。[①] 那它们为什么没有产生对公权力的需求呢？霍布斯认为，这有六个方面的原因，即人有与这些动物六个方面的区别：其一，人类不断竞求荣誉和地位，从而产生嫉妒和仇恨，乃至战争。而这些动物不会。其二，人类喜欢把快乐和幸福与别人比较，总希望出人头地，而这些动物对个体利益与共同利益不加区分，它们天性追求个体利益，客观促成共同利益。其三，人类许多人总认为自己比别人聪明能干，更善于管理，从而互相不服气，以至使群体陷入混乱和内战之中。而这些动物没有人类的自以为是和算计。其四，人类中一些人能言善辩，巧言令色，把善说成恶，把恶说成善，把黑说成白，把白说成黑，混淆是

---

① 参见［英］霍布斯：《利维坦》，黎思复等译，商务印书馆 1997 年版，第 130 页。

非,蛊惑人心。而这些动物虽然能用一些声音来相互表示自己的欲望和感情,但没有人类的那些心计和狡猾。其五,人类在最安闲的时候最可能制造麻烦,他们喜欢显示自己的聪明,爱管国家和政府的闲事。而这些动物因没有理智不会区分无形的侵害和有形的损失,不会无事生事。其六,人类通过签订契约而和平共处,但如果没有某种力量使他们畏服,他们就会违约毁约。而这些动物的共处、协同一致是自然的,是天性使然。①

基于人的上述本性,霍布斯认为,所以人类需要公权力,人类需要把大家所有的权利和力量托付给某一个人或一个能通过多数的意见把大家的意志化为一个意志的多人组成的集体(公权力主体)。这就等于是说,指定一个人或一个由多人组成的集体来代表他们的人格,每一个人都承认授权于如此承担本身人格的人在有关公共和平或安全方面所采取的任何行为。或命令他人作出的行为,在这种行为中,大家都把自己的意志,把自己的判断服从于他的判断。这就不仅是同意或协调,而是全体真正统一于唯一人格之中;这一人格是大家人人相互订立信约而形成的,其方式就好像是人人都向每一个其他的人说:我承认这个人或这个集体,并放弃我管理自己的权利,把权力授予这个人或这个集体,但条件是其他人也要把自己的权利拿出来授予这个人或这个集体,并以同样的方式承认这个人或这个集体的一切行为。这一点办到之后,像这样统一在一个人格之中的一群人就称为国家。②

关于人类共同体与公权力的关系,亚里士多德更关注法律、法治的作用。人类要解决人的理性、人性与非理性、兽性的矛盾,不仅产生和提出了对公权力的需求,而且产生和提出了对法律、法治的需求。人们所需求的公权力的统治应该是法的统治。法治意味着:"唯独神祇和理智可以行使统治。至于谁说应该让一个个人来统治,这就在政治中混入了兽性的因素。常人即不能完全免除兽欲,虽最好的人们(贤良)也未免有热忱(柏拉图谓之'狮性',即高级动物的兽性)。这就往往在执政的时候引起偏向。法律恰恰正是免除一切情欲影响的神祇和理智的体现"。③

---

① 参见[英]霍布斯:《利维坦》,黎思复等译,商务印书馆 1997 年版,第 130~131 页。
② 参见[英]霍布斯:《利维坦》,黎思复等译,商务印书馆 1997 年版,第 131~132 页。
③ [古希腊]亚里士多德:《政治学》,吴寿彭译,商务印书馆 1996 年版,第 169 页。

(二)公权力创制后,能否发挥人类企望它发挥的功能、作用?

人类历史证明,公权力产生以后,在一定的时空条件下,能够发挥人类创制它时所企望它发挥的功能、作用;但在另外的时空条件下,它又不能完全发挥或者完全不能发挥人类创制它时所企望它发挥的功能、作用,即产生“异化”的现象。这是为什么呢?

公权力在一定的时空条件下之所以能够发挥人类创制它时所企望它发挥的功能、作用,其原因主要有五。

1. 公权力本身的特性所决定

公权力具有下述特性:公共性、权威性、强制性和相对独立性。公共性意味着公权力能为作为相对人的共同体全体成员提供公共物品(公共秩序和公共服务),故作为相对人的共同体成员在心理上可滋生自愿接受和服从公权力主体管理的心态,为公权力发挥作用主动提供一定的配合。权威性和强制性意味着公权力有能力排除其运作的障碍,相对人即使内心不愿意服从公权力主体的某种行为,在行动上一般还不得不服从。相对独立性意味着公权力主体可以通过税收或其他公共财政资金运转而无须参加生产经营等经济活动,从而能有时间和精力在运作过程中自我总结公共治理经验,自我发现和纠正自己运作中的相关问题,自我完善公共治理机制,保证公权力顺利有效发挥作用。

2. 共同体成员的理性所决定

人们创建共同体,授予共同体管理机构和个人以公权力,此种行为乃理性使然。理性使人明白:世间之事,总是有所得即难免有所失,有所失即可能有所得。人们参加共同体,服从公权力,肯定要让渡自己的一定权利和放弃自己的一定自由。但这种让渡和放弃会给自己带来安全、秩序和公共服务等公共物品。否则,我为什么不自由自在地生活而甘愿听任他人的管束,还要纳税缴费去养活一群对我非亲非故的外人呢?正是因为人有理性,公权力才能存在和发挥作用。

3. 共同体与公权力长期协同运作形成的秩序和惯性使然

共同体与公权力长期协同运作,即形成了一定的秩序和惯性。这种秩序和惯性是公权力稳定发挥作用的重要因素。公权力在运作过程中,总是会受到共同体和共同体成员或多或少或强或弱的制约,公权力主体也会自行给自己施加一定的自我约束。各种制约机制保证公权力主体行使权力不会超越底线,为所欲为。如果没有这些机制,公权力主体行使权力就可能超越底线,为所欲为,公权力相对人忍无可忍,就会起而抵制和反抗。公权力正是由于长期运作确立起相应的监督制约机制,故能稳定正常地发挥预期作用。当然,公权力长期运作,相对人对之也会产生一定依赖,即使公权力有某些小恶或者某些可以忍受的滥权,相对人往往也会能忍则忍,不会轻意抵制和反抗。正是公权力长期运作的这种惯性,使公权力不会随便因一时一事而崩溃或停止发挥作用。

4. 公权力运作的条件和外部环境不断改进、改善使然

社会的进步、经济的发展、科技的创新、法制的健全,不断为公权力运作创造和提供了越来越优越的条件和外部环境,不要说当下现代信息社会的互联网、大数据、人工智能和法治体系,就是工业社会相对于农业社会的交通系统、通信系统和工程建筑技术等,也给公权力运作增添了较远古时代无可比拟的能力,为改进、改善公共治理提供了较远古时代不可想象的可能。同时,公权力因其条件和外部环境的改进、改善而顺畅、有效运作,这又会反过来促进社会进步、经济发展、科技创新和法制健全。正是这种可能的良性循环(这种良性循环只是可能的,在很多时候并没有保障),为公权力功能和作用的发挥提供了另一个重要因素。

5. 不同国度、地区公权力运作经验的相互交流、借鉴使然

公权力之所以在人类历史进程中的很多时候能够发挥人们在创设它时预期发挥的功能、作用,除了前述四个基本因素之外,还有一个同样也有一定重要性的因素,那就是不同国度、不同地区的公权力主体通过各种途径、形式(如创设各种学术研究组织,举办各种国际或地区会议,出版各种图书、刊物等)相互交流、借鉴其他共同体公权力运作的经验,总结公共治理失败、失误的教训,相互警示。公权力主体之间的这种相互交流、借鉴和警示,无疑有利于提高公权力运作和公共治理的质量和效率。

(三)公权力在运作过程中,其功能、作用为什么会异化?

公权力因为前述因素,可以发挥人们在创设它时预期发挥的功能、作用。但是,在一定时间、一定场合(而且这种时间、场合并非很少),公权力并不能如人们预期的那样发挥其应发挥的功能、作用,甚至还会发挥与人们预期的相

反的功能、作用,即发生“异化”。[①] 那么,这是为什么?公权力在运作过程中发生异化的原因是什么?根据我们现掌握的有关公权力异化的历史和现实材料、案例,我们可以大致将之归纳为下述五个方面。

1. 公权力本身的特性使然

我们在前面的论述中已经指出公权力具有公共性、权威性、强制性和相对独立性等特性。这些特性既是使公权力能够发挥其功能、作用的原因,但它们也是导致公权力异化的原因。就公共性而言,因为公权力本身姓“公”,它就要求其行使者同样姓“公”。但是,人类共同体授权其行使公权力的人没有姓“公”的,他们都不是天使。他们和共同体其他成员一样,都姓“私”,都是普通父母亲生养育的,有七情六欲的凡人。由“私”人行使“公”权力,不能不产生矛盾和冲突,不能不产生异化的可能性空间。公共选择理论认为,“同样的人怎么可能仅仅因为从经济市场转入政治市场之后就由一心求利的自利者转变成为‘大公无私’的利他者呢?这是绝不可能的事。基于这种认识,公共选择理论沿用‘经济人’范示,以严格的‘自利’措辞来塑造所有公共选择者(选民、政治家、官僚等),以此为基点,把政治舞台模拟为一个经济学意义上的市场,分析个人在政治市场上对不同的决策规则和集体制度的反映(公共选择问题),以期阐明并构造一种真正能把个人的自利行为导向公共利益的政治秩序”。[②]

就权威性和强制性而言,二者是公权力发挥作用的重要保障,尽管不是唯一保障。但是二者也是腐蚀公权力主体,导致公权力作用异化的重要原因。因为掌握和行使公权力的人与普通人一样,存在人性的诸多弱点,其一旦手握强制性权力,获得独特的权威,就有可能以权谋私。孟德斯鸠说,“一切有权力的人都容易滥用权力,这是万古不易的一条经验。有权力的人们使用权力一直到遇有界限的地方才休止”。[③] 孟德斯鸠在这里说到的“权力”,最主要的

---

① 异化是哲学术语。源于拉丁文,原意是转让、出卖、疏远化等,表示把一物转让于别人,一物向与己相异的方向转化。异化是普遍存在的社会现象,也是马克思哲学理论的一个范畴。马克思的《资本论》以及马克思和恩格斯合著的《德意志意识形态》都深入探讨了资本主义社会的异化现象和消除这种现象的途径问题。

② [美]丹尼斯·C. 缪勒:《公共选择理论》,韩旭、杨春学译,中国社会科学出版社 1999 年版,第 3 页。

③ [法]孟德斯鸠:《论法的精神》(上册),张雁深译,商务印书馆 2005 年版,第 184 页。

是指有强制性的权力。他在论述君主政体的腐化时指出，“当一个君主认为他应该改变而不应遵循事物的秩序，才更能表现他的权威的时候”，当他“把全国的事情集中在首都，把首都的事集中在朝廷，把朝廷的事集中在自己一身的时候”，即其以强权、恣意独裁的时候，君主政体就腐化和要毁灭了。[①] 对于拥有强制权力的暴君或其他公权力主体，人们企望其自律，让他们自己给自己戴上锁链，以避免公权力异化的愿望是不可能实现，至少是难于实现的。

就相对独立性而言，它是公权力主体研究和总结治理经验，提升治理水平和治理效率，保障公权力功能、作用有效发挥的重要条件。但是公权力主体对于社会的独立性又可能使其脱离共同体成员，脱离实践，其政策制定闭门造车，主观武断，违背客观规律和共同体成员的意愿。另外，公权力的相对独立性如不加适当限制，还可能诱发和助长官僚主义和腐败，增加公权力异化的风险。对此，亚里士多德指出，脱离共同体的少数人较多数人易于腐败，道理在于，“物多者比较不易腐败。大泽水多则不朽，小池水少则易朽；多数群众也比少数人不易腐败。单独一人就容易愤懑或因其他任何相似的感情而失去平衡，终至损伤了他的判断力；但全体人民总不会同时发怒，同时错断”。[②]

2. 公权力执掌者和行使者知识、能力、智慧的局限使然

随着社会的发展、进步，共同体成员对公共物品的需求越来越多，越来越广泛，而公权力执掌者和行使者的知识、能力、智慧是有限的，尤其是公职人员遴选标准（如任人唯亲等）和选拔方式（如考八股、政治分赃等）存在弊端的情况下，公权力主体选拔的官员可能为无能之辈，其知识、能力、智慧不胜任其职位，与社会需求的矛盾更是难以缓和。撇开这种情况不说，即使公权力主体选拔的官员是高素质的，其如果不善于学习，也可能跟不上时代发展对其知识能力的需要，其执掌和行使公权力也可能效果不佳，导致公权力功能、作用异化。

毛泽东同志在中华人民共和国成立前夕曾谆谆告诫中国共产党的各级领导干部，“严重的经济建设任务摆在我们面前。我们熟习的东西有些快要闲起来了，我们不熟习的东西正在强迫我们去做”。[③] “我们必须克服困难，我们

---

① 参见［法］孟德斯鸠：《论法的精神》（上册），张雁深译，商务印书馆2005年版，第139页。
② ［古希腊］亚里士多德：《政治学》，吴寿彭译，商务印书馆1996年版，第163~164页。
③ 《毛泽东选集》（第4卷），人民出版社1967年版，第1417~1418页。

必须学会自己不懂的东西。我们必须向一切内行的人们(不管什么人)学经济工作。拜他们做老师,恭恭敬敬地学,老老实实地学。不懂就是不懂,不要装懂。不要摆官架子。"①"我们的同志必须用极大的努力去学习生产的技术和管理生产的方法,必须去学习同生产有密切联系的商业工作、银行工作和其他工作……如果我们在生产工作上无知,不能很快地学会生产工作,不能使生产事业尽可能迅速地恢复和发展,获得确实的成绩,首先使工人生活有所改善,并使一般人民的生活有所改善,那我们就不能维持政权,我们就会站不住脚,我们就会要失败。"②正是由于有毛泽东同志的这一谆谆告诫,在我们共和国成立初期,执掌和行使国家公权力的广大党政干部保持清醒的头脑,认真学习经济工作和管理技术,提高自己的知识和能力,国家治理取得了很大的成功,国民经济迅速恢复,经济建设快速发展,人民生活得到了极大改善。但是,20 世纪 50 年代中期以后,我们的许多执政者开始骄傲起来,不再注重学习,脱离实际,违背客观规律推进全民"大跃进",结果造成国民经济严重倒退和人民生活的极大困难,这应该是公权力行使因执政者知识、能力局限导致其作用异化的典型事例。之后,党和国家在八十年代推进改革开放事业的进程中,邓小平同志特别强调"摸着石头过河",吸取"大跃进"的深刻教训乃是其重要缘由。

3. 公权力相对人对公权力的盲目崇拜和迷信使然

在一定时空条件下,特别是在公权力运作顺利和取得较好的成效时,作为公权力相对人的共同体成员往往容易对公权力产生迷信乃至盲目崇拜,认为公权力无所不能,从而放松,甚至完全放弃对公权力的监督制约,以至诱发和助长公权力主体对公权力的滥用。这样的例子是很多的。例如,苏联 20 世纪 40 年代在苏共和斯大林的领导下,打败了德国法西斯的侵犯,在国家工业化和科技现代化方面取得了很大成绩,即曾在苏联人民中形成了长时间的对党和国家领导人及其公权力的崇拜与迷信。这期间斯大林的错误和诸多滥用权力行为不能不说与此有关。我国在 20 世纪 50 年代,由于抗美援朝战争的胜利和土地改革、农业合作化、工商业社会主义改造运动的迅速完成,以及国民

---

① 《毛泽东选集》(第 4 卷),人民出版社 1967 年版,第 1418 页。

② 《毛泽东选集》(第 4 卷),人民出版社 1967 年版,第 1366~1367 页。

经济的迅速恢复和第一个五年计划的顺利进展，也曾产生对公权力的过分崇拜与迷信。这期间和之后的“反右”、“大跃进”和“文革”，不能不说与此有密切的联系。邓小平同志在《对起草〈关于建国以来党的若干历史问题的决议〉的意见》中说，“文革”前十年，我们的社会主义革命和建设开始取得了很大成绩，但之后领导人“头脑发热”，导致了反右扩大化和“大跃进”的错误，最后发展至文革这样“严重的、全局性的错误”。① 这些教训是我们应该深刻吸取的。

4. 共同体成员的自利心和“搭便车”心理使然

公权力的异化，公权力主体滥用权力，不仅有其自身的原因，作为公权力相对人的共同体成员基于自利心和“搭便车”心理对公权力主体的贿赂、腐蚀、自行放松乃至放弃对公权力的监督、制约，也是一个重要原因。一些共同体成员总认为，对公权力有别人监督、制约，我何必多此一举呢？自己坐享其成即可。再说，监督、制约公权力可能得罪官员，将会对自己不利，我何必去做这种吃力不讨好的“蠢事”呢？还有一些共同体成员为讨官员喜欢，求官员为自己谋利益，对官员进行吹捧，给官员行贿，以金钱、美色腐蚀官员等。所以，公权力的腐败有时也同时源于公权力相对人的腐蚀。“‘腐化’将要在‘腐化别人的人们’之中增长，也将在‘已被腐化了的人们’之中增长。”②

5. 共同体对公权力监督、制约的制度、机制不健全、不完善使然

共同体对公权力监督、制约的制度、机制不健全、不完善是公权力滥用、腐败、异化的一个根本原因。因为要解决导致公权力滥用、腐败、异化的前四个方面的问题，都有赖于加强、完善对公权力监督、制约的制度、机制。因为执掌、行使公权力的人是“私人”而不是“公人”，不是天使，其滥权、腐败的可能性无法改变；共同体成员基于自利心和“搭便车”心理，对执掌、行使公权力的人的贿赂、腐蚀的现象永远不会消失；公权力本身特性的两面性（既可促成其发挥正面作用，也可促成其发挥负面作用）永远无法改变；共同体成员对公共物品需求的不断增长与公权力执掌者、行使者知识、能力、智慧的局限的矛盾也永远不会消失。因此，要防止和避免公权力腐败和异化，最基本最重要的途径是加强和完善对公权力监督、制约的制度、机制。任何国家、任何共同体，在

---

① 参见《邓小平文选》（第2卷），人民出版社1994年版，第291~310页。

② ［法］孟德斯鸠：《论法的精神》（上册），张雁深译，商务印书馆2005年版，第134页。

一定时期，对公权力监督、制约制度、机制健全、完善，公权力腐败和异化的现象就会较为轻微，就能使之较有效地向共同体成员提供较多较好的公共物品；反之，在一定时期，对公权力监督、制约制度、机制不健全、不完善，公权力腐败和异化的现象就会严重化，就会使公权力主体不仅不能给共同体成员提供优质的公共服务，还会侵犯和损害共同体成员的权利和自由。

关于如何加强和完善对公权力监督、制约的制度、机制，防止和避免公权力腐败和异化，我们将在本书后面的章节中加以探讨和论述。

第三章 公法概述

◇公法的概念与特征
◇公法的调整对象
◇公法与私法的关系
◇现代公法发展的若干特色

一、公法的概念与特征

(一)公法的概念

现有法律辞典和法学教科书对“公法”下过各种各样的定义。

《牛津法律大辞典》对“公法”是这样阐释的:“公法规定的是有关国家有组织的政治团体、政府及其部门和它们的代理机构的结构、权力和豁免权、义务及责任的规则和原则……主要调整国家与普通个人之间的关系……公法通常包括宪法、行政法、行政诉讼法、地方政府法、社会保障法、税收法、教会法和军事法。刑法和刑事诉讼法有时也被包括在公法之中……公法规定的权利义务是通过国家的、行政的、教会的和其他特殊力量以及刑事法院、刑事诉讼程序保证实施的”。[①]

这个定义包括三个部分:一是公法的内涵。规定“国家有组织的政治团

① [英]戴维·M.沃克:《牛津法律大辞典》(中文版),北京社会与科技发展研究所组织翻译,光明日报出版社1988年版,第733页。

体、政府及其部门和它们的代理机构的结构、权力和豁免权、义务及责任的规则和原则，主要调整国家与普通个人之间的关系”。二是公法的外延。包括“宪法、行政法、行政诉讼法、地方政府法、社会保障法、税收法、教会法、军事法，刑法和刑事诉讼法等 10 个(8+2)法律部门”。三是公法实施的保障。“通过国家的、行政的、教会的和其他特殊力量以及刑事法院、刑事诉讼程序保证实施”。

《布莱克法律词典》关于公法的释义是：公法有两种含义，一是指调整政府与私人之间的关系，规定政府组织结构和运作的法律系统，包括宪法、刑法和行政法；二是指影响普遍公益的法律。①

这个定义亦包括三个部分：一是公法的内涵。“调整政府与私人之间的关系，规定政府的组织结构和运作”。二是公法的外延。“主要包括宪法、刑法和行政法”等三个法律部门。三是公法的实质和目的。“影响普遍公益”。

《元照英美法词典》关于公法的释义是：一般认为，公法(public law)是规范国家、政治团体、政府、政府部门和政府机构的组织、活动、权利、豁免、责任和义务，以及调整国家和个人关系的法律。通常包括宪法、行政法、刑法、诉讼法、社会保险法、税法、教会法、军事法和国际公法，又称“public statute, general statute”，简写为“Pub. L. ”或“P. L. ”。②

这个定义虽也包括三个部分，但内容与前二者有别：一是公法的内涵。“规范国家、政治团体、政府、政府部门和政府机构的组织、活动、权利、豁免、责任和义务，调整国家和个人关系”。二是公法的外延。包括“宪法、行政法、刑法、诉讼法、社会保险法、税法、教会法、军事法和国际公法”等 9 个法律部门。三是英文的不同表述和简写。英文表述分别为：public law (s), public statute, general statute。

我国官方出版的“马克思主义理论研究和建设工程重点教材”《法理学》未对“公法”下正式的定义，只是对其外延做了一般的描述：“公法主要包括宪法、行政法、刑法、诉讼法以及后来的经济法、社会保险法、环境法等 7 个(4+

---

① See Bryan A. Garner(editor in chief), *Black's Law Dictionary*, (eighth edition)1267.

② 薛波主编：《元照英美法词典》，法律出版社 2003 年版，第 1117 页。

3）法律部门。”[①]

上述关于公法的定义或释义主要是基于传统部门公法的角度而界定的，虽各有差别，但亦都有可取之处。就宏观公法学而言，这些定义或释义均不甚全面和准确，具有一定片面性。下面我们试从宏观公法学的角度，给“公法”下一定义：

公法，是规范和控制公权力的法，是调整公权力主体与作为其相对人的共同体成员的关系、公权力主体与相应共同体的关系，以及不同公权力主体相互之间关系的法律规范系统。公法包括国家公法、社会公法和国际公法。公法的法源包括国家的法和国家之外的法、制定法和非制定法、“第二性规则”的法和“第一性规则”的法、自然法和人为法、已形成的法和正在生长的法、硬法和软法。

这一定义包括四个方面的内容：

1. 公法的实质是规范和控制公权力。所谓“规范”，是指为公权力授予、取得、行使设定规则，要求公权力主体（实质主体和形式主体）必须遵循、遵守；所谓“控制”，是指为公权力运作设立监督、制约和责任机制，防止公权力滥用，侵犯共同体成员的权益和公共利益。

2. 公法的内涵是调整三大关系：其一，公权力主体与作为其相对人的共同体成员的关系。这是公权力最主要的调整对象。公权力主体行使公权力（如审批、许可、检查、监控、处罚、强制、给付等），通常会涉及一个或多个相对人。为保证公权力的正确、有效行使，公法必须为公权力主体确定权限和责任，为相对人确定义务和权利。其二，公权力主体与相应共同体的关系。公权力主体的权力源于共同体，它行使权力必须接受共同体的监督，向共同体负责。为此，公法必须确立共同体监督公权力主体的机制和公权力主体向共同体负责的制度，以防止和避免二者的“主仆关系”颠倒。其三，不同公权力主体相互之间关系。不同公权力主体的相互关系是各种各样的，有横向的从属关系、有纵向的平行关系；有一般的领导与被领导关系，有单纯的指导性关系；有相互协助的关系（如不同的国家公权力主体之间、不同的社会公权力主体之间、不同的国际公权力主体之间）、有相互监督制约的关系（如国家公权力主体与社

---

① 张文显等：《法理学》，人民出版社、高等教育出版社2010年版，第99页。

会公权力主体之间)等。这些关系要保持在人们预期的秩序之内,均必须由公法事先为各方主体规定行为规则、设定权利和义务。

3. 公法的外延包括国家公法、社会公法和国际公法。国家公法指国家制定或认可的公法,如宪法、行政法、诉讼法、刑法等;社会公法指由社会组织、团体制定或认可的公法,如行业协会章程、规则,基层自治组织的村规民约,高等学校的校规、守则等;国际公法指国际组织制定或认可的公法,如国际条约、协定、宣言和国际组织章程等。

4. 公法的法源包括国家的法和国家之外的法、制定法和非制定法、"第二性规则"的法和"第一性规则"的法、自然法和人为法、已形成的法和正在生长的法、硬法和软法。关于公法各种法源的形式和内容,我们在本书第一章"概述"中已有阐释,故此处从略。

(二)公法的特征

公法的特征是相对私法而言的。从形式层面上讲,公法与私法有六个方面的区别,即有下述六项特征:

1. 公法的适用主要在法院外。首先,公法主要规定公权力主体行使公权力的权限、管辖范围、条件和程序等,这些规范一般都在法院外适用。其次,公法争议虽然也可由法院裁决,但是,大多数公法的适用并不会产生外部争议。如公法关于公权力主体的组织、机构和性质的规定,公法关于公权力主体内部从属关系和公职人员任用、调动、职务晋升的规定等,很少引发外部争议和纠纷。最后,某些公法在实施过程中即使产生了争议和纠纷,也不能由法院裁决,如因公权力主体实施的国家行为、高度政治性行为、单纯的机构内部行为引起的争议和纠纷,在公法上一般排除司法干预。

2. 公法规范分散,法典化程度低。这一特征主要表现于公法中的行政法。行政法是公法中法律规范最多、最庞杂,调整对象和调整范围最广泛的法律部门。但世界各国的行政法,几乎没有制定成统一法典的,一般仅有局部性的单行法典,如行政程序法典、公务员法典、行政诉讼法典、国家赔偿法典等。但私法中的民法典、商法典等则在各国立法中是较常见的现象。

3. 公法规范立、改、废频繁,法的稳定性弱。这一特征与公法法典化程度低的特征是紧密联系的,由于是单行法,公权力主体对之立、改、废的灵活性大,它们为了适应社会经济情况的变化,故可相对频繁地修改旧法,创制新法。

这一特征不仅存在于国家公法中,更存在于社会公法中。因为社会组织没有如同国家议会、人大等独立和正式的立法机关,后者制定、修改、废止法律、法规毕竟要受较严格的立法程序制约,而前者基本不存在此种制约,故它们制定、修改、废止各种相应规则更为容易、方便。

4. 公法的法源形式多。就国家公法而言,法源形式有宪法、法律、法规、规章、自治条例、单行条例、立法解释、司法解释等;社会公法的法源形式有组织章程、行业协会规则、村规民约、大学校规、教师守则、学生守则等;国际公法有条例、协定、宣言、声明等。公法法源除各种制定法外,还有更多的非制定法法源形式,如宪法惯例、正当程序规则、法的基本原则等。

5. 公法争议解决途径多元化。公法争议解决有多种多样的途径,既有在私法争议解决中基本不适用或很少适用的协调、谈判、斡旋、声明异议、行政复议、信访等,也有在私法争议解决中同样适用的调解、仲裁、诉讼(只是在公法中称为行政调解、行政仲裁、行政诉讼或公法调解、公法仲裁、公法诉讼)等。另外,公法争议解决选择适用非司法途径时,很多情况下为终局途径,即当事人不服此种途径的裁决结果,不能再诉诸司法途径。而私法争议解决中,当事人先选择适用非司法途径的,只有较少情况为终局途径(如仲裁,但仲裁也有法定例外),多数情况下,当事人不服非司法途径(如民间调解、行政调解、行政裁决、社会组织调停等)的裁决结果,可再诉诸司法途径,通过诉讼最终解决纠纷。

6. 程序法在公法中具有更重要的地位。相对于私法,程序法在公法中具有更重要的地位。因为根据法治原则,私人行为具有较公权力主体行为更多的自由,法律对私人行为主要规定其实体权利和义务,至于私人如何行使权利、履行义务,法律对其程序较少加以强制性规范。法律对于公权力主体则不一样,不仅严格规定其职权、职责,而且对其如何行使职权、履行职责的程序加以严格规范。例如,行政主体对行政相对人作出某种不利行政行为时,必须说明理由、听取申辩,政府和政府部门制定涉及相对人权益的政策或作出相关决策时,必须遵循公开、公正、公平的程序。故此,在公法中,程序法具有较实体法更大的比重,而在私法中,实体法则具有更重要的地位。

前述公法的六项特征是从公法的外在形式上归纳的。但公法与私法的根本区别还在于其实质。公法的实质特征主要表现在下述四个方面:

1. 公法的目的和宗旨是追求公共利益。公法通过规范和控制公权力，防止其越权和滥用权力，保护共同体和共同体全体成员的利益。这一点使其与私法形成鲜明的对照：私法旨在追求私人利益，保护作为个体的公民、法人和其他组织的利益。

2. 公法的内容主要是规定公权力主体的组织结构、活动原则、职权职责、行使职权履行职责的程序，以及对公权力的监督制约机制，调整公权力主体与共同体、共同体成员及公权力主体相互之间的关系。而私法的内容主要是规定个人、组织的权利、义务，调整私主体之间的各种相互关系。

3. 公法关系主体的地位不对等。公法关系，无论是公权力主体与共同体的关系，还是公权力主体与作为公权力相对人的共同体成员的关系，或者是公权力主体之间的纵向关系（横向关系除外），双方主体的地位都是不对等的：公权力主体与共同体的关系是主仆关系；公权力主体与作为公权力相对人的共同体成员的关系是管理者与被管理者的关系；权力主体之间的纵向关系一般是领导与被领导、命令与服从的从属关系。而私法关系双方当事人的地位通常是平等的，权利义务通常是对应的（法律规定的特殊情况除外）。

4. 公法调整的手段具有单方性和强制性。虽然公权力运作也可以通过协商、指导和柔性的方式进行，但是，公权力运作如遇到阻力，为了保障公共利益的实现，可以采取单方强制性手段排除阻力。而私法运作的基本原则是平等、自愿、等价、有偿。私主体在行使其权利过程中即使遇到阻力和被侵权，一般不能通过自行采取强制手段排除障碍，实行自力救济（在紧急情况下可以有法定例外，如正当防卫），而应当申请公权力（如政府、公安、法院、检察院等）救济。

二、公法的调整对象

公法的基本调整对象是三大关系：公权力主体与共同体的关系、公权力主体与公权力相对人的关系、公权力主体相互之间的关系。

（一）公权力主体与共同体的关系

公法主要从下述五个方面调整公权力主体与共同体的关系。

1. 确认与规范共同体的形成与建立

古今中外任何共同体的形成与建立，公法在其中都起重要的作用。远古原始社会氏族、胞族、部落、部落联盟虽然是完全自发形成的,其氏族、胞族、部落、部落联盟的成员——原始人类——虽然没有事先制定任何公法规则来规范这些共同体的组织结构和组建程序,他们很可能也全然没有意识到有一定的公法规则在他们组建共同体的过程中发挥过作用。但事实是,在他们组建共同体的过程中,一定的公法规则是必然存在和必然发挥作用的。他们选择相互组成共同体的伙伴成员的条件,他们组成共同体如何共同相处,如何共同获取食物和其他生活资料以及怎样分配,有了争议纠纷如何化解,等等。他们实际上是不可能不遵循一定的公法规则的。没有公法,就不可能组建和维系共同体。当然,没有共同体,也不可能形成和产生公法。

2. 确立共同体产生公权力主体的规则

公法调整公权力主体与共同体的关系的第二方面即是确立共同体产生公权力主体的规则,这方面的规则包括:作为公权力主体候选人的资格(如年龄、作为相应共同体成员的时间、能力等),产生方式(如选举、抽签、轮换、由某一权威机构协商产生等),是否宣誓,是否允许有人提出异议,如何处理异议,等等。这些规则的法源有选举法、组织法、王位继承法等。

3. 确立共同体向公权力主体授权的规则

公权力主体产生后,共同体必须授予其职权、职责,明确其职权、职责的界限,这是公法的一个重要功能和作用。对此,共同体通常制定组织法或专门授权法实现该功能、作用。在现代社会,对国家公权力主体的授权,对各不同国家机构基本权限的分配,通常是通过宪法实施的,组织法和专门授权法只是为落实宪法的基本授权规定而进行具体执行性的或者细化的或补充性的规定。

4. 确立公权力主体行使公权力的规则

确立公权力主体行使公权力的规则是公法调整公权力主体与共同体的关系的最主要最基本的内容,如人民代表机关法(如议会法),立法法,诉讼法(如刑事诉讼法、民事诉讼法、行政诉讼法等),行政行为法(如我国的行政许可法、行政处罚法、行政强制法等),行政程序法,社会团体法等。这些法律明确规定公权力主体行使公权力的条件、范围、手段、方式、步骤等,是共同体控制公权力,防止公权力篡权、越权、任性、恣意的基本途径和保障。

5. 确立共同体对公权力主体监督制约的规则

公法调整公权力主体与共同体的关系的第五方面是确立共同体对公权力

主体监督制约的规则。共同体对公权力主体的监督制约包括事前监督制约、事中监督制约和事后监督制约。事前监督制约实际上包含前述第三类规则的有关内容或与有关内容部分重合,即公法应明确规定公权力主体的职权、职责,严格确定其权力界限,防止其权力膨胀;事中监督制约实际上包含前述第四类规则的有关内容或与有关内容部分重合,即公法应严格规定公权力主体行使公权力的程序,防止其滥用权力。这里讲的第五个方面的规则主要是指事后监督制约规则。事后监督制约包括共同体代表机关(如人大、议会等)的质询、罢免、弹劾监督,司法机关(如宪法法院、行政法院或普通法院)的诉讼监督,监察机关的调查、惩戒,审计机关的财政监督,新闻媒体的舆论监督,共同体成员个体和组织的社会监督等。公法调整公权力主体与共同体的关系的第五方面的规则主要是指确立和规范这些监督机制和形式的规则。

(二)公权力主体与公权力相对人的关系

公法调整公权力主体与公权力相对人的关系主要涉及下述五个方面的关系:

1. 管理与被管理、规制与被规制的关系

管理与被管理、规制与被规制的关系是公权力主体与公权力相对人关系中比重最大和最主要、最基本的一种关系。规制可以认为是管理的一种形式、一种手段。管理是公权力主体为追求公共秩序而对相对人施加的各种影响、干预、监管方式、手段的总称,而规制是一种更正式,更制度化,更具强制性的管理形式和手段。奥格斯(Anthony I. Ogus)指出,所谓"规制",是指公共机构针对社会共同体认为重要的活动所施加的持续且集中的控制。第一,规制包含了一个更高主体的控制这一理念,它具有指导的功能。为了达到预想的结果,私人受制于一个更高的主体——国家——并被要求按照特定的方式行为,如果违反规则,则以惩罚为后盾。第二,国家及其代理机构运用的主要工具是公法,实施已不能通过私主体间的私合同来达到。第三,因为国家在法律的形成及实施中扮演了最基本的角色,因此该法律体系(规制法律体系)是集中化的(centralized)。①

① 参见[英]安东尼·奥格斯:《规制:法律形式与经济学理论》,骆梅英译,中国人民大学出版社2008年版,第1~2页。

安东尼将规制分为社会性规制和经济性规制两大类。社会性规制主要适用于安全与健康、环境保护和消费者保护等领域，重点解决“信息不对称”和“外部性”问题。经济性规制主要适用于市场竞争领域，主要解决“自然垄断”问题。[①] 关于规制的具体形式，我们将在本书后面的“公法行为”一章中做较详细的论述，故此处从略。

2. 因提供公共服务而形成的关系

公权力主体与相对人的关系除了因实施管理、规制而产生的关系外，另一类很重要的关系就是因提供公共服务而形成的关系。在现代社会，这一类关系的比重越来越增加，尤其是在公用事业（如自来水、电、燃气、公路、地铁等），社会保险（如生育保险、养老保险、失业保险、最低生活保障、医疗保险等），社会福利（如廉租房、疗养院、休闲设施、义务教育、老年人、残疾人优待等）等领域，此类关系更有发展的趋势。早在20世纪20年代，狄骥在《公法的变迁》中就敏锐地对公权力作用在现代社会的变化（由高权性的“主权”权力作用向柔性权力的“公共服务”作用转化）进行了描述。他指出：“首先，我们的基本生活需求，我们的邮政系统、铁路交通以及照明系统都是由这种具有经济上的复杂性的组织来加以满足或操作的，以至于它们在操作中的一瞬间的困难就会威胁到整个社会存在的基础。正是由于这个原因，国家的职能得到大幅度的拓宽。组织战争、治安和司法已经不足以概括国家的功能……对于现代社会的经济组织来说，国家所需要的已经不再是发布命令的权力，而是满足需要的义务。我们承认统治阶级仍然保有着一定的权力；但是，他们如今保有权力的根据不再是他们所享有的权利，而是他们所必须履行的义务。”[②] 据此，狄骥得出结论：“公共服务的概念正在取代主权的概念。国家不再是一种发布命令的主权权力。它是由一群个人组成的机构，这些个人必须使用他们所拥有的力量来服务于公众需要。公共服务的要领是现代国家的基础。没

---

① 参见[英]安东尼·奥格斯：《规制：法律形式与经济学理论》，骆梅英译，中国人民大学出版社2008年版，第5~6页。

② [法]莱昂·狄骥：《公法的变迁·法律与国家》，郑戈、冷静译，辽海出版社、春风文艺出版社1999年版，第12~13页。

有什么要领比这一要领更加深入地根植于社会生活的事实。”①

由于公共服务在公权力作用中占有越来越重要的地位和作用，所以它成为现代公法调整的一个基本对象。

3. 因公权力主体对相对人实施指导、协商行为产生的关系

随着现代社会民主、法治的推进和公民权利意识的增强，公权力越来越从管理型向服务型转化，从高权强制型向伙伴柔性型转化。公权力这种转型在其作用方式上的表现就是越来越多地运用指导和协商的方式与相对人打交道。这种指导和协商的方式在国家公权力运作的体现即是行政指导和行政契约（或称“行政合同”“公法契约”）。

“作为当代行政法意义上的行政指导这一概念，首先出现于二战后的日本，目前在欧美国家则多称为非强制性行政行为，或称为非正式行政行为、简便式行政活动，等等。”②行政指导是指“行政机关在其职能或职责范围内，为适应复杂多样化的经济和社会管理需要，基于国家的法律精神、原则、规范或政策，适时灵活地采取指导、劝告、建议等非强制性手段，取得相对人同意或协力，以有效地实现一定行政目的之主动行为……在现代市场经济条件下，行政指导主要运用于经济、科技和社会公益方面，特别是在经济管理领域运用得更为普遍。因此，符合市场经济和民主法治要求的行政指导，能够起到多方面的作用”。如补充和替代作用、辅导和促进作用、协调和疏通作用、预防和抑制作用等。③

行政合同是指行政机关“和当事人协商，依双方意思表示的一致而在行政机关和当事人之间，创设、变更或消灭某种权利、义务”的行为。④“行政合同适用的事项有的由法律规定，例如公共工程承包合同、公共工程捐助合同、公务特许合同、独占使用共用公产合同、出卖国有不动产合同等。但大多数行政事项由行政机关根据需要和情况，决定究竟缔结民事合同或行政合同。例如行政机关签订的供应合同、运输合同、雇佣合同等，有时是行政合同，有时是

---

① ［法］莱昂·狄骥：《公法的变迁·法律与国家》，郑戈、冷静译，辽海出版社、春风文艺出版社1999年版，第13页。

② 莫于川：《行政指导论纲》，重庆大学出版社1999年版，第18页。

③ 参见莫于川：《行政指导论纲》，重庆大学出版社1999年版，第18~19页。

④ 参见王名扬：《法国行政法》，中国政法大学出版社1989年版，第178页。

私法合同。”[①]“第二次世界大战后，行政合同广泛应用于经济发展和资源开发方面。政府在执行经济计划的时候，避免采取行政命令方式，而是和企业签订合同，向后者提供一定的援助，由后者承担计划中的某些任务。法国称这种执行计划方式为政府合同政策。这是对传统的执行计划方式的一大改进。此外，在科研方面、教育方面及其他事项中，政府也往往和相对人签订合同，规定相对人应当完成的任务。合同方式在法国行政法上得到越来越广泛的应用”。[②] 在法国之后，行政合同在欧洲大陆其他国家，在英美以及中国、日本和亚洲其他国家，同样也成为行政机关履行职能，创设、变更或消灭与行政相对人的某种权利、义务关系的重要途径和手段。关于“行政合同”的具体形式和内容，我们将在本书后面的“公法行为”一章的“公法契约行为”一节中作较详细的论述，故此处从略。

4. 因公权力相对人参与共同体治理而与公权力主体产生的关系

公权力相对人因参与共同体治理而与公权力主体产生的关系与公权力主体对相对人实施管理、规制一样，同样是公法调整的对象。

在现代民主社会，对共同体进行治理不只是公权力主体一方的事，公权力相对人一方也要广泛地参与，如参与立法和规则制定，参与公共治理事项的决策、决定，参与对法律、规则的执行和对共同体各种决策、决定、决议的执行，参与规制和公共服务等。公权力相对人参与共同体治理的方式是多种多样的，如建议、批评、诉愿、听证、论证、网上讨论、集会、公投、复决等。对所有这些参与形式的规则、程序以及公权力主体如何响应，如何与公权力相对人互动等，公法都要加以全面规范。

5. 公权力主体与相对人因解决公法争议、纠纷而产生的关系

作为公法调整对象的公权力主体与公权力相对人的关系的第五个领域是双方因解决公法争议、纠纷而产生的关系。公法争议、纠纷是多种多样的，无论是公权力主体对相对人实施管理、规制，还是向相对人提供公共服务，或者是对相对人进行指导、与相对人签订公法契约，另或是公权力相对人因参与共同体治理，都可能产生公法争议和纠纷。公法争议、纠纷的解决方式同样是多

---

① 王名扬：《法国行政法》，中国政法大学出版社 1989 年版，第 179 页。

② 王名扬：《法国行政法》，中国政法大学出版社 1989 年版，第 179 页。

种多样的，如调解、裁决、仲裁、协调、信访处理、声明异议、行政复议、行政诉讼等。这些解纷制度、机制，都有赖于公法确立，公权力主体和公权力相对人因解纷而产生的关系无疑是公法调整的重要对象之一。

（三）公权力主体相互之间的关系

作为公法调整对象的第三类公法关系是公权力主体相互之间的关系。这类关系主要由两大部分组成：横向关系与纵向关系。

公权力主体相互之间的横向关系包括下述六个小类。

1. 国家公权力主体之间的关系

国家公权力主体由哪些权力主体组成，各国的情况各不相同，同一国家不同历史时期的情况亦不相同。例如，我国在唐代的基本国家权力体制是皇帝之下的三省（尚书省、中书省、门下省）、六部（吏部、户部、礼部、兵部、刑部、工部）；国民政府时期的基本国家权力体制是国民大会之下的五权（五院）分立（立法院、行政院、司法院、监察院、考试院）；我国现行宪法确立的基本国家权力体制是全国人大之下的“一府”（中央政府，即国务院）、“两委”（中央军事委员会、国家监察委员会）、“两院”（最高人民法院、最高人民检察院）。美国现行宪法确立的基本国家权力体制是“三权分立”（国会行使立法权、总统行使行政权、最高法院行使司法权）。其他西方国家基本国家权力体制大多亦实行三权分立（立法权、行政权、司法权分立），只是因为政体不同（实行总统制或者议会制或者半总统制）而三权的地位有所不同。但不管哪个国家、哪个时期实行什么样的国家权力体制，都必须以公法对各个权力主体的权限进行一定划分，以保证国家公权力的有序有效行使，以避免无序和混乱。

2. 社会公权力主体之间的关系

社会公权力主体有不同的系统，如行业协会系统（包括律师协会、医生协会、注册会计师协会等），社团系统（如工会、共青团、妇联等），基层自治组织系统（如村民委员会、居民委员会等），公共事业组织系统（如大学、研究院、博物馆等），宗教系统（如基督教、天主教、伊斯兰教、佛教等）。公法（国家公法和社会公法）既调整不同系统公权力组织之间的关系（如律师协会应妇联的要求，协调律师事务所、律师向权益受侵害的妇女提供法律援助而形成的关系），也调整同一系统公权力组织之间的关系（如律师协会与医生协会、记者协会、注册会计师协会之间发生的关系，以及不同地方的律师协会之间、不同医生协会、记者协会、注册会计师协会之间发生的关系等）。

3. 国际公权力主体之间的关系

国际公权力主体亦有不同的体系，如联合国及其安理会体系，联合国相关组织（如世界卫生组织、教科文组织、粮农组织等）的体系，非联合国关联组织（如世贸组织、奥林匹克、国际足联等）的体系，区域性国际组织（如欧盟、非盟、东盟等）的体系。这些国际公权力主体相互之间，无论是不同体系的国际组织之间，还是同一体系的不同国际组织之间的关系，均受国际公法调整。

4. 国家公权力主体与社会公权力主体之间的关系

受公法调整的国家公权力主体与社会公权力主体之间的关系包括三类：一是国家公权力主体对社会公权力组织的管理关系（如登记、注册、检查监督等）；二是国家公权力与社会公权力的相互监督制约关系（如国家机关对社会组织和社会组织对国家机关的批评建议等）；三是国家公权力与社会公权力的相互合作、协作关系（如国家机关和社会组织共同发文，共同推进某一项公益事业）。

5. 国家公权力主体与国际公权力主体之间的关系

受公法（国际公法）调整的国家公权力主体与国际公权力主体之间的关系主要有四类：一是国家公权力主体执行国际公权力组织通过的决议、决定而产生的关系；二是国际公权力组织对某一国家公权力主体实施制裁而产生的关系；三是国际公权力组织对某一国家公权力主体实施维和行动而产生的关系；四是各国家公权力主体因分担国际公权力组织运作经费而产生的关系等。

6. 社会公权力主体与国际公权力主体之间的关系

在各种公权力主体的横向关系中，一个国家内部的社会公权力主体与国际公权力主体发生关系的情况是较少的。国家内部的社会公权力主体通常要通过所在国家的国家公权力主体与国际公权力主体发生关系。但是这种情况也不是绝对的。有些国际组织也可不通过一国的国家公权力主体而与该国的社会公权力主体发生关系，如作为天主教国际总部的梵蒂冈当局即直接与许多国家的天主教组织发生关系，一些非政府国际组织（如非政府的世界妇女组织）也与一些国家的非政府组织直接发生关系。对于这些关系主体的行为，自然也要受一定国际公法规则的约束。

公权力主体相互之间的纵向关系包括下述五个小类。

1. 国家公权力主体上下级之间的关系

无论是单一制国家，还是联邦制国家，不同层级的国家公权力主体之间的关系均须共同遵循一定的公法规则（通常由宪法规范）。在单一制国家，地方政府通常从属于中央政府，尽管地方政府有一定的自主权或自治权，而且这种自主权或自治权在各国有很大差别。而联邦制国家，作为联邦组成单位的次级政府（如州政府、邦政府、加盟共和国政府等）对于联邦政府有相对独立的权限，通常有独立的立法权（甚至立宪权）和司法权。当然，这种独立权是有限的，次级政府的国防、外交等必须服从联邦政府，司法的独立性也不能及于所有事项，凡联邦宪法确定属于联邦管辖的事项，相应争议案件只能由联邦法院裁决。总之，各国国家公权力主体之间的关系各不相同，但它们受公法统一（主要是宪法）调整则是相同的。

2. 社会公权力主体层级之间的关系

社会公权力主体不同于国家公权力主体，其内部较少层级，有的甚至没有层级。即使有层级，一般也没有国家公权力主体那样的严密关系。像工会、妇联一类社团，律协（律师协会，下同）、医协（医生协会，下同）、记协（记者协会，下同）、注协一类行业协会（注册会计师协会，下同），省市层级的组织并不从属于国家层级的组织，下一层级并非从属和服从上一层级，上一层级不能领导和命令下一层级，它们之间仅具有指导与被指导的关系。像村民委员会、居民委员会一类基层自治组织，就根本不存在上一层级的组织。乡镇和县市级人民政府属于国家公权力主体，对社会公权力主体不能发号施令，它们对基层自治组织只能起监督和指导作用。当然，某些大型或特大型社会公权力组织，例如，国家级的总工会，它们内部会设置很多机构——管理人、财、物和各种业务的部门。总工会领导层与这些部门间会存在隶属和领导关系，甚至命令服从关系。社会公权力主体内部究竟有哪些种类的关系，我们这里暂且不予讨论（本书后面章节会有相应论述）。我们这里要说的只是，社会公权力主体层级之间的关系，无论是什么关系，都是公法——主要是社会公法——调整的对象。

3. 国际公权力主体层级之间的关系

国际公权力主体层级之间的关系既不同于国家公权力主体层级之间的关

系，也不同于社会公权力主体层级之间的关系。国际公权力主体的组织结构是千差万别的：联合国与其内设机构（如秘书处、安理会等）的关系属于纵向关系；与其关联组织（如世界卫生组织、教科文组织、粮农组织等）的关系既有一定的纵向性质，也有一定的横向性质；而其与联合国的非关联组织（如世贸组织、奥林匹克、国际足联等）的关系则纯属横向关系。欧盟与其内设机构的关系的性质纯属纵向关系。因为欧盟通过长时期的发展和整合，在很多方面具有了准国家的性质，从而其内部关系越来越多地具有国家机构内部关系的性质。其他非由主权国家组成的国际组织，其内部关系大多是松散的，但也有一些是很紧密的，如19世纪后期和20世纪前期存在的共产国际（包括第一国际、第二国际和第三国际），其与许多国家共产党的关系是上下级从属关系，前者可以向后者下达命令和指令。调整这类关系的法当然不是国家公法，也不是标准的国际公法，而是一种介于国际公法和社会公法的准国际公法。

4. 国家公权力主体与社会公权力主体的关系

国家公权力主体与社会公权力主体既有横向关系，也有纵向关系。在一定时空条件下，社会公权力主体与国家公权力主体处于平行主体地位，二者可为互相监督与制约、互相合作与协作的关系；在另外的时空条件下，社会公权力主体处于国家公权力主体相对人的地位，前者要接受后者的管理，二者可为命令与服从的关系，即纵向关系。此种关系由国家公法调整。这不同于社会公权力主体内部层级的纵向关系，社会公权力主体内部层级的纵向关系由社会公法调整。

5. 国际公权力主体与国家公权力主体的关系

国家公权力主体与国际公权力主体既有横向关系，也有纵向关系。在一定时空条件下，国家公权力主体与国际公权力主体处于平行主体地位，二者可为互相监督与制约、互相合作与协作的关系。这种关系同时受国家公法与国际公法调整；在另外的时空条件下，国家公权力主体处于国际公权力主体相对人的地位，前者要执行后者的决议、决定，二者为作出决议、决定的主体与执行主体的关系，即纵向关系。此种关系与国际公权力主体内部层级的纵向关系一样，同样都受国际公法调整。

三、公法与私法的关系

在公私法的关系上，各国实践存在对二者不予区分和加以区分的两种情形；学术理论也存在主张对二者进行区分和反对对二者进行区分的两种观点。

（一）实践中对公私法不加区分的情形与缘由

1. 中国古代社会不区分公私法的缘由

在中国古代社会，对公私法是不加区分的，其缘由主要有三：

其一，中国古代社会商品经济很不发达，很少或者几乎没有市场交易，故很难形成与公法分立的独立的私法部门（此为经济原因）；

其二，中国古代社会在政治上家国一体，没有形成与政治国家分立的相对独立的公民社会（或称市民社会），故无公私法区分的社会环境（此为政治原因）；

其三，中国古代社会既受君权神授理论的影响，臣民被要求绝对服从君权；又受儒家学说“忠君”观念（君要臣死，臣不得不死）和“三从四德”礼教的影响，难于产生和形成与尊重及维护人权、尊重和维护公民权利与自由的私法相适应、相匹配的公法。中国古代的公法是霍布斯鼓吹的维护绝对君权，要求共同体成员绝对服从公权力的公法，从而不可能容许与之并立和受之制约的私法的存在（此为文化原因）。

2. 中国计划经济时代不区分公私法的缘由

在中国计划经济时代，对公私法同样是不加区分的，其缘由主要有四：

其一，中国计划经济时代政企不分，反对商品自由流通，不允许市场和市场经济存在，从而没有或者很少有对私法的需求（经济原因）；

其二，中国计划经济时代政社不分，反对公民自由结社，不允许体制外的社会组织、团体的存在，从而难以产生社会公法（国家公法处于垄断地位）和与社会公法密切联系，与国家公法对应的私法（政治和社会原因）；

其三，中国计划经济时代在意识形态上宣扬“一大二公”“兴无灭资”“兴公灭私”，反对公民私有财产所有权，不允许私人和私人组织拥有生产资料，即使是生活资料，也施加最大限度的限制，从而难有私法存在和发挥作用的空间（意识形态原因，亦即文化原因）；

其四，中国计划经济时代实行高度集权的大一统的管理体制，不允许任何妨碍公权力集中统一管理的因素存在,更不允许以私权制约公权,从而不可能形成私法生长发展的环境(政治原因)。

3. 英美法系国家长时期不区分公私法的缘由

在很长的历史时期内,英美法系国家是不区分公私法的。现在英美法系国家虽有不少法律学者主张对公私法加以区分,但在立法和司法实践中,在整体上对公私法仍然是不加区分的(英美法系国家一般不设行政法院和宪法法院,不制定专门的行政诉讼法),这其中的缘由主要有以下三个方面:

其一,戴雪(A. V. Dicey 英国著名宪法学家)的一国之内不容有两种法律和两种法院存在的"法治"理论对英美法的长期、深刻和顽固的影响。戴雪在其经典著作《英宪精义》一书中指出,他的"法治"学说有三项要旨:一是排除专断(武断)权力。"四境之内,大凡一切独裁、特权,以至宽大的裁断威权(即宽泛的自由裁量权)均被摒除。英吉利人民受法律治理,唯独受法律治理。一人犯法,此人即被法律惩戒;但除法律(仅指普通法)之外,再无别物可将此人入罪。"①二是人人在法律面前平等。"四境之内,大凡一切阶级均受命于普通法,而普通法只在普通法院执行。当法治用在此项旨意时,凡一切意思之含有官吏可不受治于普通法及普通法院者皆摒除。因此之故,在英格兰中无一物可符合法国所谓行政法或'平政院'(行政法院)。诚以行政法有立于法律背后者一个观念,这个观念是:凡事涉政府,或案关公家仆役,应由具有多少官家性质的机关处理,惟其如是,英格兰的法律对于此项意思极力反对。"②三是英国宪法源于普通法院的判决。"凡宪章所有规则,在外国,皆构成宪法条文的各部分,而在英格兰中,不但不是个人权利的渊源,而且只是由法院规定与执行个人权利后所产生之效果。申言之,英吉利法院及巴力门(议会)常用法律行为,以确定元首及公仆所有地位,即以保障个人权利。由是归纳此类法律行为便得私法的各个原理,综合此类原理便得英宪的重要成分。然则宪法在英国只是普通法律运行于四境内所生结果。"③戴雪对法治的上述三点理解,特别是第二点理解,完全是源于对公法,特别是对法国行政法和行政法院

① [英]戴雪:《英宪精义》,雷宾南译,中国法制出版社 2017 年版,第 244 页。
② [英]戴雪:《英宪精义》,雷宾南译,中国法制出版社 2017 年版,第 244~245 页。
③ [英]戴雪:《英宪精义》,雷宾南译,中国法制出版社 2017 年版,第 245 页。

的误解和偏见。但此种误解和偏见却成为英美法系国家长期排斥公私法区分的重要理论渊源。

其二,英美法"司法单轨制"的传统。英美法区别于欧洲大陆法的一个重要表现形式即是实行"司法单轨制":所有争议案件,无论是民事案件、刑事案件,还是行政案件、宪法案件,均由普通法院统一审理裁判。而在大陆法系国家,普通法院一般只审理裁判民、刑事案件,行政案件、宪法案件则由专设的行政法院、宪法法院(或宪法委员会)审理,即实行所谓"司法双轨制"。英美法系国家由于有"司法单轨制"的传统,影响整个法律运作实践就均不对公私法加以区分了。

其三,英美法的政治学理论较发达,全部或部分涵盖了公法学的理论。从英美的经济、政治和法治实践考察,其既有发达的市场经济,又有较完善的对公权力的控制制约机制。这些本来为公私法划分提供了很好的基本条件和环境。但是,英美学者习惯将法律对公权力的控制制约机制归结为政治机制而非公法机制,对之研究主要置于政治学的范畴而非公法学的范畴。法学家以主要精力研究私法,而较少研究公法。当然,这种情况在上世纪中后期开始改变,高等学校法律院系讲授和研究公法的教授越来越多了,认可公私法划分的学者越来越多了。而且,公私法划分在英美法国家的法治实践中也开始有所体现了。例如,英国的行政裁决所制度和美国行政法官制度的建立和发展,英美国家赔偿制度从私法赔偿制度中独立出来而成为一种独立的公法制度,等等。

(二)法学学者反对公私法区分的主要理由和根据

日本学者美浓部达吉所著《公法与私法》一书列举了五位反对公私法划分的有代表性的学者——奥地利的凯尔森、威雅、玛克尔、英国的奥斯丁和荷兰的克拉卑——的主要观点。

凯尔森认为,公法与私法同为权利义务关系。权力服从关系则为事实关系而非法律关系。法律关系应为平等人格主体间关系。"国家与人民间之事实上的支配关系(权力服从关系)是不能从'法律的'意义上去寻找的,所以我否认那是在'法律的'意义上构成的……我并不是站在把一切的法都视为私法的立场,反而我是主张一切的法都属国家法的代表。"①"从法律关系的内容

① 转引自[日]美浓部达吉:《公法与私法》,黄冯明译,中国政法大学出版社2003年版,第6页。

中去寻求公法和私法的区别,而以国家与人民间之特别的统治关系为公法者,其前提已含有莫大的错误……私法和公法的区别,只存于实在的世界而不存于价值的世界,只是事实的要素而不是法律的要素。”①

威雅认为,区分公法与私法,不仅无益,反而对统一法律体系的研究有害。而且,公私法相互渗透,相互联系,亦难于区分。“现代的法治国家,不但与旧时代的权力国家大异其趣,而且在国家之下,又有各种公共合作体。这些合作体者与私人极相类似,在观念上甚难将两者加以区别。”②“公法和私法在其相应区域间极为近似。欲截然区分两者,殊非易事。”③

玛克尔认为,“将法分属于公法和私法,在行政法学看来,全是无用的问题。法律学上的分类,只于集法律上之同者和别法律上之异者的场合,才有在学术经济上存在的理由。但把法分为公法和私法,是法律学上最旧最普通的分类,实不能满足法律学上的分类要求”。④

奥斯丁认为,“一切的法都是主权者的命令”,⑤故不应对之作公私法的区分。克拉卑则认为,传统的公私法区分,是基于非法律的考察。通说之所谓公法“是以政治的权力思想(命令—服从)为基础的”,⑥而非依法律本质要素(相互的权利义务关系)考量。

另外,北大深圳研究生院金自宁教授在其《公法/私法二元区分的反思》一书中总结归纳了司法单轨制管辖(或称司法一元管辖)国家反对公私法区分的四项实践理由:其一,长期在理论和实践中不承认公私法区分的普通法系国家,法治状况并不比实行公私法区分的欧洲大陆法系国家逊色;其二,实行公私法区分的国家,其划分公私法的标准在实践中不统一且变动不居,导致欲区分亦难;其三,实践中公私法互相融合的现象导致“公中有私、私中有公”,所谓“私法公法化、公法私法化”的现象不断发展;其四,在法律发展过程中,越来越多地出现一些难于归类的新的部门法,如劳动法、消费者权益保护

---

① 转引自[日]美浓部达吉:《公法与私法》,黄冯明译,中国政法大学出版社 2003 年版,第 12 页。

② 转引自[日]美浓部达吉:《公法与私法》,黄冯明译,中国政法大学出版社 2003 年版,第 14 页。

③ 转引自[日]美浓部达吉:《公法与私法》,黄冯明译,中国政法大学出版社 2003 年版,第 16 页。

④ 转引自[日]美浓部达吉:《公法与私法》,黄冯明译,中国政法大学出版社 2003 年版,第 17 页。

⑤ 转引自[日]美浓部达吉:《公法与私法》,黄冯明译,中国政法大学出版社 2003 年版,第 16~17 页。

⑥ 转引自[日]美浓部达吉:《公法与私法》,黄冯明译,中国政法大学出版社 2003 年版,第 18 页。

法、社会保障法、环保法，等等。以至于有人提出应以“三分法”（在公私法之外再增加“社会法”）取代公私法的“两分法”划分。①

（三）法学学者主张公私法区分的主要理由和根据

美浓部达吉是主张公私法区分的学者的典型代表，他在《公法与私法》一书中首先批驳了前述五位反对公私法区分的学者的基本观点，然后在此基础上阐述了其主张公私法区分的理由和根据。

对于凯尔森的“公私法关系同为权利义务关系，实为一体，不应将二者加以划分”的观点，美浓部达吉反驳说，公私法关系虽同为权利义务关系，但法律关系的主体不同，法律关系的内容不一样，故应将二者加以区分。“凯尔森把依据权力的支配关系视为纯粹的事实问题，以为不应列入法律的观察。可是那虽然是依据权力的关系，但那权力亦是经国家法律所承认的。在国法所允许的范围内，一方的意思得拘束对方的意思、对方有即违背己意亦非服从不可的义务的场合，两者间的关系决非单纯事实上的关系，而是法律上的关系。”②

对于威雅“公私法相互渗透，相互联系，难于区分和区分公法与私法，不仅无益，反而有害”的观点，美浓部达吉反驳说，公私法虽然相互渗透、相互联系，但也互相区别、互相区分。其区分虽有不易，“但是，这和在自然科学的领域中，动物和植物于其相近的境界内，彼此的区别亦常不明了一样，不能成为否定两者区别的理由（难于区别不等于不能区别和没有区别）……对性质各别的观念（事物）否定其差别而使之完全同其所属，那无疑是违反论理的原则的”。③

对于玛克尔“把法分为公法和私法，是法律学上最旧最普通的分类，（只是因袭传统）实不能满足法律学上的分类要求”的观点，美浓部达吉反驳说，“一切事物的存在，都各有其存在的理由，何况是法律学上传之已久而又是被认为最普遍的公法和私法的区分。谓这种分类全无存在必要的主张，实令人莫测高深。若（你）自己未能察其差别而妄加否定，贸然对有悠久的发达

① 参见金自宁：《公法/私法二元区分的反思》，北京大学出版社2007版，第60~64页。

② 参见［日］美浓部达吉：《公法与私法》，黄冯明译，中国政法大学出版社2003年版，第13页。

③ 参见［日］美浓部达吉：《公法与私法》，黄冯明译，中国政法大学出版社2003年版，第16页。

历史之学问成果加以破坏,却非忠于学术者所应为”。①

对于奥斯丁“一切的法都是主权者的命令”,故不应对之作公私法的区分以及克拉卑关于公法“是以政治的权力思想(命令—服从)为基础的”,命令—服从关系非法律关系的观点,美浓部达吉在批判凯尔森的观点时一并予以了反驳。他说,以权力为依据的支配关系不一定是事实关系而非法律关系。这和绑匪与“肉票”(被绑架者)的权力—服从关系不一样,绑匪“那权力在国家法律上是不认之为权力的。反之,国家与人民之间的统治关系,却是国法上认为是正当权利的关系。国家决不是用单纯的实力去支配人民,而系依国法行使权力的。这点,无论在法治主义的现代或在从前专制主义的时代都是一样。不过,在专制时代,那权力范围甚为广泛,其行动出乎自由;反之,在法治时代,那权力被成文法律所拘束,原则上要有法律的根据才能发动。这就是两者不同之处。至那权力为国法上的权利之点,专制时代和现代并无稍异。自然,无论是国家与人民之间的关系,或对等者相互间的关系,自法律上的观察点看来,都同样是权利义务关系”。②

美浓部达吉在批判了反对公私法区分的各种论点后,鲜明地阐明了他主张公私法区分的观点和理据。他指出,公私法区分是国家实定法上的客观存在,法律观念和理论不能脱离而应该反映这种客观实在。“法律学是最实际的学问,法律学上的观念非适合此种实际的需求不可。若置实际的必要于度外,只为求论理的满足而构成的观念,是不能以法律学上的观念而有存在的价值的。”③他引用学者祁克的话说,“公法和私法的界限,不是原理的而是历史的”。他认为,“公法和私法的区别,不单是决定裁判管辖的技术的问题,同时又是基于法的性质之差异的论理上的区别。自然,这种论理上的区别要经现实的国法采用才能成为法律上的区别”。④

(四)公私法区分的意义

人类共同体及其公权力的产生、存在,必然导致公法的产生和存在;人类共同体成员间的相互交往,特别是相互间的物品、财产交易,必然导致私法的

① 参见[日]美浓部达吉:《公法与私法》,黄冯明译,中国政法大学出版社2003年版,第17页。

② 参见[日]美浓部达吉:《公法与私法》,黄冯明译,中国政法大学出版社2003年版,第12~13页。

③ [日]美浓部达吉:《公法与私法》,黄冯明译,中国政法大学出版社2003年版,第18页。

④ 参见[日]美浓部达吉:《公法与私法》,黄冯明译,中国政法大学出版社2003年版,第18~22页。

产生和存在。私有制、商品经济、市场经济以及现代社会民主政治的形成和发展,决定了公私法区分的必然性和必要性,在理论和实践上否定这种区分,必然导致诸多不利的后果。

1. 否定公法的存在,会使公权力失去有效的控制和制约,导致权力滥用和对公权力相对人权益的侵害,造成相对人权益被侵犯后难以获得有效的救济。

例如,英国受戴雪"法治"理论的误导,认为法国行政法是维护官僚专制的法。一国之内,只允许普通法和普通法院的存在,政府和政府机关工作人员的行为只能适用与老百姓同样的法律,而不允许适用与老百姓适用的不一样的公法。这似乎是"法律面前人人平等",保护老百姓的权益。殊不知,政府和政府机关工作人员行使公权力的行为有许多与老百姓的行为是不一样的,如政府的行政审批、许可行为、行政检查、监管行为、行政制裁、强制行为,老百姓是不可能实施的。如果政府和政府机关工作人员的这些行为违法,侵犯公民、法人或者其他组织的权益,被侵权人不服,向法院提起诉讼,法院没有适用于老百姓同样侵权行为(因为老百姓不可能实施这样的公权力侵权行为)的法律可适用,只能不了了之,放任政府和政府机关工作人员的违法侵权,被侵权人得不到任何救济。

政府公职人员实施的某些违法侵权行为,如殴打、辱骂、虐待行政相对人等,老百姓自然也可以是同样对他人实施的。对于政府公职人员的这些侵权行为,被侵权人诉诸法院,当然可以要求法院适用有关老百姓同样侵权行为责任的法律判决政府公职人员赔偿。但是,政府公职人员运用公权力实施的这些侵权行为往往比一般老百姓严重得多,给相对人造成的损失比一般老百姓殴打、辱骂、虐待他人的行为造成的损害、损失要严重得多。而政府公职人员本人和家庭财产有限,即使法院判决他(她)赔偿,他(她)也无力赔偿。更不要说英国政府和政府公职人员在当时的普通法下是被视为英国女王的仆人,而女王在法律上是不会"为非"(The King can do no wrong,国王不会犯错、侵权)的和不负法律责任的,女王的仆人为女王履职自然同样是豁免法律责任的。

英国这种否定行政法(公法)的戴雪式"法治"貌似公平合理,貌似"法律面前人人平等",但实质上是极不公正的,对被公权力侵权的被侵权人是极不合理的。直到 20 世纪 40 年代后期,英国人才意识到它的不公正、不合理,开始改变这种异化的“法治”理论,英国议会于1947年制定了真正有利于保护公民、法人和其他组织权益的《王权诉讼法》,这是一部体现公法精神和原则的诉讼和赔偿法,政府和政府公职人员实施公权力行为侵犯公民、法人或其他组织权益,不是依私法(普通法)而是依公法(《王权诉讼法》)对被侵权人承担赔偿责任。

美国在20世纪40年代前,在国家赔偿方面也实行私法制度而无专门公法调整国家公权力的侵权法律关系。直到1946年,美国国会才制定了专门的《联邦侵权赔偿法》,与私法赔偿制度分立。

2. 否定私法实质上是否定私人财产权,否定商品生产和市场经济,而这必然导致国家经济管理违背经济规律。政府以“看得见的手”完全取代市场“看不见的手”,窒息经济的活力,阻碍经济的发展,最后可能导致经济的崩溃。

与英美否定公法的戴雪式“法治”不同,原苏联及东欧国家①和我国计划经济时代则是片面强调“公法”而否定私法,认为在社会主义国家,一切法律都是“公法”,不允许有私法存在的空间。这种理论是与当时传统社会主义国家否定商品经济、否定市场交易、否定依经济规律进行经济建设的路线、方针和政策相适应的。政府管理一切、干预一切,无论是人财物,还是产供销,都由政府计划、配置和指挥。政府是万能的,“公”是神圣的,“公”压倒“私”、压倒一切。此种模式的社会主义最后导致原苏东国家经济崩溃,人民生活极度贫困,乃至国家政权被更换。我国计划经济时代否定私法,违反经济规律,推行“一大二公”“兴公灭私”的路线和政策,同样给国家和人民带来了灾难。事实上,当年苏东传统社会主义国家鼓吹的“公法”也不是真正的公法。因为真正公法的功能和作用主要应该是规范和控制公权力,防止公权力滥用,保护公权力相对人的权益,而原苏联及东欧国家鼓吹的“公法”却被主要用于规范和控制公权力相对人的行为,维护公权力的管理秩序。这种“公法”是变味了的和异化了的公法。

3. 人类共同体和经济社会发展的历史证明,良法善治必须公私法并举,公私法既结合又分立。

在推进和保障人类共同体的发展,为共同体成员维护权利、自由和创造幸

---

① 指20世纪90年代以前的苏联东欧国家。

福的进程中，公私法的功能如车之两轮、鸟之两翼，需共同和协调发挥作用。共同体以公法规范和控制公权力主体行使的行为；以私法规范和调整共同体成员之间的相互关系。二者共同构筑、维护和保障国家、社会和市场的秩序，包括整个共同体公域和私域的秩序。

（五）公法私法区分的标准

主张公私法区分的学者对公私法区分所持的标准并不一致。各种标准在实践中都有一定的合理性，也都有其局限性。也许在某些场合更适合适用这种标准；在另外的场合则更适合适用那种标准；在一定的场合则需要综合适用多种标准。实践中较常适用的公私法区分标准有下述五项。

1. 主体标准

这一标准指依法律所调整的社会关系主体来区分公法与私法。所调整的关系主体一方或双方均为公权力主体的法律为公法；所调整的关系主体双方均非公权力主体的法律为私法。

这一标准的例外有二：一是调整的关系主体一方或双方均为公权力主体，但调整的事项完全与公益无关，相应法律应是私法而非公法；二是所调整的关系主体双方均非公权力主体，如公权力主体委托私人组织对私人实施公法行为，相应法律应为公法而非私法。另外，在现代法治要求私人承担某些公义务（如非歧视义务：私立大学不得排斥有色人种入学、私人旅馆不得排斥残疾人入住等）的情形下，双方均为私人的关系可能由公法调整。当然，这两种例外的情形并不是很常见的。因此，在大多数情况下，人们是可以根据主体标准区分公法与私法的。

2. 利益标准

这一标准指依法律所调整的社会关系内容来区分公法与私法。所调整的关系内容涉及公共利益的法律为公法；所调整的关系内容涉及私人利益、商业利益的法律为私法。

这一标准似乎比主体标准准确。主体标准是形式标准，利益标准是实质标准。但是适用这一标准有两大挑战：一是“公共利益”是一不确定法律用语，不像“公权力主体”那样较好把握。人们对“公共利益”的含义和范围有太不一致的理解和表述。二是在公共管理向公共治理转型的现代社会，涉及公共利益的社会关系（如公共工程、公用事业、公共交通、医疗、教育等领域）不是必须由公法调整,“公法私法化”的现象日益凸显。在某些公益领域,人们为了提高效率和避免腐败,越来越多地以适用私法取代适用公法。

3. 当事人地位标准

这一标准指依法律所调整的社会关系双方当事人的地位来区分公法与私法。所调整的关系为双方当事人地位不平等的法律为公法;所调整的关系为双方当事人地位平等的法律为私法。

这一标准的适用也有两个例外:一是在企事业单位中,管理者与被管理者(如董事长、经理与工人、职员)之间的关系是不平等的,但适用他们的法律是私法而非公法;二是平行的公权力主体(如北京市政府与上海市政府、公安部与交通部)之间的关系是平等的,但适用他们的法律是公法而非私法。

4. 目的标准

这一标准指依法律的目的来区分公法与私法。法律的目的是为满足人们社会性和政治性需求的(如言论、出版、结社、集会、游行、示威自由)为公法;法律的目的是为满足人们生产、生活需求的(如经营、投资、贸易、婚姻、继承、馈赠等)法律为私法。

这一标准的适用可能有更多的例外。不少为满足人们社会性和政治性需求的法律(如规范办公室、会议室、道路、桥梁、公园等各种公共设施的建设、使用、维修的法律)可能是私法;不少为满足人们生产、生活需求的法律(如规范国有资产管理、产业规划、城乡建设规划、消费者权益保护的法律)可能是公法。

5. 综合标准

区分公私法的上述各种标准在实践中因为都具有一定的局限性,适用起来会有各种例外。因此,在选择法律适用的各种具体场合,人们往往会综合考虑上述标准,并运用利益衡量原则、利益平衡原则和比例原则,选择适用公法或者私法。

例如,人们就 BOT、PPP 等政府合同事项发生争议,相应案件既有民事行为(合同行为)的内容,又可能有单方行政行为的内容(如行政监管行为、单方变更或解除合同行为等),其处理可能既涉及公法,也涉及私法。法院或其他争议处理机关裁决相应案件时,选择适用何种法律——公法还是私法,就必须既综合考虑公私法区分的各种标准,还应该考虑兼顾公共利益和合同对方当事人利益的平衡,并运用比例原则来确定法律的选择适用。

有的事项虽然并不同时具有公私法行为的性质，但公私法对该事项同时都进行了规定，例如，对国家赔偿事项，作为公法的我国《国家赔偿法》作了专门规定，作为私法的原《民法通则》也作了规定："国家机关或者国家机关工作人员在执行职务中，侵犯公民、法人的合法权益造成损害的，应当承担民事责任"。[①] 但根据《国家赔偿法》和原《民法通则》，被侵权人获得赔偿的标准是不一样的：根据《国家赔偿法》，被侵权人受到的财产权损害，除法律有特别规定的，只能获得对其"直接损失"的赔偿。[②] 也就是说，被侵权人受到的间接损失、可得利益的损失，是不能获得赔偿的。而原《民法通则》则没有就国家机关或者国家机关工作人员的侵权赔偿作出只赔"直接损失"的限制，即对其间接损失和可得利益也是应予以适当赔偿的。另外，原《国家赔偿法》对被侵权人未规定精神损害赔偿而只规定了造成受害人名誉权、荣誉权损害的，应为其承担消除影响、恢复名誉、赔礼道歉的责任方式，[③]但原《民法通则》除了规定停止侵害、恢复名誉、消除影响、赔礼道歉的责任方式外，还规定了精神损害赔偿（金钱赔偿）。[④] 可见，公权力相对人当时请求侵权赔偿，公私两法均可适用，虽然从理论上讲更应该适用公法（《国家赔偿法》），但如果从更有利于保护被侵权人利益的角度考察，则更应该适用私法（原《民法通则》），以帮助被侵权人获得更多的赔偿金。

由于公私法区分没有绝对的区分标准，有时争议案件当事人和案件裁决机关可能在法律适用上发生争议，一方主张适用公法、另一方主张适用私法。在这种情况下，法律通常授权一个独立于双方的第三机构或者由双方的代表组成一个联合的机构对之作出裁决，由其最终决定相应争议案件是适用公法还是适用私法。在比利时和意大利，行政法院与普通法院就争议案件的法律适用和案件管辖发生争议，由普通法院中的最高法院裁决。在法国，如果行政法院与普通法院就争议案件的法律适用和案件管辖发生争议，由宪法创立的

---

① 参见原《民法通则》第 121 条。

② 参见现行《国家赔偿法》第 36 条。

③ 参见 1994 年 5 月 12 日第八届全国人大常委会第七次会议通过的《中华人民共和国国家赔偿法》第 30 条（该法于 2010 年 4 月 29 日第十一届全国人民代表大会常务委员会第十四次会议修改）。

④ 原《民法通则》第 120 条规定，侵犯人格权的（精神损害），可赔偿损失（金钱赔偿）。即《民法典》第 995 条。

一个专门权限争议法庭裁决争议。权限争议法庭由 9 名法官组成,普通最高法院和最高行政法院各选派 3 名法官,再由该 6 名法官再选举 2 名法官。司法部长则是当然成员和法庭主席。法律适用和案件管辖争议均由该权限争议法庭作出最终裁决。[①]

四、现代公法发展的若干特色

本节原拟的题目是"公法发展趋势",但刚一动笔,感觉自己现在写"趋势"似乎有点难度,也许改写"现代公法发展的若干特色"这个题目更顺手一些。因为写"趋势"要预测未来相对于现在的发展变化,而写"现代特色"只是阐述现在相对于过去的发展变化。公法的未来怎么样?就笔者现在的知识和能力来说,好像还难于准确预测。而对公法的过去和现在,虽然也不是完全了解和把握,但毕竟在头脑里已经有一个宏观和整体的轮廓和印象,要概括出后者相对于前者的若干"特色"来,还是可能的。当然,了解和把握现代公法相对于传统公法的发展变化(特色),可为预测未来公法发展趋势提供基础,但预测的基础与预测的结论还有很大差距。因此,还是先写"特色"吧。下面拟从四个方面讨论现代公法相对于传统公法的特色:

(一)现代公法内容的特色

现代公法相对于传统公法,在内容上主要有下述三点发展变化。

1. 作为调整对象的公权力的"权力"色彩渐淡

作为传统公法调整对象的公权力领域主要为国防、治安、司法、税收等领域,"权力"色彩很浓,强制性很重。而作为现代公法调整对象的公权力越来越向公共服务领域(如我国在中国共产党十八大以来强调的政府"七有"职能:老有所养、幼有所育、病有所医、学有所教、住有所居、弱有所扶、劳有所得)扩张,"权力"色彩渐淡,强制性大为减弱。狄骥说,"公共服务的概念是现代国家的基础,没有什么概念比这一概念更加深入地根植于社会生活的事实"。[②]

---

① 参见王名扬:《法国行政法》,中国政法大学出版社 1989 年版,第 540 页。

② [法]莱昂·狄骥:《公法的变迁·法律与国家》,郑戈、冷静译,辽海出版社、春风文艺出版社 1999 年版,第 13 页。

2. 公法的功能越来越趋向“红灯”与“绿灯”的平衡

西方国家传统公法强调“红灯”(严格控制公权力)的功能,原苏东国家公法则强调“绿灯”(赋予公权力广泛自由裁量权)的功能。而现代公法倡导“黄灯”(对“红灯”“绿灯”的作用加以平衡)作用。英国学者哈洛(Carol Harlow)、罗林斯(Richard Rawlings)在《法律与行政》一书中对“红灯”、“绿灯”和“黄灯”的功能、作用分别加以了描述和比较。

关于“红灯”论,《法律与行政》指出,“在形式主义传统的背后,我们经常可以发现对干预最少国家的偏爱。因此,当发现许多学者认为行政法的主要功能应当是控制一切逾越国家权力的行为,使其受到法律尤其是司法的控制,应毫不奇怪。这种行政法理念,我们称之为‘红灯理论’”。[①] 从戴西当代著名的门徒威廉·韦德爵士有影响的教材中使用的行政法定义即体现了这一主题:“行政法……是有关控制政府权力的法律……行政法的主要目的,就是要保证政府权力在法律范围内行使,防止政府滥用权力,以保护公民。”[②]

关于“绿灯”论,哈洛、罗林斯在《法律与行政》中指出,“我们并不是希望表明‘绿灯’理论者就赞成国家的恣意或者专断行为。一方认为是对专断权的控制,另一方则有可能相反地认为是对前进的阻滞。红灯理论指望平衡宪法模式,而绿灯理论认为‘政府模式’更为适宜;红灯理论者赞成对行政权的司法控制,而绿灯理论者则倾向寄希望于政治程序”。[③] 边沁认为,政府管理的目的是“满足被管理者的最大幸福”,[④]故政府和立法部门应扮演更加积极的角色。哈洛、罗林斯进而指出,“行政官员和政客都不是从法律而是从政策中寻求他们的授权的。换句话说,他们是以政策为中心的。积极地看,行政官员视法律为一套挂衣钩,将政策挂在上面;消极地看,法律也许是在政策能够得以贯彻实施之前要跨越的一连串栏架,法律在此意义上就是一种控制。如

---

① [英]卡罗尔·哈洛、理查德·罗林斯:《法律与行政》,杨伟东等译,商务印书馆 2004 年版,第 92 页。

② 转引自[英]卡罗尔·哈洛、理查德·罗林斯:《法律与行政》,杨伟东等译,商务印书馆 2004 年版,第 93 页。

③ [英]卡罗尔·哈洛、理查德·罗林斯:《法律与行政》,杨伟东等译,商务印书馆 2004 年版,第 145 页。

④ 转引自[英]卡罗尔·哈洛、理查德·罗林斯:《法律与行政》,杨伟东等译,商务印书馆 2004 年版,第 147 页。

果法律与政策相冲突。行政官员会设法改变法律,而如果这样做不可能的话,有时候他就有可能(不适当地)将法律搁置一旁或者根本就不理睬法律”。[①] 绿灯理论者认为,行政优于司法,事前预防优于事后救治,防火要比灭火更加有效。“效率既是功能主义也是现代公共行政管理者必须做的事。”[②]

关于“黄灯”论,哈洛、罗林斯在《法律与行政》中指出,“我们把‘黄灯理论’描述成借用红灯理论和绿灯理论,向加强行政法的‘防火’和‘救火’功能发展,在法院内外都找到了解决问题方案的理论”。[③] 一方面,不过分强调公法的控权功能和作用,不否定必要和适当的行政裁量,放弃忽视行政效率的“司法中心论”;另一方面,也不过分强调公权力主体的自由裁量权,不否定法律对公权力的必要和适当的拘束作用。公法“致力于实现兼顾效率与公平的,事关普遍福祉的社会正义”的目标。[④] 即使“当亚德利和韦德一样将法院的控制置于行政法的核心时,他们依然将行政法的功能界定为‘控制权力以及维持行政管理者与公民之间相互冲突的利益的适当平衡’。”[⑤]因此,在某种意义上可以说,“黄灯理论”就是“平衡论”。平衡论可以认为是现代公法的一大特色。

3. 公法的理念越来越趋向“规范主义”与“功能主义”的混合

现代公法在功能上由传统的“红灯”论、“绿灯”论向“黄灯”论转化,实质上是公法理念从传统的“规范主义”与“功能主义”向现代“混合主义”转化的反映和体现。英国学者洛克林(Martin Loughlin)在《公法与政治理论》一书中对“规范主义”、“功能主义”和“混合主义”的基本观点和理论形态进行了介绍和阐释。

关于“规范主义”和“功能主义”,洛克林是这样表述的:“公法中的规范主

---

① [英]卡罗尔·哈洛、理查德·罗林斯:《法律与行政》,杨伟东等译,商务印书馆2004年版,第165页。

② [英]卡罗尔·哈洛、理查德·罗林斯:《法律与行政》,杨伟东等译,商务印书馆2004年版,第165页。

③ [英]卡罗尔·哈洛、理查德·罗林斯:《法律与行政》,杨伟东等译,商务印书馆2004年版,第255页。

④ 参见[英]卡罗尔·哈洛、理查德·罗林斯:《法律与行政》,杨伟东等译,商务印书馆2004年版,第190~191页。

⑤ [英]卡罗尔·哈洛、理查德·罗林斯:《法律与行政》,杨伟东等译,商务印书馆2004年版,第191页。

义风格的根源在于对分权理想以及使政府服从法律的必要性的信念。这种风格强调法律的裁判和控制功能,并因此而关注法律的规则取向和概念化属性。规范主义基本上反映了一种法律自治的理想。相反,公法中的功能主义风格将法律视为政府机器的一个组成部分。其主要关注点是法律的规制和便利功能,并因此而注重法律的意图和目标,并采取一种工具主义的社会政策路径。功能主义体现着一种进化式变迁的理想。”①“对于规范主义者来说,法律先于立法;而功能主义者则视立法为最高级的法律形式,因为它体现着民主意志。类似性质的差异还可见于权利和代表等概念,规范主义者相信权利先于国家,而功能主义者则认为权利来源于国家。在功能主义者风格中,民主代表制是正当性的基础,而在规范主义者风格内部,人们对民主集中制的态度则是好恶参半的。”②“规范主义和功能主义采纳了截然不同的自由、秩序和国家概念。规范主义者视自由为外在约束的缺席,而功能主义者则把自由看作是做某事或享受某事的实际能力。对于规范主义者来说,自由可以被等同于不存在法律控制的状态,而在功能主义者看来,更多的法律控制有时甚至意味着更多的自由。更重要的差异恐怕还存在于社会秩序的概念中。许多规范主义者采纳了一种原子论的观点来看待个人与国家之间的关系,而功能主义者则倾向于将这种关系设想为一种有机主义的关系,最后,能动的国家往往被规范主义者描述为‘培养奴性的国家’,而功能主义者则将其视为对不断增长的社会道德化的一种表达。”③

关于“混合主义”,洛克林是这样阐释的:“我们无法接受保守规范主义对某种古老的、永恒的秩序的浪漫主义渴求。但我们同样也不能把道德进步与公共部门之规模的不断扩大等同起来。我们既不能把宪法视为正义的直接保障者,也不能认为它仅仅是主权意志的工具。如果我们打算提升自己对公法的理解,我们就必须从这些风格所强加的限定中学会一些东西。我们无法面对现代政府的现实而维护戴雪时代的‘应然’状态。但是,我们也不能把‘应然’从我们对法律的理解中驱逐出去,而仅仅处理关于‘实然’的问题。‘实

① [英]马丁·洛克林:《公法与政治理论》,郑戈译,商务印书馆2002年版,第85页。
② [英]马丁·洛克林:《公法与政治理论》,郑戈译,商务印书馆2002年版,第86页。
③ [英]马丁·洛克林:《公法与政治理论》,郑戈译,商务印书馆2002年版,第86页。

然’与‘应然’之间的紧张是我们的处境当中无法回避的部分。在规范主义那里，‘应然’被过分理论化了，并且未能同实践结合起来；而功能主义虽然根植于实践，但却没有实现充分的理论化。我们应当通过关注实践来矫正理论。同时，我们也应当借助理论来为实践提供信息。”[①]“我们需要发展出一种能够更加充分地反映法律与社会之间关系的公法思想风格。这种风格必须承认法律的规范性，也就是应然的事实。但它同时也必须能够包容法律的实证性这一观念。法律是一种旨在履行某些社会功能的人造物。我们必须清楚地认识到：作为一种人造物，法律可以被改变，而改变法律的主要渠道就是通过立法过程。”[②]而不应是公权力主体的随心所欲。

可见，“规范主义”与“功能主义”混合是现代公法内容在理念方面的特色，此与“红灯”“绿灯”平衡是现代公法内容在实践方面的特色是相映成趣的。

（二）现代公法在调整方式上的特色

现代公法的这一特色主要表现在三个方面：其一，单方性减少，协商性（或称“合意性”）增加；其二，强制性减少，指导性（或称“柔性”）增加；其三，制裁性减少，激励性增加。

大桥洋一在其所著《行政法学的结构性变革》一书以日本现代行政法的变迁为主要实例，探讨和归纳了现代公法手段的发展变化的两大类十四种具体情形，其中一大类是传统手段的转型，包括下述七种情形：其一，单方性行为向协商性行为转型（以许可行为为例）；其二，一次性行为向过程性（“分节型”）行为转型（以大型项目审批行为为例）；其三，分散性行为向集中性行为转型（以规划确定行为为例）；其四，专断性行为向参与型行为转型（以环境影响评价行为为例）；其五，审批性行为向备案性行为转型（以许可行为为例）；其六，由他律行为向自律行为转型（以环保行为为例）；其七，特别权力行为向内部行为外部化转型（以行政规则行为为例）。[③]

大桥洋一分析归纳的现代公法手段发展变化的第二大类型列举了新型合意型行政手段的七种具体形式：其一，上世纪最先在日本兴起后在世界许多国

---

① ［英］马丁·洛克林：《公法与政治理论》，郑戈译，商务印书馆2002年版，第341~342页。

② ［英］马丁·洛克林：《公法与政治理论》，郑戈译，商务印书馆2002年版，第345页。

③ 参见［日］大桥洋一：《行政法学的结构性变革》，吕艳滨译，中国人民大学出版社2008年版，第6~12页。

家均推行的行政指导;其二,广泛应用(特别是涉及大型建设项目,如高速公路、机场、发电站、大型住宅区等的选址、环评、建设)的讨论、协商方式;其三,取代单方行政行为的行政合同、行政协定;其四,多元化(特别是调解、调停)解纷机制;其五,激励诱导方式(如补贴、税收减免、标识推荐等);其六,乡规和村规民约(日本的市町村条例);其七,指导性计划、规划等。①

(三)现代公法与私法相互关系发展变化的特色

现代公法与私法相互关系发展变化的特色主要表现在下述两个方面:

1. 由不区分公私法到区分公私法,且二者平衡推进

自20世纪中后期以来,许多国家都经历了由不区分公私法到区分公私法,且二者平衡推进的发展变化。例如,原苏东国家和计划经济时代的我国,都曾经否认过私法存在和不承认公私法的区分,而现在的俄罗斯和独联体各国,以及东欧各国都走向了市场经济的道路,不仅承认私法,而且主要以私法指导和调整国家的整个经济生活和私人间的各种社会关系。就我国而言,虽然选择的道路是社会主义市场经济道路,但同样承认并不断发展完善私法,自20世纪80年代以来,我国陆续制定了《民法通则》(后修改为《民法总则》)、《经济合同法》(后修改为《合同法》)、《物权法》等一系列重要私法,现已编纂调整整个私法关系的统一《民法典》。② 在公法方面,我国也改变了计划经济时代公法只注重调整相对人行为和维护国家管理秩序的旧模式,而开始创制注重规范、控制公权力主体的行为和保护公民、法人和其他组织权益、保护人权的公法新模式。如自20世纪80年代末以来陆续制定的《行政诉讼法》《行政复议法》《国家赔偿法》《行政处罚法》《行政许可法》《行政强制法》等一系列法律即是现代新型公法的体现。

就英美法系国家而言,在20世纪之前,大多不承认作为公法的行政法对国家和社会的积极治理作用,而在20世纪以后,都逐步认可了行政法的积极作用,并不断完善整个公法体系。尤其是美国,在20世纪中叶以后,陆续制定了联邦《行政程序法》《阳光下的政府法》《信息自由法》《隐私权法》等一系列

---

① 参见[日]大桥洋一:《行政法学的结构性变革》,吕艳滨译,中国人民大学出版社2008年版,第12~18页。

② 《中华人民共和国民法典》于2020年5月28日由第十三届全国人大第三次会议通过,并于同日以中华人民共和国第45号主席令公布,自2021年1月1日起施行。

具有现代法治原则和精神的重要公法。这些公法不仅对其他英美法系国家产生了重大影响,而且欧洲大陆和东亚的许多国家也以这些现代公法为摹本,制定具有各自特色的行政程序法、阳光法、政府信息公开法、个人信息保护法等新型公法。英美国家虽然到现在还没有建立像欧洲大陆一样的行政法院、宪法法院等专门公法法院,但也创立了具有它们各自国家特色的解决公法争议的独特制度——普通法院加法院外的行政裁判所或行政法官的制度,在这种制度下,公私法既混合又分立。

2. 私法公法化和公法私法化

早在20世纪30年代,美浓部达吉就发现和论述过私法公法化和公法私法化的若干现象。关于私法公法化,美浓部达吉所举的例子有:其一,对财产所有权的限制。如财产权行使不得损害或妨碍公共利益、某些财产权(如土地权、矿业权、渔业权)不得长期闲置不使用、某些财产权不得做某种使用(如某地段森林不得砍伐、作为名胜古迹的某建筑物不得拆除等)。其二,对契约自由的限制。如禁止订立买卖违禁物品的契约、禁止签订雇佣童工的契约、政府要求相对人遵守某种规制政策而强制与其签订契约等。其三,私人企业经营公共化。"对于放任私人经营的事业,亦有时将其视为国家的事业,须经国家准许然后才能经营。又其经营由国家施以特别监督,并使经营者对国家负种种公法上的义务。"①

关于公法私法化(美浓部达吉称"公法与私法的转换"),美浓部达吉所举的例子有:其一,因义务之履行或权利之实现而生的公法私法的转换。例如,国家征税,纳税人履行纳税的义务是公法义务,但纳税人履行纳税义务后,国家对该项税金即取得私法上的所有权。另外,纳税保证人或纳税连带义务人对国家的义务是公法上的义务,但纳税保证人或纳税连带义务人履行义务后,即对纳税义务人享有赔偿请求权,这种赔偿请求权为私法权利;又如,国家征收私人铁路,征收行为是公法行为,但征收后取得的铁道所有权,却是私法上的权利。其二,因扣押财产而生的公法私法的转换。"当权利者(如权利者为国家或公共团体时,扣押权为公法上的权利)为着强制履行义务而将义

① 参见[日]美浓部达吉:《公法与私法》,黄冯明译,中国政法大学出版社2003年版,第233~248页。

务者的财产扣押的场合，若是对于有体物的扣押，则存在于该物上的所有权之效果受限制，即债权人在足以抵充其债权的限度内，有收领其拍卖所得金的权利。至对于金钱债权的扣押，那债权的效力就转属于扣押债权人，即扣押债权人取得代向第三债务人要求支付的权利（私法上的权利）。”[①]其三，因公物废止公用而生的公法私法的转换。例如，“若河川的流域变迁，原河川基地被废止公用时，那土地便成为废川基地，而存于该土地上的权利，在废止公用前是遵依公法的规律，是具有公法上的权利之效力的，但一经废止公用，便转换为私法上的权利”。[②]

美浓部达吉描述的私法公法化和公法私法化的现象主要援引的是20世纪30年代日本的实例。20世纪中叶以后，特别是自21世纪以来，私法公法化和公法私法化的现象有了很大的发展，尤其是公法私法化已不限于公法与私法转换的情形，而更多地是公权力主体运用私法手段处理以往在传统上由公法调整的事项，如自来水、供电、供热等公用事业通过合同转由私人办理，政府的许多公共服务事项，或外包给私人经营，或通过向私人购买后给公众提供。还有一些政府传统上的规制行为，如环保监管，以往对超排企业的处理方式一是收取排污费；二是罚款；三是停产整顿；四是吊照关闭。这些无疑都是公法手段。而运用公法私法化的治理模式后，政府采用碳排放交易方式，即每年确定企业一定的碳排放指标，有的企业因运用先进清洁生产设备和技术，政府分配的指标用不完，有的企业因没有完善的排污设施和技术，政府分配的指标不够用。根据碳排放交易制度，有碳排放结余指标的企业可以将结余的指标卖给碳排放指标不够用的企业。这样，即用经济手段对运用先进清洁生产设备和技术的企业给予了奖励（正激励），对排污设施和技术落后的企业予以了惩罚（负激励）。从而激励前者进一步进行清洁生产，减少排放；促使后者因不堪购买指标的成本负担而主动优化排污设施和技术，以减少排放。最后政府通过运用公法私法化的手段，达到了比单纯运用公法手段更有效更理想的治理污染、保护环境的目的。近年来，国家治理钢铁、煤炭等产能过剩的问题，有的地方也运用公法私法化的手段，通过与企业签订产能指标置换协议的

① ［日］美浓部达吉：《公法与私法》，黄冯明译，中国政法大学出版社2003年版，第227页。
② ［日］美浓部达吉：《公法与私法》，黄冯明译，中国政法大学出版社2003年版，第233页。

方式达到减少和降低产能的目的。

(四)现代公法形式的特色

现代公法相对于传统公法,除了上述内容、调整手段以及公私法关系发展变化的特色外,还有下述几点形式的特色。

1. 法典化程度不断提高

作为公法最大法律部门的行政法,传统上法源分散,法典化程度很低。但是自20世纪中后期以后,法典化程度不断提高。特别是在行政程序法方面,现在欧洲十几个国家,如德、奥、荷、西班牙、葡萄牙等,以及美、日、韩和我国台湾地区、澳门行政特区(特别行政区)都制定了单独的行政程序法典。英国虽然没有制定行政程序法典,但制定了其他法典式的公法单行法,如信息公开法、裁判所和调查庭法、王权诉讼法等。我国目前尚未制定全国统一的行政程序法典,但也制定了多部法典式的行政程序单行法,如行政许可法、行政处罚法、行政强制法等。另外,我国许多省市(如湖南省、山东省、江苏省、西安市、汕头市等)制定了所在行政区域的统一地方行政程序规章。

2. 公法结构发生变化

现代公法相较于传统公法,结构发生了较大变化。这主要表现在四个方面:一是程序公法比重增加。传统公法实体比重较大,而现代公法因为民主性增强,大大扩充了相对人参与程序和对公权力的制约程序的规范。二是社会公法比重增加。这源于现代公民社会的生长,各种非政府组织、非营利组织的出现和从事大量公益活动对公法的需求。三是国际公法比重增加。这源于现代社会国家间、地区间联系越来越多,各种新型国际组织不断出现以及国际关系愈益复杂和多元化增加了对公法的需求。四是软法形式的公法比重增加。这与现代社会公法比重增加和国际公法比重增加是相适应的。因为在社会公法和国际公法中,软法占有最大的比重。

3. 公法规范和公法机构的数量激增

公法规范的数量自19世纪末20世纪初即开始激增。梅特兰在一百多年前就说过这样的话:“如果你随便拿起一卷最近的后座法院判例汇编,就会发现其中所载入的将近一半的判例都涉及到行政法规则。”①公法数量的迅速增

① 转引自[英]马丁·洛克林:《公法与政治理论》,郑戈译,商务印书馆2002年版,第342~343页。

长从那时一直持续到现在。韦德认为,作为公法最大部门法的行政法的迅猛发展源于国家公共职能的大量增加和行政组织体系不断扩大:"国家对公民的照顾是从摇篮到坟墓,包括保护他们赖以生存的环境,提供各个阶段的教育,并为他们提供就业、培训、住房、医疗、养老,归根结底,一切衣食住行,那么,它就需要一个巨大的行政组织体系。这中间,仅仅通过议会立法就能发挥功能的只有一小部分,而且还有非常多细节的问题及具体的事务不可能事先就决定……所有这些法律问题就构成了行政法的主要面向。"①盖尔霍恩以美国一百多年来行政职能和行政机构的不断增加为例,说明了现代公法的这一特色或发展趋势:"行政机关的设立通常是用于处理当前的危机或解决严重的社会问题……在接近本世纪初之时,诸如州际商业委员会和联邦贸易委员会等机构纷纷建立,试图控制垄断集团和大公司的反竞争行为。继 20 世纪 30 年代的经济大萧条之后,出现了'新政'时期的机构激增……从无线电广播到航空运输到核能的新技术的发展往往又导致新的行政部门的创立,以促进和管理这些不断形成的工业。在 20 世纪 60 年代,贫穷和种族歧视的不公成为全国关注的紧迫问题,为解决这些问题而制定的各项计划进一步扩大了政府机关的规模。较为近期,公众日益关注人类健康和安全及自然环境遭受的威胁,这同样促成了新的行政机关和调整项目的设立。"②

20 世纪以来,正是国家公共职能的不断增加导致公权力机构的激增。除了行政机构的激增外,还有为解决与之相应的各种公法争议的机构,行政裁判所,行政法官,行政调解、调停、仲裁机构,行政法院,宪法法院等,也不断建立和发展。而各种公权力机构的激增,必然导致调整、规范这些机构行为的公法规范的激增。

---

① [英]威廉·韦德、克里斯托弗·福赛:《行政法》(第 10 版),骆梅英等译,中国人民大学出版社 2018 年版,第 4 页。

② [美]欧内斯特·盖尔霍恩、罗纳德·M. 利文:《行政法和行政程序概要》,黄列译,中国社会科学出版社 1996 年版,第 1 页。

第四章 公权力与公法发展简史

◇中国远古时代的公权力制度

◇美欧原始时代的公权力制度

◇古代雅典、罗马的公权力和公法制度

◇中国封建专制时代的公权力和公法制度

◇欧洲自治公国时期的公权力和公法制度

◇现代西方国家的公权力和公法制度

◇传统社会主义国家计划经济时代的公权力和公法制度

◇改革开放以来中国特色社会主义时期的公权力和公法制度

一、中国远古时代的公权力制度

恩格斯在《家庭、私有制和国家的起源》中，根据摩尔根等人对原始人类易洛魁人（美洲印第安人）、欧洲古希腊人等社会制度的研究资料，探讨和分析了人类共同体最初公权力的雏形。他说："我们在这里有可能研究还不知有国家的社会组织。国家是以一种与全体固定成员相脱离的特殊的公共权力为前提的。"①原始氏族、部落组织首领们的权力，"是公共权力逐渐从马尔克、村落、田庄、城市等最初的组织中产生，和与之并行产生的情形。"②恩格斯讲

① 《马克思恩格斯选集》（第4卷），人民出版社1972年版，第91页。

② 《马克思恩格斯选集》（第4卷），人民出版社1972年版，第91页。

的这种公权力是在氏族社会时期即出现的,到部落联盟时期,这种公权力逐步与共同体成员脱离,以至后来演化成国家公权力。郭沫若先生在他的《中国史稿》中也认为国家公权力源于原始部落权力:“当部落结为联盟,逐渐成为凌驾于社会之上的权力时,国家就从原始社会中脱胎出来了。”①

中国远古时代公权力产生和演变的情况证实了恩格斯的研究结论。柏桦所著《中国政治制度史》详细探讨和阐述了中国远古时代公权力产生和演变的轨迹:“从考古发现看出,早在50万年前,猿人就已经聚族而居。现代科学研究证明,在猿猴群中有首领,这个首领是经过武力比拼获得的,他有指挥全群的权力,常常率领本群侵入别群的领地或与侵入领地的外群作战。猿猴首领是经常变换的,通常是由身强力壮的猿猴向原首领挑战,胜者成为新首领,败者则沦落到最底层,学者称之为等级森严的群体。高于猿猴的猿人群,最初也应该与猿猴群相同,首领位置要经过争斗才能取得,因为只有首领身强力壮,才能率领本群寻觅和开拓生存环境。猿人成为人,智商高于所有的动物,强壮的身体不再是争夺首领的唯一条件,能够谋划和率领本族群更好的生活,就演变成为充当首领的先决条件。传说中的燧人氏、有巢氏、神农氏、伏羲氏,从使用火、巢居、耕种到捕鱼,都是勇气和智慧的结合,而其中重要的条件是智慧。智慧和勇气相结合的首领,容易为本人群所接受和推戴,因为他能够率领本人群开辟更好的生活环境。”②

关于中国远古时代原始氏族部落公权力主体的产生和社会职能,柏桦指出,“氏族除了以当时的传统习惯和道德来调节氏族成员间的关系,维护氏族的利益,还设有相应的管理机关来履行氏族的社会职能。这种管理机关是由氏族全体成员选举产生的氏族酋长或首领、全体成员临时选举产生的临时军事酋长或首领、各家庭首领(长老)组成的氏族议事会所构成的。氏族酋长负责领导生产、管理生活、处理氏族内部及外部关系,氏族军事酋长负责保护本氏族的生存领地和指挥对外战争,氏族议事会负责氏族内部事务和对外事务的谋议。原始氏族的重大事项,基本上由氏族全体成年男女参加的民众大会

---

① 郭沫若:《中国史稿》(第1册),人民出版社1976年版,第138页。

② 柏桦:《中国政治制度史》,中国人民大学出版社2011年版,第7页。

来讨论决定”。[①]

部落则是“由若干氏族、胞族、姻族联合而成，部落内部存在不同的血缘关系，有自己的名称和固定的领土范围，有共同的宗教信仰和语言，实际上是一个规模较大的亲族集团。部落设有酋长或首领、军事酋长或首领、部落议事会。早期的部落酋长是由部落议事会推选有威望的氏族首领担任，由部落全体成年人进行表决，后来演变为完全由部落议事会推选，乃以实力争夺。”[②]“部落酋长负责处理部落的日常事务，召开部落议事会，实施议事会决定的事项，主持宗教祭祀和节日大典，对紧急事务进行应急处理。部落军事酋长初期是由部落议事会临时推选有威望的氏族首领担任，后来因部落之间的战争频繁，军事酋长逐渐成为固定的职位，权力日益增大，地位也极为重要，常常是部落酋长地位的争夺者。”[③]“部落议事会由各氏族的首领和胞族、姻族长组成。负责调节各氏族、胞族之间的关系，确认氏族、胞族首领的选举，部落的重大事情，如战争、讲和、缔结联盟、推选部落首领等，都必须由议事会作出决定。”[④]部落与氏族一样，也有民众大会之设：“部落民众大会是部落全体成年男女所参加的表决集会，父权制时期则是全体成年男子参加。表决多采取投票的方式，这种投票多用不同的草、石块、牛羊骨、鸟羽等来表示，最后由议事会来裁决。氏族社会的晚期，民众大会多受酋长的操纵，作用明显降低。”[⑤]

在原始社会后期，出现了比部落更高级的共同体形式，即部落联盟或酋邦。部落联盟或酋邦由若干部落联合组成：“部落联盟设有联盟首领、联盟军事首领、联盟议事会、联盟民众大会，其作用与部落组织所设若同，只是民众的表决权逐渐被削弱以至丧失，代之而起的是由氏族贵族掌握实权。”[⑥]“酋邦制与部落联盟的区别在于酋邦首领议事的作用加强，已没有通常所设的民众大会，而是由各邦酋长组成的议事会，有政治分级和亲属制度。酋邦具有初步不平等的分层社会。”[⑦]“酋邦的特征是其联系经济、社会和宗教等各种活动的一

① 柏桦：《中国政治制度史》，中国人民大学出版社 2011 年版，第 8 页。
② 柏桦：《中国政治制度史》，中国人民大学出版社 2011 年版，第 8~9 页。
③ 柏桦：《中国政治制度史》，中国人民大学出版社 2011 年版，第 9 页。
④ 柏桦：《中国政治制度史》，中国人民大学出版社 2011 年版，第 9 页。
⑤ 柏桦：《中国政治制度史》，中国人民大学出版社 2011 年版，第 9~10 页。
⑥ 柏桦：《中国政治制度史》，中国人民大学出版社 2011 年版，第 10 页。
⑦ 柏桦：《中国政治制度史》，中国人民大学出版社 2011 年版，第 10 页。

个中心的存在。在若干较大和复杂的酋邦里,这种中心里可能不但有长驻的酋长,而且有或多或少的行政助理(通常来自酋长的近亲)、服役人员。甚至职业性的手工匠。"①

中国在原始氏族、部落、酋邦(部落联盟)时代结束后,即直接进入夏、商、周"王朝"时代,而没有经历像古希腊时期的雅典民主政制和古罗马的共和国时代。夏、商、周是从部落制母胎中脱离出来的王朝,自然遗留有较深的原始氏族社会的痕迹,其国家公权力制度,自然也留有多方面的部落酋长制的痕迹。关于夏、商、周"王朝"时代公权力运作的情况,柏桦在其所著的《中国政治制度史》对之亦有粗略的考察和论述:夏代有统一的国王和百官,有统一的刑律和贡赋,有统一的常备军,有广阔的国土供民安居,王朝对地方实行分封制,但中央王朝直接控制着广阔的地域。夏代君主虽然集政治、军事、司法、财政大权于一身,但权力行使也受到多方面的制约,继承制度处在混乱之中。传说夏有"六卿"之设,分别为司空(负责土木工程)、司徒(负责民政财政)、士政(负责司法)、共工(负责百工)、虞(负责山泽)、秩宗(负责祭祀)。商代君主权力比夏代集中,专制制度渐趋成熟完善。商代职官有"内外服"之分,在朝廷和商王直接统治的区域里担任官吏的,称为"内服";在商王直接统治的区域以外的地方诸侯、伯、甸等和地方官吏,称为"外服"。作为中央王朝职官的"内服"官主要有宰、卿事、多尹、御事、事、巫、卜、臣等,按照其分管业务的不同可以分为三类:第一类为政务官员,如卿事、尹等;第二类为宗教事务官员,如巫、卜等;第三类为王家事务官员,宰职是王家事务官员的主管,下辖一些分管各种杂事的小官员。西周专制制度较商代更趋成熟完善,官制虽仍分三类,但宗教事务官的地位和作用明显降低,实际上只有政务官和王家事务官两类。政务官包括"卿事寮"和"太史寮"。"卿事寮"之下设司土(徒)、司马、司工(空)(号称"三右",也称"三事大夫"),主管民政、军政和手工业等事务;"太史寮"之下设太史、太祝、太卜(号称"三左"),主管宗教祭祀及文字册命等事务。关于夏、商、周"王朝"时代的公权力制度,从整体上说,是建立在亲贵合一的基础上,血缘亲族是任官从政的先决条件,世袭罔替,代代相承。②

---

① 张光直:《中国青铜时代》,生活·读书·新知三联书店1999年版,第92页。

② 参见柏桦:《中国政治制度史》,中国人民大学出版社2011年版,第11~16页。

二、美欧原始时代的公权力制度

关于美欧原始时代的公权力制度运作情况，我们主要引用恩格斯在《家庭、私有制和国家的起源》中对原始氏族、部落时期易洛魁人和古希腊人的社会制度的考察和研究成果，而恩格斯的研究则主要引用和借鉴了摩尔根等人的原始研究资料。

关于易洛魁人部落共同体（包括八个氏族）的历史演变，恩格斯列举了十项习俗展示易洛魁人氏族社会制度的基本面貌。在这十项习俗中，我们认为有三项可以反映该部落共同体的氏族职能和其公权力运作的大致情形：其一，每个氏族推选一个酋长（平时的首脑）和一个首领（军事领袖）。酋长必须从本氏族成员中选出，他的职位在氏族内世袭，亦即一有空缺，必须立刻重新补上；军事首领也可以从氏族以外的人中选出，有时他的职位可以暂缺。由于易洛魁人奉行母权制，因而酋长的儿子属于别一氏族，所以从不选举前一酋长的儿子作酋长，而是往往选举他的兄弟作酋长，或者选举他的姊妹的儿子作酋长。所有的人，无论男女，都参加选举。不过选举须经其余七个氏族确认，只有在这以后，当选为酋长的人才正式就职，就职仪式则由全易洛魁人联盟的总议事会举行。酋长在氏族内部的权力，纯粹是道德性质的，没有任何强制性。氏族的军事首领则仅仅在出征时才能发布命令。其二，氏族可以任意撤换酋长和军事首领。这仍然由全氏族男女成员共同决定。被撤换的人，此后便像其他人一样成为氏族的普通成员。此外，部落议事会也可以甚至违反氏族成员的意志而撤换酋长。其三，氏族议事会是氏族一切成年男女享有平等表决权的民主集会，是氏族的最高权力机关。议事会的职能包括：选举、撤换酋长和军事首领以及其余的“信仰守护人”；作出为被杀害的氏族成员接受赎金或实行血族复仇的决定；作出收养外氏族人加入氏族的决定。[①]

氏族是原始人类的最小共同体。由几个氏族联合组成一个规模稍大一些的共同体——胞族。“……这种胞族大抵是当初由部落分裂成的最初的氏族；因为在氏族内部禁止通婚的情况下，每个部落必须至少包括两个氏族才能独立存在。随着部落的增殖，每个氏族又分裂成两个或两个以上的氏族，这些

---

① 参见《马克思恩格斯选集》（第4卷），人民出版社1972年版，第80~84页。

氏族如今也作为单个的氏族而存在;而包括一切女儿氏族的最初的氏族,则作为胞族继续存在。”①胞族与氏族一样,其同样由胞族内所有成年男女组成议事会,由议事会选举和撤换酋长与军事首领。恩格斯在《家庭、私有制和国家的起源》中列举了胞族共同体的七项职能。这些职能部分是社会性质的,部分是宗教性质的。②

如同几个氏族组成一个胞族一样,几个胞族通常组成一个部落。不过,也有那些大为衰落了的部落已经没有了胞族这一中间环节。关于印第安人部落的特征,恩格斯列举了七项。在这七项特征中,我们认为有两项可以反映部落共同体的职能和其公权力运作的大致情形:其一,部落设有讨论公共事务的部落议事会。议事会由各个氏族的酋长和军事首领作为氏族的代表组成,氏族可以随时撤换他们。议事会公开开会,四周站着部落的其余成员,这些成员有权加入讨论和发表自己的意见(妇女可以通过她们所选定的发言人陈述其意见),决议则由议事会作出。在易洛魁人中间,最后的决定需要一致通过,这跟德意志人的马尔克公社在解决某些问题时是一样的。部落议事会的职权包括:调整同其他部落的关系;接受和派遣使者;宣布氏族所选出的酋长和军事首领正式就职以及撤换他们(此种撤换甚至可以违反选举出他们的氏族的愿望);宣战与媾和等。部落的对外战争,大都由志愿兵进行。原则上,每一个部落只要没有同其他部落订立明确的和平条约,它同这些部落就处在战争状态。其二,有些部落设有一个最高首领,但其权力不大。最高首领是酋长之一,当需要紧急行动时,他应当在议事会召集会议作出最后决定之前采取相应临时措施。这可以认为是一种执行权力的官员的萌芽。此种官员在多数场合是由最高军事首长发展来的。③

在原始部落社会中,较氏族、胞族、部落更大的共同体是部落联盟。恩格斯认为部落联盟有下述十项特点。这十项特点均与此种类型共同体的公权力运作机制有关,故一并列出:其一,部落联盟由 5 个血缘亲属部落组成,这些部落以在部落的一切内部事务上完全平等和独立为基础,结成永世联盟。其

① 《马克思恩格斯选集》(第 4 卷),人民出版社 1972 年版,第 85 页。
② 参见《马克思恩格斯选集》(第 4 卷),人民出版社 1972 年版,第 85~86 页。
③ 参见《马克思恩格斯选集》(第 4 卷),人民出版社 1972 年版,第 87~89 页。

二，联盟的机关是联盟议事会。联盟议事会由50个地位和权限平等的酋长组成，对联盟的一切事务作最后的决定。其三，组成联盟议事会的50个酋长在联盟成立时，被分配在各部落和氏族中，担任专为联盟目的而设立的新的公职。当公职出现缺位时，有关的氏族重新进行选举（亦有权撤换），由联盟议事会予以委任。其四，组成联盟议事会的酋长们在他们各自的部落中也是酋长，享有参加部落议事会和表决的权利。其五，联盟议事会的一切决议，须经全体一致通过。其六，表决按部落进行，每个部落以及每个部落内的议事会全体成员，都必须一致赞成，决议才算有效。其七，5个部落议事会中每一个都可以召集联盟议事会，但联盟议事会本身不得自行召集。其八，会议在聚集起来的民众面前公开举行，每个易洛魁人都可以发言，但只有议事会才能作决定。其九，联盟不设一长制首长，即没有主掌执行权的首脑。其十，联盟有两个平等职能和平等权力的最高军事首长。①

关于易洛魁人原始共同体的社会制度，恩格斯对之有一个满含褒意的评价："这种十分单纯质朴的氏族制度是一种多么美妙的制度呵！没有军队、宪兵和警察，没有贵族、国王、总督、地方官和法官，没有监狱，没有诉讼，而一切都是有条有理的。一切争端和纠纷，都由当事人的全体即氏族或部落来解决，或者由各个氏族相互解决；血族复仇仅仅当做一种极端的，很少应用的手段；我们今日的死刑，只是这种复仇的文明形式，而带有文明的一切好处与弊害。虽然当时的公共事务比今日更多，——家庭经济都是由若干个家庭按照共产制共同经营的，土地乃是全部落的财产，仅有小小的园圃归家庭经济暂时使用，——可是，丝毫没有今日这样臃肿复杂的管理机关。一切问题，都由当事人自己解决，在大多数情况下，历来的习俗就把一切调整好了。不会有贫穷困苦的人，因为共产制的家庭经济和氏族都知道它们对于老年人、病人和战争残废者所负的义务。大家都是平等、自由的，包括妇女在内。他们还不曾有奴隶；奴役异族部落的事情，照例也是没有的。"②

关于古希腊人的社会制度，恩格斯指出，他们"在史前时代，就已经按照

---

① 参见《马克思恩格斯选集》（第4卷），人民出版社1972年版，第90~91页。

② 《马克思恩格斯选集》（第4卷），人民出版社1972年版，第92~93页。

美洲人的那种有机的序列——氏族、胞族、部落、部落联盟组织起来了。”[①]只是“希腊人的氏族已经不再是易洛魁人的那种古老的氏族了，群婚的痕迹正开始显著地消失。母权制已让位给父权制……”[②]每个氏族都选举自己的首长，部落则选举一个有贵族身份的人为部落长。在部落社会后期，许多部落又联合组成一些小民族。部落和小民族都设有议事会为常设的权力机关。议事会最初大概是由各氏族的首长组成的。后来，由于其人数增加得太多，便由其中选出的一部分贵族分子组成。另外，古希腊的部落和小民族都已经形成“人民大会”制度（易洛魁人部落的议事会开会时，各氏族的男男女女只是站在周围或参加讨论而未形成“人民大会”制度）。人民大会由议事会召集，讨论和解决相应重大问题。会上每个男子都可以发言，决定用举手或欢呼通过。在古希腊的部落和小民族中，军事首长（称“巴赛勒斯”）拥有很大的权力，除了军事权以外，还享有审判权和祭祀权。巴赛勒斯的职位通常是父传子，但儿子取得父亲巴赛勒斯的职位仍需经过人民大会的选举。[③] 对于古希腊这种议事会、人民大会和巴赛勒斯分享权力的机制，马克思称之为“军事民主制”。[④]

三、古代雅典、罗马的公权力和公法制度

关于古代雅典、罗马的公权力和公法制度，本书的资料主要源于戈登的《控制国家——西方宪政的历史》。戈登在该书第二章详细研究和论述了雅典民主政制及其公权力的基本框架、运作实践和理论学说；在该书第三章详细探讨和论述了罗马共和国的政治体系、公权力的运作模式及其理论学说。

（一）古代雅典的公权力和公法制度

雅典民主政制主要指自公元前594年梭伦改革（有的历史学家认为是自公元前508年克利斯提尼改革）至公元前338年雅典民主制被马其顿推翻200多年的时间的政治制度。

雅典民主政制的公权力架构主要由公民大会、议事会、执行委员会、执政官、军事首领和其他政府官员、法庭和陪审法庭组成。

---

① 《马克思恩格斯选集》（第4卷），人民出版社1972年版，第95页。
② 《马克思恩格斯选集》（第4卷），人民出版社1972年版，第95页。
③ 参见《马克思恩格斯选集》（第4卷），人民出版社1972年版，第95~102页。
④ 参见马克思：《摩尔根〈古代社会〉一书摘要》，人民出版社1965年版，第180页。

公民大会的法定人数是6000人,但因为会场小,每次实际参会者为1000人左右(有资格者轮流参会)。会议每月(一月为36天)召开4次。公民大会讨论所有重大问题(例如,"放逐"一个公民,让其离开雅典10年后再返回)并举手投票决定。讨论时处于社会下层的一般参会者很少发言,具有较高社会阶层的杰出人士(这些人士被称为"民众领袖")把持和左右民众大会会议的讨论和决定。像公民大会这样的广泛成员组成的权力机构,是难于就各种具体问题作出判断和决定的,这种机构在宪政上的作用主要是提供了一种控制公权力的机制。公民通过这种机制,被组织成一个大为增强其个人能量和凝聚力的联合体。但这种联合体并不包括妇女、奴隶和作为雅典殖民地的城邦的人民。

议事会是雅典重要的权力机构。它为公民大会准备议事日程和协调政府的行政活动,并控制国家财政。议事会由500名成员组成,10个部落每个部落选出50人,选举用抽签的方式从年过30岁的男性公民中选出,任期一年。任何人一生中能被选一次,即只能任一届议员。议事会的执行机构是执行委员会,由50名部落代表组成,轮流执政,每次任期一个月。

执政官是雅典最高级行政长官,共9名,通过抽签产生,任期一年,且不能连任。但其卸任后可成为最高法院的成员。执政官属下有10位担任各种职务的城市行政官,20位管理谷物交易和其他商品买卖的行政官,11位狱官,40位不通过陪审法庭判决私人案子的仲裁官,5位管理建设和维修道路的官员,10位审计官,10位负责指控违法行为的官员,2位秘书,20位管理宗教节日、赎罪祭品和占卜的官员。此外,雅典还有10位军事将军、40位步兵团、骑兵团和海军将领。

法庭在雅典政治制度中起着重要的作用,其管辖的案子主要有两类:一类是受害人提出控告的案子,包括盗窃、谋杀等类犯罪案;另一类是指控国家官员的案子。对后一类案件,任何雅典公民(不一定是受害人)均可提起。一位政府官员,在其任职期间,任何公民都可对其不当行为或侵占公款、叛国、共谋或其他严重犯罪活动进行指控。经审理,如果罪行确实严重,可判死刑。一般案件由议事会判决;重大案件则交陪审法庭作最终判决;极其严重的案件,如叛国罪,则要由公民大会审理判决。陪审法庭的实体是陪审团,但首席官员不是"法官"而是执政官或其助手。每个案子必须在一天内审理完毕,双方最后陈述结束后,陪审团不再评议讨论而直接秘密投票表决,判决以多数票通过。

在雅典政制中,陪审法庭的突出作用是审理政治性投诉案件,据此约束政府官员的权力。除了审案以外,陪审法庭还负责对官员进行任前资格审查和离任审查。官员不管是由选举还是由抽签方式选出的,被委任者在正式任职前,陪审法庭都要通过举行"认可听证会"对其进行审查以确定该待任官员是否符合资格标准。在听证会上,任何公民都可以对该待任官员提出反对意见。之后,陪审团进行投票表决,多数同意方可通过。官员在任职结束后,其必须提交一份"述职报告"式的陈述,先由 10 位会计员组成的委员会进行财政审计,如果没有发现财政上的违法行为,再由 10 名通过抽签方式产生的审查员来审查其有无其他违法犯罪行为。此时,任何公民(包括其权利曾被该官员侵犯过的人)均可对他提出指控。对于各方指控,先由议事会的一个 10 人委员会审查,然后提交陪审法庭审理,由陪审法庭对该离任官员作出无罪或有罪的判决。关于陪审法庭监督官员方面的作用,亚里士多德的《雅典政制》一书对之有详尽的描述。①

戈登认为,"雅典政治的最重要特征不是其确定国家政策的方法,而是作为一种控制政府官员的权力行使的手段的陪审法庭制度的运用。在任何社会中,与制定一般法律的立法人员相比,直接与公民打交道的官员,其权力对公民的个人自由的影响更大。在一个等级制的政治制度中,每个官僚都对他的直接上级负责,这就形成了责任链,一起到不需要对任何人负责的'最高统治者'。显然,雅典官僚制度不是一个等级责任链。所有官员,无论职位高低,都必须对所有公民负责。每个社会都必须有一个司法制度,以便解决私人纠纷并把普遍性的法律运用到特殊性的案子中。而雅典的司法制度还具有另一种功能:控制掌握在官员手中的国家权力。"②

(二)古代罗马的公权力和公法制度

罗马共和国政制主要指自公元前 5 世纪初期伊特鲁里亚国王遭到驱逐起到公元前 88 年科尼和厄斯·苏拉率领军队进驻罗马从而有效结束城市国家

---

① 参见[古希腊]亚里士多德:《雅典政制》,日知、力野译,商务印书馆 1999 年版。

② [美]斯科特·戈登:《控制国家——西方宪政的历史》,应奇等译,江苏人民出版社 2001 年版,第 77~78 页。关于雅典民主政制公权力的组织结构及其运作,详细资料可参见该书第 63~88 页。

为止的400多年时间的罗马政治制度。

罗马共和国政制的公权力架构主要由公民大会、元老院、执政官、副执政、财务官、保民官等组成。

罗马的公民大会不同于雅典的公民大会。首先，它不是一个而是三个，每一个的功能并不完全相同；其次，最初的公民大会不是所有具有公民身份的人都可以参加，参会者有严格的身份要求。其源于共和国成立之前的"百人队"，那时，公民大会由193名百人队队长组成，其中18人分配给最高的平民阶层——骑士；80人分配给人口调查名单中的另一个有产阶层；剩余的名额分配给其他阶层。尽管无产阶层实际上是最大的阶层，但是他们仅被分配到5个百人队队长的名额。后来，经过改革，所有成年的罗马公民都可参加公民大会。公民大会的主要功能是立法。法令由行政官员或执行官起草，然后经过一系列预备会议讨论，最后提交公民大会投票表决通过。公民大会除立法外，还负责选举行政官员、保民官和其他次要官员，以及具有对外宣战的权力。另外，在公元前2世纪前，公民大会还行使某些司法职能。这一职能后改由公元前2世纪后期成立的执行委员会行使。公民大会进行立法和选举官员，通常要进行讨论和辩论。对于这种讨论和辩论的会议，除了公民大会的正式代表外，其他愿意参与的人，甚至包括奴隶、外邦人、妇女等都可以参加。但是只有那些被主持官、行政官员或保民官选中的人才被允许发言。有学者说，罗马对法律案的不同意见可以自由表达，但是作为公共讨论的论坛，其发言受到了严格的限制。在此种论坛上，听众通常会发出呼喊和嘘声，这或许可表明公共舆论的态度。

元老院是罗马公权力架构中的一个特别机构（雅典政制架构中没有这样的机构），其成员资格的取得必须以有足够的土地财富为基础。自公元前4世纪起，凡担任过高级行政官的官员离任后，可自动成为元老院成员，使其由原来封闭的世袭结构转变为基础更广的贵族制（元老院成员约有几百人，不同时期会有变化）。元老院在名义上只是一个顾问机构，没有独特的立法、行政或司法职能，但是它的地位极其重要，它的建议意见在某些特定领域——如外交政策、财政管理和财政政策以及对行省的控制方面——有决定性的作用，它对政府官员和保民官的选任亦有重要影响。许多历史学家认为，"元老院占主导地位以至于在所有根本方面都应当把它看作是组成了罗马的政府”。①

执政官是罗马最高行政长官,共两名,每年由公民大会选出。执政官的实际职能主要是军事的,他们其中一位或者两位经常不在罗马,而是去行省参与处理维护罗马权威的事项和指挥对外战争。执政官在罗马享有很高的威望,但个人权力很少。他的政策可以受到保民官的否决。其作为军队统帅,他在国外可以发号施令,在国内却不行。在共和国早期,执政官由元老院成员完全把持,但自公元前 367 年后,这一职位开始向其他人开放。然而事实上仍由元老院垄断,即便是那些偶尔成功当选的“新人”,也会把自己看作是贵族中的一员。像其他高级行政官一样,执政官没有薪金,再加上竞选的费用昂贵,故作为执政官候选人的只能是贵族或骑士阶层。

副执政这一职位最初设立是为辅助执政官,但后来发展成一个独立的职位。公元 3 世纪中期以前只设一位副执政,后设一位主管附属国事务,到后来又陆续增设到 4 位和 6 位。副执政更多地行使司法职能。在执政官不在罗马时,其又履行执政官的职责。副执政亦由公民大会选举产生,其任职结束两年后可竞选执政官。

财务官是罗马官职系列中的第一阶。这一职位的候选人必须完成几年的军事服务并且年龄在 30 岁以上。与执政官和副执政一样,财务官由公民大会选举产生,任期一年。从公元前 5 世纪设立这一职位开始,财务官的数目由两个不断增加,到公元前 3 世纪后期为 8 个,苏拉改革后为 20 个。财务官的职责主要是财政管理,权力很大。除此之外,他们还负责保管官员记录和国家文件档案,并负责调查某些犯罪。有些财务官为了行政的目的随军出征承担一定军事责任。

保民官在罗马宪法秩序中具有重要的地位,他们保护公民免受国家权力的武断侵犯,罗马普通公民的自由和财产权主要不是依靠法庭而主要是由平民保民官保护。平民保民官制度创建于公元前 5 世纪初,之后每年由公民大会选举出 10 名保民官,其主要职责是帮助受到行政官员不公正对待的任何公

① 参见[美]斯科特·戈登:《控制国家——西方宪政的历史》,应奇等译,江苏人民出版社 2001 年版,第 101 页。

民。为实现这一目的,每个保民官都拥有否决行政官员作出的决定和任何侵犯平民权益的行政行为的权力。保民官甚至有否决公民大会法案和元老院法令的权力。尽管如此,尽管保民官是由平民选举产生的,但保民官在整体上完全不代表平民的利益,他们更多地还是为有产阶层和贵族服务。因为无论从经济上的必要条件还是从传统上看,保民官的候选人只能是元老院成员或出身骑士阶层的人,保民官的个人利益与有产阶层和贵族的利益有密切的联系。①

四、中国封建专制时代的公权力和公法制度

中国封建专制时期从公元前 221 年秦始皇灭六国,建立统一的君主专制国家,到公元 1911 年孙中山领导辛亥革命推翻清王朝,建立中华民国,延续两千多年。这两千多年封建专制时代的公权力和公法制度前后有很大变化,各个朝代各个时期的政制架构并不相同。我们这里不可能考察这些制度及其架构发展变化的具体细节。而只是对其基本轮廓和概貌作一简略的描述。

中国专制时代的公权力和公法运作机制主要有以下几个要素:帝制、宰相制度、行政制度、监察制度、司法制度以及它们之间的相互关系。

(一)帝制

中国"皇帝"的称呼及其制度自秦始皇开始。《史记·秦始皇本纪》记载:"始皇二十六年,初并天下。令丞相、御史曰:'天下大定,今名号不更,无以称成功,传后世。其议帝号'。丞相绾、御史大夫劫、廷尉斯等皆曰:'昔者五帝地方千里,其外侯服夷服。诸侯或朝或否,天子不能制。今陛下兴义兵,诛残贼,平定天下,海内为郡县,法令由一统,自上古以来未尝有,五帝所不及'……'古有天皇,有地皇,有泰皇最贵。臣等昧死上尊号,王为泰皇,命为制,令为诏,天子自称曰朕'。王曰:'去泰著皇,采上古帝位号,号曰皇帝'。"②皇帝又称"天子""上""朕"(君主自称)"陛下"(臣下对君主的称呼)等。皇帝享有至高无上和无所不包的权力,凌驾于所有臣民之上,"君要臣

---

① 关于罗马共和国政制与公权力的组织结构及其运作,详细资料可参见[美]斯科特·戈登:《控制国家——西方宪政的历史》,应奇等译,江苏人民出版社 2001 年版,第 8~108 页。

② 转引自杨鸿年、欧阳鑫:《中国政制史》,安徽教育出版社 1989 年版,第 5 页。

死,臣不得不死”,对普通百姓,更是享有任意生杀予夺之权;皇帝集全国行政、立法、司法、监察、军事等各种权力于一身。《史记·秦始皇本纪》说,“天下之事皆决于上(皇帝)”。[①] 皇帝不仅可以随时对中央层级的官员发号施令,对地方任一层级的官员,亦享有绝对的控制权。中国专制时代不存在雅典、罗马政制下的公民大会、议事会等制度之设,皇帝的权力基本上是不受任何制约的。孟德斯鸠说,“中国是一个专制的国家,它的原则是恐怖”。[②] “中国的专制主义,在祸患无穷的压力之下,虽然曾经愿意给自己戴上锁链,但都徒劳无益;它用自己的锁链武装了自己,而变得更为凶暴。”[③]在中国专制社会的国家公权力架构中,皇帝处在一切权力的顶层。其在法律上统辖一切权力而不受任何权力制约(当然,在实践中的,皇帝权力的运作也是要受到各种因素制约的)。

(二)宰相制度

宰相在中国专制社会的国家公权力架构中亦处于重要位置,是协助皇帝治国理政的最重要的官员。中国历代王朝都设有宰相,但其名称和具体职掌不完全相同。秦和汉初,均设丞相和御史大夫;西汉末年,废丞相、御史大夫而设“三公”,名为大司马、大司徒、大司空;东汉将大司马改为太尉,大司徒改为司徒,大司空改为司空;隋唐多以三省(尚书省、中书省、门下省)长官为宰相(尚书省长官为尚书、中书省长官为中书令、门下省长官为侍中);[④]宋宰相多实行“二府制”,即包括中书省和枢密院(中书省长官为同平章事,枢密院长官为枢密使),中书省主文,枢密院主武;明宰相不同时期变化较大,多为左相国、右相国,或左丞相、右丞相;清初以内阁大学士为法定宰相,乾隆以后,其职掌则移军机处,军机大臣为实际的宰相。关于宰相的职权,各个朝代以及每个朝代的不同时期均有变化。以秦汉宰相为例,其职掌主要有六种:一是向皇帝提出劝谏(所谓“文死谏、武死战”);二是向皇帝推荐官吏;三是总领百官奏事

① 转引自杨鸿年、欧阳鑫:《中国政制史》,安徽教育出版社 1989 年版,第 22 页。

② [法]孟德斯鸠:《论法的精神》,张雁深译,商务印书馆 2005 年版,第 153 页。

③ [法]孟德斯鸠:《论法的精神》,张雁深译,商务印书馆 2005 年版,第 153 页。

④ 但隋唐在三省长官之上,还设“三师”“三公”。隋还设相国、大丞相(特殊官职,位高权大),并设“三师”(太师、太傅、太保,不主事,不置府僚,仅与皇帝坐而论道)、“三公”(太尉、司徒、司空,置府僚,参议国事);唐亦设“三师”(不置官属,且不常设)、“三公”(唐三公有单拜者,有与三省长官并拜者,有为宰相,有为其他官职者)。

(一切百官奏事，均须由丞相转奏皇帝，国家一切重大事项，均由宰相领衔奏请皇帝)；四是“案事不请”(自主决定有关事项)和“诛奸后奏”(对某些事项可先斩后奏)；五是“总领郡国上计”(管理地方上报的施政报告)和考核百官及奏行赏；六是主管京畿各郡的上诉和考核地方郡守令长。秦汉以后各朝代宰相职掌虽各不完全相同，但上述职责大多为各朝代宰相的一般职责。①

(三)行政制度

行政制度是公权力架构中的重要环节。在某种意义上说，宰相制度属于“政务官”制度，行政制度属于“事务官”制度。宰相协助皇帝决定治国理政的大政方针，就重大事项作出决策，具体贯彻落实的责任在行政官员，行政官员是公权力实际运作的环节。中国专制时代，行政制度一直在发展变化。秦汉之时，履行政之责的主要是九卿，或称列卿。尚书因职司枢要，介于决策和行政之间。魏晋以后，另立中书、门下掌机政，尚书外移与九卿并列为行政层级。隋代设吏、民、礼、兵、刑、工六部。唐以后，六部一直沿袭，只是将民部改为户部。宋代在六部之外，又设九寺(太常、光禄、卫尉、宗正、太仆、大理、鸿胪、司农、太府)；并陆续设尚书、列卿(不备员，无具体职掌)及各种行政机构，通过其中一些机构分吏部之职，设三司使分户部、工部之职，设太常礼院分礼部和太常寺之职，设枢密院分兵部之职，设审刑院分刑部之职等。这样一来，机构重叠，效率低下。直至宋神宗元丰年间，方改官制，撤废此前加设的一切机构，仅保留枢密院，并使尚书、列卿正其职守。清代光绪末年，对官制进行改革，撤销原来的九寺，将各寺职掌并入各部，但将原大理寺升格为大理院。这样，实行两千余年的九卿制度便告终结。到清末，六部制改变为内阁，以内阁大臣取代尚书侍郎，尚书制告终结。②

(四)监察制度

我国监察制度起源很早，在远古时代，人们法天设官，即有监察官吏之设。③ 监察制度被置于国家主要典制地位，以御史执掌的纠举弹劾，以巡按考察为核心的监察制度，可以溯源至西周。自秦以后，随着国家政务的日益纷繁

① 参见杨鸿年、欧阳鑫：《中国政制史》，安徽教育出版社1989年版，第36~92页。

② 参见杨鸿年、欧阳鑫：《中国政制史》，安徽教育出版社1989年版，第93~115页。

③ 《天官书》说，“太微南四星为执法星。执法星者，谓执法以监众星也”。参见杨鸿年、欧阳鑫：《中国政制史》，安徽教育出版社1989年版，第119页。

和中央集权制度统治力度的不断强化,监察体制不断加强、完善。为强化官僚机器的自身制衡关系,逐步形成了以监察政、军、法方面为主,旁及国家其他事务,有较明确分工、协调和制约,从中央到地方单线垂直的和层层监督的监察体系。①

从史籍记载看,我国秦代即已创立御史监察之制,在中央以御史府(台)为官署,以御史大夫为官长,对地方则派遣监御史。御史大夫属"三公"之一,"位上卿,银印青绶,掌副丞相"(《汉书·百官表》),其地位在廷尉之上,十分显赫。御史大夫全面掌管群臣章奏和下达皇帝诏令,并监察文武百官。御史大夫之下设御史中丞二人,协助御史大夫问事,掌管朝廷的图籍秘书,并处理直达皇帝的一切奏章,在殿中察举违法官吏。中丞之下设若干御史(亦称侍御史),主管地方送达中央的文件,并具体从事纠举办案。监御史是秦朝廷派往地方各郡执行监察任务的官吏,他们的主要职责是对所在郡的官吏实行纠察,并参与治理刑狱。监御史不是地方官职,也不专驻地方,而是隶属于御史府(台),受御史大夫和御史中丞直接指挥和节制。②

汉代的监察机关叫御史府(台),也曾叫御史大夫寺、宪台。汉御史府有御史大夫、御史中丞。公元前 1 年御史大夫改大司空,不再执掌监察职能,"中丞出外为首御史台主",每朝会"举不如仪者",并与侍御史,监察御史分别监察中央和地方官吏,"监察非法"。③ 在地方,汉初废地方监御史,由丞相府派遣丞相史监察郡县,将监察置于行政之下。到汉武帝时期,为了有效控制地方,废除监察郡县的丞相史,分全国为 13 州部,每州部设部刺史一员,直属御史台,规定"以六条问事",一条规定监察强宗豪右,五条规定监察郡守尉和王国相。④ 监察目的主要是防止地方割据和加强中央集权统治。开始时,部刺史专司监察,不问他事。到西汉末,权力加大,"选第大吏,所荐位高于九卿所

---

① 参见柏桦:《中国政治制度史》,中国人民大学出版社 2011 年版,第 371 页。

② 曾宪义教授主编的《中国法制史》指出,"秦代的御史监察之制尚处于初创阶段,其御史大夫、御史中丞及其他御史虽领有纠察之责,辅佐皇帝监察百官,但仍负有其他各种行政事务还不是专职的监察官员。不过,秦代开创的监察制度不仅为后世历代王朝所继承,而且,以御史监察百官还构成了中国古代政治制度和司法制度的一大特色,其历史影响是极为深远的"。参见曾宪义主编:《中国法制史》,北京大学出版社、高等教育出版社 2009 年版,第 89~90 页。

③ 参见肖永清主编:《中国法制史简编》,山西人民出版社 1981 年版,第 164 页。

④ 参见曾宪义主编:《中国法制史》,北京大学出版社、高等教育出版社 2009 年版,第 116 页。

恶立退，任重职大。”[①]到东汉后期，部刺史从监督地方军队逐步发展到直接统率地方军队。后来又提高品秩，在所在地区，无所不统，并改称“州牧”，变成地方最高一级行政长官。在地方监察官中，负责京师及其周围各郡的监察官称“司隶校尉”，其职权大致同于御史中丞，“无所不纠”，可以纠察京师百官及其附近地方官，甚至包括丞相和直接弹劾三公。其与尚书令、御史中丞一样，在皇帝面前有专席坐位，被称为“三独坐”，地位极为显赫。[②]

在历代监察制度中，唐代最为完备。公元 662 年（唐高宗尤朔二年），御史台改称“宪台”；670 年（咸亨元年）又复改御史台；684 年（武则天光宅元年），又改御史台为“肃政台”，设左右二台，左台专管在京百司及监军粮饷，右台则监京外文武百官；705 年（中宗神龙元年），取消肃政台，恢复左右御史台；712 年，左右御史台合一（右台并入左台）改为御史台，置御史大夫 1 人，中丞 2 人，侍御史 4 人，殿中侍御史 6 人，监察御史 10 人；782 年（德宗建中三年），御史台设三院：台院、殿院、察院。台院设侍御史 6 人，负责对中央百官进行纠举、弹劾、推鞠；殿院设殿中侍御史 6 人，主要监察殿廷之内百官的活动，维护朝廷礼仪秩序；察院设御史 15 人，职掌分察百僚，巡按州县。三院除设御史行使监察职能外，还设有众多属隶处理院务和其他事务。唐代御史的主要职责有五：其一，推案狱讼。包括推问皇帝下达的案件即诏狱，审理普通刑事案件；其二，劾奏犯罪。对违法犯罪的官员进行纠举，弹劾其罪行，请求司法机关审判；其三，巡察内外。内察吏、户、礼、兵、刑、工六部，监督其职权行使，保证其合法、有效；外察州县，“六条问事”，即六察：一察官员善恶；二察户口流散、籍帐隐没、赋役不均；三察不劝农桑、仓库耗减；四察奸滑盗贼、扰民生业、蠹害百姓；五察德行孝悌、茂才异能、贤士隐居者；六察奸吏豪强兼并土地、暴虐百姓，贫弱冤苦之人不能申冤者；其四，监督决囚。大理寺处决囚犯时，御史要与相关官员一起到场监督，如发现司法机关违法及犯人有冤者，即予以纠举平冤；其五，监察录囚。此五项职责，是其作为代表皇帝，临制百司，统治百官，维护皇权的主要方式和手段。[③]

---

① 参见肖永清主编：《中国法制史简编》，山西人民出版社 1981 年版，第 164 页。

② 参见肖永清主编：《中国法制史简编》，山西人民出版社 1981 年版，第 163～165 页。

③ 参见杨鸿年、欧阳鑫：《中国政制史》，安徽教育出版社 1989 年版，第 121～122 页；曾宪义主编：《中国法制史》，北京大学出版社、高等教育出版社 2009 年版，第 172～173 页。

宋沿唐制,中央设御史台,主管有御史大夫、中丞及各种御史。但大夫、中丞多非专职,而为兼任。宋初御史分言事御史和察事御史。察事御史专司监察职能,主察中央六部,亦察六部外的在京百官。宋为加强中央集权,较重视地方监察,在路设"监司"(转运司、提点刑狱司、提举常平司等),监察所属州县又互相监督。州设"通判"号称"监州",通判既非地方长官的属员,又非地方的副长官,实际上是专门监察地方长官的监察官。除监司、通判外,地方还有许多由皇帝或中央机关委派作为他们耳目的"走马承受",亦负有监察地方行政的责任。由此,便达成收乡里之权归县,收县之权归州,收州之权归监司,再收监司之权归朝廷的目的。从而,形成以监司为主,通判、走马承受为辅的宋代地方监察体系。①

元代在中央设御史台(含内台、中台),负责"弹劾中书省、枢密院制国用使司等内外百官奸邪非违,肃清风俗,刷磨诸司案牍,并监察祭祀及出使之事"。② 在地方,元设两个行御史台,作为中台的派出机构。两台分别是监临东南诸省的江南诸道行御史台(南台),设于陕、甘、滇、蜀地区的陕西诸道行御史台(西台)。中台和行御史台之下,再分22道监察区,每道设肃政廉访司(初沿宋制,称"提刑按察司"至元28年改"肃政廉访司")。中台直接管辖"腹里"地区的"内八道";南台管辖10道;西台管辖4道。中台、行御史台与肃政廉访司相衔接,构成了全国范围的垂直监察系统。③

明代监察制度有一重要特点,非常重视以监察立法规范监察机关的权责与活动程序。除《宪纲总例》继承和发展了汉、唐、宋、元以来的监察立法外,还制定了《六科通掌与各科分掌》,"六科通掌"主要规定了给事中的职掌权限,属总则部分;"各科分掌"规定各机构具体职责,属分则部分。由于巡按御史权力极大,代天子巡察地方,上至藩服大臣,下至府州县官,均在纠察之列,为了规范巡按御史的监察行为,防止其滥用"大事奏裁,小事立断"的权力,洪武年间(1393年)还专门制定了《出巡事宜》,内容涉及科差赋役、户口、

---

① 参见柏桦:《中国政治制度史》,中国人民大学出版社2011年版,第381页;杨鸿年、欧阳鑫:《中国政制史》,安徽教育出版社1989年版,第122页。

② 参见《元典章》卷五台纲一,《内台·设立宪台格例》。

③ 参见曾宪义主编:《中国法制史》,北京大学出版社、高等教育出版社2009年版,第209~210页。

词讼、农田、道路、军需、学校以及驿站、度量衡等诸多方面。其中专列考察官员讲读律令，反映了明初对官吏明法、依法断案的重视。明代主要行使监察职能的机构是都察院和六科给事中。由它们分别对朝内外、京内外的职官进行全面的监察。除此之外，皇帝还经常派出巡按御史“代天子巡狩”。[①] “其文科武举、处决重辟、审录冤刑、参拨吏农、纪验功赏，系御史独专者，巡抚亦不得干预。”[②]巡按御史与地方上原有的按察司官互相配合，形成了双重监察体制。《明史·循吏传》认为此种监察效果极佳：“一时守令畏法，洁己爱民，以当上指，吏治涣然丕变矣。下逮仁、宣、抚循休息，民人安乐，吏治澄清者百余年”。明代监察官受到重视，多选德行显著、学识优长、老成练达之士任职。朱元璋早在洪武元年（1368 年）即下诏，“监察御史、提刑按察司，耳目之寄，肃清百司，今后慎选贤良方正之人，以副朕意”。[③] 后永乐七年，成祖又谕臣下，“御史为朝廷耳目之寄，宜用有学识通达治体者”。[④] 监察官如违法失职，则加重处罚。明代监察依法察吏虽有其长处，但是明代“专制主义高度发展所造成的宦官专政，严重败坏了吏治，限制了监察机关的作用，阻挠了监察法的实施，最终导致明朝的覆亡”。[⑤]

清代初期，监察沿明制，仍设都察院，在世祖顺治元年（1644 年），改都察院原主管丞政为左都御史、参政为左副都御史。左都御史、左副都御史均为都察院长官，掌查核官常、整饬官纪。凡政事得失，官方邪正，有关国计民生之大事者，皆得言之。大狱重囚，皆吏部、大理寺谳平之。清监察体系中，六科给事中及十五道监察御史具有重要地位。六科给事中隶属于都察院（明代六科给事中由皇帝直接指挥，代表皇帝监察六部各司官吏），官品不高，但权力很大。各科职守如下：吏科分稽铨衡，注销吏部署天府文卷；户科分稽财赋，注销户部文卷；礼科分稽典礼，注销礼部宗人府、理藩院、太常寺、光禄寺、鸿胪寺、国子监、钦天监文卷；兵科分稽戎政，注销兵部、太仆寺、銮仪卫文卷；刑科分稽刑名，注销刑部、通政使司、大理寺文卷；工科分稽工程，注销工部文卷。十五道

① 转引自姜明安：《监察工作理论与实务》，中国法制出版社 2018 年版，第 183 页。
② 《明会典》卷二一一，《都察院·抚按通例》。
③ 《明会典》卷二〇九，《都察院·急缺选用》。
④ 《明会典》卷三三，《职官五》。
⑤ 参见张晋藩：《中国法制史》，商务印书馆 2017 年版，第 341~343 页。

监察御史亦隶属于都察院。御史原分设十四道,而以河南、江南、浙江、山西、山东、陕西为六掌道,分稽在京诸司及各辖地的刑名,河南道仍参治都察院事,京畿道仅司照刷卷宗。六掌道或设二员或设一员为协理,依次递迁。其他各道称坐道,实则皆不理本道之事。高宗乾隆十四年(公元 1749 年)监察御史除分管在京各司外,还同时临各道司监察之职。后京畿道改列在河南道之前,可以互相交换所掌。官署亦可以对换。于是便有十五道。① 清对地方的监察,中央直控的监察体系与地方各级逐层控制的监察体系紧密结合在一起。其所设布政使、按察使、分守道、分巡道,均职在监督府县各官,通称"监司",并总成于督抚。总督和巡抚主持本省各官的"大计"考课。府县的长官也有责任督察所属,同时直接对督抚负责。总督与巡抚之间也有责任互相监察。清雍正、乾隆等帝也经常督责有关督抚"密奏"对方情况。在现存的《朱批奏折》中有许多这样的事例。这样,自督抚到府、州、县长官,均置身于被"密查"和受"密奏"的网络之中,不敢不有所检点警惕,而对其下属发生的违法违纪问题,也必应负一定责任,依情节轻重和关联疏密,会受到一定处分,重至革职议罪,从而不敢放松对各级属官的监督查核。这种责任追究机制,目的在于加强各级职官之间的相互稽查监督,防止上下勾结庇护,结党营私,以保证国家机器的正常运转。②

(五)司法制度

在中国封建专制社会中,司法制度与其他公法制度一样,是其公权力架构中的一个重要环节。但它不具有现代司法制度的独立性,而是依附于专制君主与行政官僚体制之下。尤其在郡县一级,郡县长官即为司法裁判官,办理刑民事案件是郡县长官最主要的政务。当然,在中央层级,相对独立的司法机构还是存在的。秦初曾设廷尉掌管司法。汉代掌管司法的机构有时为廷尉,有时改为大理。魏晋南北朝的司法机构同样或称廷尉,或称大理,因时因国而异。

隋唐以后,大理则成为司法官吏的固定用名。除大理以外,司法官吏还有刑部尚书。秦汉时代,尚书是以皇帝秘书的身份参与司法;魏晋以后,尚书由

① 参见杨鸿年、欧阳鑫:《中国政制史》,安徽教育出版社 1989 年版,第 133~135 页。

② 参见柏桦:《中国政治制度史》,中国人民大学出版社 2011 年版,第 382 页。

宫内移置宫外,具有了独立的身份;隋唐以后,则以刑部尚书的名义专门执掌司法。刑部与大理寺均执掌司法,二者的分工是:大理处断,刑部复核。复核与大理处断意见不一,则退回大理重断;如重断后意见仍不一,则各述己见奏皇帝决断。由于这样效率太慢,后来就规定大理初断、刑部复审、大理再断各个阶段均有期限要求,各机构办案均不得超越期限。

宋初沿用唐制,仍以刑部与大理寺执掌司法。但宋太宗淳化二年(公元991年),又于禁中另设审刑院,规定凡天下奏狱,先到审刑院登记,再交付大理寺处断,经刑部复审后上奏,然后再发还审刑院评审,付宰相奏决。真宗大中祥符二年(公元1009年),为防这些机构违法办案,宋真宗又设一个名为纠察在京刑狱司(纠察司)的机构对最终裁决进行稽核。至宋神宗元丰年(公元1078年)改革官制,又将审刑院和刑狱司裁撤,将其职能并于刑部。这时,凡奏狱先入刑部,刑部送大理,大理审后交刑部复核,刑部复核后送宰相奏决。

元代在司法体制上废除大理寺,将其职能并于刑部。刑部为科断机关,设有监狱(宋代监狱多设于大理寺)。明代复设大理寺,但刑部仍为科断机关,程序上改为大理复审刑部。不过,宋以前刑部审复大理,一律采用书面审理。明代改大理审复刑部,(或为刑部用都察院,称两法司),尚须鞠询(言词审理)。大理于寺内自置刑具,以便审讯。大理与两法司遇有分歧时,奏请皇帝裁决。

清初司法体制沿用明制,仍以大理审复刑部。但后来改大理寺为大理院,掌全国第三审上诉案件;将刑部改为法部,之后进一步明确法部掌管司法行政,与大理院有明确分工,职能的性质完全不同了。①

五、欧洲自治公国时期的公权力和公法制度

欧洲自治公国时期是指公元476年(西罗马帝国灭亡)至1453年(东罗马帝国灭亡)这一千年间的欧洲历史时期。这个时期,欧洲形成了许多地方性的自治公国。这些公国面积很小,在各自的版图内实行独裁统治。其中有两位统治者的统治地域较为宽广:一是罗马主教,其为所有基督教教会领袖;

① 关于中国封建专制时代的司法制度一节,其资料主要源于杨鸿年、欧阳鑫:《中国政制史》,安徽教育出版社1989年版,第151~156页。

二是罗马帝国(东罗马帝国)皇帝,其自 10 世纪起就享有对广大的中欧地区的统治权。尽管二者都企望以其权威取代地方性权力,但均力不从心。教皇的权威在一系列的皇位继承冲突中遭到了削弱;罗马帝国皇帝亦达不到真正进行“帝国”统治的要求。在这样的权力分治格局下,当时欧洲的某些地域在政治上受到了三重权力——自治公国君主、帝国皇帝及教皇——的统治,这些地方的公权力是一种多元结构。

戈登在《控制国家——西方宪政的历史》一书中重点研究了欧洲这个时期威尼斯共和国的公权力架构。在欧洲大型民族国家兴起之前,威尼斯是欧洲最富庶的城市国家和地中海东部的海上霸主。中世纪时期威尼斯共和国的公权力架构的主要构成包括大议事会、总督、“十人团”以及元老院。

大议事会建立于 1170 年,起初议员并没有资格限制,但 1297 年后要求任职须以贵族身份为条件。所有 25 岁以上的成年贵族(除担任圣职的人外)都有权参加每周的会议并有表决权。当时威尼斯符合这一资格条件的人有 2500 人,但常规参会者只有 1000 人到 1400 人。大议事会的职权包括立法、讨论政策、选举总督和政府官员、通过质询方式对政府官员进行监督。

总督由大议事会选举产生,在形式上有很大的权力,但其权力行使要受到“十人团”的限制和其他制约。总督在任职前要发表一份详细说明对其权力制约的誓词,而且之后每两个月要再向他宣读一次,以免他忘记和忽视。总督去世后,大议事会要委派两名委员调查其业绩和守法情况,如发现有违法情事,要从他的遗产中征收一笔罚款。总督处理有关政务(如接见来使、处理照会或外交信函等)时,要有公爵议事会的两个或两个以上成员在场。公爵议事会由城市 6 个选区经大议事会选举产生的 6 名代表组成(每个选区 1 名)。这些议事员即像总督处理各种国家事务的同僚,也像是确保总督服从大议事会决定的监督者。总督在主持大议事会和元老院的会议时,亦须与公爵议事员和最高法院的三个法官一起主持。

威尼斯“十人团”的成员由大议事会从满足特定资格要求的贵族中选举产生,任期一年。“十人团”的开会的人数并不止 10 人,少时有 17 人,多时有 37 人。“十人团”设 3 个主席,由抽签产生。“十人团”讨论特别重要的问题,可能还有约 20 个其他官员参会。这个“十人团”的机构是一个非常保守的组织,它反对对威尼斯政府结构和公权力运作进行任何重要的改革。

威尼斯的主要决策机关是元老院,国家管理的所有重大问题均由元老院决定。元老院的成员是一个复杂的混合体,总成员 300 人,均必须有贵族身份,且年龄在 35 岁以上。所有高级官员,包括大使、高级海军指挥官等都是当然的成员;此外,另由大议事会选出 60 位,任期一年,任期交叉;另通过抽签从由元老院的退休成员提供的被提名者中选择出 60 位,其任期是同步的一年。元老院设执行委员会,由"十人团"和 16 名部长共 26 人组成,委员会主席轮流担任,每 7 天轮换一次。执行委员会负责召集元老院的会议和安排会议的议事日程。

威尼斯的国家公权力与宗教的关系与其他欧洲国家和意大利其他城市国家比较有些特别,它基本实行政教分离的政策。根据 1498 年通过的一项法令,所有教士都不能担任大议事会的成员,不能担任任何官职,凡大议事会或元老院讨论关于教会的问题,家族中有人在教会中担任高级职务的贵族就不能参加。而且,"威尼斯人并不满足于把教会排除在国家事务之外,在他们认为令人满意之时,他们并不回避把国家的力量引入教会的事务。使其他国家的强有力的君主感到害怕的宗教法庭对异端的审查在威尼斯是服从于国家的监督的,有 3 名专门的官员参加法庭的会议以保证威尼斯的法律没有被触犯。威尼斯并不是试图把教会控制在世俗权力之下的唯一的国家,但正如雷恩所评论的,'在其他的意大利城市,教皇的权力没有受到像在威尼斯那样多的限制,那儿的教会也没有像在威尼斯那样受到国家的坚定的统治'"。①

六、现代西方国家的公权力和公法制度

关于现代西方国家的公权力和公法制度,我们曾在部门公法学——外国宪法学、外国行政法学等——中做过详细讨论,故这里不具体介绍某一特定西方国家公权力和公法的架构与体系,而只是概述一下所有现代西方国家公权力和公法架构、体系的最一般特征:分权与制约、两党或多党制、代议制民主、法治政府、司法独立等。

(一)分权与制约

孟德斯鸠说,国家权力必须分授予不同的机关和个人,使之相互制约,才

---

① 参见[美]斯科特·戈登:《控制国家——西方宪政的历史》,应奇等译,江苏人民出版社 2001 年版,第 139~145、152~154 页。

能防止其滥用和侵犯公民的权利和自由。“要防止滥用权力,就必须以权力约束权力。”①“当立法权和行政权集中在同一个人或同一个机关之手,自由便不复存在了;因为人们将要害怕这个国王或议会制定暴虐的法律,并暴虐地执行这些法律。”②“如果司法权不同立法权和行政权分立,自由便也就不存在了。如果司法权同立法权合而为一,则将对公民的生命和自由施行专断的权力,因为法官就是立法者。如果司法权同行政权合而为一,法官便将握有压迫者的力量。”③“如果同一个人或是由重要人物、贵族或平民组成的同一个机关行使这三种权力,即制定法律权、执行公共决议权和裁判私人犯罪或争讼权,则一切便都完了。”④

孟德斯鸠创立的这种三权分立理论,对现代西方国家的政制产生了深远的影响。法国人权宣言明确规定,凡权利无保障和分权未确立的社会,就没有宪法(第 16 条)。⑤ 美国宪法更是清楚明了地将国家权力分成立法权、行政权和司法权三权,将立法权授予由参议院和众议院所组成的合众国国会(第 1 条);将行政权授予合众国总统(第 2 条);将司法权授予最高法院及国会随时创制与设立的低级法院(第 3 条)。⑥

虽然现代西方国家的政制都实行国家权力分立与制约模式,但各国的分立制约架构并不相同。例如,英国实行“议会主权”制(议会权力在形式上高于行政权和司法权,且女王在议会中);美国实行“平衡制约”制(三权相互平衡、相互制约);法国实行“总统加议会”制(总统和国民议会均由选民直接选举产生,另设宪法委员会保证宪法实施)。

(二)两党或多党制

政党在现代西方国家宪制中有重要的地位和作用。政党虽然不直接行使国家公权力,但国家公权力机关的产生和运作均受政党的直接或间接影响。在实行两党制国家,例如,美国,其总统候选人由两党提名,在国会参众两

---

① [法]孟德斯鸠:《论法的精神》(上册),张雁深译,商务印书馆 2005 年版,第 184 页。
② [法]孟德斯鸠:《论法的精神》(上册),张雁深译,商务印书馆 2005 年版,第 184 页
③ [法]孟德斯鸠:《论法的精神》(上册),张雁深译,商务印书馆 2005 年版,第 185~186 页
④ [法]孟德斯鸠:《论法的精神》(上册),张雁深译,商务印书馆 2005 年版,第 186 页。
⑤ 肖蔚云等编:《宪法学参考资料》(下册),北京大学出版社 2003 年版,第 965 页。
⑥ 肖蔚云等编:《宪法学参考资料》(下册),北京大学出版社 2003 年版,第 1003~1007 页。

院,均由多数党领袖担任议长,少数党领袖对该党在参众两院的议员履职亦发挥领导作用。在实行多党制国家,例如,德国,多数党领袖即为政府总理,如果在议会中没有一个政党构成多数,则必须由两个或两个以上的政党联合执政,政党联合执政的各政党协商产生内阁和首相。

(三)代议制民主

代议制民主是现代西方国家宪制的重要环节。无论是总统制国家(如美国),还是内阁制国家(如加拿大);无论是君主立宪制国家(如英国),还是共和制国家(如法国);无论是联邦制国家(如德国),还是单一制国家(如日本),都以代议制作为其政治制度的基础,即以议会为国家政治活动中心,由公民普选产生的代表通过讨论或辩论进行立法和重大事项的决策,并行使重要的人事任免或控制权。因代议的方式不同,代议制政体分为议会君主制和议会民主制两种。议会君主制的国家元首是世袭的国王,议会民主制的国家元首是选举产生的总统。代议制始于英国,后来被许多国家采用。在现代政治中,由于人口众多,民主国家需要有某种形式的代表制。因此在历史发展过程中为解决与代表制相关的许多问题,如关于选举人的资格、选举区的划分、选民的分配、选举的基础、提出候选人的方法、确定选举人的意志的方法等,西方各国都曾有过多种设计和实践,故有各种不同的模式。

(四)法治政府

现代西方国家宪制架构中的法治政府制度有三个重要要素:其一,政府在法律之下,从属于法律,依法行政是政府活动的基本原则;其二,政府必须尊重和保障人权,法律追究一切侵犯人权行为的责任,并为被侵权人提供司法救济;其三,政府信息公开,政府行为接受代议机关、媒体和社会公众的监督。

(五)司法独立

司法独立也是现代西方国家宪制架构中的重要环节。司法独立由各种要素和机制保障。首先,法院、法官审判案件只依据宪法和法律,不接受任何机关、组织和个人的指示、指令。其次,政府官员和议会议员不得同时担任法官,法院和法官在组织上保持对于政府和其他国家机关的独立。再次,任何个人和组织不得对法院、法官审理案件施加影响和进行干预,也不得抗拒执行法院、法官的判决、裁定和训诫,否则,将以藐视法庭罪治罪。最后,任何政府机关和官员不得对法官的任职、职务、职级晋升、工资、福利待遇施加影响;如无渎职失职情形,法官不得因任何其他原因被免职、降职、降级或降低工资福利待遇。在法官退休制度上,有的西方国家实行法官终身制,只要法官不因年老、生病等原因自己申请退休,法院和其他机关就不得强制其退休。但也有的西方国家规定了法官的法定退休年龄,法官到了退休年龄即要退休,但未到法定退休年龄不得辞退。所有这些制度都在于保障法院、法官独立和公正司法。

七、传统社会主义国家计划经济时代的公权力和公法制度

我们这里讨论的"传统社会主义国家计划经济时代"是指 20 世纪 90 年代以原苏联及东欧国家实行的社会主义和我国改革开放以前实行的社会主义的时代。这个时代有三个主要特点:其一,在经济上,实行全面的计划经济体制;其二,在政治上,实行高度集权的国家管理体制;其三,在意识形态上,坚持和推行当时各社会主义国家共产党最高领导人所理解和解释的马克思列宁主义指导思想。

在公权力和公法制度方面,传统社会主义国家计划经济时代亦有三大特点:其一,坚持共产党对国家政权的全面和绝对领导,无论是国家立法机关,还是国家行政机关,或者是国家司法机关,都必须完全根据党和党的领导人的指示、指令开展一切活动。其二,在国家公权力机关之外,共产党还设有一套直接行使公权力的机关,如中央委员会、政治局、政治局常委、组织部、宣传部、纪委、政法委等。这些机关经费由国库开支,工作人员享受国家公职人员待遇,可以直接对相应国家机关发号施令。其三,人民代表机关(各国有不同的名称,如原苏联称"苏维埃",我国称"人民代表大会"等)不是单纯的立法机关,而是同时行使国家立法权、监督权、国家机关领导人选举、决定和任免权,以及国家重大事项决定权的国家权力机关。传统社会主义国家在公权力和公法制度方面的这些特点与现代西方国家所实行的分权与制约、两党或多党制、代议制民主、法治政府、司法独立是完全不同的。两种制度虽然在技术上、形式上也许有某些相同之处,但在本质上是有截然区别的。

八、改革开放以来中国特色社会主义时期的公权力和公法制度

中国在上世纪末期,并没有像原苏联及东欧国家一样放弃社会主义,而是推进改革开放,开创了一条谓之"中国特色社会主义"的道路。中国特色社会

主义与传统社会主义的最大区别是：在经济体制上，改计划经济体制为市场经济体制。而在基本政治制度和意识形态方面，则没有根本性的变化，但有一些具体制度层面的调整。例如，过分的中央集权有所削减，增加了民主政治在宪制运作中的比重，人民代表大会的作用加强了；在舆论宣传方面，开始允许有适当的批评政府的声音，而不是一味地只允许唱赞歌，言论自由逐渐地获得认可；等等。

在公权力和公法制度的发展、改革和健全、完善方面，中国特色社会主义时期较传统社会主义时期取得多方面的进步。

其一，在宪法上确立了一定的分权和制约制度。例如，全国人民代表大会常务委员会的组成人员不得担任国家行政机关、监察机关、审判机关和检察机关的职务；人民法院、人民检察院依法独立行使职权，不受行政机关、社会团体和个人的干涉；人民法院、人民检察院和公安机关办理刑事案件，应当分工负责，互相配合，互相制约；等等。①

其二，通过宪法确立了"国家尊重和保障人权"制度，并创建了"民告官"的行政诉讼制度和国家赔偿制度，赋予公民、法人和其他组织在其权益受到公权力行为侵犯时有向法院提起诉讼的权利和申请国家赔偿的权利。②

其三，通过宪法确立了"依法治国，建设社会主义法治国家"的治国方略，并全面推进"依法行政，建设法治政府"的进程。③

其四，建立政府信息公开制度，推进公权力运作的公开透明，保障公民、法人和其他组织的知情权和对公权力运作的监督权。④

其五，推进立法制度改革，明确中央和地方立法权限的适度划分，赋予"设区的市"以上层级的地方人大和地方政府以地方性法规和地方规章的制定权。⑤

其六，推进司法制度改革，探索建立跨行政区域法院或跨行政区域管辖制

---

① 参见《宪法》第 65 条、第 131 条、第 136 条、第 140 条。

② 参见《宪法》第 33 条和《行政诉讼法》(1989 年)、《国家赔偿法》(1994 年)。

③ 参见《宪法》第 5 条，国务院《全面推进依法行政实施纲要》(2004 年)，中共中央、国务院《法治政府建设实施纲要》(2015-2020 年)，中共中央《法治社会建设实施纲要》(2020-2025 年)和《法治中国社会建设规划》(2020-2025 年)。

④ 参见《政府信息公开条例》(2007 年)。

⑤ 参见《立法法》(2015 年)。

度,实行立案登记制、建立公益诉讼制度。①

其七,加强公权力运作的程序制约,要求公权力主体对相对人作出影响其权利义务的行为必须说明理由,听取申辩,必要时还应举行听证,遵循正当法律程序。②

其八,推进监察制度改革,构建集中统一、权威高效的监察体制。加强对所有行使公权力(包括国家公权力和社会公权力)的公职人员的监督,实现国家监察全覆盖。③

改革开放以来中国特色社会主义的公权力和公法制度除了上面八个方面的主要创新以外,还有许多其他方面的探索和创新。这些探索和创新对推进整个人类共同体——特别是对世界上现在还实行社会主义制度的国家——的公权力和公法制度的改革和发展,无疑具有一定的借鉴意义。

---

① 参见中共中央《关于全面深化改革若干重大问题的决定》(2013 年)、《关于全面推进依法治国若干重大问题的决定》(2014 年)。

② 参见《行政处罚法》(1996 年)、《行政许可法》(2003 年)、《行政强制法》(2011 年)。

③ 参见《监察法》(2018 年)。

第五章

公法关系

◇公法关系的概念

◇公权力主体的范围

◇公权力相对人的范围

◇公权力主体与相对人的关系

◇公权力主体相互之间的关系

一、公法关系的概念

(一)法律关系的概念

公法关系是法律关系的一种。所以,研究公法关系首先需要研究法律关系。

关于"法律关系"(jural relations),《元照英美法词典》对之的解说是:"这是用最一般的方式表示两个法律人格者之间的法律关系的术语。从承认两个法律人格者之间具有一定的法律关系来说,一方享有的权利与另一方负担的义务是有相互关系的,如一方支付价金,他方就要承担送交所售商品的义务……主要法律关系有以下几种:权利与义务的关系;特权或特惠与无权利或无能力的关系;权力与责任的关系;豁免与无资格豁免的关系。"①

① 薛波主编:《元照英美法词典》,法律出版社 2003 年版,第 753 页。

可见,法律关系的基本内容或基本内核是权利义务关系。法律关系虽然有各种各样的种类和形式,但其本质均是权利义务关系。无论是特权或特惠与无权利或无能力的关系,还是权力与责任的关系,或者是豁免与无资格豁免的关系,均源于权利义务关系,是权利义务关系的演化或演进,是法律人格者处在不同环境不同地位下权利义务关系的不同形态和不同表现形式。

张文显教授在《法哲学范畴研究》一书中对"法律关系"的概念予以了阐释。他指出,法律关系是凝结国家意志的法律规范作用于社会生活的过程和结果,是法律从静态到动态的转化,是法律秩序的存在形态(法律秩序就是各种法律关系的总和)。法律关系也是法律价值得以表现和实现的形式。①

张文显教授对"法律关系"的这种解说揭示了法律关系的内在本质。首先,法律关系既是法律规范作用于社会生活的过程,又是法律规范作用于社会生活的结果。而且,这种作用于社会生活的法律规范是凝结着国家意志的。其次,法律关系是法律从静态到动态的转化。法律规范在作用于社会生活前是一种静态,在作用于社会生活以后就转化成一种动态,其动态就是法律关系。再次,法律关系又是法律秩序的存在形态。法律秩序是各种法律关系的总和。最后,法律关系还是法律价值得以表现和实现的形式。因为法律规范是有价值观念渗透期间的,当法律规范作用于社会生活而形成社会关系时,这种法律关系自然就成为表现和实现某种价值观念的形式。

另外,张文显教授还将法律关系分为对等法律关系和不对等法律关系两种:"在对等法律关系中,主体双方的法律地位完全平等,都享有权利并承担义务,而且权利义务等量,互为内容;在不对等法律关系中,主体双方的法律地位既平等,又不平等。"②之所以法律地位平等,是因为双方均享有权利,又都对对方负有义务。权利义务是双向的而不是单向的。之所以法律地位不平等,是因为双方权利义务的内容不同,如一方有发布命令的权利,另一方有服从命令的义务。但发布命令一方有依法发布命令的义务,另一方有对违法命令申请复议或提起诉讼的权利。这后一种不对等法律关系就是公法关系;前一种对等法律关系则是民商事的私法关系。

---

① 参见张文显:《法哲学范畴研究》,中国政法大学出版社 2001 年版,第 94~115 页。

② 张文显:《法哲学范畴研究》,中国政法大学出版社 2001 年版,第 111 页。

我国“马克思主义和建设工程重点教材”《法理学》专设一章对“法律关系”进行了全面深入的论述。该书指出，“马克思主义认为，法律关系，不能从其自身来理解，也不能从人的精神的一般发展来理解，相反，它们根源于物质生活关系”。[①] 该书从三个方面阐释了法律关系的概念：其一，法律关系是社会内容与法律形式的统一。一方面，法律关系参加者的意志必须符合国家意志，否则，该关系得不到国家的确认和保护，法律关系不可能建立起来。在这种意义上，国家意志对于法律关系的产生和实现起着主导作用。另一方面，体现在法律规范中的国家意志，只有通过法律关系参加者的意志才能得到实现，否则法律规范所规定的权利与义务只能是一种抽象的可能性和必然性，而不能变为现实。在这种意义上，法律关系参加者的意志对于法律规范中所体现的国家意志的实现又是必不可少的。其二，法律关系是根据法律规范建立并得到法律保护的关系。法律关系是由法派生出来的现象，法律规范是法律关系产生的前提。法律关系存在两种不同的形式：一种是以法律形式即成文法形式固定下来，另一种是没有采用法律形式但却作为社会习惯而得到国家事实上的确认和保证。其三，法律关系是主体之间的法律上的权利和义务关系。法律规范中的权利义务属于可能性的领域，而法律关系中的权利义务属于现实性的领域；法律规范中的权利义务是抽象的，而在法律关系中，法律规范所规定的事实情况、主体、权利和义务的对象都是具体的；在法律关系中，主体的权利义务不仅是现实的、具体的，而且是统一的，对一方来讲表现为他可以做什么，有什么权利，对另一方来讲则表现为他应该做什么，有什么义务。[②]

（二）公法关系的概念

关于公法关系，日本著名公法学者美浓部达吉曾有较详尽的阐释。他认为，公法关系并非完全为“权力服从关系”。他不同意德国著名公法学者迈耶的观点，将公法的法律关系在内容上全部都归结为是公法的，不但没有私法的要素夹杂其间，即其发生、变更和消灭的原因亦都是公法的。“公法上的法系，有与民法上的法系完全不同的基础，所占领的全是不同种类的法域。其决

---

① 张文显等：《法理学》，人民出版社、高等教育出版社 2010 年版，第 111 页。

② 参见张文显等：《法理学》，人民出版社、高等教育出版社 2010 年版，第 111~114 页。

定法系之秩序的公权力具有法律上的优胜意思,通其全法系至于极微之点,莫不可应用其以单独的意思而决定其他主体之关系的标准,较之以权利主体的平等关系为全部基础之私法上的关系,这是很明显的区别。"①

美浓部达吉指出:"把公法和私法置于悬然隔绝的关系上,实未得其当。第一,自法律关系的内容看来,虽然一个是国家以优越的权力者之资格而命令人民的关系,一个是国家站在私人地位而与私人对立的关系,但在这两关系的中间区域内,国家有时并不行使命令强制的权力,同时亦不站于完全与私人同等地位,而系某程度内和私人遵守同样的规则,同时因公益上的理由,又在某程度内服从国家特别的规则的……第二……私法的法律关系有时因公法的行为而发生,而公法的法律关系有时因私法的行为而发生……第三,当公法的行为加入为私法上的法律行为之要素时,那公法的要素对私法的效果有若何影响的问题,有特加考察的必要;第四,内容上具有财产的价值的公法关系,在其为财产关系之点,与私法关系有类似的性质,所以某程度内适用私法的规则;第五,那种具有财产的价值的公法关系,若再加以某种法律原因,即转化为私法关系;第六,有时私法和公法结合,如所谓'私法的公法化',表现出私法而同时又为公法的现象。"②

根据国内外学者对法律关系和公法关系的解说和阐释,本书依作者本人研究的特别视角,对公法关系概念予以一个特定的界定:所谓公法关系,是指不同社会共同体与其创设的公权力主体之间、公权力主体与相对人之间,以及公权力主体相互之间,因公权力、公权利形成、配置、行使、监督、救济和责任承担而为公法所调整的各种关系,是公法调整社会关系所形成的秩序状态(动态与静态的统一)。

对公法关系的这一定义,我们可做以下四点解析:

其一,公法关系是所有公权力主体(少数情况下是公权利主体)与对方当事人发生的关系,关系主导方不限于国家公权力主体,也包括社会公权力主体和国际公权力主体。

---

① 参见[德]奥托·迈耶:《德国行政法》(第1卷),第242页。转引自[日]美浓部达吉:《公法与私法》,黄冯明译,中国政法大学出版社2003年版,第149页。

② [日]美浓部达吉:《公法与私法》,黄冯明译,中国政法大学出版社2003年版,第150~151页。

其二,公法关系是因公权力、公权利形成、配置、行使、监督、救济和责任承担而发生的各种关系。例如,因选举而发生的关系是公权力、公权利形成的公法关系;因职权职责分配、调节而发生的关系是公权力配置的公法关系;因行政许可、行政处罚、行政强制而发生的关系是公权力行使,但涉及公权利、私权利的公法关系;因监察、审计而发生的关系是监督公权力的公法关系;因行政复议、行政诉讼、国家赔偿而发生的关系是同时涉及公权力、公权利救济的公法关系;因政务处分、罢免、弹劾而发生的关系是公权力问责的公法关系;等等。

其三,公法关系是受公法调整的法律关系。不受公法调整,不影响双方当事人双方公域内的权利义务的事实关系不属于公法关系的范畴。

其四,公法关系是公法调整过程中或经公法调整后所形成的公法秩序状态,包括动态与静态。动态如选举、辩论、质询、调查、审议,以及游行、示威、集会等;静态如国家立法权、行政权、司法权的宪法、法律配置、公民知情权、参与权、表达权、监督权的宪法、法律规定等。

二、公权力主体的范围

不同时代、不同国家和地区的公权力主体的范围是不同的。本章只介绍目前我国国家公权力主体和社会公权力主体以及国际公权力主体的大致范围。

(一)我国现行宪法规定的国家公权力主体

根据我国现行宪法的规定,目前我国国家公权力主体有下述七类:

1. 人大系统:包括全国人大和全国人大常委会、县级以上地方人大和人大常委会、乡镇人大。①

2. 国家主席、副主席。②

3. 行政机关:包括国务院及其工作部门、县级以上地方各级人民政府及其工作部门、乡镇人民政府。③

---

① 参见《宪法》第57条、第95条、第96条。

② 参见《宪法》第79条、第80条、第82条。

③ 参见《宪法》第85条、第86条、第105条。

4. 中央军委。①

5. 民族自治地方的自治机关:包括自治区、自治州、自治县的人大和人民政府。②

6. 监察机关:包括国家监察委员会和地方各级监察委员会。③

7. 司法机关:包括最高人民法院、地方各级人民法院和军事法院等专门人民法院,最高人民检察院、地方各级人民检察院和军事检察院等专门人民检察院。④

除了以上七类主体以外,我国执政党中央和地方各级党委亦具有国家公权力主体的性质,因为中国执政党不同于西方国家执政党,其设有直接行使一定国家公权力的机关,如中国共产党中央委员会、中央政治局及其常务委员会、中央组织部、中央宣传部、中央纪律检查委员会、中央政法委员会等及地方党委和相应机关。中国执政党及其机关的权力主要具有国家公权力的性质,当然同时也具有社会公权力的性质,执政党的机关既是国家公权力主体,也是社会公权力主体。这是由中国特色社会主义政党制度的性质决定的。

(二)我国现行政治体制下的社会公权力主体

在我国现行政治体制下,社会公权力主体主要包括下述七类:

1. 工会、共青团、妇联等社会群团组织。

2. 律协、注协、医协等各种行业协会。

3. 村民委员会、居民委员会等基层群众自治组织。

4. 高等学校、研究院所等公立公益事业机构。

5. 根据《宪法》第36条"公民有宗教信仰自由"成立的各种宗教组织。

6. 根据《宪法》第35条公民有结社自由的规定,成立的各种非政府组织、非营利组织(如环保组织、各种社会志愿者组织)。

7. 根据宪法关于中国将长期存在和发展"中国共产党领导的多党合作"制度而动作的参政党。我国目前有8个参政党,它们分别为:中国国民党革命委员会(简称"民革")、中国民主同盟(简称民盟)、中国民主建国会(简称民

---

① 参见《宪法》第93条。

② 参见《宪法》第112条。

③ 参见《宪法》第123条、第124条。

④ 参见《宪法》第128条、第129条、第134条、第135条。

建)、中国民主促进会(简称民进)、中国农工民主党(简称农工党)、中国致公党(简称致公党)、九三学社、台湾民主自治同盟(简称台盟)。

除了以上七类主体以外,我国全国政协(中国人民政治协商会议全国委员会)和地方各级政协兼具社会公权力主体性质和国家公权力主体的性质。我国各级政协不同于外国两院制议会的参议院,不属国家机关系列。但政协也不是一般的社会组织,而是具有宪法地位的兼具社会公权力主体性质和国家公权力主体性质的国家统一战线组织。我国宪法序言明确规定:"中国人民政治协商会议是有广泛代表性的统一战线组织,过去发挥了重要的历史作用,今后在国家政治生活、社会生活和对外友好活动中,在进行社会主义现代化建设、维护国家的统一和团结的斗争中,将进一步发挥它的重要作用。中国共产党领导的多党合作和政治协商制度将长期存在和发展。"

(三)现代国际公权力主体

邵津教授在其主编的高校核心课程教材《国际法》将作为国际公权力主体的国际组织依三种标准对之进行分类。①

第一种标准:依国际组织活动宗旨和职权范围,将国际组织分为一般性国际组织和专门性国际组织。一般性国际组织活动宗旨和职权范围较广泛,涉及政治、经济、社会、文化和军事等各个方面,如联合国、非洲统一组织、东南亚国家联盟等;专门性国际组织只有专门性职能,限于某一特定领域,如国际海事组织、万国邮政联盟等。

第二种标准:依国际组织的地域特点,将国际组织分为全球性国际组织和区域性国际组织。全球性国际组织是对世界所有国家开放的,其活动范围不受地区限制,如联合国、世贸组织(WTO)等;区域性国际组织则是只有某一地区国家参加,其活动范围也以该地区为限,如欧盟、阿盟等。但有些区域性国际组织的地域条件限制不是很严格,如美英法就曾参加过东南亚条约组织。

第三种标准:依国际组织对成员资格条件有无限制,将国际组织分为开放性国际组织和封闭性国际组织。开放性国际组织对一切国家开放,如世卫组织(WHO)、世界气象组织等;封闭性国际组织只对特定国家开放,如北约、石油输出国组织等。

---

① 参见邵津主编:《国际法》,北京大学出版社、高等教育出版社 2011 年版,第 263~264 页。

梁西教授在其专著《国际组织法(总论)》一书中将作为国际公权力主体的国际组织依五种标准对之进行分类。其中前三种分类法与邵津教授的分类法相同,后两种(第四种和第五种)标准①分别是:

第四种标准:依国际组织成员国关系的紧密程度,将国际组织分为一般国家间组织和具有若干超国家因素的组织。国际组织一般都是国家间组织,只有欧盟情况较特殊,属于"具有若干超国家因素的组织"。它是从开始时作为一般国家间组织的欧共体逐步走向"高度一体化",甚至走向"国家实体联合"的经济与政治实体。现在欧盟的部分机关,不仅由相对独立于成员国政府的人员组成,而且还接替了成员国机关的部分权力。现在欧盟的部分决定,不仅约束成员国政府,而且还直接适用于成员国的国民、法人和其他组织。

第五种标准:依国际组织成员的性质,将国际组织分为政府间组织和民间组织。国际组织一般都是政府间组织,绝大多数是由主权国家或地区的政府组成的,只有很少数的国际组织是由若干国家和地区的非政府组织组成的,如世界妇女组织即有作为政府间组织的世界妇女组织和作为民间组织的世界妇女组织,其他民间国际组织还有反全球化组织、绿色和平组织等。就是政府间组织,有的成员也并非都是主权国家及其政府,有些以技术活动为主的国际组织也吸收有关非政治实体作为准成员参加活动。

作为国际公权力主体的国际组织除了以上五种分类外,还可依其存续时间长短将之分为常设性国际组织和临时性国际组织。另外,国际组织还可依其组织职能分为政治性国际组织、经济性国际组织、教科文卫体性质的国际组织、宗教性国际组织;等等。

三、公权力相对人的范围

本节阐述的国家公权力相对人和社会公权力相对人均主要以我国的情况为例,国际公权力相对人则是普遍性的。

(一)我国国家公权力相对人的范围

根据我国宪法、法律的规定,我国国家公权力的相对人可以分为五类:

1. 中国公民。

---

① 参见梁西:《国际组织法(总论)》,武汉大学出版社 2001 年版,第 25~27 页。

2. 法人组织和非法人组织。此类相对人包括 8 种组织：(1) 企业组织；(2) 事业组织；(3) 民办非企业组织；(4) 社会群团组织；(5) 行业协会；(6) 基层群众自治组织；(7) 宗教组织；(8) 其他非政府组织(NGO)、非营利组织(NPO)。

3. 在中国境内的外国人、无国籍人。

4. 在中国境内的外国法人和非法人组织。

5. 在中国境内的国际组织及其机构(如上合组织秘书处)。

(二) 我国社会公权力相对人的范围

社会公权力的相对人较为简单，仅包括两大类：第一类是社会组织的成员。这是社会公权力最主要的相对人，如律协的相对人最主要的是律师和律师事务所，村民委员会的相对人最主要的是村民和村民小组、村内的合作社或村内的其他经济组织。第二类是社会组织的外部人员或组织。社会公权力组织的权力一般不及于外部人员或组织，但有时其也可能与外部人员或组织打交道，从而这些人员或组织也可能成为其相对人。例如，律师事务所、律师所代理案件的当事人对律师、律师事务所的代理行为不满意，认为其代理极不负责，且收费过高，向所在市或区的律协投诉，律协处理相应投诉时，这些投诉的当事人即是律协的外部相对人；又如，农村土地承包人将承包地出租给城市市民或外村村民经营，如这些经营人的经营行为违反了土地承包人所在村的村规民约，村民委员会对之进行处理时，这些经营人即成为了该村民委员会的外部相对人。

(三) 国际公权力主体的相对人

国际公权力主体的相对人包括下述三类：

1. 主权国家(或地区)及其政府。例如，联合国或联合国安理会就其某成员国或某地区的某一事项作出某种决议或决定(如制裁决定)，该主权国家(或地区)及其政府就成为了联合国或联合国安理会的相对人。

2. 主权国家(或地区)内部的社会组织。国际组织一般通过主权国家(或地区)的政府与其内部的社会组织发生关系，而不会直接与主权国家(或地区)内部的社会组织发生关系。但是，在特定情况下，国际组织(特别是民间国际组织)也有可能不通过主权国家(或地区)的政府，而是直接与其内部的社会组织发生关系。在这种情况下，主权国家(或地区)的内部社会组织即为国际公权力主体的相对人。例如,联合国在某一国家或地区进行维和行动、有关国际组织在某一国家或地区开展国际救助和难民安置等,都可能不通过相应主权国家(或地区)的政府,而直接与其内部的相关社会组织发生关系,在这种情况下,这些社会组织即直接成为国际公权力主体的相对人。又如,梵蒂冈的教皇亦可不通过某些主权国家(或地区)的政府而直接与其内部的天主教组织发生关系,这些国家(或地区)的天主教组织即为梵蒂冈的教皇的相对人。

3. 主权国家(或地区)内部的公民个人。公民在一般情况下当然只是国家公权力主体的相对人,而不能直接成为国际公权力主体的相对人。但是,在某些特定情况下,如前述联合国在某一国家或地区进行维和行动、有关国际组织开展国际救助和难民安置等,都可能不通过相应主权国家(或地区)的政府,而直接与其公民发生关系。在这种情况下,这些公民即直接成为国际公权力主体的相对人。

四、公权力主体与相对人的关系①

本节主要分析我国国家公权力主体与相对人关系的种类、我国社会公权力主体与相对人关系的种类,以及一般国际公权力主体与相对人关系的种类。

(一)我国国家公权力主体与相对人关系的种类

我国国家公权力主体与相对人关系主要有下述七类。

1. 人大及其常委会与相对人的关系

这类关系大多是间接的:人大及其常委会制定的法律、法规、发布的决议、决定等,一般要通过执法机关、司法机关对公民、法人、其他组织发生法律效力。公民、法人、其他组织是否守法,履行人大及其常委会的决议、决定,人大及其常委会并不直接进行监管,从而不会与之发生直接的关系。但是,人大及其常委会与其他国家机关及其主要负责人的关系有可能是直接的。当人大及其常委会作为国家权力机关对其他国家机关及其主要负责人进行监督(包括审议其他国家机关的工作报告、专题报告,通过或不通过这些报告,对其他国

---

① 关于公法关系中公权力主体与相对人关系的内容,本书第二章在论述公法调整对象时已有阐释,故本节只探讨关系的种类。

家机关及其主要负责人提出质询,罢免主要负责人等),这时二者的关系是直接的。另外,在现代社会,公民直接参与人大及其常委会的立法和监督工作,公民直接向人大及其常委会提出批评、建议和申诉、控告、请愿和信访,二者也会产生直接的公法关系。

2. 国家主席与相对人的关系

这类关系基本上都是间接的。因为国家主席公布法律、任免国家机关主要负责人、授予国家勋章和荣誉称号、发布特赦令、宣布进入紧急状态、宣布战争状态、发布动员令等,都是根据全国人大和全国人大常委会的决定进行的。没有全国人大和全国人大常委会的决定,国家主席不会直接进行上述行为。①

3. 各级人民政府和县级以上人民政府工作部门与相对人的关系

在国家公权力主体与相对人的各类关系乃至整个公法关系中,这类关系是最广泛、最普遍和最经常发生的。行政机关每时每日实施的各种行政行为(如行政审批、许可、确认、裁决、监管、处罚、强制,等等),都会形成和引发大量的行政关系——最主要的公法关系。

4. 中央军委(国防部)及地方武装部门与相对人的关系

这种关系属于广义的行政关系,因为国防部属于国务院部门之一,地方军事部门亦同时从属于相应的地方政府。军事部门在征集兵役、组织军事训练和军事设施建设中,在参加地方抢险救灾工作中,在战时征用各种财产、物资时,均可能与公民、法人和其他组织直接或间接发生各种公法关系。

5. 监察机关与相对人的关系

监察机关与相对人的关系包括三种情形:其一,监察机关与作为监察对象的国家公职人员和准国家公职人员②的关系。这是此类关系中最主要的一种关系,因为在整个监察对象中,国家公职人员占有最大的比重。其二,监察机

---

① 参见《宪法》第 80 条。

② 这类人员包括下述八类:其一,中国共产党机关的公务员;其二,人民代表大会及其常务委员会机关的公务员;其三,人民政府的公务员;其四,监察委员会的公务员;其五,人民法院、人民检察院的公务员;其六,中国人民政治协商会议各级委员会机关的公务员;其七,民主党派机关和工商业联合会机关的公务员;其八,参照《公务员法》管理的人员。参见《监察法》第 15 条第 1 项。

关与作为监察对象的非国家公职人员①的关系。其三，监察机关与非监察对象的公民、法人和其他组织的关系，这又包括四种情况：一是监察机关行使监督、调查职能，向有关单位、个人了解情况，收集、调取证据与之发生的关系；②二是监察机关在调查过程中，对作为证人的公民进行询问时与之发生的关系；③三是监察机关行使监督、调查职能，进行查询、调取、查封、扣押、冻结、检查、勘验等行为时，要求有关单位、个人与之配合而发生的关系；④四是监察机关对作为涉嫌行贿犯罪或者共同职务犯罪的涉案人员实施留置与之发生的关系。⑤

6. 人民法院与相对人的关系

人民法院作为国家公权力主体与相对人的关系包括三种主要类型：一是在裁决民事争议的诉讼程序中，法院与原告、被告、第三人、诉讼代理人、诉讼参与人的关系；二是在裁决行政争议的诉讼程序中，法院与原告、被告、第三人、诉讼代理人、诉讼参与人的关系。第二种关系与第一种关系的区别在于，诉讼原告一般是行政关系中的行政相对人，诉讼被告一般是行政关系中的行政主体（行政机关）；三是在审理刑事诉讼案件的程序中，法院与作为国家公诉机关的公诉人（检察机关）或自诉案件的原告（公民）、刑事被告人、辩护人、诉讼参与人的关系。第三种关系与第一、二种关系的区别在于，诉讼原告是作为国家公诉机关的公诉人（检察机关），而第一种关系中的原告是与被告在实体关系处于平等地位的公民、法人或者其他组织，第二种关系中的原告是与被告在实体关系处于不平等地位的公民、法人或者其他组织；第三种关系的被告人是犯罪嫌疑人，而第一种关系中的被告是与原告一样的公民、法人或者其他组织，第二种关系中的被告是与原告不一样的行政机关。

---

① 这类人员包括下述五类：其一，法律、法规授权或者受国家机关依法委托管理公共事务的组织中从事公务的人员；其二，国有企业管理人员；其三，公办的教育、科研、文化、医疗卫生、体育等单位中从事管理的人员；其四，基层群众性自治组织中从事管理的人员；其五，其他依法履行公职的人员。参见《监察法》第 15 条第 2 项至第 5 项。

② 参见《监察法》第 18 条。

③ 参见《监察法》第 21 条。

④ 参见《监察法》第 23 条至第 30 条。

⑤ 参见《监察法》第 32 条。

7. 人民检察院与相对人的关系

人民检察院作为国家公权力主体与相对人的关系包括四种主要类型：一是在刑事检察监督程序中，检察院与作为刑事侦查机关的公安机关、作为刑事案件审判机关的法院、作为犯罪嫌疑人羁押场所的看守所、作为刑罚执行机构的监狱，以及被告人、正服刑的犯人等的关系；二是在民事检察监督程序中，检察院与作为民事案件审判机关的法院、作为民事案件双方当事人的原告和被告的关系；三是在行政检察监督程序中，检察院与作为行政案件审判机关的法院、作为行政案件被告的行政机关的关系；四是在公益诉讼检察监督程序中，检察院与拟作为或作为民事公益诉讼案件被告的公民、法人或者其他组织、拟作为或作为民事公益诉讼案件被告的行政机关、作为公益诉讼案件审判机关的法院的关系。

除了上述七类关系外，在我国，作为执政党的中国共产党也可认为是一种特殊的国家公权力主体，故执政党中央及地方党的机关与公民法人或者其他组织的关系也可视为一种特殊的国家公权力主体与相对人的关系。

（二）我国社会公权力主体与相对人关系的种类

我国社会公权力主体与相对人关系主要有下述五类。

1. 社会公权力组织对内部成员组织管理的关系

此种关系的例子如社会组织对其成员进行登记、注册管理、为其成员行为制定规则、进行监督检查、或向其成员发布信息等。

2. 社会公权力组织对内部成员违规行为的制裁、处分关系

此种关系的例子如社会组织对违规成员给予警告、警示、予以通报批评，对其限权停权、乃至开除其成员资格等。

3. 社会公权力组织支持内部成员对外维权

此种关系的例子如社会组织支持其成员申请行政复议、提起行政诉讼或民事诉讼，或为其申诉、控告、请求侵权赔偿提供帮助等。

4. 社会公权力组织处理内部成员间争议、纠纷的关系

此种关系的例子如社会组织主动或依当事人的申请对内部成员间的争议、纠纷进行调解、裁决等。

5. 社会公权力组织与外部组织、个人发生的关系

社会公权力组织除与作为其相对人的内部组织成员发生关系外，有时也

可能与外部组织、个人发生某种关系,如处理外部组织、个人对其内部机构、工作人员的投诉、支持内部组织成员处理其与外部组织、个人因侵权行为引发的争议、纠纷等。

(三)国际公权力主体与相对人关系的种类

国际公权力主体与相对人关系主要有下述四类:一是因国际人权、反恐、战争、维和、制裁等引起的政治性关系;二是因国际贸易、投资、金融、税费等引起的经济性关系;三是因生态、环境,以及教、科、文、卫、体等引起的国际治理关系;四是因宗教事项引起的宗教组织、活动和管理方面的关系。

五、公权力主体相互之间的关系[①]

(一)国家公权力主体间的横向关系

国家公权力主体间的横向关系主要有下述八种模式。

1. 中国古代专制政体模式

在中国古代专制政体模式下,国家各种公权力主体在横向上虽然有一定分工,但皇帝绝对居于最高的支配地位,三省六部、三师三公、御史台、九寺五监等,都绝对听命于皇帝。立法权、行政权、司法权、监察权,均由皇帝控制。以唐代为例,就立法而言,皇帝是最高的立法者,律、令、格、式或由皇帝直接下颁,或由臣僚修订,经皇帝批准,再以皇帝名义颁布。就行政而言,皇帝发布的行政命令具有至高无上的法律效力。皇帝之下设三省六部,其中中书省、门下省是皇帝之下最高的行政立法与审核机构,尚书省及所辖六部则在负责具体实施皇帝及中书省、门下省议决的法令和行政命令,行使行政管理大权,就司法而言,大理寺、刑部、御史台共同行使司法权,各机构既有一定分工,也彼此相互制约,但都受皇帝绝对控制。死刑案件的判决,还须奏请皇帝批准。就监察而言,御史台三院(台院、殿院、察院)的御史,特别是监察御史,均是皇帝的"耳目之官",在皇帝直接掌管控制之下监察百官。[②]

中国古代专制政体模式下国家公权力主体间的横向关系的特点是:各国

---

① 关于公法关系中公权力主体相互间关系的种类和内容,本书第二章在论述公法调整对象时已有简要的阐释,故本节主要探讨这些关系的不同模式及其相关制度。

② 参见曾宪义主编:《中国法制史》,北京大学出版社、高等教育出版社 2009 年版,第 149~174 页。

家公权力机构之间虽有一定的分工的制约，但各种国家公权力均绝对从属和服从专制君主。

2. 古代雅典的民主政体模式

在古代雅典民主政体模式下，国家公权力主体均通过民主方式（抽签、选举、轮换等）产生，不存在凌驾于各种公权力之上的专制君主，立法和重大决策权由公民大会行使；一般决策权由公民大会抽签产生的议事会行使，行政权由各部落代表轮流任职的议事会主席团及通过抽签产生的执政官行使；司法权由法院和陪审法庭（其成员由 30 岁以上的公民本人申请，且通过抽签产生）行使。①

古代雅典的民主政体模式下国家公权力主体的特点是均由民主方式产生，对公民负责，各主体分别行使不同的职能，公职人员大多任职时间短（多为一年），从而公权力运行效率较低。

3. 古代罗马的贵族政体模式

在古代罗马贵族政体模式下，国家公权力主体均具有较浓重的贵族色彩。元老院由贵族、骑士和离职高官组成，其形式上虽然只是一个咨询顾问机构，但实质上控制着国家公权力的运作。无论是执政官，还是保民官，其候选人均是元老院的贵族或骑士，而公民大会立法和各种决议的通过，则由执政官和保民官进行操纵。当然，在国家公权力的运作上，各公权力主体的分工还是存在的，公民大会行使立法和重大问题的决策权；执政官、财务官和行政官员行使行政权；副执政、法官和陪审官行使司法权；保民官行使监察监督权。②

古代罗马贵族政体模式下国家公权力机构的主要特色是元老院和保民官的设置。这两个机构在我国古代专制政制中和雅典宪制中均是不存在的。

4. 英国内阁制

英国现代国家公权力主体横向关系模式是内阁制模式。从宪制形式上讲，英国实行的是“议会主权”制，即议会享有最高、最大的权力，“在法律上它

---

① 参见[美]斯科特·戈登：《控制国家——西方宪政的历史》，应奇等译，江苏人民出版社 2001 年版，第 63～88 页。

② 参见[美]斯科特·戈登：《控制国家——西方宪政的历史》，应奇等译，江苏人民出版社 2001 年版，第 89～108 页。

什么都可以做,除了把女人变成男人以外”。[①] 但实践中,英国国家公权力集中在政府的内阁。“马克思和恩格斯早在1840年就已指出:英国政府是管理整个资产阶级事务的委员会。正像著名宪法学家白芝浩(Walter Bagehot)1865年在《英国宪法》一书中所说的,内阁是一个‘监督委员会’。现在还是这样。以政党制度为根据,它代表着下议院多数党中的统治阶层。不像美国由于三权分立原则所造成的那样,使得有可能执政的总统是共和党,而国会则是民主党占多数。在英国,政府的成分和议会的成分是直接连在一起的。因此,这个委员会不但行使着王权(行政权),而且对议会也行使着相当的控制权。由此可见,内阁的地位是介于国家立法部门和执行部门之间,起着连接两者的作用。法兰西第四共和国政府没有实现立法纲领的能力,即使美国总统在内政方面也会受到阻碍……而英国却很少发生这类问题。”[②]可见,在英国内阁制宪制下,国家公权力各主体中,起实质决定性作用的是内阁。尽管内阁在法律上受议会控制,但内阁实质上控制议会。

英国实行君主立宪制度,国王是虚位元首,没有实权。内阁法律上在国王之下,内阁大臣名义上是国王的仆人。首相由国王任命,但国王依宪法惯例只能任命议会多数党领袖为首相。首相和内阁大臣及各部部长均必须是议员,他们参加议会讨论和表决,以政府名义提出法案。他们提出的重要法案(主要指涉财政的法案)如果被议会否决,即表示议会对政府不信任,政府必须辞职,议会如果不认同政府的政策,议会还可通过给政府投不信任票迫使政府辞职。当然,这种情况发生的可能性是很小的。因为政府是由议会中的多数党阁员组成的,即使执政党在议会中因某种原因失去多数席位,它也可以通过联合议会中的其他政党构成议会多数后组阁。因为执政党在议会中占有多数席位,故政府提出的法案在议会中被否决和反对党提出不信任案在议会中被通过的情况就很难发生。即使这种情况发生(实践中政府也确实偶然会发生),内阁首相可奏请国王解散议会,重新举行议会选举,由人民决定是否更换政府:如果人民新选出的议会仍不信任政府,内阁必须辞职,原政府必须更换。反之,如果人民新选出的议会转而信任政府,内阁无须辞职,原政府则可

---

① 龚祥瑞:《比较宪法与行政法》,法律出版社2003年版,第59页

② 龚祥瑞:《比较宪法与行政法》,法律出版社2003年版,第189页。

继续运作。

关于英国现代内阁制模式下议会、政府与法院的关系，戴雪在《英宪精义》中有详尽的论述，总的来说，这种关系受三项原则的支配：一是议会主权原则（议会法律地位最高）；二是责任政府原则（内阁掌握实权）；三是法治原则（司法独立，在英格兰四境内，不但无一人在法律之上，而且何人，不论为贵为贱，为富为贫，须受命于国内所有普通法律，并须安居于普通法院的管辖权之治下）。[①]

5. 美国总统制

美国总统制是现代国家公权力主体横向关系中不同于英国内阁制的另一种重要模式。“美国是一个共和国，行政权集中于总统一身。总统之下虽有许多国务员（部长）各管一部，但是他们只是总统的僚属，总统可自由任免他们（须经参议院同意）……国务员乃各别辅助总统，管理其专管的事务，所以他们并不联合起来组织内阁（美国虽然也称各部部长全体为 Cabinet，但其意义与内阁制的内阁不同。作为外交部长的国务卿虽是首席部长，但法律上的地位与其他部长相同）。”[②]就行政机关与立法机关的关系而言，“行政权由总统自己行使，不必顾到议会的赞成或反对，所以议会惟于总统或国务员有违法行为之时，加以弹劾，绝对不能因为政策问题，作不信任投票，迫使总统或国务员辞职。而总统亦只能用公文（message）向议会陈述关于法律的意见，绝对不能提出法案，更不能因为议会的意见与自己不同而解散议会。至于国务员则不得兼任议员，且没有出席议会陈述意见的权利。凡此数点均可以表示行政机关是与立法机关互相分离的。但是一切法律均由议会制定，而行政机关的一切处分又须依照法律规定，则议会当然可以利用立法权以牵制政府。同时议会通过的法案须交给总统署名公布，总统若不赞成该法案，亦可于十日之内，提出反对的理由，交还议会复议。此时议会两院非各以三分之二的多数，再通过原案，原案不能成立为法律。所以，政府也可以利用这个拒绝公布的权力（veto power）以牵制议会”。[③]

---

① 参见［英］戴雪：《英宪精义》，雷宾南译，中国法制出版社 2017 年版，第 127~455 页。

② 萨孟武：《政治学与比较宪法》，商务印书馆 2013 年版，第 85 页。

③ 萨孟武：《政治学与比较宪法》，商务印书馆 2013 年版，第 85~86 页。

关于美国总统制下三权的关系，法院在其中亦有着重要的地位，首先，司法独立，议会和行政均不得干预法院的审判；其次，法院有权审查行政机关的规章、命令，乃至法律。但法院认为法律违宪，不能撤销和宣告其无效，只能不予执行。法院对相应法律不予执行，事实上等于使之无效。①

6. 瑞士委员会制

现代国家公权力主体关系的模式，大多采内阁制或总统制，采委员会制的很少，瑞士可能是一个少见的例子。瑞士虽然同总统制国家一样，也设有总统，但总统并非能单独行使行政权。瑞士行政权属于由议会两院联席会议选举产生的 7 名委员（分属不同政党）组成的行政委员会。议会在这 7 名委员中再选举 1 名为总统，1 名为副总统。总统及副总统的任期均只有 1 年，并且任满之后，不得于次年连任总统或副总统。总统的职权除了对内为行政委员会的主席，对外代表行政委员会履行各种礼节仪式之外，别的职权完全和其他委员平等。行政委员会设置 7 部，委员 7 人各兼 1 部部长。各部部长对于各部事务均没有单独的决定权，一切稍有重要性的事项，均须交付行政委员会议决。部长的职权只限于准备该部提交行政委员会议决的议案及执行经行政委员会的相应决议。

就行政委员会与议会的关系而言，行政委员会由议会选举产生，其委员随时出席议会，向议会提出法案和政策，由议会审议通过。凡议会通过的法律，行政委员会必须执行，议会决定的政策，行政委员会必须服从。既然行政委员会完全听命于议会，议会也就不得，也没有必要对行政委员会投不信任票而迫使其辞职；行政委员会当然也无权解散议会。②

7. 中华民国的“五权宪法”政体模式

1947 年国民政府颁布的《中华民国宪法》（“五权宪法”）是借鉴了现代西方国家三权分立制度但又不同于三权分立制度的一种政体模式。“五权宪法”是孙中山提倡的实行“五权制度”的宪法原则。1906 年孙中山首先在《民报》（日本东京出版）创刊纪念会上提出，1924 年又在关于“五权宪法”的“五权宪法”讲演中作了具体阐述。五权制度即“五权分立”的国家机构的组织原

---

① 参见萨孟武：《政治学与比较宪法》，商务印书馆 2013 年版，第 212 页。

② 参见萨孟武：《政治学与比较宪法》，商务印书馆 2013 年版，第 88～89 页。

则,将国家的立法、行政、司法、考试、监察这五种治权分别由立法、行政、司法、考试、监察五院独立行使,以防止政府之专权;而同时将选举、罢免、创制、复决四种“政权”由人民掌握,实行所谓“权能划分”。孙中山认为,“五权宪法”的五权制度的宪法原则,可以补救“三权宪法”的三权制度的宪法原则的不完备之处。“五权宪法”,是孙中山对于宪法的创见,是孙中山的重要思想,曾列入中国国民党党纲。“五权宪法”的最核心的思想是政权、治权分立,政权归属国民大会,而治权乃指行政权、立法权、司法权、监察权、考试权,各自独立运作并互相合作。

1947 年国民政府颁布的《中华民国宪法》所设定的国家公权力主体除行使“五权”的行政院、立法院、司法院、考试院、监察院外,还包括国民大会和总统。国民大会由全体有选举权的国民选举产生;总统、副总统由国民大会选举产生;行政院院长由总统提名,经立法院同意任命;立法院所有立法委员均由国民选举产生;司法院院长、副院长由总统提名,经监察院同意任命;考试院院长、副院长、考试委员由总统提名,经监察院同意任命;监察院监察委员由各省市议会、蒙古西藏地方议会及华侨团体分别选举产生,院长、副院长由监察委员互选产生。①

8. 社会主义国家的政体模式

社会主义国家的政体模式是一种完全不同于西方国家三权分立政体的全新的国家公权力主体关系模式。其最重要的特征是执政党的机关(中央委员会、政治局、政治局常委、党中央各部、委等)直接行使国家公权力,人民代表机关(各国名称不尽相同,如中国的人民代表大会及人大常委会、苏联苏维埃及苏维埃主席团、越南国会及国会常委会等)是最高国家权力机关,其他国家机关均由其产生,对它负责,受它监督。

就我国情况而言,宪法明确规定,社会主义制度是中华人民共和国的根本制度;中国共产党领导是中国特色社会主义最本质的特征;人民行使国家权力的机关是全国人民代表大会和地方各级人民代表大会;国家行政机关、监察机

---

① 关于国民大会、总统和行政院、立法院、司法院、考试院、监察院的相互关系和各自职权,可参见 1947 年国民政府颁布的《中华民国宪法》第三章至第九章。载陶百川编:《最新六法全书》,三民书局股份有限公司 1981 年增修版,第 1~5 页。

关、审判机关、检察机关都由人民代表大会产生,对它负责,受它监督。宪法规定的作为国家公权力主体的国家机构包括:全国人民代表大会(及其常务委员会)、中华人民共和国主席、国务院、中央军事委员会、地方各级人民代表大会和地方各级人民政府、民族自治地方的自治机关、监察委员会、人民法院和人民检察院,共八类。这些主体的相互关系可参见《宪法》第三章。①

(二)国家公权力主体间的纵向关系

国家公权力主体间的纵向关系主要有下述五种模式:

1. 古代的分封制

中外历史上在国家公权力央地关系上都曾实行过分封制。分封制也称封建制,由中央王朝给王室成员、贵族和功臣分封领地。古代宗法制是分封制的基础。在家庭范围是为宗法制,在国家范围是为分封制。中国古代帝王分封诸侯的制度构架是:诸侯的君位世袭,在其分封的领地内拥有统治权,但对天子有定期朝贡和提供军赋、力役等义务。根据中国古代史研究成果,中国夏商周时期即曾实行分封制。夏中央王朝直接控制着广阔的地域,对中央王朝直接控制之外的地域则分封王室成员、贵族或有军功的人管辖。"西周建立起来的天子—诸侯—卿大夫的分封等级制度,在春秋时期尚未得到改变,诸侯之下的卿大夫都拥有采邑,在自己的采邑内享受世袭统治权,这是卿大夫能与国君相抗衡的权力来源和根本。作为君主,要想巩固自己的权力,就必须削夺这些卿大夫的权力,而削夺的最好办法是除掉其来源和根本所在,那就是将这些采邑收归国有,于是便催生了地方行政系统——郡县制。"②"春秋初期,还存在140多个诸侯国,其中较为强大的齐、晋、秦、楚、鲁、郑、宋、卫、陈、蔡,春秋后期,江南的吴、越势力也进入中原角逐,这12个诸侯在春秋时期互相争夺霸主的地位,进行兼并战争,当时'政出方伯',大国争霸,礼乐征伐不再由天子出,霸主的权力取代天下共主的周天子,君主专制的雏形出现了。"③"在周王朝统治下,'天子立国,诸侯建家,卿置侧室',诸侯国对天子之国有拱卫、纳贡的义务,是天子的屏藩,卿则是诸侯的屏藩。"④

---

① 《宪法》,人民出版社2018年版,第25~57页。
② 柏桦:《中国政治制度史》,中国人民大学出版社2011年版,第19页。
③ 柏桦:《中国政治制度史》,中国人民大学出版社2011年版,第16页。
④ 柏桦:《中国政治制度史》,中国人民大学出版社2011年版,第16页。

秦始皇统一全国后，废除了分封制，实行郡县制。但汉初在实行郡县制的同时又兼采了分封制，刘邦在与项羽相争时即分封了7个异姓王，其称帝后，又分封了9个同姓子弟王。魏晋以后，历代王朝（直至清代）还有实行分封制的，但秦汉以后，分封制都已不是主要制度，只是附着在郡县制上的一个小点缀，用于帝王对功臣的一种临时奖励手段或某种治术而已。

根据历史学家的考察，在中世纪的欧洲和古代埃及，亦曾有过在一定区域实行分封制或准分封制的情形[①]。

2. 古代中央集权制

中国自秦汉以后的历代封建王朝，在公权力的央地关系（中央与地方的关系）上，实行的基本制度都是中央集权制。中国的中央集权制是建立在郡县制的基础之上的，与郡县制有着紧密的联系。据历史记载，最早把县作为一级行政单位的，应该是秦国和楚国，它们在公元前688年分别设县。"这时的县具有由王直辖的性质，即使不久也有一些县恢复为世袭采邑，但还是摧毁了原有的世袭体系，开创出地方政治管理体制的新格局……郡县制的推选是无法阻遏的。当君主的权力足以控制整个政治局势时，就会把这些创新的实例推广到全国。典型的例子即秦孝公时，商鞅变法（公元前356年）全面实行地方行政制度——郡县制。这时的郡县长官已没有世袭特权，完全受中央节制，他们的权力只是作为中央权力的延伸。把领土制改变为行政区，中央集权体制也就形成了。"[②]公元前221年，秦始皇在此基础上建立了更加完备的君主专制中央集权制度。这个制度基本上为以后各个朝代所因袭，并且不断得到完善。"秦以后的地方行政区划，有过郡县或州县两级制；有州、郡、县或路、府（州）县，道、府（州）县三级制；有省、路、府（州）县或省、道、府（州）、县（州）四级制。地方行政区划从两级制到四级制，由大及小层层划分，是政治制度日益完备的表现。自秦以后，县一直作为基础行政区存在，县以下的乡里、里甲、保甲、乡镇等基层行政组织，历代都没有纳入行政区划内，其实这些基层组织也有一定的管辖区域，在古代政治中发挥着巨大作用。"[③]

---

① 参见周一良、吴于廑：《世界通史》（上古部分），人民出版社1973年版，第37~65页。

② 柏桦：《中国政治制度史》，中国人民大学出版社2011年版，第19~20页。

③ 柏桦：《中国政治制度史》，中国人民大学出版社2011年版，第21页。

在欧洲历史上,古罗马帝国曾对其占领的地域各个行省实行过某种兼有分封制和集权制因素的统治:帝国皇帝指派军事执政官对各行省进行管理,帝国皇帝对这些军事执政官可以撤换,可以发号施令,以保证其对整个罗马帝国的控制。西罗马帝国灭亡后的1000年间,中世纪许多地方自治公国既受罗马教皇的统治,也受东罗马帝国皇帝的统治,尽管这两种统治随着时间的发展而逐渐弱化,最后完全消失,但因这些地方自治公国内部很不统一,尚未形成民族国家,故不可能实行中央集权制。直到15世纪后期到16世纪初,法国、西班牙等欧洲许多国家才逐步建立起中央集权制。①

3. 现代联邦制

联邦制与单一制是现代国家公权力主体央地关系的两种主要模式。两种模式的主要区别有二:一是立宪立法权的归属不同。在联邦制国家,国家共同体和地方共同体(组成国家共同体的一级地方共同体。如州、邦、自治共和国等)均有同样的立法权,甚至制宪权;而在单一制国家,只有国家共同体才有制宪权和立法权,地方共同体即使有一定的立法权,也只是次级立法权,其立法不能与国家立法相抵触。二是重大问题的决策权的归属不同。在联邦制国家,国家共同体和地方共同体依联邦宪法,均享有各自的重大问题决策权;而在单一制国家,只有国家共同体才享有重大问题的决策权,地方共同体只能就所辖地区内的非重大问题依国家法律作出决定。"总之,联邦国的观念是很容易理解的,凡地方团体一面有自主组织权,可以制定根本组织法,同时又有参政权,可以选派代表(组成参议院,或称上院),参加中央政府行使统治权的,则这种国家便是联邦国。"②

联邦制国家以分权程度为标准可分为三类。其一,分权性最大的联邦国,如美国,几乎是由许多独立国结合而成。其特征有三:一是宪法列举联邦的权限,但除禁止州行使的权限,州在联邦未行使前,其亦可行使。二是联邦对州的监督甚宽,除了坚持共和政体之外,其他事不加限制。州法与联邦法不一致,视何者符合联邦宪法为有效。三是州对于联邦官员的选任,通过参议院

---

① 参见[美]斯科特·戈登:《控制国家——西方宪政的历史》,应奇等译,江苏人民出版社2001年版,第89~117页。

② 萨孟武:《政治学与比较宪法》,商务印书馆2013年版,第223页。

有平等的参与权。其二,分权性较小的联邦国,如德国,几乎倾向于中央集权。其特征有三:一是宪法列举联邦的权限,但联邦的权限有扩张的余地。二是联邦对州的监督较严,除了政体之外,还列举多项规则限制州的自主组织权。州法与联邦法不一致,州法无效,而不论其是否违背联邦法。联邦修宪,不必得到州的同意,但州有抗议权。三是各州按人口比例选举一定数量代表(一州至少有3名代表)组成参议院,但参议院权限较小(除可对联邦政府官员提出质询外,其他实质性职权不多)。其三,分权性最小的联邦国,如苏联,几乎接近单一制国家。其特征有三:一是宪法列举联邦的权限,但因联邦有监督州和加盟共和国(苏联的组成单位有的叫州,有的叫加盟共和国),故后者独立权限很小。二是联邦对州和加盟共和国进行严格的控制,州和加盟共和国设立什么机关,职权如何划分,都要听命于联邦;联邦可以撤销州和加盟共和国制定的法令。三是由州和加盟共和国选举代表组成的民族苏维埃(相当于西方国家的参议院)没有对于重大问题的决定权。①

4. 现代单一制

现代国家公权力主体央地关系的重要模式多为单一制。所谓单一制,是指作为国家组成单位的地方当局(省、市、行政区等)直接从属于中央,没有独立的主权或准主权(联邦的组成单位具有一定的主权或准主权),中央对地方有决定性的控制权。全国只有一部宪法(地方无制宪权);只有一套中央国家机关体系(包括立法机关、行政机关和司法机关);每个公民一般只有一个统一的国籍;地方各行政单位(或自治单位)均受中央政府的统一领导,不能脱离中央而独立;地方各行政单位(或自治单位)所拥有的权力通常由中央以法律形式授予,地方法规、规章不能与中央的法律相抵触;国防权和外交权均属于中央,地方没有中央授权或经中央批准不能独立与外国交往和与外国签订条约、协定等。②

在单一制模式中,中央政府享有充分的权力,并在全国范围内贯彻其意志;地方政府的权力或自治权源自中央政府或受制于中央政府。这种以中央政府为核心而形成的中央与地方的关系,相对来说,也比较简单。世界上绝大

---

① 参见萨孟武:《政治学与比较宪法》,商务印书馆2013年版,第221~243页。

② 参见周叶中主编:《宪法》(第3版),高等教育出版社2012年版,第224页。

多数国家都采用这种单一制模式，如英国、法国、意大利、日本、斯里兰卡、伊朗以及中国等。由于各国的历史、社会和文化的不同以及社会制度的差异，单一制模式又会表现为不同的具体形式。从中央与地方的关系来讲，主要有两种具体形式：一是中央集权型关系；二是地方分权型关系。

5. 现代混合制

现代混合制是指国家公权力主体在中央和地方的关系模式上既有单一制的特征，又有某些联邦制的特征。在对现代国家结构形式采单一制和联邦制两分法的学说中，这种混合制大多被归入单一制的模式中，属于单一制中的地方分权型关系类型。因为这种地方分权在很多情况下已经突破了单一制的界限，已具有联邦制的某些性质，故本书将之谓为"混合制"。这种分权方式是权力的一种确定性转移，其形式是以立法的形式赋予地方政府一定的权力，实行地方自治，并在法律上规定中央政府不得随意干涉地方政府权力范围内的事务。像我国现在的情况，既有一般的完全从属于中央政府的地方政府，也有新疆、西藏、广西、宁夏、内蒙古实行民族区域自治的地方政府（其制定的自治条例和单行条例可依照当地民族的特点，对中央的法律和行政法规作出变通规定①），还有中国香港、澳门实行"一国两制"的特别行政区（享有行政管理权、立法权、独立的司法权和终审权，中央政府不在特别行政区征税，特别行政区财政收入不上缴中央政府②）。特别行政区享有的地方自治权，有些已远超联邦制国家组成单位的州所享有的权力（如司法终审权、独立征税权和保留军队权等），所以将这种国家结构形式完全归入单一制似有不妥，称为"混合制"应该更为合适。

（三）国家公权力主体与社会公权力主体关系

1. 国家与社会关系的两种理论模式

关于国家与社会关系，学术界存在两种基本的理论模式："国家垄断公权力"（或"强国家、弱社会""大政府、小社会"）模式和"多元化国家"（或"国家、社会双轨制""国家、社会多元化"）模式。

主张国家垄断公权力的代表人物有霍布斯和柏拉图（Plato）。霍布斯说：

---

① 参见《立法法》第 75 条。

② 参见《香港特别行政区基本法》和《澳门特别行政区基本法》。

"一个君主的臣民,不得到君主的允许,便不能抛弃君主政体,返回乌合之众的混乱状态,也不能将他们自己的人格从身上转移到另一个人或另一个集体身上。"①他认为,国家内不应允许有自治权力过大的城市或社会团体存在。这些城市或社会团体就像是一个大国家的肚子里有许多小国家一样,类似于自然人肠道中的虫子。关于这一点我们还可以补充一个问题,那便是自命有政治才干的人非议绝对主权;这种人虽然大部分是在人民的渣滓中滋生繁育的,但由于受到谬误学说的鼓动而不断干涉基本的法律,就像医生称为蛔虫的那种小虫子一样,骚扰国家。②

柏拉图主张国家应由有智慧的哲学家统治,人民应无条件服从于他,而不应允许有党派和社会团体存在。党派和社会团体存在会干扰哲学家的有效统治。他说,"当我们说,在哲学家成为城邦的统治者之前,无论城邦还是公民个人都不能终止邪恶,我们用理论想象出来的制度也不能实现"。③"这样的哲学天才既已诞生,还会有人论证他们必定腐败吗?……但是的确,这样的人(哲学天才)出一个就够了,如果有一个城邦服从他,他可以在这里实行其全部理想制度的话……他既然成了那里的统治者,把人们描述过的那些法律和惯例制定出来,公民们情愿服从——这的确不是不可能的。"④柏拉图认为,哲学天才统治的国家是不能允许有党派存在的。否则,"这一党从寡头国家引进盟友,那一党从民主国家引进盟友,这样这个国家就病了,内战就起了。有时没有外人插手,党争也会发生",国家就会陷于内乱。⑤"我设想,一个民主的城邦由于渴望自由,有可能让一些坏分子当上了领导人,受到他们的欺骗,喝了太多的醇酒,烂醉如泥。而如果正派的领导人想要稍加约束,不是过分放任纵容,这个社会就要起来指控他们,叫他们寡头分子,要求惩办他们。"⑥

由此可见,"霍布斯主张建立一个强大的国家权力,因而从根本上反对

① [英]霍布斯:《利维坦》,黎思复等译,商务印书馆1997年版,第133页。
② 参见[英]霍布斯:《利维坦》,黎思复等译,商务印书馆1997年版,第259页。
③ [古希腊]柏拉图:《理想国》,郭斌和、张竹明译,商务印书馆2012年版,第255页。
④ [古希腊]柏拉图:《理想国》,郭斌和、张竹明译,商务印书馆2012年版,第255~256页。
⑤ 参见[古希腊]柏拉图:《理想国》,郭斌和、张竹明译,商务印书馆2012年版,第331页。
⑥ [古希腊]柏拉图:《理想国》,郭斌和、张竹明译,商务印书馆2012年版,第340页。

(社会)团体存在。在他看来,所谓的社团就是大国腹中的小国,是另一个生命体中的生命,就像藏于人五脏六肺中的寄生虫……对于极权国家而言,多元化必然意味着权力的削弱”。[①] 而“柏拉图的理想国中亦没有为竞争留下空间。1864 年罗马教皇公布的禁书目录也宣称,如果所有人都享有用自己的言论和想法形成公共意见的自由,就会导致道德的败坏和无差别的灾难”。[②]

德国学者齐佩利乌斯(Reinhold Zippelius)是多元化国家(国家与社会双轨制,以社会制约国家)的主张者。他从四个方面阐述了他的理论模式:

其一,权力过分集中的危害和向多元化国家转化的必要性。面对权力过分集中的行政体制愈来愈强的垄断与控制,人们偶尔也会表达担忧和焦虑,但这种画面托克维尔早在 1840 年就已描述过:“如果存在某种强权性的、监护性的权力,唯有它来负责保证公民的正常供给,看护公民的命运。它就会无限制地、合秩序地、有步骤有准备地、温和地侵入个体的生活。”[③]赫胥黎在 1932 年将这种画面投射到了福利社会,在这种社会“个体受到了全方位的照顾和管制,甚至生理和心理快乐诉求都被操纵”。[④] 奥维尔在 1949 年更描绘出机构化的极权秩序国家最极端的模式,它对出于权力控制之下的个体,进行全方位的控制、监护和打压,甚至包括最私人的生活领域。[⑤] “现实中,国家与非国家官僚机构不断强化所带来的困扰及压力,比理论设想更要严重。国家与超国家机构总是承担了越来越多的职能任务,而这些任务的履行又导致官僚机构的不断膨胀。他们的行事规则常常在设定时就在空间和事务上与公民个体及具体个案存在一定距离。由此,公民的时间、精力以及自由,都因为这种程式化的法律贯彻过程的过度使用而消耗殆尽。”[⑥]据此,齐佩利乌斯进一步阐述了从权力过分集中的政府和行政体制向“多元化国家”转化的必要性和意义:“将国家任务进行分解,特别是减少对于国家给付的期待,以及在国家和社团领域进行广泛的去中央化。人们不再是被无微不至的关照和指导的公

---

① [德]齐佩利乌斯:《德国国家学》,赵宏译,法律出版社 2011 年版,第 287 页。
② [德]齐佩利乌斯:《德国国家学》,赵宏译,法律出版社 2011 年版,第 315 页。
③ 参见[德]齐佩利乌斯:《德国国家学》,赵宏译,法律出版社 2011 年版,第 282~283 页。
④ [德]齐佩利乌斯:《德国国家学》,赵宏译,法律出版社 2011 年版,第 283 页。
⑤ 参见[德]齐佩利乌斯:《德国国家学》,赵宏译,法律出版社 2011 年版,第 282~283 页。
⑥ [德]齐佩利乌斯:《德国国家学》,赵宏译,法律出版社 2011 年版,第 284~285 页。

民，由此，也就不会被行政全方位管束。既然不能从国家或是大团体中获取充分给付，公民与去中央化的自行政机构就必须自己承担起在自己的事务领域范围内，提供'生存照顾'和进行利益选择的重要责任。"①"民主赋予了所有希望进入政治系统，或是施加社会影响的群体与组织，进行自我构建，并且相互竞争，角逐权力与施加影响的可能与机会。并非只有政党才致力于在国家中通过合法途径，赢得直接主导最高国家机关，尤其是议会与政府的机会和权力。雇主协会、手工业协会、教会与意识形态组织都拥有和使用着争取拥护者、对经济和社会生活施加影响进而独揽国家权力的可能。"②

其二，多元化国家的要素。齐佩利乌斯认为，多元化国家主要有下述三项要素：一是不同利益共同体具有寻求能够达成同意的妥协机制。所有可能的利益和意见均有机会相互竞争，并尝试赢得对国家行为的影响，这属于民主的应有之义。因此，民主同时确认的即是多元化国家，在这种国家之下，多样化的利益和观点是对政治程序发挥效用的建构性因素。同时，人们在社会既存的、相互冲突的利益和观点中，必须找到达成某种妥协的途径。但什么是最理想和最正确的妥协途径呢？齐佩利乌斯认为"不应交由某个中央阶层处置和决定"，而"应放置于一种'试错'的开放过程中进行。它可以表现为议会立法、法院判决，这些决定结果都是经由广泛讨论，特别是以团体与私人自治的利益规则为基础而得出的。"③二是创设利益和言论的开放竞争环境。"多元模式就是要为尽可能多的人，提供尽可能丰富的人格开展空间，由此来保障其利益的实现。与中央集权的行政化社会不同，多元社会通过允许更大的差异性和行动自由，提供给共同体成员更多的发展可能，即提供给他们更丰富多样的可能性，由此，各种思想和社会生活模式都可获得实践验证，而那些无法经受考验的方案则通过竞争被排除。"④"开放社会首要的'游戏规则'就是，必须尊重和维护所有人平等的参与能力和意愿。这一点涉及开放社会的合法正当性：所有人原则上都拥有平等的、应予尊重的形成公共意志和参与政治程序的权利……自由民主在基本政治决定之下，为言论和利益的多元开展提供了

① ［德］齐佩利乌斯：《德国国家学》，赵宏译，法律出版社2011年版，第285页。
② ［德］齐佩利乌斯：《德国国家学》，赵宏译，法律出版社2011年版，第286页。
③ ［德］齐佩利乌斯：《德国国家学》，赵宏译，法律出版社2011年版，第288页。
④ ［德］齐佩利乌斯：《德国国家学》，赵宏译，法律出版社2011年版，第289页。

更广阔的空间。如果某个国家宣称是自由秩序，就必须允许这样的活动空间。同时，作为政治的基本原则，国家只能对自由进行优化，而绝不能将其极端化，也就是说，自由必须具有一定的界限，它应当持续地为尽可能多的人维护尽可能多的自由。”①三是通过结社自由使利益机制化。人们如果不形成利益团体，“个体很难将个人意愿和利益充分付诸实现。因此，他必须寻求与他具有相同精神诉求和利益的人，借助联合力量来贯彻和落实特定言论和特定利益……作为利益实现和利益群体化的工具，这些利益团体亦具有形成公共政治意志的重要功能。他们同样受到结社自由和集会自由，特别是行会自由和宗教团体自由、言论自由以及认知自由的宪法保护。因此，除了选举国家机关作为机构化的代表外，公众也能够通过这些利益群体作为现实代表，对国家机构的决定施加影响”。② “为实现其特定目标，团体总在尝试对国家权力施加影响，或是直接进入国家权力机关，安排其精英人员担任议会议员或是在政府和行政部门任职，或是通过对于议员或是行政权力的承担者施加影响的间接方式……另一种影响方式是从外部对国家机关进行渗透，这种渗透作用表现为多种方式。其中，对国家权力施加影响的一种有效方法就是进行游说，其名称正来自议会的回廊，在此回廊中，人们与议会议员进行私下会晤……通过咨询而进行的影响措施也在很多领域内被制度化，在很多时候，这种咨询都是通过成立代表利益团体的顾问委员会的方式进行……政党受到利益团体多方位的影响和渗透，必须对利益团体（作为其潜在选民、‘方向指引’、资助者或是重要媒体的拥有者）的诉求予以考虑，并尽可能地使之满意，以此来保障自身的获选机会……对国家权力的影响还可以通过由出版机构或是其他大众媒体等公共舆论，对公共关系施加影响的方式间接进行。”③

其三，多元化国家可能的弊端及化解途径。多元化国家可以消除集权式国家（国家垄断公权力）的许多弊端，但其本身也有其弊端。“这种‘结构性宽容’一方面使国家在‘开放社会’下表现为尊重和保障个体尊严的机构形式。另一方面，它也使国家在面对内外政治力量的肆意作用时，反应能力减弱。希

---

① [德]齐佩利乌斯：《德国国家学》，赵宏译，法律出版社 2011 年版，第 290~291 页。

② [德]齐佩利乌斯：《德国国家学》，赵宏译，法律出版社 2011 年版，第 291 页。

③ [德]齐佩利乌斯：《德国国家学》，赵宏译，法律出版社 2011 年版，第 293~294 页。

特勒利用内部和外部政治对立所导致的恶劣后果为此提供了实例，今天在面对缺乏妥协可能的政治权力意志时，这也成为人民应当汲取的重要教训。”①当然，对于多元化国家的此种弊端，人们可以通过各种制度化的途径使之尽量消除或避免，这些途径主要有五：一是建立利益衡量和评价的程序制度。注重在社会利益比较过程中寻求公正，保障程序公正，特别是对相互竞争的利益进行正确衡量和评价。二是注重保护弱势群体和控制强势利益集团。在现实社会中，某些特定的少数（如因为种族或是宗教）利益，常常会有被牺牲的危险。此外，那些声势喧嚣的利益和观点又往往会得到超出其真正保护价值的强调与关注；正如俗语所言，嘎嘎作响的门总会被最先涂抹上润滑油。与此同时，大型团体及其官僚机构，不仅作为影响公共事务、社会政治、经济政治或是社会伦理的机制存在，还在试图获得原本并不应属于他们的影响比重。为此，社会公权力也需要多元化，社会力量的多元化同样发挥着社会权力平衡的重要功能。三是进行利益整合。整合有多种方式：如不同利益群体通过其在国家机构内的代表以适宜和公开的方式达成利益诉求；在行政和司法领域，某些利益团体的代表已成为特定委员会成员或者已担任法官职责，或是参与到了决定程序当中；还有一种模式是所谓的“咨询委员会”，它由各种不同群体的代表组成，在特定的国家机构中发挥着纯粹的咨询功能。但大量的实践表明，法律所涉及的利益团体，早在政府提出法律议案以及之后的法律咨询过程中，就已经参与到了法律的制定程序中。除此之外，对于相互竞争的利益而言，最重要的“权衡”是在国家机构之外的政党框架内进行的，政党具有在相互冲突的利益之间寻求妥协的重要功能。四是社会公权力的内部控制。此重要途径即社会权力去中央化，属于此类调整方式的包括阻止经济权力急剧膨胀的卡特尔立法，以及防止言论形成力量过度集中的出版和电讯立法。与此相应，对经济与雇主团体进行解构，以及将这些行业协会的活动限定在适当的行业目标的范围之内，防止行业权力过分集中等均属于此类要求。五是控制社会权力对国家机关的影响。例如，在政党接受财团的财政资助时，应避免由此可能产生的危险，特别是禁止那些试图采取明显违反公共意愿的措施的财团的介入；原则上，那些提供资助的外部权力，都希望能够由此享有特定的经

① ［德］齐佩利乌斯：《德国国家学》，赵宏译，法律出版社 2011 年版，第 297 页。

济或政治特权。因此,政党对于资助的依赖性和财团的影响可能都应该公开,并置于公众的监督之下。将政党的财务账目予以公开即服务于此项目标。此外,将那些较大的财团予以公布,禁止那些试图隐藏真正的出资人的中间人的介入,以及将政党的总体财产关系、收入与支出公开化,都非常必要。①

其四,国家与社会的适当关系。对多元化国家的考察向我们展示,国家与社会之间的二元对立完全能够通过一种理性的方式获得解决:相互冲突的利益与权力群体构造必然要求存在某种规制层级,借由其优位的决定权,对这些特定的社会权力进行规范,使国家与社会形成一种适当的关系。这种规范主要包括三个方面:一是规范权力的区分功能。保障作为政府组成人员、人民代表、公务员或是法官的公职人员有义务在履行公职时保持中立,而不应考虑特殊利益。这一思想特别体现为议员不受选民委托约束的原则,以及法官和行政官员不得接受贿赂以及保持公正的传统义务中。此外,即便是典型的私人行为同样不是毫无拘束的。它也应当遵守法律所设定的,为维护公共利益以及系统的可承受性而设置的限制,而且只能在此框架内追逐私人的特定利益。二是确定和限定社会权力的功能。在多元社会之下,在私人自治领域内自发生成的经济生活机制、出版企业和其他"社会权力",同样发挥着对社会整体进行规制的重要功能,它们同样拥有权力位置,且借助拥有的权力,同样对政治秩序施加重要影响。人们可以将多元化社会想象成是由无数子系统构成的,处于国家权力的优位规制权限之下的作用关联。那些作为"居间权力"的大企业、大公司与其他社会权力,因其权力属性以及所发挥的影响社会整体的功能,恰恰需要承担和履行某种更高的"社会义务"。这一点已经体现在现实生活中,诸如大众传媒有义务进行适当的及公正的报道,以及在经济领域,经济权力和企业有义务避免失业以及对整体经济可能产生的危害。三是加强国家角色区分的机制化。国家机构的任务之一,就在于对各种利益进行正确衡量。而仅依靠纯粹的法律手段,并不能为完成此项任务提供充分的保障。在此之外,还必须建构某种预防机制,使国家机构与个别利益间保持"距离",维持公正,确保不贪污受贿,并作出符合事实的决定。鉴于使议会完全摆脱利益约束在实践中并不可能达成,在那些与此相区别的功能领域,尽可能地避免特

① 参见[德]齐佩利乌斯:《德国国家学》,赵宏译,法律出版社 2011 年版,第 297~308 页。

定利益群体的影响,以及保持独立就显得尤为迫切……对于这些领域而言,行政官员和法官不能与政党、利益团体或是其他群体利益攸关,或不能负有落实这些群体利益的义务,是一项基本要求。①

2. 我国古代社会国家与社会的关系

我国古代在国家与社会的关系方面,基本是国家垄断公权力,由皇帝及其官僚阶层实行专制统治,几乎不存在市民社会(现代也称公民社会)。尽管也存在少量的民间组织,但其职能作用受到严格的限制。

秦晖教授认为,传统中国社会是国家大共同体亢进,小共同体衰落的社会。它与法家或“儒表法里”的传统相连,中国传统社会的定位应是法家传统与大共同体本位(国家本位)的社会。② 他不同意一些学者的主张,认为中国传统社会是“家族本位”或“宗族本位”的社会。③ 纵观两千多年中国封建专制社会的历史,“法家在政治上开创了大共同体一元化统治的先河,即政治上实行中央专制集权体制;在经济政策上实行‘利出一孔’的国家垄断,而不是民间的竞争;实行严格的国家授地制而不是什么‘土地自由买卖制’;在国家、社会(小共同体)与个人的关系上,则是反宗法、抑族权,消解小共同体,使专制皇权直接能延伸到臣民个人而不致受到自治团体之阻隔”。④ “国家传统一方面是国家主义即大共同体本位,一方面是反宗法,即破坏小共同体,甚至破坏家庭内部的亲情,其目标就是强化大共同体的汲取能力,使全国百姓只听命于中央……秦开创了大共同体一元化统治和压抑小共同体的法家传统。在这

---

① 参见[德]齐佩利乌斯:《德国国家学》,赵宏译,法律出版社 2011 年版,第 308~310 页。

② 参见秦晖:《政府与企业以外的现代化——中西公益事业史比较研究》,浙江大学出版社 1999 年版,第 44 页。

③ 关于传统中国社会是“家族本位”或“宗族本位”的观点主要有两种:第一种观点是“租佃关系决定论”。该观点认为,中国传统农村是地主和佃农构成的两极社会。土地集中、主佃对立被视为农村一切社会关系乃至农村社会与国家关系的基础;宗教关系、官民关系乃至两性关系和神人关系都被视为以主佃对立为核心的封建关系;赋税、利息、商业利润等资源分配形式都被视为“地租的分割”;而土地兼并—农民战争的叙述模式被用以解释历史上的周期性动乱;“中国的租佃制与西方的农奴制”则成为解释中西之别,尤其是解释中国何以没有产生资本主义的首要因素。第二种观点是“乡土和谐论”。该观点认为,传统中国村落是具有高度价值认同与道德内聚的小共同体。其中的人际关系包括主佃关系、主雇关系、贫富关系、绅民关系家(族)长与家(族)属关系,这些关系都具有温情脉脉的和谐性质。在此种温情纽带之下的小共同体是高度自治的,国家政权的力量只延伸到县一级,县以下的传统乡村只靠习惯法与伦理来协调,国家很少干预。参见王建芹:《第三种力量》,中国政法大学出版社 2003 年版,第 164~166 页。

④ 王建芹:《第三种力量》,中国政法大学出版社 2003 年版,第 168 页。

种传统下,既无小共同体(宗族、家族等)的权利,也无公民权利生长的余地,国家可以为所欲为。"①

3. 古代西方社会国家与社会的关系

在古代西方国家,社会小共同体相对比较发达。在古代雅典和古罗马,公民大会既有国家公权力主体的性质,同时又具有一定社会公权力主体的性质,特别是早期的罗马公民大会,其由 193 个"百人队"的代表组成,这些不同的"百人队"则由作为小共同体的不同社会阶层群体(利益群体)的代表组成。毫无疑问,作为小共同体的不同社会阶层群体支配相应"百人队"的决策,而各"百人队"的利益和意志又影响乃至决定公民大会的立法和重大问题的决策,从而影响乃至决定执政官和其他政府官员的公职行为。

在中世纪的欧洲,许多地方自治公国开始有了行会、同业公会等社会公权力组织的发展,它们的活动对国家公权力的运作亦产生一定的影响。例如,在威尼斯(约 11 世纪至 16 世纪),"手工业工人和工匠通过他们的行会和同业公会在与他们自己直接有关的事务上实行高度的自治。这种自治是由大议事会选择的官员监督的,但他们选举他们自己的官员并能够管理他们的商业事务。服务会所称作会堂(scuole),许多会堂是由技艺行会创立的,具有大量财产并用从技艺和捐赠中得来的收入举办宗教典礼和教育、救济穷人和赞助艺术"。②

在中世纪欧洲各国,各种社会公益事业组织开始产生和发展,其主要形式有血缘共同体(如家族议事会,履行族产收益分配与族际冲突或意外事件处理、族人互助责任等)、地缘共同体(如农村公社,其拥有一套独特的人际关系规则,其内部争议纠纷由习惯法调解、村会裁判,或由长老执法等)、行会、自治市镇以及教会等。教会是当时社会影响最大的社会性共同体。"教会组织庞大,结构复杂,在经济上有规模惊人的寺院领地、神职庄园、教区税收(什一税)系统与教会财政,在司法上有宗教法庭,在文化教育领域更是拥有大学、图书馆等复杂的系统。因此它实际上是与世俗权力(政权)平行的第二权力

① 王建芹:《第三种力量》,中国政法大学出版社 2003 年版,第 169 页。

② [美]斯科特·戈登:《控制国家——西方宪政的历史》,应奇等译,江苏人民出版社 2001 年版,第 145~146 页。

组织，在某些地区某些时期它还具有对世俗权力的优势，或是形成政教合一的神权政治。”①

4. 现代西方社会国家与社会的关系

在现代西方社会，公权力愈益多元化，社会公权力越来越发展，越来越具有重要地位，对国家公权力产生越来越重要的影响。这种地位和影响目前尚未完全体现在各国宪法和法律的文本上，而主要体现在现实社会生活中。“在美国宪法中，并没有提到政党、宗教机构、劳工联盟、商业协会、新闻界以及其他的信息和讨论的媒体、特殊利益集团、‘智囊团’以及各种各样的其他机构。毫无疑问，它们影响了公共政策的制定和执行。类似机构也是英国政府的一部分，正如它们在其他国家被描述的，用通俗的术语讲是‘民主’。政治组织的对抗性模型非常适合这些机构的生存；关于政治权力的使用，在官方机构和非官方机构之间并没有绝对的区分。政体的私人部分和政府成员都完全领会了这个观点：权力来自于组织。我们没有必要考察所有的机构，但是其中的一个普遍机构即‘压力集团’——寻求影响公共政策特定条件的组织——值得我们关注……无论如何，今天在英国有大量的和多种多样的压力集团。其中，一些是试图按他们有利的方向影响公共政策的‘利益’集团，如国家农民联盟或化学工业协会；另外一些则是‘事业’(cause)集团，他们试图推动指向特定社会目标的公共政策，如反残酷运动团体或‘古碑协会’。有些压力集团非常庞大——‘皇家鸟类保护协会’拥有 80 万成员；而有些则非常小，如‘英国男人运动’。看起来每个有组织的院外集团都有其利益和事业。甚至有一个专门推进职业游说者的院外集团：‘公共关系顾问协会’。这些集团的活动经费来自会员费、服务收费、捐助、遗赠，在某些情况甚至来自公共财政。”②“近年来‘事业’集团在英国激增。他们努力集中于社会公共政策的一些领域：减少污染、保护古老建筑、食物安全和营养价值、药品研究、森林保护、公民权利、英国与欧盟的关系等等。”③

---

① 王建芹：《第三种力量》，中国政法大学出版社 2003 年版，第 97 页。

② [美]斯科特·戈登：《控制国家——西方宪政的历史》，应奇等译，江苏人民出版社 2001 年版，第 347~348 页。

③ [美]斯科特·戈登：《控制国家——西方宪政的历史》，应奇等译，江苏人民出版社 2001 年版，第 350 页。

关于作为由社会公权力主体性质的非政府、非营利组织(NGO、NPO)组成的压力集团(院外集团)的作用,既有积极的方面,也有消极的方面。就积极方面而言,他们能为公民提供参与公共政策制定、执行的广泛机会;就消极方面而言,他们可能增加金钱对政策形成的影响力,一些个人商业公司能够雇用代价不菲的院外集团机构来推进其利益。不过,总的说来,积极方面的作用是主要的、主导的。而且很多非政府、非营利组织对国家公权力主体实施影响却不谋求本身的经济或商业利益。如英国成员最多、资金最雄厚、最有影响力的皇家防止残忍对待动物协会即如此。

王建芹教授在所著《第三种力量》中总结归纳了现代西方社会公权力组织——"第三部门"组织的四项特征:其一,它是自由公民的联合体。与传统社会中那种以人身依附关系为纽带的小共同体不同,现代西方社会的第三部门更强调自由、自主和自愿(类似于马克思的"自由人的自由联合"理想),强调组织成员加入和退出组织的自由,以更好地调动组织成员的积极性和热情。其二,它以志愿精神追求公益为宗旨。其目的主要在于为社会提供公共物品,且强调自愿奉献精神。其三,它为解决现代社会问题而建立和运作。第三部门所欲解决的现代社会问题往往是单靠政府难以解决的,如生态环境问题、人权问题、南北等问题、艾滋病问题等。由于现代社会问题五花八门,公众的需求多种多样,第三部门的发展正是满足了人们多样化的需求。其四,它具有很强的自主性和非政府性。第三部门组织大多采取政治上的中立立场,不与特定政党结盟。其虽可能接受本国政府或者外国政府或外国非政府组织的经费资助,但由于有公共舆论和法律的监督机制制约,其自主性、独立性并不会受到影响。即使有一定影响,其影响也是很小的。①

5. 当代中国社会公权力与国家公权力的关系

1949年中华人民共和国成立后,相对于国家公权力的社会公权力组织较国民政府时期有较大发展,除工会、共青团、妇联等与政府关系较密切的群团组织外,各种其他社会组织(如文联、科协、作协、农协、书协、红十字会、医学会、法学会、科普联等)也陆续建立。但是自20世纪50年代后期至"文革"结束,由于"左"的路线的影响,国家对社团组织采取了严格控制的政策。直到

---

① 参见王建芹:《第三种力量》,中国政法大学出版社2003年版,第109~111页。

改革开放以后,各种社会组织才逐步获得生存和发展的环境。到 2018 年年底,依法获得登记的全国性社会组织达 81. 6 万个,其中,社会团体 36. 6 万个,民办非企业单位 44. 3 万个、基金会 0. 7 万(7027)个。[①] 另外,截至 2015 年年底,全国有基层自治组织 88. 1 万个,其中村民委员会 58. 1 万个,居民委员会 10 万个。

当代中国社会公权力与国家公权力的关系主要表现在四个方面:一是监督与制约关系。这既包括国家公权力主体对社会公权力组织的监督,监督形式包括登记、注册、检查、处罚(政府社团登记机关可对违法社团组织撤销登记、取缔非法组织等);也包括社会公权力组织对国家公权力主体的制约,制约形式包括对国家机关和国家工作人员提出批评、控告、检举,对行政机关违法侵权行为申请复议、提起诉讼,以及通过作为相应社会组织成员的人大代表、政协委员向人大提交议案、建议,向政协提交提案、建议等实现其监督、制约功能。二是授权委托关系。社会公权力组织可依据法律、法规的授权行使特定的某种原本由国家机关行使的职能;还可依国家机关的委托实施特定的某种原本由国家机关实施的行为。三是参与国家治理的关系。社会公权力组织对国家政务享有知情权和参与权,可通过论证会、听证会等多种形式参与国家立法和重大问题的决策,参与国家和社会治理。四是解纷与救济关系。社会公权力组织如与国家公权力主体在某种事项上发生争议、纠纷,可通过法定途径(调解、裁决、复议、仲裁、诉讼和合宪性审查等)寻求解纷和救济。

(四)国家公权力主体与国际公权力主体关系

1. 国际公权力组织的形成和发展阶段

梁西教授在其所著《国际组织法》一书中将国际公权力组织的形成和发展划分为五个阶段:

第一阶段:理论准备阶段。早在欧洲中世纪,法国人杜布瓦(Guillaume Dubois)就曾主张基督教国家应组织到一起,以仲裁解决彼此间的争端,抑制战争的发生。到 17 世纪,法国思想家克律塞(Emeric Cruce)主张超出宗教类别的限制,由所有国家组成一个联盟大会来处理国家间的争端。之后,彭威廉(William Penn)力主欧洲国家联合起来,各国按比例委派代表组成一个“欧洲

---

① 数据源自黄晓勇主编:《中国社会组织报告(2019)》,社会科学文献出版社 2019 年版。

议会”,由议会和平解决国家间的争端。在程序上,议会以三分之二的多数作出决议,以圆桌会议的形式处理席次问题。其后,卢梭建议把欧洲建成一个永久性的联邦,主张各国都放弃战争权;而康德(Immanuel Kant)则主张在欧洲组成一个大邦联,而不同意建立联邦和“世界国家”。他提倡各国应裁减军备,实行“永久和平”。他认为理性会指引人们“从野兽般的无法状态中走出来”,而进入一种由邻近国家共同形成的有组织的社会状态。

第二阶段:民间交往阶段。19世纪以前国家间的民间交往主要是商品和文化的交流。直到19世纪初期,民间交往才以民族国家(national states)的体制作为其活动的基础。从这个意义上说,它们才真正带有“国际”的性质。西方国际法学者曾以各种统计数字来说明这种民间交往的迅速发展。例如,在19世纪50年代到60年代,民间国际性团体所举行的各种国际性会议接近20次;而到19世纪80年代,这类会议已超过270次;发展到20世纪的第一个10年,这类会议已经突破1000次了。此时,民间国际团体有了长足的发展,开始伸展到了人类活动的各个领域,如政治、经济、科学技术、文化教育、工商业、劳工运动等。这些民间国际团体的活动,对各国外交政策与对外联系产生重要影响,有些还为国家间协定或条约所承认而成为正式国际体系的单位,从而反过来加速了国际关系的发展进程,促进了政府之间的联系。

第三阶段:政府间联系加强阶段。政府间联系加强的主要表现即政府间会议的增多和会议参加国的增多。例如,1851年的维尔纳会议(有53个国家和地区参加)、1856年的巴黎会议、1871年和1912年的伦敦会议、1878年和1884年的柏林会议等。这些会议,有的是由一个国家发起或几个国家联合倡议召开的,有的则是由某个国际组织召开的。它们可能是国家元首或政府首脑参加的高级别会议,也可能是一般外交代表会议;可能是为缔结条约而召开的,也可能是为研究和解决某一特定问题而召开的。

第四阶段:建立正式国际组织阶段。从19世纪到20世纪,各种国际组织开始纷纷建立,这里试举数例,如1865年成立的国际电报联盟、1874年成立的国际邮政联盟、1875年成立的国际度量衡组织、1883年成立的保护工业产权联盟、1886年成立的国际保护文化艺术作品联盟、1890年成立的反奴隶生活联盟和国际铁路货运联盟、1899年成立的海牙常设仲裁法院等。

第五阶段:国际联盟和联合国建立及运行阶段。第一次世界大战后,英、法等27国召开巴黎和会,签订《凡尔赛和约》(1919年),建立了国际联盟(以下简称国联,总部设在日内瓦),成员国63个。国联设有四个主要机构:一是国联大会,由全体成员国代表组成,有权处理属于国联行动范围内或影响世界和平的任何事项;二是行政院,由5个常任委员国和4个非常任委员国组成;三是秘书处;四是国际常设法院,可审理各方提出的属于国际性质的法律争端。第二次世界大战即将结束时(1944年),美英苏和美英中先后召开会议,提出了《关于建立普遍性国际组织的建议案》;1945年4月25日至6月26日,50个国家在美国旧金山举行会议,制定并一致通过了《联合国宪章》(未参加旧金山会议的波兰会后在宪章上签字,故联合国创始成员国为51个);1945年10月24日,《联合国宪章》开始生效,联合国正式成立。联合国现有成员国193个,还有2个观察员国(梵蒂冈和巴勒斯坦)。联合国设有六个主要机构:一是联合国大会,由全体成员国组成;二是安全理事会,由5个常任理事国和10个非常任理事国组成;三是经济及社会理事会,由联合国大会选举54个理事国组成;四是托管理事会(这个机构因原托管地已经全部独立,于1994年停止运作);五是国际法院;六是秘书处。①

2. 国际公权力组织的发展趋势

梁西教授在其所著《国际组织法(总论)》一书中归纳和分析现代国际公权力组织的四项发展趋势:其一,国际组织的数量呈爆炸性增长态势。两次世界大战后形势的变化,大大促进了国际组织的发展,根据1996—1997年国际组织年鉴的统计,各种影响较大的国际组织已达四千多个,其中政府间的重要组织达五百多个。其二,国际组织的职能范围包罗万象。各种国际组织的职能管辖范围涉及政治、经济、社会、科技、文化等各个领域,上至外层空间,下达海床洋底,各个方面无不有相关的国际组织存在;从邮电、气象一直到贸易、金融,无不与国际组织发生关系。人类的衣食住行,可以说无不同国际组织或多或少地联系起来了。其三,国际组织间的协调在日益加强。早在20世纪初期,就有一个国际协会联盟,致力于协调和联系国际社会的各种国际组织。到

---

① 国际公权力组织建立和发展的详细情况可参见梁西:《国际组织法(总论)》(第5版),武汉大学出版社2001年版,第16~22页;邵津主编:《国际法》,北京大学出版社、高等教育出版社2012年版,第259~287页。

20 世纪中期后,联合国即成为各种国际组织体系的核心,《联合国宪章》对协调各个国际组织的活动作了详细规定,联合国经社理事会专门负责调整和协调各成员国政府与联合国的关系。《联合国宪章》第八章还专门规定了联合国与各区域性国际组织的关系。其四,希望与困惑并存。现代社会已处在一个全球的信息技术、政治经济和社会文化均取得惊人进展的时代。国家间相互依存、竞争和渗透的程度大大加深了。可以预期,21 世纪的国际组织除了有广阔天地和机遇来承继 20 世纪的发展势头外,无疑也将面临一个扑朔迷离的局面:南北富强与贫弱的巨大鸿沟、世界环境资源的严重恶化、国际金融秩序的潜在危机、强权政治和地区分立主义的强烈影响有增无减。这些均不可避免地会成为国际组织前进道路上的严峻挑战。①

3. 国际公权力组织与国家公权力主体关系的类型

国际公权力组织与国家公权力主体发生关系主要有下述六种情形:其一,国际公权力组织因制定章程、规则而与国家公权力主体发生的关系;其二,国际公权力组织因作出和执行决议、决定而与国家公权力主体发生的关系;其三,国际公权力组织因对违反其章程、规则、决议、决定的国家、地区实施制裁而与国家公权力主体发生的关系;其四,国际公权力组织因处理战争、维和事务而与国家公权力主体发生的关系;其五,国际公权力组织因解决国际争议、纠纷而与国家公权力主体发生的关系;其六,国际公权力组织因其机构设置、选举和经费分担而与国家公权力主体发生的关系。

① 参见梁西:《国际组织法》(总论),武汉大学出版社 2001 年版,第 22~24 页。

第六章

公法上的权力与权利

◇公权力主体权力的合法性

◇公权力主体权力作用的范围

◇公权力主体行使权力的主要方式

◇公权力相对人权利的权源

◇公权力相对人权利的范围

◇公权力相对人行使和实现权利的主要方式

一、公权力主体权力的合法性

(一)合法性的概念

合法性有狭义和广义之分:狭义的"合法性"(legality)指合乎法律、法规的规定,不违反法律、法规条文的明确规定的规则;广义的"合法性"(legitimacy)指合乎法律的原理、原则,合乎正义,即正当性。法国学者让-马克·夸克指出,"合法性问题,虽然是政治中的核心问题,但却并非为某一学科的排他特性。哲学、政治学、法学、社会学、政治人类学也同样将合法性作为其优先研究对象"。①

让-马克·夸克认为,"最通俗地讲,合法性(legitimacy)是对被统治者与

① [法]让-马克·夸克:《合法性与政治》,佟心平、王远飞译,中央编译出版社2008年版,第10页。

统治者关系的评价。它是政治权力和其遵循者证明自身合法性的过程。它是对统治权力的认可。这种认可是建立在一系列条件之上的,而这些条件主要与认同、价值观及同一性和法律有关。”[①]他从四个层面阐释“合法性”的标准:

其一,共同体成员的认同、首肯、赞同。“被统治者的首肯是合法性的第一个要求……没有人承认的权利和义务是无效的”;[②]“合法性的第二个需要涉及社会价值观念和社会认同。认同需要社会满意度。没有满意,就不会认同”;[③]“这也就提出了合法性的第三个需求,它与法律的性质和作用相关联。尽管合法性不应被简化为合法律(这种倾向符合司法实证主义者对合法性的理解),人们也不能忽视法律在追求合法性过程中的重要作用。”[④]

其二,符合法律。“合法性与法律之间存在的关系是大部分辞典在定义合法性之时必会提及的第一要素,在那里,合法性被定义为‘符合法律的东西’”。[⑤]“合法性一词在中世纪的文献中使用,其词义仍然保留着‘与法律相一致’这一理念。而同时,通过思考对权力授予是否合乎正义的证明,合法性概念的政治特性得到了加强”。[⑥]“从这个角度讲,君主并不创立法律,反而是他的权威要从法律中获得。因此,对他的任命必须要从属于法律,法律规定了他的权力,并确定了他的意愿能够获得强制力的条件。在君权神授的理念衰落之后,现代立宪主义的发展及权利不断趋向理性化,它们在合法性的进程中有助于增强人为法的作用及合法律性标准的重要性,以至于法律实证主义趋向于将合法统治归结为合乎法律的统治。这就是马克斯·韦伯的分析所证明

① [法]让-马克·夸克:《合法性与政治》,佟心平、王远飞译,中央编译出版社 2008 年版,第 1 页。

② [法]让-马克·夸克:《合法性与政治》,佟心平、王远飞译,中央编译出版社 2008 年版,第 2 页。

③ [法]让-马克·夸克:《合法性与政治》,佟心平、王远飞译,中央编译出版社 2008 年版,第 2 页。

④ [法]让-马克·夸克:《合法性与政治》,佟心平、王远飞译,中央编译出版社 2008 年版,第 2 页。

⑤ [法]让-马克·夸克:《合法性与政治》,佟心平、王远飞译,中央编译出版社 2008 年版,第 20 页。

⑥ [法]让-马克·夸克:《合法性与政治》,佟心平、王远飞译,中央编译出版社 2008 年版,第 21 页。

的东西"。[①]"因此,形式合法律性便被设想为一种合法性,它在政治领域中的作用,相当于在社会科学方法论中给予客观性的作用;由于无法证明价值体系以及价值体系之间所存在的冲突关系的真实性,形式合法律性是缺陷最少的解决办法。"[②]

其三,符合共同的价值标准。"价值构成了权利的内容,权利的存在将价值作为先决条件。事实上,由于从广义的角度来讲,价值意味着那些更为可取的东西,所以强迫人们去尊重那些并不是他们所希望的东西,并进而将之规定为权利,这就有可能是矛盾的,甚至是荒谬的"。[③]"为了使共同价值能够有效地创造出合作关系,而不是为纠纷纷呈开辟道路,至关重要的一点是在确定那些更为可取的东西——权利行为的对象时,永远都不能放弃'互利'这一规则,这是至关重要的。而且,也只有当这一规则作为范例而被参照时,价值才会促成义务而不是对立的诞生,并因而构成整合而不是分裂的因素"。[④]"共同体中的每个成员,对于这些核心价值的破坏或是践踏,其自身都会感到不安,都会将其作为对其自身统一性的威胁。因而正是在与这些核心价值的联系中才建立起每个人的个性和集体的团结,才可能使集体同一性的不同形式表现出来。所以,这些核心价值既是集体生活的源头也是其终极目标,它们构成了基本规范"。[⑤]"社会所具备的协调与领导的政治功能,只有在它反映了社会同一性之时,它才是合法的……政治权力所发出的指示,只有在它符合共同体同一性时,才能使个体承担义务"。[⑥]"赞同并不足以促成统治权力的产

---

① [法]让-马克·夸克:《合法性与政治》,佟心平、王远飞译,中央编译出版社 2008 年版,第 21~22 页。

② [法]让-马克·夸克:《合法性与政治》,佟心平、王远飞译,中央编译出版社 2008 年版,第 24 页。

③ [法]让-马克·夸克:《合法性与政治》,佟心平、王远飞译,中央编译出版社 2008 年版,第 16 页。

④ [法]让-马克·夸克:《合法性与政治》,佟心平、王远飞译,中央编译出版社 2008 年版,第 17 页。

⑤ [法]让-马克·夸克:《合法性与政治》,佟心平、王远飞译,中央编译出版社 2008 年版,第 18~19 页。

⑥ [法]让-马克·夸克:《合法性与政治》,佟心平、王远飞译,中央编译出版社 2008 年版,第 19 页。

生,因为还应该重视那些保证基本规范发生作用的价值。”①

其四,合乎正义(综合标准)。“将合法律性——实证论秩序提升为评价政治合法性最终标准的地位,这意味着对国家的一种屈从,这种屈从与合法性理念是完全相违背的。事实上,如果凡是符合法律的,只是由于它符合法律,就因而是合法性的,那么从权力的角度来说,自其中就会产生出一种消极性,它与合法性精神是相反的……合法性并不仅限于法律,合法律性并不足以确立统治权力,这一点也同样被这一事实所证明:法律并不能引起其自身对合法性的信仰”。②“对合法律性的信仰需要两个补充条件。首先,有关法律的叙述必须要与社会同一性的构成性价值协调一致。由于这些价值既是权利的来源又是其保障,因此只有当法律源自社会同一性之时,它才能够被认为是合法的……其次,法律陈述必须要以一种可信的方式促进社会价值的实现。否则将最终导致对这些法律陈述的放弃,甚至使价值本身失去信誉;如果这些价值得不到具体化,那么这些价值将最终难以实现”。③“法律有效性的获得,主要源自于合法性。宪法无论具有何种形式上的优势,只要它所创建的规则与程序不能回应共同体的根本利益,那么它就无法赋予政治现实以形式,充当政治活动的真正标准。法律的权威性,或者我们更愿意将它称作有效的运行是建立在这种信仰上:合法律性表现了社会的价值。法律有助于法治国家的形成,但是它自身却不能创造出法治国家……合法律性就必须回应社会利益。正是在这种条件下,与法律的一致性才成为合法性的一个标准,才会获得共同体成员的同意与赞同。具有正义性的权力是与具有合法性的法律密不可分的”。④“掌控权力的人并非是至高无上的,只有法律是至高无上的。中世纪的一条箴言这样说:法律创造统治”。⑤“总而言之,法律是合法性的一个条

---

① [法]让-马克·夸克:《合法性与政治》,佟心平、王远飞译,中央编译出版社 2008 年版,第 20 页。

② [法]让-马克·夸克:《合法性与政治》,佟心平、王远飞译,中央编译出版社 2008 年版,第 26 页。

③ [法]让-马克·夸克:《合法性与政治》,佟心平、王远飞译,中央编译出版社 2008 年版,第 27 页。

④ [法]让-马克·夸克:《合法性与政治》,佟心平、王远飞译,中央编译出版社 2008 年版,第 29 页。

⑤ [法]让-马克·夸克:《合法性与政治》,佟心平、王远飞译,中央编译出版社 2008 年版,第 30 页。

件。当然,它和个体的赞同、社会的根本规范一起分享这种地位。"①

(二)规范主义和功能主义对"合法性"的不同理解和阐释

关于"合法性",形式主义理论和实质主义理论对之有不同的理解和阐释。前者将之与"合法律性"等同,认为合法性就是合乎法律条文的明确规定:任何公权力行为,只要有法律条文的明确根据,就具有合法性,反之,就是违法行为;后者将之与一定价值相联系,等同于"正当性"。这又分为规范主义和功能主义两种情形:规范主义认为,合法性指符合自然法的价值,如自由、人权、民主、平等、公正等。任何公权力行为,只有符合这些先验的价值,才具有合法性,反之,就是违法行为。功能主义认为,合法性指符合人类共同体全体成员或大多数成员的利益需求。任何公权力行为,只要是对人类共同体全体成员或大多数成员有利的,能给他们带来福祉、利益,就具有合法性,反之,就是违法行为。

杰弗里·赖曼指出:"由于正当性(合法性)是一个道德概念,我们不能想当然地认为某种关于正当性之条件的规定是完善的。因此,要想保持自己的正当性,政府所要做的不仅仅是把自己的行为约束在已经确定的条件的限度之内,而且还要持续不断地监控这些正当性的条件,并且在必要的时候有效地校正关于这些条件的现存规定。因此,我认为一个正当的政府不应当仅仅维持一种既定的正当性要求,它还应当建立一种制度化的机制,从而对自身的正当性条件持续的反思,并有效地把这种反思的结果转变为法律。"②哈耶克特别强调自由与法治(合法性)的联系,他认为,自由是由法治加以创设和保护的。"一个自由国度与一个专制政府统治下的国度之间的最明显区别,莫过于前者对那些统称为法治的伟大原则的奉行。"③法治从形式上讲,首先要求一般性:法律适用于所有人,同等适用于统治者和被统治者;其次要求确定性:法律清楚明了,不模棱两可;最后是平等性:法律面前人人平等。哈耶克认为:

① [法]让-马克·夸克:《合法性与政治》,佟心平、王远飞译,中央编译出版社2008年版,第30页。关于对"合法性"的理解,还可参考[加]大卫·戴岑豪斯:《合法性与正当性》,刘毅译,商务印书馆2013年版,以及[美]斯科特·夏皮罗:《合法性》,郑玉双、刘叶深译,中国法制出版社2016年版等著作。

② [美]阿兰·S.罗森鲍姆编:《宪政的哲学之维》,郑戈、刘茂林译,生活·读书·新知三联书店2001年版,第178页。

③ 转引自[英]马丁·洛克林:《公法与政治理论》,郑戈译,商务印书馆2002年版,第128页。

“需要确立一套制度设计原则来保证政府权力的行使不至于损害个人的自由。”①他提出了这样一些必要的条件：一部符合法治原则的成文宪法；立法权、行政权与司法权相互分离、制衡；立法系统实行两院制；防止庞大的集权化的政府；一部保护私人空间的《权利法案》；建立限制权力和保护权利的司法审查，以及限制立法和行政裁量权的制度法律机制等。②

上述学者对合法性的理解和阐释主要是倾向规范主义的，而功能主义者（既有学者，也有政治家、执政者、公权力执掌者）对“合法性”的理解和阐释则更多地强调其统治或执政的公权力行为应符合共同体成员的利益需求，或者说代表绝大多数人民的根本利益。这又有各种不同表述，如中国改革开放总设计师邓小平以“三个有利于”作为合法性的标准。他在“南方讲话”中回应一些人关于“姓资姓社”的疑惑时指出：“改革开放迈不开步子，不敢闯，说来说去就是怕资本主义的东西多了，走了资本主义道路。要害是姓‘资’还是姓‘社’的问题。判断的标准，应该主要看是否有利于社会主义社会的生产力，是否有利于增强社会主义国家的综合国力，是否有利于提高人民的生活水平。”③江泽民也曾以“三个代表”作为合法性的标准。2000 年 2 月 25 日他在广东考察工作时指出，“中国共产党之所以赢得人民的拥护（具有合法性），是因为中国共产党在革命、建设、改革的各个历史时期，总是代表着中国先进生产力的发展要求，代表着中国先进文化的前进方向，代表着中国最广大人民的根本利益，并通过制定正确的路线方针政策，为实现国家和人民的根本利益而不懈奋斗。”④习近平则以“满足人民对美好生活的向往”作为合法性的标准。2012 年 11 月 15 日他在十八届中央政治局常委会会见中外记者时的讲话中指出，“我们的人民热爱生活，期盼有更好的教育、更稳定的工作、更满意的收入、更可靠的社会保障、更高水平的医疗卫生服务、更舒适的居住条件、更优美的环境，期盼孩子们能成长得更好、工作得更好、生活得更好。人民对美好生

---

① 转引自［英］马丁·洛克林：《公法与政治理论》，郑戈译，商务印书馆 2002 年版，第 129 页。

② 参见［英］马丁·洛克林：《公法与政治理论》，郑戈译，商务印书馆 2002 年版，第 128～129 页。

③ 《邓小平文选》（第三卷），人民出版社 1993 年版，第 372 页。

④ 江泽民在中国共产党第十六次全国代表大会上所作的《全面建设小康社会，开创中国特色社会主义事业新局面》的报告。

活的向往，就是我们的奋斗目标”。[①] 从而，“满足人民对美好生活的向往”，即是其执政的合法性标准。

（三）判断合法性的方法和途径

合法的首要前提是合宪，因此，判断合法性首先需要判断合宪性。而判断合宪性则需要首先明确什么是宪法。那么，什么是宪法呢？杰弗里·赖曼认为，宪法有作为文件的宪法与作为实践的宪法之分，前者谓之“形式的宪法”，后者谓之“实质的宪法”或“有道德承诺的宪法”。“宪法（这里指美国宪法）是写在几张纸（当然原件是羊皮纸）上的一串文字，它在 1787 年被记载下来，几年后得到了批准。我们可以称它为‘作为文件的宪法’。但这还不够，因为仅仅作为文件而存在的宪法并不是真正的宪法……纸上的文字本身并不能限制任何东西。相反，必须存在这样一种社会实践，在其中，对这些文字的引用通常能够有效地把政府行为限制在这些文字所允许的范围内。我们可以把这种意义上的宪法称为‘作为社会实践的宪法’，或者简称为‘作为实践的宪法’。从英国的例子上我们可以清楚地看到一个国家可能拥有作为社会实践的宪法但却并不拥有作为文件的宪法。反之，我认为从苏联的例子上我们可以清楚地看到一个国家可能拥有作为文件的宪法但却并没有作为社会实践的宪法。”[②]

形式的宪法，即作为文件的宪法是有很多缺陷的。“原因很简单也很明确，因为我们并没有同意这部宪法（指美国 1787 年宪法）。在那个时候还没有我们，当时活着的人不能依靠其想象力取得代替我们表示同意的权力。更进一步说，甚至连当时的一部分人都无权投票——妇女、黑人和许多贫困者都被排除在外。在那些有权投票的人中也并没有达成一致，联邦党人和反对其观点的人们之间的争论就是一个明证……没有任何理由可以说不到 1%的人之间的一致同意代表了我们所有人之间的一致同意。同样不能说，通过选择留在这里并坐享宪法带来的好处，我们便默认了那些好处的条件，因而默认了宪法本身。默示的同意的确可以成为一个充分的理由，但是它们的存在需要

---

① 《习近平谈治国理政》，外文出版社 2014 年版，第 4 页。

② ［美］阿兰·S. 罗森鲍姆编：《宪政的哲学之维》，郑戈、刘茂林译，生活·读书·新知三联书店 2001 年版，第 180 页。

一系列的条件。"[①]正因为如此,宪法必须与时俱进。杰佛逊说,"我并不提倡经常修改法律和宪法,但是法律和制度必须同人类的心智一道携手并进。随着时移境迁,只要人类的心智变得更为发达、更为开明,只要有了新的发现,揭示了新的真理,行为方式和舆论发生了变化,制度就必须保持与时代同步向前发展"。[②]

但是,我们如何让宪法与时俱进?如何让前人为我们制定的宪法代表和反映我们现在人的意志和利益?应该由谁来推进形式宪法不断向实质宪法转化呢?赖曼说,"在20世纪的许多时间里,美国最高法院充当着确定美国公民拥有哪些基本权利的论坛和保护这些权利的终审法院。正像其通常所做的那样,最高法院声称是在法律,特别是在美国宪法的条文中发现的这些基本权利。但是这种表白值得怀疑……最高法院或多或少公开地为宪法赋予了新含义。通过其判决废除了公共设施使用方面的种族隔离,支持了刑事嫌疑犯的权利,加强了对表达自由的保护,并创设了一项对避孕、堕胎和反常性活动具有重要意义的宪法性隐私权"。[③]"有些人相信这些判决所确认的权利是我们在道德上的确拥有,在法律上也应当拥有的权利,即使在他们之间,一个棘手的问题也已经出现了。似乎无可否认的是,这些判决几乎无一符合宪法制定者们在设计宪法条款和修正案时的所思所想,而宪法制定者们的意图和思想又是最高法院作出那些判决时所必须诉诸的依据。如果事实果真如此,那么便是最高法院有效地修正了宪法以便如此判决,而最高法院是否有此权力还是一个尚未得到最终解决的问题。"[④]许多学者认为由最高法院制定宪法政策(而不是仅解释宪法)是非法的。因为这从根本上与我们对民主的社会承诺相矛盾。"问题并不在于最高法院是否有权判定立法的合宪性,而在于最高法院在行使这种权力时能否合法地超越宪法制定者对宪法的理解来确定宪法

---

① [美]阿兰·S.罗森鲍姆编:《宪政的哲学之维》,郑戈、刘茂林译,生活·读书·新知三联书店2001年版,第184~185页。

② [美]阿兰·S.罗森鲍姆编:《宪政的哲学之维》,郑戈、刘茂林译,生活·读书·新知三联书店2001年版,第173页。

③ [美]阿兰·S.罗森鲍姆编:《宪政的哲学之维》,郑戈、刘茂林译,生活·读书·新知三联书店2001年版,第174页。

④ [美]阿兰·S.罗森鲍姆编:《宪政的哲学之维》,郑戈、刘茂林译,生活·读书·新知三联书店2001年版,第174页。

条文的意义。”①

对于最高法院的合宪性审查权，即司法审查权，赖曼认为可将之分为两类：解释性审查和非解释性审查。“当最高法院通过解释宪法制定者们的意图来判断法律的合宪性时，它所进行的就是‘解释性审查’；而当最高法院超越宪法制定者们的意图进行合宪性审查时，它所进行的就是‘非解释性审查’”。② 一些学者接受解释性审查而反对非解释性审查。赖曼认为“反对非解释性审查的人并不是简单的好古癖，他们并不希望我们这些现代人的命运受制于两个世纪以前确立美国政体的那些人的希望和见解。问题在于宪法被认为是一系列对国家权力之行使的限制，因此在这些限制内行使权力是合法的，而超出这些限度来行使权力则是非法的。如果宪法被认为是对行使国家权力的限制，那么宪法中的这些限制的存在必定早于国家权力的行使。这意味着人们必须认为这些限制的性质是在起草和批准宪法时就已经确定的，同样，那些后来通过的修正案中提出的限制的内容也应当是在当时就已经确定下来的……如果宪法制定者们的意图被搁置一旁，最高法院可以自由地革新宪法，那么，由于最高法院本身是一个国家机构，宪法也就变成了行使国家权力的产物，而不是对行使国家权力的限制。”③“由于最高法院缺乏合法行使权力的另一个人们普遍认可的特征——对选民负责，上述问题就变得更为复杂了。最高法院不必像行政机构和立法机构那样对选民负责。实际上，最高法院是被特意设计为独立于选举政治。因而，对最高法院超越宪法制定者意图的权力的焦虑基于这样一种观念：一个机构可以通过两种方式来行使其正当权力。它要么做宪法条文本身规定它可以做的事情，要么做选民直接授权它可以做的事情……我们似乎被迫要在两者之间作出选择——或者是固守宪法制定者的理解和意图，其代价是放弃扩大和更有效地保护着我们的权利的那些有价值的现行（或未来潜在的）判例；或者是使宪法脱离其历史根源，这样

---

① ［美］阿兰·S.罗森鲍姆编：《宪政的哲学之维》，郑戈、刘茂林译，生活·读书·新知三联书店2001年版，第176~177页。

② ［美］阿兰·S.罗森鲍姆编：《宪政的哲学之维》，郑戈、刘茂林译，生活·读书·新知三联书店2001年版，第177页。

③ ［美］阿兰·S.罗森鲍姆编：《宪政的哲学之维》，郑戈、刘茂林译，生活·读书·新知三联书店2001年版，第177页。

做的代价是丧失使宪法得以保护我们免受不正当权力行使之害的那种固定性和独立性。”①

对于合法性的判断，单纯从最高法院司法审查是采取“解释性审查”还是“非解释性审查”的方法来考察属于一种形式考查的途径。从实质途径考查，合法性应基于对人民权利、利益及意愿的分析。“理性的人们必然确认他们负有守法义务是获得和享有这些利益的必要代价。这些利益是什么？洛克回答说（除了增加生产力和保障抵御因合作所致的外敌入侵），决定性的利益是受政府保护的公民权利。因为这些权利得到了普遍的保护，必须保证它们以免受政府本身的侵害，结果它们规定了对政府行为的合理限制。因此，如果用这种方式限制政府，即要政府充分尊重每一个公民的权利，对于可以选择其他政体或不选择任何政体的人来说就是合理的，那么政府就是合法的。”②

那么，如何保证政府的决定是对公民权益有利的，怎样限制政府不作出损害公民权益的决定？赖曼认为选择应由共同体多数人投票决定。“多数人决定的结果对每一个人将有约束力，因此对持不同观点的少数人也有约束力……正是在这里引入了多数人统治，这不是因为多数人比少数人更正确，而是因为多数人批准的事项的反对者比少数人批准的事项的反对者在人数上要少。回应选举责任给予政府权力以正当性，使其服从被管理者的意愿。多数人统治的真正优点可以简短地归结为它不是少数人的统治。多数人统治，一切就简单了，因为要求三分之二的多数对一件事情作出决策其实就是允许三分之一只多一个的少数为其余的人作出决定，而要求一致同意则是允许一个人为其余所有的人作出决定。如果政府活动受到限制，方式是使它处于不能践踏所有公民基本权利的状态，那么，当政府的统治沿着一部分人不同意的方式进行的时候，持异议的少数派就可以认同这是集体作出决定不可避免的特征，而不是要他们服从于其他人的强迫性。受到这种限制的政府是合法的政府。如果这一观点成立的话，那么政府是合法的，条件是它充分保障了人民的

---

① ［美］阿兰·S. 罗森鲍姆编：《宪政的哲学之维》，郑戈、刘茂林译，生活·读书·新知三联书店2001年版，第178页。

② ［美］阿兰·S. 罗森鲍姆编：《宪政的哲学之维》，郑戈、刘茂林译，生活·读书·新知三联书店2001年版，第182页。

基本权利，并消除了那些反对政府行为的人认为服从就是强迫性的疑虑。"①"这意味着，与其把合法政府理解为在既定限制内运行的政府，不如说我们需要在更为动态的角度上思考合法的政府，即把它理解为连续和有效地监督自己正当性的政府。这解释了为什么要把合法政府理解为，它是不断有效地监督承诺基本权利的充分性的政府。将这种解释恰当地适用于作为道德承诺的宪法上，一个合法的政府就是这样的政府：它包括一种制度安排，该安排是通过把宪法作为活的东西这一途径而创立的，我们根据对权利的最好的理解来解释该安排，而权利是人民拥有的权利并且是我们理解政府所必须的权利。"②

二、公权力主体权力作用的范围

（一）影响公权力主体权力作用范围的主要因素

考察古今中外公权力运作的不同情况，影响公权力主体权力作用范围的主要因素有四。

1. 社会经济发展的水平

在古代农牧业社会，社会经济发展水平低下，公权力作用范围非常有限。在远古时期，不存在国家和国际社会，故也无国家公权力和国际公权力可言，当时人类共同体主要是氏族和部落，故唯一的公权力是社会公权力。其作用范围主要限于组织狩猎和农作物种植及抵御外族的入侵。人类只是到了私有财产出现以后，才产生了国家和国家公权力。国家公权力作用的范围虽然远超氏族和部落时代的社会公权力，但也仍较为有限。因为当时落后的生产力和经济状况，不可能维持庞大的国家机器和供养过多的文职和军事人员。

人类进入工业化社会以后，经济发展，科技进步。与之相适应的，各种社会矛盾和社会问题也随之增加，国家为了维持社会秩序和经济秩序，国家公权力大为加强，"行政国家"的现象开始出现。所谓"行政国家"，即国家对公民个人和社会事务进行全面干预。公民个人"从摇篮到坟墓"都离不开政府管

---

① [美]阿兰·S.罗森鲍姆编：《宪政的哲学之维》，郑戈、刘茂林译，生活·读书·新知三联书店2001年版，第187页。

② 赖曼的上述观点均引自[美]阿兰·S.罗森鲍姆编：《宪政的哲学之维》，郑戈、刘茂林译，生活·读书·新知三联书店2001年版，第188~189页。

理,社会自治的空间越来越小。[1] 在工业社会,社会公权力虽然在一定范围内仍然存在,但很多情况下受国家公权力的影响和控制。至于国际公权力,由于工业社会国际交往增多,各种国际组织纷纷出现,国际公权力亦伴之产生和发展。

人类进入后工业化和信息化时代,随着互联网、大数据、人工智能等信息技术的发展,以及各种 NGO、NPO 的建立,国家公权力出现逐步向社会转移的现象,社会公权力在一些领域开始可以对国家公权力形成一定的制约。与此同时,国际公权力也获得较大发展,国家绝对主权论开始动摇,一个国家进入联合国或其他各种国际组织,即必须对其主权权力进行适度的限制。否则,国际交往秩序和国际和平就不可能维持。

2. 民族文化传统

公权力,特别是国家公权力主体权力作用的范围除了与一国的社会经济发展水平有关外,还与一国的民族文化传统密切相关。一个有集权主义、专制主义文化传统的国度,其国家公权力作用的范围相对就大;反之,一个有自由主义传统文化的国度,其国家公权力作用的范围相对就小。德国学者齐佩利乌斯在《德国国家学》一书中分别论述和分析了具有这两种文化传统的国家公权力作用的情况:德国"在 16 世纪到 18 世纪的警察国时代中,我们就已经能够看到,国家对于臣民生活的规制,几乎到了极度个体化和极端私人事务的层面。从思想忏悔和教会服侍到外出穿着,从职业到饮食起居,国家成了公民最大的监护人,在其手中集中着政治、宗教和经济权力。"[2]"国家权力的拓展要素,同样渗透于宗教领域。根据所谓的政教合一原则,国家统治者拥有决定其臣民的宗教归属,以及行使国家统治下的宗教权的职能。"[3]

齐佩利乌斯分析了德国警察国时代国家集权的原因,他认为,警察国的根源在于国家主权论在国务运作中的贯彻。主权概念反映了国家权力的固定化。从这一概念出发,又导致国家统治者对于各阶层民众的强制性和集权式

---

① 关于"行政国家"现象,可参见姜明安:《行政法》,北京大学出版社、高等教育出版社 2017 年版,第 10~16 页。

② [德]齐佩利乌斯:《德国国家学》,赵宏译,法律出版社 2011 年版,第 338 页。

③ [德]齐佩利乌斯:《德国国家学》,赵宏译,法律出版社 2011 年版,第 338 页。

管理。[1]“国家权力多方面聚合的另一原因在于当时占主导地位的重商主义的经济政策；大批军队、中央化的行政机构以及绝对主义国家下的皇室，均会产生出强烈的财政需求，而这些需求首先通过积极的外部收支得到满足。为达成这一目标，国家就必然要求和倾向于对工业和国民经济生产进行广泛调控，借此减少对产品进口的依赖，而促进产品的出口。”[2]“与此相适应，在这种家长制统治下，统治者也承担着家父的义务，须对臣民的福祉提供照顾。因此，绝对福利国家下的公民，事实上并不愉快地享受执政者所施行的幸福论。所有这些要素的共同作用，就产生出集所有功能于一体的行政国家的早期形式……”[3]

关于集权主义和专制主义的传统，齐佩利乌斯除了提到16世纪至18世纪警察国时代的德国外，他还举了20世纪苏联计划经济时代的例子。在高度集权的条件下，不仅经济、劳动市场和职业行为，连公民的社会生活、自由、家庭以及全部精神和道德世界，都成了国家作用的目标领域和服务对象。国家不仅要求公民对法律的遵守，同样还要求他们在道德与精神上的驯服，强烈的阶级意识以及其他方面的“精神狂热”推动着公民对道德义务的履行。[4]齐佩利乌斯认为，与具有极权主义倾向的早期国家不同，某些现代专制国家则着重使用有计划的、严密的机构方法以及科技手段来达成目标。它们用政治权力以及科技手段实施和推进国家官僚体制和高度集权的社会体制，并对社会进行引导和控制。[5]

关于自由主义国家的文化传统。齐佩利乌斯区分了“自由主义的自由”和“民主制下的自由”两种自由概念。“前者意味着公民居于消极地位的自由，即由国家所允诺的私人自由活动领域，而后者则意味着公民居于主动地位的自由，即参与公共意志形成的自由。两种自由并非必须集合在一起。民主的多数派可能会演变为最不自由的暴政。如果不用自由主义进行防御的话，民主自由就会成为少数人——或是由其所操纵的代表——针对其他人的

① 参见[德]齐佩利乌斯：《德国国家学》，赵宏译，法律出版社2011年版，第340页。
② [德]齐佩利乌斯：《德国国家学》，赵宏译，法律出版社2011年版，第341页。
③ [德]齐佩利乌斯：《德国国家学》，赵宏译，法律出版社2011年版，第341页。
④ 参见[德]齐佩利乌斯：《德国国家学》，赵宏译，法律出版社2011年版，第341~342页。
⑤ 参见[德]齐佩利乌斯：《德国国家学》，赵宏译，法律出版社2011年版，第341~342页。

没有自由保障的统治。”①

关于自由主义传统的内容,齐佩利乌斯概括了若干重点:一是承继启蒙运动的理念,将个体作为社会存在的核心;二是对臣民的道德关注不应成为国家的强制性事务;三是国家不应决定臣民的信仰,每个人的灵魂拯救应当由他自己负责;四是对于个人幸福的关照,同样应转交由个人负责,对幸福的追求,应当是个体的权利,而不应是国家的任务;五是国家不应对经济生活进行管制,它应当保障公民的自由和财产,除此之外,对经济事务的处理应当交由公民自行决定。②

3. 不同学派的学说理论

影响公权力主体权力作用范围的学说理论主要有政府干预主义(管制主义)理论、自由主义理论和第三条道路理论。

美国学者沃伦(Kenneth F. Warren)在其所著《政治体制中的行政法》一书中详细论述了政府干预主义(管制主义)的理由:“政府管制是有序社会普遍的要求,这一要求会引起政府管制的增加。在任何缺乏国家管制的社会里,所有人都会理性地得出结论:一个社会将处于永无休止的混乱状态。明显地,政府管制服务于公共利益的程度和对公共利益的增进是表明国家管制活动正当性的最基本的原因。”③“政府管制由任何旨在解决开放自由市场缺陷的行为构成。政府管制尤其关心保护商业免于无情的、你死我活的竞争,阻止垄断的出现,保护消费者不被敲竹杠,也保护商业免于不安全产品和不公正的非法的商业手段。但是所有政府管制在某一种程度上都指向社会体系中私人部门的私人利益,以使较重要的公共利益不会被置于危险境地。”④德国学者柯武刚、史漫飞(Wolfgang Kasper, Manfred E. Streit)在其合著的《制度经济

① [德]齐佩利乌斯:《德国国家学》,赵宏译,法律出版社 2011 年版,第 346 页。

② 关于影响公权力主体权力作用范围民族文化传统因素的上述理论,参见[德]齐佩利乌斯:《德国国家学》,赵宏译,法律出版社 2011 年版,第 338~347 页。这里需要说明的是,齐佩利乌斯在这里宣扬的自由主义理论,只是西方国家的一种较典型的意识形态理论。实践中西方各不同国家之间亦存在较大差别,并非具有完全的普适性。

③ [美]肯尼思·F. 沃伦:《政治体制中的行政法》(第 3 版),王丛虎等译,中国人民大学出版社 2005 年版,第 127~128 页。沃伦这里所说“管制”的英语表述为:regulation,又译“规制”。

④ [美]肯尼思·F. 沃伦:《政治体制中的行政法》(第 3 版),王丛虎等译,中国人民大学出版社 2005 年版,第 128 页。

学——社会秩序与公共政策》一书中指出,“供应商或有组织的供应商利益集团总是试图获取政治干预。这种干预会弱化对他们的竞争压力,能比经济竞争更长久地保护他们的市场环境。能使他们节省成本……有一些这样的干预可能是合理的,因为他们强化着竞争中的知识创造能力。例如,当政府制定标准化度量衡时就是这样。”①

在西方国家,自由主义学派的学说理论对公权力作用范围的影响比政府干预主义(管制主义)理论的影响更大些。齐佩利乌斯在《德国国家学》引述了亚当·斯密(Adam Smith)关于自由主义的观点。亚当·斯密认为,“如果人们摒弃所有授益性或是限制性措施,自然权利的清晰的、简单的系统就会自发形成。在一系统中,只要不逾越法律界限,任何人都有充分的自由,按照兴趣去追逐自身的利益,用自身的劳动和资本与其他人的劳动和资本进行竞争……在自然权利系统下,国家权力仅需履行三种功能,或者说三种义务,它们虽然极具重要性,但却非常简单,亦能为所有人理解:首先是保护本民族免受其他民族的武力侵害;其次是保护共同体中的每个成员免受其他成员的不法侵害,也就是说维护公平的法律救济;最后则是建立和维护公共设施的义务”。② 之所以有第三种功能或义务,因为无法期待公共设施的建立和维护是私人自发做出的。至于自由竞争原则,特别是个体经济方面的执业自由和行为自由,当然属于人类一般自由权范畴。有的经济学家更是进一步认为,“个体的某些恶习,尤其是自私与虚荣,恰恰是个人勤奋工作以及整体经济繁荣的基础。如心理学家所言,个体的自我中心主义会自发地促进经济生活的合规则进行,因而也会自发生成一种社会秩序。‘让世界自由去行动,让世界自由去发挥,它会自行运转得很好’,事务自发运作,也会使经济与共同体生活保持更好的和谐”。③ 很显然,自由主义理论对公权力干预社会经济生活基本上是持反对态度的。

从 19 世纪到 20 世纪,自由主义学说理论与政府干预主义(管制主义)学说理论一直进行着争论和博弈。在其争论和博弈的过程中,到 20 世纪中后

① [德]柯武刚、史漫飞:《制度经济学——社会秩序与公共政策》,韩朝华译,商务印书馆 2000 年版,第 300 页。

② [德]齐佩利乌斯:《德国国家学》,赵宏译,法律出版社 2011 年版,第 347~348 页。

③ [德]齐佩利乌斯:《德国国家学》,赵宏译,法律出版社 2011 年版,第 347 页。

期,另一种介于这两种学说理论的中间理论——“第三条道路”理论(“自由社会国”理论)开始出现。齐佩利乌斯在《德国国家学》中分析了这种理论产生的背景:西方工业社会下的“自由社会国”试图在自由化和极权化倾向中寻求平衡。一方面,西方工业社会立基于自由时代,期望最大限度地保障个人和企业经济活动的自由开展,限缩与控制国家的作用。另一方面,在多元化的工业社会下,国家对个人和企业经济活动的管制又是必要的:必须对个体的利己主义,以及这种利己主义对他人的威胁设置障碍,以免使个体的自由对他人的自由造成难以承受的影响。① 今天,在经历了传统国家管制和计划经济的衰退之后,许多国家都试图通过体制改革,既放弃无所不包的管控,也抛弃无条件的、全面的自由主义,在二者之间寻求“第三条道路”……对国家权力的法治国限制以及去集权化、持续地推进社会自治,保障竞争、避免片面和过分的团体以及舆论权力及其他社会权力的集中化,为公民提供合乎从属尊严的生活和工作条件、教育设施,以及对危害的保护和防卫。在各个转型阶段,从过分集权和绝对自由化之间寻求正确的平衡。这一任务是永无止境的,只有这样,才能将个体对自由和私益毫无节制的追求束缚在社会体制之下。②

4. 国家公权力、社会公权力和国际公权力三种公权力的相互消长、互动

影响公权力主体权力作用的范围除了上述三种因素外,三种公权力本身的相互消长、互动也是一项重要因素。人类从农业社会到工业社会再到信息化社会的转变,国家公权力越来越多地向社会转移和向国际组织转移,社会公权力和国际公权力逐步生长、发展,使整个公权力的格局发生了深刻的变化,并同时影响三种公权力的范围。

(二)现代国家公权力作用的范围

现代国家公权力主体权力作用的主要领域有两种情形:一是其专有领域,如国防、外交、司法、税收、海关、警察(治安)等。这些领域基本由国家公权力垄断,社会公权力不得介入。二是由国家公权力主导,但社会公权力可以参与和依法作用的领域。这些领域是比较广泛的。2015 年中共中央、国务院联合发布的《法治政府建设实施纲要(2015—2020 年)》(以下简称《纲要》)确

① 参见[德]齐佩利乌斯:《德国国家学》,赵宏译,法律出版社 2011 年版,第 350 页。

② 参见[德]齐佩利乌斯:《德国国家学》,赵宏译,法律出版社 2011 年版,第 351 页。

定了新时代我国政府的下述五项职能：宏观调控、市场监管、社会管理、公共服务和环境保护。这五项职能即是政府公权力作用的主要领域。对这五项职能，《纲要》提出了政府如何依法全面履行和对之推进改革的要求。

关于宏观调控，《纲要》提出的要求是：健全发展规划、投资管理、财政税收、金融等方面的法律制度，加强发展战略、规划、政策、标准等制定和实施。切实转变政府投资管理职能，确立企业投资主体地位，制定并公开企业投资项目核准目录清单。完善主要由市场决定价格的机制，大幅缩减政府定价种类和项目，制定并公布政府定价目录，全面放开竞争性领域商品和服务价格。[①]

关于市场监管，《纲要》提出的要求是：清理、废除妨碍全国统一市场和公平竞争的各种规定和做法，破除部门保护、地区封锁和行业垄断。深化商事制度改革，继续清理工商登记前置审批，加快工商登记后置审批改革。进一步推进工商注册登记制度便利化，2015 年年底前实现工商营业执照、组织机构代码证、税务登记证“三证合一”“一照一码”。推行电子营业执照和全程电子化登记，实行“一址多照”和“一照多址”。加强事中事后监管，创新市场监管方式，完善市场监管体系，建立透明、规范、高效的投资项目纵横联动、协同监管机制，实行综合监管，推广随机抽查，探索“智能”监管。加强社会信用体系建设，建立健全全国统一的社会信用代码制度和信用信息共享交换平台，推进企业信用信息公示“全国一张网”建设，依法保护企业和个人信息安全。完善外资管理法律法规，保持外资政策稳定、透明、可预期。健全对外投资促进制度和服务体系，支持企业扩大对外投资，推动装备、技术、标准、服务走出去。[②]

关于社会管理，《纲要》提出的要求是：加强社会治理法律、体制机制、能力、人才队伍和信息化建设，提高社会治理科学化和法治化水平。完善社会组织登记管理制度。适合由社会组织提供的公共服务和解决的事项，交由社会组织承担。支持和发展社会工作服务机构和志愿服务组织。规范和引导网络社团社群健康发展，加强监督管理。深入推进社会治安综合治理，健全落实领导责任制。完善立体化社会治安防控体系，有效防范管控影响社会安定的问题，保护人民生命财产安全。提高公共突发事件防范处置和防灾救灾减灾能

① 参见《法治政府建设实施纲要（2015—2020 年）》，中国法制出版社 2016 年版，第 5 页。

② 参见《法治政府建设实施纲要（2015—2020 年）》，中国法制出版社 2016 年版，第 5 页。

力。全方位强化安全生产,全过程保障食品药品安全。推进社会自治,发挥市民公约、乡规民约、行业规章、团体章程等社会规范在社会治理中的积极作用。①

关于公共服务,《纲要》提出的要求是:着力促进教育、卫生、文化等社会事业健康发展,强化政府促进就业、调节收入分配和完善社会保障职能,加快形成政府主导、覆盖城乡、可持续的基本公共服务体系,实现基本公共服务标准化、均等化、法定化。建立健全政府购买公共服务制度,公开政府购买公共服务目录,加强政府购买公共服务质量监管。推进公共服务提供主体和提供方式多元化,凡属事务性管理服务,原则上都要引入竞争机制向社会购买;确需政府参与的,实行政府和社会资本合作模式。②

关于环境保护,《纲要》提出的要求是:加快建立和完善有效约束开发行为和促进绿色发展、循环发展、低碳发展的生态文明法律制度。深化资源型产品价格和税费改革,实行资源有偿使用制度和生态补偿制度。改革生态环境保护管理体制,完善并严格实行环境信息公开制度、环境影响评价制度和污染物排放总量控制制度。健全生态环境保护责任追究制度和生态环境损害赔偿制度。对领导干部实行自然资源资产离任审计。③

(三)现代社会公权力作用的范围

任进教授在其所著《政府组织与非政府组织》一书中重点研究了作为社会公权力组织的最基本主体的非政府组织的职能和作用。他认为,“中国非政府组织的产生,主要源于两个方面的需求:一是基于其成员的需要,执行为成员谋取利益的服务职能;二是基于政府的需要,履行服从国家利益的管理需求。中国非政府组织提供的产品有两种情况:一是对其内部事务而言;二是对社会公共事务而言……以社会团体而言,我国社会团体是处于微观活动层即社会成员和宏观管理层即政府组织之间的中间层次,其基本功能是媒介、调节、服务和监督。它是政府调控社会的中间层和衔接点,也是其联系的社会成员利益的代表和维护者,可以发挥双向服务的作用”。④

① 参见《法治政府建设实施纲要(2015—2020年)》,中国法制出版社2016年版,第5~6页。
② 参见《法治政府建设实施纲要(2015—2020年)》,中国法制出版社2016年版,第6页。
③ 参见《法治政府建设实施纲要(2015—2020年)》,中国法制出版社2016年版,第6~7页。
④ 任进:《政府组织与非政府组织》,山东人民出版社2003年版,第168页。

任进将中国非政府组织分为五类，并分别概括和论述了这五类组织的不同职能：

第一类是行业性社团，其职能有八：一是代表职能，代表本行业企业、组织的共同利益；二是沟通职能，向政府传达本行业企业、组织的共同要求，协助政府制定和实施行业发展规划、产业政策等；三是协调职能，制定并执行行规行约和种类标准，协调同行业之间的经营行为；四是监督职能，对本行业产品和服务质量、竞争手段、经营作风进行监督；五是公正职能，受政府委托，进行资格审查、签发证照等；六是统计职能，对本行业的基本情况进行统计、分析，并发布统计结果；七是研究职能，对本行业国内外发展情况及问题进行调研，提出对策建议；八是狭义的服务职能，如信息服务、培训服务、咨询服务等。

第二类是学术性社团，其职能有四：一是组织学术交流；二是提出对策建议；三是研究本学科的发展目标、任务和问题，进行信息交流、传播；四是参与有关咨询与论证工作。

第三类是专业性社团，其职能有三：一是组织本专业社会成员开展活动；二是代表和反映本专业成员的利益、建议；三是协助政府管理或参与管理与本专业有关的社会事务（如中国注册会计师协会负责办理注册会计师注册、监督管理注册会计师事务所及注册会计师执业情况）等。

第四类是联合性社团（如青联、学联、侨联等及各种联谊会），其职能有四：一是与其相应人群和行业性、专业性、学术性协会进行联系和提供服务；二是对这些对象进行指导；三是开展相应交流；四是协助政府管理或参与管理一定的社会事务。

第五类是"民非"（民办非企业单位），其职能有三：一是从事教育、卫生、文化、科技、体育、劳动、民政、社会等中介服务；二是从事相应法律服务；三是从事其他非营利性社会服务。①

王建芹教授在其所著《第三种力量》一书中以"第三部门"的称谓研究了社会公权力组织作用。她提出的所谓"第三种力量"或"第三部门"，是指与作为"第一种力量"或"第一部门"的政府（政治领域）和作为"第二种力量"或

---

① 关于上述五类非政府组织的职能和作用参见任进：《政府组织与非政府组织》，山东人民出版社 2003 年版，第 168～173 页。

“第二部门”的市场(经济领域)相对应、相平衡的,由成千上万个非政府非营利的民间组织组成的社会共同体,包括各种社会团体、行业协会、宗教团体和其他民间非营利组织。①

王建芹认为,中国第三部门的作用可以概括为五个方面:第一方面的作用表现在志愿服务和公益领域。“第三部门可以在教育尤其是农村基础教育、扶贫、妇女儿童保护、环保、国有企业下岗职工再就业以及人口控制、卫生保健、人道主义救援等方面发挥政府所不可替代的作用。”②第二方面的作用是促进政府机构改革和政府职能转变。“政府机构改革和政府职能转换作为我国政治体制改革的重要内容之一,早已取得了广泛的共识。其核心是转变政府职能,政府只管那些必须由政府管的事,把市场的还给市场,把企业的还给企业,把个人的还给个人。事实上,还有一个重要的方面就是把社会的还给社会。这就是第三部门的用武之地了。”③第三方面的作用是促进社会主义民主政治建设。在不断培养、锻炼公民的民主意识和民主精神方面,“第三部门同样可以大有作为,人们可以通过参加第三部门的组织来学习、训练民主,因为我国的第三部门组织主要是从事社会基层的操作性工作,他们可以通过启发、教育和引导民众参与发展活动,增强民众对自己的基本的经济权利和政治权利的意识,鼓励和帮助民众组织起来去维护自身的合法与合理的权益,促进社会主义民主政治的社会基础的形成。更重要的是,民众也可以自己组织第三部门组织,在组织中学会管理自己,管理团体,团结他人,学会合作、妥协、协商、退让,这些都是民主政治的必要条件”。④ 第四方面的作用是满足人们多元化需求。“处在现代社会的人们普遍感觉到社会生活和工作的节奏越来越快,竞争的压力越来越大,同时人们之间的交往则越来越少。因此,人们在精神需求方面的要求愈发强烈。因为人们需要慰藉,需要友情,需要排解孤独和寂寞,因此,各种社会组织、交友俱乐部便成为满足人们需要的好的形式。”⑤第五方面的作用是开展国际间的民间交往。“一个国家的第三部门组织在国

---

① 参见王建芹:《第三种力量》,中国政法大学出版社 2003 年版,“前言”第 3 页。
② 王建芹:《第三种力量》,中国政法大学出版社 2003 年版,第 308 页。
③ 王建芹:《第三种力量》,中国政法大学出版社 2003 年版,第 310 页。
④ 王建芹:《第三种力量》,中国政法大学出版社 2003 年版,第 311~312 页。
⑤ 王建芹:《第三种力量》,中国政法大学出版社 2003 年版,第 312 页。

际上所开展的活动同该国利益、声誉以及国际交流与相互理解之间的关系越来越密切,甚至通过第三部门组织的活动,可以达到政府组织所达不到的目的。因此,中国也应该重视第三部门组织在国际活动中重要作用的发挥。"①

根据不同学者的观点,本书将社会公权力组织的主要作用归纳为下述五个方面:其一,代表相应共同体,参与国家管理;其二,维护相应共同体成员的权益;其三,提供教育、医疗、救助、信息、咨询等社会公共服务;其四,协调相应共同体内部成员之间以及内部成员与外部的关系,解决内外争议、纠纷;其五,参与对自然资源与生态环境的保护与治理。

(四)国际公权力作用的范围

梁西教授在其所著《国际组织法(总论)》一书中将国际组织的一般作用归纳为三大类:第一类是政治协调方面的作用。国际组织,特别是其中以维持国际和平与安全为宗旨的组织,常常构成协调各成员国和地区政治行动的中心,是国际社会进行各种会晤、多边外交、沟通关系、解决争端和磋商谈判的理想场所,是国际舆论得以充分表达的重要论坛。第二类是经济与社会发展方面的作用。随着国际社会的发展,国家间在经济上的联系和相互依存关系也日益突出,各种国际经济组织与区域一体化机构应运而生,成为国家间经济交往与合作的一种重要法律形式。它们对促进合作、协调成员国和地区间的经济利益、解决经济贸易争端、维护成员国和地区经济安全、稳定世界市场价格和供需平衡,都起了重要作用。第三类是维护国际法律秩序方面的作用。国际组织是现代国际生活中促成国际合作的一种法律形态,从深海地区到宇宙高空,莫不有相关国际组织的存在。国际组织是现代国际社会的有机组成部分,对现代国际关系与法律秩序产生至关重要的作用。② 关于国际组织的作用,吴慧教授在邵津先生主编的全国高校法学核心课程教材《国际法》中指出,"国际组织是国家为了国际合作而建立的。从国际组织的产生、存在和发展可以明白,国际组织是国家之间为谋求政治、经济、社会、文化和军事方面的全面合作或某一特定领域方面的合作与协调而建立的。每一国际组织都有各自的宗旨和目的以及职能范围,成员国为实现其宗旨和目的,要相应调整自己

① 王建芹:《第三种力量》,中国政法大学出版社 2003 年版,第 313 页。

② 参见梁西:《国际组织法(总论)》(第 5 版),武汉大学出版社 2001 年版,第 37~42 页。

的内外政策，以使国际组织发挥单个国家难以发挥的作用。”①

根据不同国际法学者的观点，本书将国际公权力组织的主要作用归纳为下述六个方面：其一，通过斡旋、维和、反恐等方式维护国际安全；其二，通过制定、实施国际法和签订条约、协定等，维护国际秩序（包括世界和地区和平等政治秩序、贸易投资等经济秩序、航空、航海、航天等方面的秩序）；其三，通过发表声明，谴责成员国或非成员国或者特定地区侵犯人权的行为、事件，乃至通过制裁，保障人权和促进人权的发展；其四，通过确定成员国减少排放、防止核扩散等保护自然生态环境；其五，通过国际合作应对各种自然灾害、事故和流行病（如地震、海啸、洪灾、空难、海难、非典、新冠肺炎等）；其六，通过协调国家间、地区间相互关系，构建人类命运共同体。

三、公权力主体行使权力的主要方式

考察国家、社会和国际公权力运作的不同情形，可以将各种公权力主体行使权力的主要方式归纳为以下八种。

（一）立法和制定规则

作为国家公权力主体，其方式包括制定法律、法规、规章和发布规范性文件等；作为社会公权力主体，其方式包括制定章程、公约和发布标准、行为规范等；作为国际公权力主体，其方式包括制定章程、签订条约、协议、协定等。

（二）发布政令、命令

作为国家公权力主体，其方式包括发布命令、禁令、全国动员令、戒严令等；作为社会公权力主体，其方式包括发布决议、决定、指令等；作为国际公权力主体，其方式包括发布宣言、声明、制裁令等。

（三）审批、许可

作为国家公权力主体，其方式包括颁发执照、许可证、批准书和审批、同意等；作为社会公权力主体，其方式包括注册、备案、登记和某些许可等；作为国际公权力主体，其方式包括发布审核、批准、许可等。

（四）征收、征用

作为国家公权力主体，其方式包括征收税费、征用财产（动产或不动

① 邵津主编：《国际法》，北京大学出版社、高等教育出版社 2012 年版，第 259 页。

产)等;作为社会公权力主体,其方式一般只限于收取会费、活动费;作为国际公权力主体,其方式包括收取会费、活动费,以及在维和行动中征用财产等。

(五)裁决纠纷

作为国家公权力主体,其方式包括司法、行政裁决、行政复议等;作为社会公权力主体,其方式一般只限于调解、仲裁;作为国际公权力主体,其方式包括司法、仲裁、斡旋(调解)等。

(六)强制、制裁

作为国家公权力主体,其方式包括刑罚、行政处罚、行政强制、司法强制等;作为社会公权力主体,其方式主要包括处分(警告、记过、开除出所在组织)、谴责等;作为国际公权力主体,其方式包括经济制裁、开除出所在国际组织、谴责,乃至采取军事行动等。

(七)给付、指导

作为国家公权力主体,其方式包括社保、低保、救济、抚恤金、各种补贴、行政指导等;作为社会公权力主体,其方式主要包括慈善、救助、发布指南、指导等;作为国际公权力主体,其方式包括经济援助、救助、发布经济统计信息、发布健康和防止传染病指导意见等。

(八)协议、契约

国家公权力主体、社会公权力主体和国际公权力主体均可在行使其职能的过程中运用协议、契约等方式实现其目标、任务。

四、公权力相对人权利的权源

(一)公权力相对人权利的类别

1. 相对人作为人类共同体成员的权利——人权

关于人权,我们特引述英国学者米尔恩(A. J. M. Milne)在其所著《人的权利与人的多样性——人权哲学》一书中文版序中的论述作为本书的基本概念:“人权这一观念若要既易于理解又经得起推敲,它就只能是一种最低限度标准的观念……现代科学技术的发展使我们所处的时代成了一个全球相互依存的时代,正因为如此,我们才需要一种能适用于一切人类关系的道德标准。”①“如果把所有的人都是人类同胞这一原则融入共同道德，那么共同道德就会成为一种可以适用于一切人类关系的标准。它的那些要素因而不仅能适用于每种社会生活方式内部，而且也能适用于它们之间。共同道德一旦加上这种‘人性’原则，就成了人权的渊源。这些人权是与由共同道德的要素所规定的那些关联的权利。”②“人权所赋予的权利必须在界定实际社会情况的那些特定关系的场合中加以解释。例如，作为公平对待的公正是一项人权，但是，在实际境况中什么应算作‘公平对待’，则取决于构成这种境况的特定的制度和特定的利益组合。这就是人权观念为什么只能是一种最低限度标准的观念。无论处于什么样的关系中，人类成员在任何时候，任何地方至少都应该彼此作为人类同胞来互相尊重。”③

2. 作为特定社会共同体或国际共同体成员的权利——社会权

社会权不同于人权，也不同于公民权，它是一个自然人或一个组织作为特定社会共同体或国际共同体成员的权利。例如，你是律师协会或注册会计师协会的会员，你即享有律协章程或注协章程规定作为其会员应享有的各种权利。关于社会权，米尔恩在《人的权利与人的多样性——人权哲学》一书中指出：“以‘给每个人以其应得’为表现形式的公正原则是社会权利的道德基础。它要求尊重每一个社会成员所享有的权利。因为共同道德原则是共同体生活原则，该原则所包含的权利就是每一共同体的每个成员都享有的权利。除此之外，社会成员的其他一些权利则取决于每个成员在共同体中的特定地位，这由身份来限定。此类权利由共同体的实在法律体系（假如有的话）及其习惯和特定的道德作详细规定。”④

3. 作为国家共同体成员的权利——公民权

公民权尽管与人权和社会权有交叉，但亦有重要区别。公民权是一个自

① ［英］A. J. M. 米尔恩：《人的权利与人的多样性——人权哲学》，夏勇、张志铭译，中国大百科全书出版社 1996 年版，“中文版序”第 1 页。

② ［英］A. J. M. 米尔恩：《人的权利与人的多样性——人权哲学》，夏勇、张志铭译，中国大百科全书出版社 1996 年版，“中文版序”第 3 页。

③ ［英］A. J. M. 米尔恩：《人的权利与人的多样性——人权哲学》，夏勇、张志铭译，中国大百科全书出版社 1996 年版，“中文版序”第 4 页。

④ ［英］A. J. M. 米尔恩：《人的权利与人的多样性——人权哲学》，夏勇、张志铭译，中国大百科全书出版社 1996 年版，第 158 页。

然人作为一国国民的权利，如选举权和被选举权、知情权、言论自由权等。公民权有基本权利和一般权利之分。王磊教授指出："公民的法律权利种类繁多，范围广泛，既有基本权利，也有一般权利……宪法所确认的只能是一些基本权利，即那些表明权利人在国家生活基本领域中所处法律地位的权利。公民的基本权利和一般权利尽管在本质上是一致的，但它们二者之间也有区别。"[①]事实上，公民的基本权利大多与人权重合，而公民的一般权利却较少构成人权的组成部分。

（二）人权、社会权、公民权的权源

1. 人权的权源

人权是人类个体作为整个人类共同体成员的权利，是相对于所有共同体（国家共同体、社会共同体、国际共同体）及其公权力的权利，如生命权、自由权、财产权、追求幸福权等。关于人权的权源，学者们有各种不同的看法，包括天赋人权说、与生俱来说、共同道德规则说等。

美国学者路易斯·亨金（Louis Henkin）在其所编著的《宪政与权利》一书中提出，"造物主赋予他们（人）一些不可转让的权利，诸如生命权、自由权和追求幸福的权利。为了保障这些权利，人们在他们中间建立政府。权利并非政府赐予的礼物，它们是固有的，先于政府而存在的。政府必须尊重和保护这些先在的权利"。[②]"个人权利并非源于美国宪法。严格地讲，它们并不是'宪法权利'。但是它们是由宪法来保护的。有一些权利（自由权、豁免权）是由宪法明文保护的——例如，第一条修正案所规定的各项自由权或住所隐私等；另外一些权利尽管宪法没有明文提到（如旅行权或婚姻自由权），但是它们作为每个人所保留的'自由权'的某些方面仍然受宪法保护。"[③]"这种权利观保护个人不受社会的侵犯，不仅不受政府官员的侵犯，甚至不受多数人、不受民选代表的侵犯，即使他们处于为公共谋福利的善良愿望亦如此。"[④]

---

① 转引自周叶中主编：《宪法》，高等教育出版社2012年版，第246页。

② [美]路易斯·亨金、阿尔伯持·J.罗森塔尔编：《宪政与权利》，郑戈等译，生活·读书·新知三联书店1996年版，第3页。

③ [美]路易斯·亨金、阿尔伯持·J.罗森塔尔编：《宪政与权利》，郑戈等译，生活·读书·新知三联书店1996年版，第4页。

④ [美]路易斯·亨金、阿尔伯持·J.罗森塔尔编：《宪政与权利》，郑戈等译，生活·读书·新知三联书店1996年版，第5页。

英国学者米尔恩指出,“人权一定要是普遍道德权利……由此产生了普遍的最低限度的道德标准。这个标准在消极的方面,要求人不能被仅仅当作手段;在积极的方面,则要求全人类在一切交往中始终遵循共同道德原则。所以,我们将共同道德不仅仅在作为每个共同体实际道德一部分的意义上,而且是在适用于一切人类而不论其何种人、属于何种共同体和联合体的意义上,当作一种具有普遍意义的道德”。[①] “究竟为什么要有权利？回答是,没有权利就不可能存在任何人类社会。无论采取任何形式,享有权利乃是成为一个社会成员的必备要素。不过,这并非完满的回答,因为它仅限于社会权利,未曾考虑到普遍道德的要求,即在消极方面和积极方面的普遍低度道德要求。将人仅仅作为手段,否定了属于他的一切东西,也就否定了他享有的任何权利。如果他不仅仅被视为手段,而是被作为一个其自身具有内在价值的个人来看待,他就必须具有权利。这给了我们一个较为完满的答案。不仅仅是要有社会就要有权利,而且是若要遵从普遍低度道德标准的要求,就必须让每个人类成员都享有权利……共同道德原则里包含了每个人类成员必须享有的权利,即普遍道德权利,或者,就是严格意义上的人权。”[②]

在许多西方学者看来,由于人权是天赋的,是人类普遍道德或共同道德的要求,是人作为人所必须具有的权利。所以,一般情况下,人权是不可自行放弃的。

2. 社会权的权源

社会权是个体作为一定社会共同体成员的权利,是相对于相应社会共同体公权力主体和共同体其他成员的权利。关于社会权的权源,米尔恩指出:“任何人不能仅凭其个人身份而享有一项权利。约翰·多伊不可能仅凭作为约翰·多伊而对任何事物享有权利。那么,什么能授权给他呢？简言之,是规则和原则。存在一项对某事的权利,就必定存在确定某种条件并宣布所有的,并且只有符合这些条件的人才有资格享有它的规则和原则……法律、习俗和道德作为权利的来源已被提到,使它们成为权利来源的是它包含着规则和

---

① [英]A. J. M. 米尔恩:《人的权利与人的多样性——人权哲学》,夏勇、张志铭译,中国大百科全书出版社1996年版,第153页。

② [英]A. J. M. 米尔恩:《人的权利与人的多样性——人权哲学》,夏勇、张志铭译,中国大百科全书出版社1996年版,第153~154页。

原则。"①"法律和习俗是社会制度。每一种实在法体系都是某个共同体的实在法，每一种习俗也是这样，从没有道德就根本不可能有社会生活的意义上讲，道德是社会的——所以有共同道德。但是，社会生活可以采取不同的形式——所以有特定道德。做一个社会成员就是做一个负有道德义务的道德主体，约翰·多伊必定是一个社会的成员。因此，使他隶属于作为其权利来源的法律、习俗和道德的，乃是他属于一个有法律、习俗和道德的特定社会。每一个社会都是由一群有共同生活关系的人组成的，这种关系使每个人都知道自己应该向别人付出什么。作为一个成员，约翰·多伊的义务是给其应给，他的权利是得其应得。不过，倘若存在什么人权，那么，就不是所有的权利都属于社会权利。必定存在人们仅仅作为人类就享有的某些权利，而不管他们特定的社会成员身份……不是所有的权利都是社会权利，但大多数权利肯定是社会权利。"②

拉斐尔教授（D. D. Raphael）将权利（社会权利）分为两类：一类是行为权，一类是接受权。"享有行为权是有资格去做某事或用某种方式去做某事的权利，享有接受权是有资格去接受某物或以某种方式受到对待的权利。当某人拒绝提供你有资格得到的东西时或某人不给予你有资格得到的待遇时，接受权就受到了侵犯。"③一般来说，行为权是权利人可选择行使，也可选择放弃的权利，例如，你可选择发表言论、参加聚会、信仰宗教，你也可以选择不讲话、不参会、不信教。而接受权在一些情况下是不可选择、不可放弃的权利。例如，儿童不得拒绝父母的关照、保护；精神病人不得拒绝监护人的监护；有权接受义务教育的未成年人不得拒绝接受义务教育；等等。

霍菲尔德（Hohfeld Wesley）认为权利（社会权利）包含四种情形：要求、特权或自由、权力、豁免。从而可据此将权利分为要求权、自由权、权力权、豁免权四种权利。"要求权的例子有老年受恤人领取养老金的权利、要约人要求

---

① ［英］A. J. M. 米尔恩：《人的权利与人的多样性——人权哲学》，夏勇、张志铭译，中国大百科全书出版社 1996 年版，第 127~128 页。

② ［英］A. J. M. 米尔恩：《人的权利与人的多样性——人权哲学》，夏勇、张志铭译，中国大百科全书出版社 1996 年版，第 128 页。

③ D. D. Raphael, *Problems of political philosophy*, Macmillan, 1970, p. 68－70. 转引自［英］A. J. M. 米尔恩：《人的权利与人的多样性——人权哲学》，夏勇、张志铭译，中国大百科全书出版社 1996 年版，第 112 页。

对方信守诺言的权利。自由权如某人任意打发闲暇时间的权利、随意留胡须的权利。权力权赋予权利人要求他人为自己的目的做某事的资格。例如,佃主变更佃农交付的租金额的权利、警察询问犯罪目击者的权利。豁免权赋予权利人免除某种事物的资格,如一名国会议员不因他在国会里的发言而受诽谤法的追究;一名真心反战者免服兵役。"[①]在这四种权利中,要求权和豁免权可归结为接受权:要求权是一种积极的接受权,豁免权是一种消极的接受权;自由权和权力权可归结为行为权:自由权是一种自主行为权,权力权是一种主他行为权。

米尔恩认为,作为一个社会成员,在一般情况下,其行使权利是正当的,放弃行使权利也是正当的。但在特定条件下,行使权利或放弃行使权利也可能构成不正当。"可能有这样的情形:一个人做他有权做的事情将是不正当的,例如,当他家人有病需要他留在家里时,他去出席一个他有权利出席的会议。如果一项行为权只以不履行某种义务为代价才能行使,那么,行使这一权利就是不正当的。这也适用于可选择的接受权。如果信守诺言会对承诺方造成严重的困难,而不信守诺言方对另一方只有些微不便时,另一方却坚持要对方信守诺言,这一权利行使就是不正当的。"[②]某些权利(如劳动权、受教育权等)同时构成义务,故当事人不得随意放弃。否则,亦构成不正当。

霍菲尔德提出,社会成员的自由权源于法治三原则(法律下的自由、法律至上、法律面前平等)之一的"法律下的自由"原则。而其受约束的义务则源于道德(他认为道德在逻辑上优先于法律),但法定义务是至高无上的,超越家庭、友情、工作或单纯个人利益的要求。"任何一个拥有实在法体系的共同体在道德上都服从法治,这意味着共同体的成员在道德上都要服从这三个特定原则。如果这些原则不被遵循或者违反它比遵守它更受人尊敬,那么,这个社会就没有了严格意义上的实在法体系了。"[③]"服从法治不属于共同道德,但

① 转引自[英]A. J. M. 米尔恩:《人的权利与人的多样性——人权哲学》,夏勇、张志铭译,中国大百科全书出版社 1996 年版,第 118 页。

② [英]A. J. M. 米尔恩:《人的权利与人的多样性——人权哲学》,夏勇、张志铭译,中国大百科全书出版社 1996 年版,第 116 页。

③ 转引自[英]A. J. M. 米尔恩:《人的权利与人的多样性——人权哲学》,夏勇、张志铭译,中国大百科全书出版社 1996 年版,第 130 页。

它是任何维持着实在法体系的共同体的特定道德的一部分。无道德即无社会生活,但无实在法却可能有社会生活。那么,究竟为什么要有实在法呢？简单说来,有两个理由。第一个理由是安全……第二个理由是,实在法能够组织和管理共同体事务。它是一种创造符合共同体利益的条件的社会合作方法,而且,倘若没有它,这些条件就根本不可能被创造或者只能被部分地,不大完美地创造出来。"①

3. 公民权的权源

公民权是个体作为国家共同体成员的权利,是其相对于国家公权力主体的权利,如选举权和被选举权、知情权、言论自由权等。

关于公民权的权源,亦有各种说法,如源于天赋、源于自然、源于法律、源于正义与理性等。孟德斯鸠主张法律权源说,他指出:"在一个有法律的社会里,自由(权)仅仅是:一个人能够做他应该做的事情,而不被迫去做他不应该做的事情……自由是做法律所许可的一切事情的权利;如果一个公民能够做法律所禁止的事情,他就不再有自由了,因为其他的人也同样会有这个权利。"②

但美国学者德沃金(Ronald Dworkin)认为,公民权利并非源于立法,而是源于自然。"这些权利不是任何立法,或者条约,或者假设的社会契约的产物,所以它们是自然的。"③"自然权利的思想并不是一个十足的玄学概念。在这个模式的含义中,它只不过要求这样一种假设,即最好的政治纲领,是把个人的某些选择作为基本的权利来保护,而不是把这些选择从属于任何目标、任何义务或者任何目标与义务的结合……这个理论把权利看作是自然的,而不是法律或者习惯的。很显然,任何以权利为基础的理论都必然认为权利不仅仅是有目的的立法产物,或者明确的社会习俗的产物,而是判断立法和习俗的独立根据"。④

---

① 转引自[英]A. J. M. 米尔恩:《人的权利与人的多样性——人权哲学》,夏勇、张志铭译,中国大百科全书出版社 1996 年版,第 132 页。

② [法]孟德斯鸠:《论法的精神》(上册),张雁深译,商务印书馆 2005 年版,第 183 页。

③ [美]罗纳德·德沃金:《认真对待权利》,信春鹰、吴玉章译,中国大百科全书出版社 1998 年版,第 233 页。

④ [美]罗纳德·德沃金:《认真对待权利》,信春鹰、吴玉章译,中国大百科全书出版社 1998 年版,第 234 页。

德沃金在阐述公民权利与政府的关系时进一步指出,“当一个政治社会处于分裂状态时,(公民)权利的概念,特别是反对政府的权利的概念自然大有用处……看起来各方面都承认公民享有某些反对政府的道德权利。例如,传统的法律家和政治家常常认为,我们的法律制度承认个人的言论自由、平等和享有正当程序的权利,并且对此引以为自豪”。[①]“在实践中,对于个人权利的内容是什么,政府具有最后的决定权,因为它的警察将执行政府官员和法庭的决定。但是,这并不意味着政府的观点就是正确的观点;如果任何人认为政府的观点就是正确的,那他就必然认为人们只享有政府选择的赋予他们的道德权利,这意味着人们没有任何道德权利。”[②]“在一个民主制度之下,或者至少在原则上尊重个人权利的民主制度之下,每一个公民都负有必须遵守全部法律的基本的道德义务。即使他宁愿某些法律得到修改。他的这一义务是对他的同胞们负有的,因为他们为了他的利益而服从他们所不喜欢的法律。但是,这种一般的责任不可能是一种绝对的责任,因为,即使一个社会在原则上是公正的,也还可能产生不公正的法律和政策,而一个人,除了他对国家的责任之外还负有其他的责任。一个人必须履行他对他所信仰的上帝的责任和对自己的良心的责任。如果他的这些责任和他对国家的责任相冲突,那么最后,他有权做他自己认为正当的事情。但是,如果他决定他必须违反法律,那么在承认他对于他的同胞们的责任虽然很大,但是不能泯灭他的宗教和道德上的责任的情况下,他必须接受国家所作的判决和给予的惩罚。”[③]但“这里似乎有一个巨大的矛盾。如果一个人有按照自己良心的命令行事的权利,那么,国家禁止他这样做怎么会是正当的呢?国家对于自己所承认的人们有权利去做的事情又加以禁止和惩处,这难道不是邪恶的事情吗?”[④]“一个负责任的政府必须准备证明它所做的任何事情的正当性,特别是当它限制公民自由

---

① [美]罗纳德·德沃金:《认真对待权利》,信春鹰、吴玉章译,中国大百科全书出版社 1998 年版,第 243 页。

② [美]罗纳德·德沃金:《认真对待权利》,信春鹰、吴玉章译,中国大百科全书出版社 1998 年版,第 244 页。

③ [美]罗纳德·德沃金:《认真对待权利》,信春鹰、吴玉章译,中国大百科全书出版社 1998 年版,第 246 页。

④ [美]罗纳德·德沃金:《认真对待权利》,信春鹰、吴玉章译,中国大百科全书出版社 1998 年版,第 247 页。

的时候。但是,一般情况下,即使是对一个限制自由的行为,如果认为这个行为是为了增加哲学家们所称的公众利益,即它将给全社会带来的利益大于所带来的损害,这个证明就是很充分了……然而,当说到公民个人有反对政府的权利时,如言论自由的权利,它的含义必须是,仅仅有这样的证明是不够的……如果公民享有言论自由的道德权利,那么,政府如果取消保障言论自由的美国宪法第一修正案,即使它深信如果剥夺言论自由使大多数人的境况可能会更好些,它的这种做法也是错误的……如果我对于政治问题具有表明观点的权利,那么,如果政府把我对于观点的表白当作非法,即使政府认为这样做是为了公共利益,那也是错误的。而且,如果政府确认我的行为为非法,并且运用法律来制裁我,那就更错了。"①

五、公权力相对人权利的范围

(一)人权的范围

1. 现代国际法上确定人权的主要法律文件

现代国际法上确定人权的主要法律文件包括三类:

其一,国际人权宪章。此由联合国三项宣言组成:一是 1948 年经联合国大会通过的《世界人权宣言》,该宣言将《联合国宪章》中有关人权的原则具体化,并继承了英国 1215 年《大宪章》、1689 年《权利法案》,法国 1789 年《人权和公民权宣言》,美国 1791 年《权利法案》的人权保护精神;二是 1966 年的《公民民事权利和政治权利国际公约》;三是 1966 年的《经济、社会和文化权利国际公约》。

其二,专门领域的人权保护文件。这类文件均经联合国大会通过,主要有九项:一是 1948 年的《防止及惩治灭绝种族罪公约》;二是 1951 年的《关于难民地位的公约》;三是 1955 年的《囚犯待遇最低限度标准规则》;四是 1959 年的《儿童权利宣言》(1989 年上升为"国际公约");五是 1963 年的《联合国消除一切形式种族歧视宣言》(1965 年上升为"国际公约");六是 1967 年的《关于难民地位的议定书》;七是 1967 年的《消除对妇女歧视宣言》(1979 年上升

① [美]罗纳德·德沃金:《认真对待权利》,信春鹰、吴玉章译,中国大百科全书出版社 1998 年版,第 252~253 页。

为“国际公约”)；八是1973年的《禁止并惩治种族隔离罪行国际公约》；九是1984年的《禁止酷刑和其他残忍不人道或有辱人格的待遇或处罚公约》。

其三，区域性人权保护文件。这类文件主要有五项：一是1953年的《人权和基本自由欧洲公约》；二是1978年的《美洲人权公约》；三是1986年的《非洲人权和民族权宪章》；四是1993年的亚洲《曼谷宣言》；五是1994年的《阿拉伯人权宪章》。①

2. 学者对人权类别的概括

对人权的范围，学者们有很多共识，也有若干不同的理解。米尔恩将人权归纳为下述七项：一是生命权；二是公平对待的公正权；三是获得帮助权；四是在不受专横干涉这一消极意义上的自由权；五是诚实对待权；六是礼貌权；七是儿童受照顾权。②

宾汉姆将人权归纳为下述十二项：一是生命权；二是禁止酷刑；三是禁止奴隶制和强制劳动；四是自由安全权；五是享有公平审判的权利；六是罪刑法定；七是尊重私人和家庭生活的权利；八是思想、信仰和宗教自由；九是言论自由；十是集会和结社自由；十一是平等和反对歧视权；十二是财产权。③

关于人权的范围，我国和其他发展中国家特别强调生存权和发展权。周叶中教授在他主编的“面向21世纪课程教材”《宪法》一书中指出，在中国人民争取人权的长期斗争中，生存权和发展权始终处于首要地位。他说：“正如《中国人权状况白皮书》所指出的，‘对于一个国家和民族来说，人权首先是人民的生存权。没有生存权，其他一切人权均无从谈起……在旧中国由于帝国主义的侵略，封建主义和官僚资本主义的压迫，人民的生命毫无保障，因战乱饥寒革命家死者不计其数。争取生存权利历史地成为中国人民必须首先要解决的人权问题’……此外，公民享有广泛的社会经济文化权利是社会主义宪法和人权的特点，也是我国宪法和人权的特点。”④

(二)公民权的范围

广义的公民权包括人权和社会权，狭义的公民权则仅指个体作为国家共

① 参见邵津主编：《国际法》，北京大学出版社、高等教育出版社2012年版，第349~373页。

② 参见[英]A. J. M. 米尔恩：《人的权利与人的多样性——人权哲学》，夏勇、张志铭译，中国大百科全书出版社1996年版，“中文版序”第171页。

③ 参见[英]汤姆·宾汉姆：《法治》，毛国权译，中国政法大学出版社2012年版，第98~117页。

④ 周叶中主编：《宪法》(第3版)，高等教育出版社2012年版，第248~249页。

同体成员的权利,而不包括人权和社会权。但是,公民作为国家共同体的成员,国家公权力主体必须尊重和保护公民的人权和社会权,所以,宪法和法律规定的公民权,特别是公民基本权利,有很多是与人权和社会权相重合的。以我国现行宪法规定的公民四类二十三项基本权利来说,其中大多数即具有人权和社会权的性质。

我国现行宪法规定的四类二十三项公民基本权利分别是:

1. 政治权利(共五项)

包括平等权、选举与被选举权、政治自由权(含言论、出版、集会、结社、游行、示威自由)、批评建议申诉控告检举权、参与国家与社会管理权。①

2. 人身自由与信仰自由权(共五项)

包括人身自由、人格尊严、住宅不受侵犯、通讯自由和通讯秘密、宗教信仰自由。②

3. 社会经济权利(共七项)

包括私有财产权,婚姻家庭权,劳动权,休息权,获得物质帮助权,受教育权,科研、文艺和其他文化活动权。③

4. 特定人权利(共六项)

包括妇女权利、退休人员权利、军烈属权利、残疾人权利、青少年儿童权利、华侨权利。④

公法中的公民权是不断发展而不是固定不变的。自上世纪中后期以来,一些新的权利,如知情权(与之相对的是公权力主体披露和公开信息的义务)、隐私权(与之相对的是公权力主体保护私人信息的义务)、抵抗权(如行政机关发布违法且无效行政命令或实施违法且无效的行政行为,相对人有不予执行而直接抵制的权利。与之相对的是公权力主体容忍公民维权的义务)等。这些新型公民权,有的国家现在已开始通过法律(甚至宪法)加以确立。

---

① 分别参见《宪法》第 2 条、第 33~35 条、第 41 条。

② 分别参见《宪法》第 36 条、第 37~40 条。

③ 分别参见《宪法》第 13 条、第 42~43 条、45~47 条、第 49 条。

④ 分别参见《宪法》第 44~46 条、第 48 条、第 50 条。

六、公权力相对人行使和实现权利的主要方式

公权力相对人行使和实现权利主要有以下七种方式：

(一)相对人主动行使权利

这是公权力相对人实现权利(包括法律规定的权利和源于自然道德的权利)的最基本方式。当相对人法定权利与自然道德权利一致时(生命权、健康权、财产权在法律层面和自然道德层面大多时候是一致的),其主动行使权利一般不存在问题,但当二者不一致时(言论自由、结社自由在法律层面和自然道德层面很多时候会不一致),其主动行使权利则需考虑各种因素,如公共利益、对他人权利的影响,以及比例原则、平衡原则等。

关于如何正确处理公民的法定权利与源于自然道德权利的关系,德沃金在《认真对待权利》一书中的有关论述可供我们思考这一问题时参考。

其一,法律限制公民自然道德权利应有正当性。"一个负责任的政府必须准备证明它所做的任何事情的正当性,特别是当它限制公民自由的时候。但是,一般情况下,即使是对一个限制自由的行为,如果认为这个行为是为了增加哲学家们所称的公众利益,即它将给社会带来的利益大于所带来的损害,这个证明就是很充分的了。因此,虽然纽约市政府禁止机动车在列克星敦大街上行驶需要一个合理的证明,但是,如果一个适当的政府官员根据可靠的证据相信,这给多数人带来的利益大于给少数人带来的不便,这就是一个对于此举合理性的充分证明了。"①

其二,政府不能以一般的"公共利益"为由限制公民享有的"强硬意义上的权利"。"如果公民享有言论自由的道德权利,那么,政府如果取消保障言论自由的美国宪法第一修正案,即使它深信如果剥夺言论自由大多数人的境况会更好些,它的这种做法也是错误的"。如果"仅仅根据对这种行为可能为社会带来整体利益的判断,政府就有权采取这种行动。如果接受这一点,那么他(公民)所主张的权利就会化为乌有,而且表明他所使用的权利不是强硬意义上的权利,而只有强硬意义上的权利才能使他的权利主张具有通常认为的

---

① [美]罗纳德·德沃金:《认真对待权利》,信春鹰、吴玉章译,中国大百科全书出版社 1998 年版,第 252 页。

政治重要性。”[①]“在我们的社会里,一个人有时确实享有强硬意义上的不服从法律的权利。每当法律错误地侵犯他反对政府的权利时,他就享有这个权利。如果他享有言论自由的道德权利,也就是说,他享有违反法律的道德权利……不服从法律的权利不是孤立存在的,除了与其他反对政府的权利相关之外,它还与良心有关。它只是这些反对政府的权利的一个方面,除非否认存在着任何这一类的权利,此项权利是不能予以否认的……如果我对于政治问题具有表明观点的权利,那么,如果政府把我对于观点的表白当作非法,即使政府认为这样做是为了公共利益,那也是错误的。而且,如果政府确认我的行为为非法,并且运用法律来制裁我,那就更错了。”[②]

其三,政府限制公民权利必须遵守比例原则和平衡原则。“公民享有受国家保护的人身权利和免受国家干涉的人身权利,政府可能必须在这两类权利之间进行选择。例如,关于诽谤罪的法律就限制任何人想说什么就说什么的权利,因为这个法律要求他说话要有充分的根据。即使一些人认为这个法律侵犯了他们的一项个人权利。但是,这个法律是有正当理由的,因为它保护了人们免受他人不负责任的语言败坏名誉的权利。美国社会所承认的个人权利常常以这种方式发生冲突,当它们发生冲突的时候,政府的任务就是要区别对待。如果政府作出正确的抉择,保护比较重要的,牺牲比较次要的,那么它就不是削弱或者贬损一个权利的观念。反之,如果它不是保护两者之间比较重要的权利,它应付削弱或者贬损权利观念。所以,我们必须承认,如果政府有理由相信对立的权利中有一方是更为重要的,它就有理由限制另一些权利。”[③]

(二)相对人请求公权力主体排除共同体其他成员对其权利的侵犯、侵害

相对人要实现法定权利或自然权利,必须排除他人对自己权利的侵犯、侵害。在原始社会或者非法治社会,相对人排除他人的侵权行为主要靠自力救

---

① [美]罗纳德·德沃金:《认真对待权利》,信春鹰、吴玉章译,中国大百科全书出版社 1998 年版,第 252~253 页。

② [美]罗纳德·德沃金:《认真对待权利》,信春鹰、吴玉章译,中国大百科全书出版社 1998 年版,第 253 页。

③ [美]罗纳德·德沃金:《认真对待权利》,信春鹰、吴玉章译,中国大百科全书出版社 1998 年版,第 255 页。

济,如《水浒传》中的许多英雄好汉,就都是这样做的。但在现代法治社会,公民对于国家共同体其他成员的侵权行为,社会共同体成员对于社会共同体其他成员的侵权行为,应该请求公权力主体排除侵害,使其权利得到实现和保障。公权力主体有义务、有责任应共同体成员的请求排除侵权行为。因为共同体成员让渡自己的权利组成共同体,产生公权力,其目的就是保障自己的安全,委托公权力主体排除侵权行为,以实现权利。

(三)相对人通过正当防卫(自力救济)抵御共同体其他成员对其权利的侵犯、侵害

在现代法治社会,公民对于国家共同体其他成员的侵权行为,社会共同体成员对于社会共同体其他成员的侵权行为,虽然可以请求公权力主体排除侵害,保障其权利实现。但是,在紧急情况下,侵权行为迫在眉睫,来不及请求和等待公权力主体的救济。在这种情况下,公民只能依靠自力救济进行正当防卫。任何法治国家在法律上都是允许公民正当防卫的。但公民正当防卫不能超过必要限度,否则要承担相应的法律责任。①

(四)相对人通过法律监督机制和法律救济机制排除公权力主体对其权利的侵犯、侵害

作为国家共同体成员的公民或作为社会共同体成员的社会组织成员,其权利除了可能受到共同体其他成员的侵犯、侵害外,还可能,甚至更可能受到公权力主体及其公职人员的侵犯、侵害,特别是行政主体的侵犯、侵害。公权力主体及其公职人员对于相对人权利的侵犯、侵害具有最大的威胁性,因为他们手中握有各种暴力或非暴力的、强制或非强制的手段。为了排除和防止公权力主体及其公职人员利用公权力手段侵权,现代法治国家均设置相应的法律监督机制和法律救济机制防止公权力侵权,保护公权力相对人的权利不被侵犯、侵害和保障其权利的实现。这些监督机制和救济机制包括人大监督、监察监督、司法监督、申诉、控告、检举、行政复议、行政诉讼、行政赔偿,乃至违宪审查、宪法诉讼等。②

---

① 参见高铭暄、马克昌主编:《刑法学》(第4版),北京大学出版社、高等教育出版社2010年版,第138~146页。

② 参见姜明安:《行政法》,北京大学出版社2017年版,第518~645页。

（五）相对人通过申请公权力主体创造经济、社会、文化条件实现其权利

相对于共同体成员通过申请公权力主体排除侵害，保障其权利不受侵犯，以实现其权利的消极途径，相对人通过申请公权力主体创造经济、社会、文化条件实现其权利则是实现其权利的积极途径。在20世纪中期以前，人们多运用消极途径实现其权利，而在20世纪中期以后，人们越来越多地运用积极途径实现其权利。例如，许多国家将公民的劳动权、受教育权、社会保障权、休息休假权，乃至生存权、健康权等在宪法中予以明确规定，要求国家、政府创造条件，保障这些权利的实现。

（六）相对人通过抵制公权力主体的违法行为、抵制恶法，保障其权利的实现

行使抵制权也是作为公权力相对人的共同体成员实现其权利的重要方式和途径。但是，公权力相对人对公权力行为的抵制应是有条件的，即限于重大或明显的违法、违宪行为。对于公权力主体的一般的，不甚明显的违法、违宪行为，相对人应该通过法定监督途径或法定救济途径解决。如果相对人能随意抵制公权力主体的行为，随意不服从公权力主体的决定、命令，甚至随意违反法律，所有人均各行其是，共同体的秩序就无法维持，共同体就将解体，人们就会回到权利和安全均没有保障的"自然状态"中去。这是不言而喻的。同样不言而喻的是，对于公权力主体重大、明显的违法、违宪行为和恶法，相对人也必须有抵制、抵抗的权利。如果相对人没有这种权利，任凭公权力主体专制、滥权、独裁，任凭其违法、违宪，共同体成员创建共同体的初衷就会完全走向反面，其向公权力主体让渡的权利就会变成压迫和欺凌自己而不是保障自己安全和谋取福祉的手段、途径。

（七）相对人通过放弃其可选择的权利实现其权利

作为公权力相对人的共同体成员为实现其一种权利，有时可能通过放弃另一种权利实现。例如，劳动者有时为了更好地实现劳动权，可能自愿放弃一定时段范围内的休息权；公职人员为了今后更好地实现其担任公职权，可能自愿放弃一定时段范围内的担任公职权乃至获取薪资、福利权（如其辞职去进修、学习等）。当然，相对人行使放弃权利的权利，其放弃的权利应该在性质上是可选择放弃的，如相应权利在性质上是其不可以选择放弃的，如个人的生命权、人身自由权、小孩接受父母抚育权、未成年人接受义务教育权等，权利人是无权选择放弃的。

第七章 公法部门

◇公法部门概述

◇宪法

◇行政法

◇刑法

◇诉讼法

◇社会公法

◇国际公法

一、公法部门概述

(一)公法部门的概念

公法部门是指调整同一公域社会关系的所有公法规范和公法制度构成的统一系统。

首先,公法部门的调整对象是公域社会关系。这就如同私法部门的调整对象是私域社会关系一样。所谓“公域社会关系”,从形式意义上讲,是指关系主体与“公”有关:关系一方或者双方均是共同体或公权力主体(如行政处罚、行政许可、行政强制关系均一方为“公”,另一方为“私”;而中央政府与地方政府之间、中央政府各部门之间、地方政府相互之间的关系则双方均为“公”),或者关系一方或者双方是共同体或公权力主体授权或委托的组织或个人;从实质意义上讲,是指关系发生的原因或者目的与“公”有关:相应关系是因为或者是为了“公共利益”而发生的(因行政补偿而发生的关系是因为“公共利益”而发生的;因征收征用而发生的关系是为了“公共利益”而发生的)。主体一方为“公”的关系大多是“公域社会关系”,但不必然是“公域社会关系”(如“公”“私”之间的买卖关系、劳务关系等就不是“公域社会关系”而是“私域社会关系”);关系发生原因和目的为“公”的关系则均是“公域社会关系”(如行政补偿关系和征收征用关系均是“公域社会关系”)。

其次,公法部门的调整对象是公域社会关系,但是,不是所有公域社会关系均必须由公法调整。在某些特定情况下,公域社会关系由私法调整对公私双方当事人更有利,更符合公正原则和经济、效益原则时,公域社会关系可运用私法调整。例如,政府为公共利益需要使用个人或集体具有土地使用权的土地,一般情况下可通过征收途径取得该土地,但如果双方认为采用买卖途径对他们均更有利时,亦可采用买卖途径。征收土地由公法调整,通过市场转让土地使用权(买卖)则由私法调整,尽管政府因公共利益需要取得土地的关系是公域社会关系。

再次,公法部门是由调整同一公域社会关系的公法规范和公法制度构成的。所谓“同一公域社会关系”,是指“公主体”与“私主体”之间或者“公主体”相互之间所形成或所发生的同一性质、同一类别的关系,如行政关系、刑事关系、诉讼关系等。所谓“公法规范”,是指调整某一项涉“公”行为或事项的法律规则,通常包含法定情形、法定行为模式、法定责任。所谓“公法制度”,是指调整某一类涉“公”行为或事项的法律规则系统。公法制度由公法规范构成。如公务员制度由公务员录用、考核、奖惩、调动、辞职、辞退、工资、福利、申诉等法律规范构成。当然,制度是分层次的,有大制度和小制度之分。如公务员制度是一个大制度,而公务员录用、考核、奖惩、调动、辞职、辞退、工资、福利、申诉等法律规范亦可构成相应的小制度,如公务员录用规范不是一项规范,它包括录用条件、录用方式、录用程序等一系列规范,这些规范自然可以构成一项制度——公务员录用制度。同时,公务员制度相对于公务员录用、考核、奖惩制度是一项大制度,但它又是广义的行政组织法制度的一个层次。可见,公法部门是由不同层次的公法制度(有的制度有多个层次)构成,而公法制度则又是由或多或少的公法规范构成。

最后,公法部门是指由相应公法规范和公法制度构成的统一系统。所谓“系统”,是指公法规范和公法制度构成公法部门是依一定规则、一定逻辑秩序构成的“有序”体系,而不是杂乱无章的堆积。例如,行政法作为一个公法部门,它是根据行使行政权的组织、行政行为、行政法制监督、行政责任、行政救济的逻辑秩序构成的一个“有序”体系。宪法作为一个公法部门,它是根据国家共同体的权力归属、国家共同体成员——公民——的基本权利、国家机关的职权、责任等的逻辑秩序构成的一个“有序”体系。其他公法部门亦然。

(二)公法部门的分类

公法部门如何分类,目前学界尚无统一的标准和方法。从公法调整对象角度考察,公法有三大类别:国家公法、社会公法和国际公法。三类公法均有(或均可分为)不同的部门,如国家公法有宪法、行政法、刑法、诉讼法等法律部门;社会公法可分为社会组织法、社会行为法、社会争议调处和社会救济法;国际公法亦可分为国际组织法、国际交往和国际关系法、国际条约法、国际战争法、国际争议调处和维和法等。由于学界对社会公法部门和国际公法部门划分的研究尚不深入,故本书主要研究国家公法部分的划分,而对社会公法和国际公法拟作为广义的公法部门介绍,而不再对社会公法和国际公法进行部门划分和对之做深层次的研究。

关于国家公法的部门,现在学界的认识也很不一致。何勤华教授在《法律文明史(第13卷):现代公法的变革》一书中指出“按照当前中国学术界的一般认识,公法主要包括两个部分,即宪法与行政法。但在日本和中华民国时期,与上述当代中国学术界的认识是不同的。比如,日本学术界对公法的内涵的理解要更加宽泛一些,他们认为:所谓公法,‘一般广指民法、商法等私法之外的关于国家统治的法律。如宪法、行政法、刑法、刑事诉讼法、民事诉讼法、国际法等,即属于公法的范畴’。① 日本学者进一步指出,法律体系中的公法领域,都是国家运用公权力对社会生活进行规制和调整,以确保有利于国家进步与发展、人民生活的幸福与安全的社会秩序。”②

何勤华教授认为,中华民国时期的法学界,对公法的认识与日本大体相

---

① [日]伊藤正己主编:《国民法律百科大辞典》(第3卷),行政出版社1984年版,第149页。

② 何勤华主编:《法律文明史(第13卷):现代公法的变革》,商务印书馆2017年版,第2~3页。

同。他以当时最为权威的法律辞典《法律大辞书》对公法的解释为例：公法，Public law，与私法相对立，此种分类，其区别之标准约有四说：目的说、主体说、法律关系说、生活关系说。该法律辞典认为第四说（生活关系说：谓公法乃规定国家或公共团体相互间，或国家或公共团体与私人间关于公共生活关系之法律）较为妥当。故公法的法律部门应包括宪法、刑法、行政法、民事诉讼法、刑事诉讼法等。何勤华教授认为，民事诉讼法按照中国传统纳入了私法，公法仅包括宪法、行政法、刑法和刑事诉讼法四个部门。①

张文显教授等学者主编的《法理学》将公法划分为七个部门："一般来讲，公法主要包括宪法、行政法、诉讼法以及后来的经济法、社会保障法、环境法等。"②

《牛津法律大辞典》提出，公法通常包括宪法、行政法、行政诉讼法、地方政府法、社会保障法、税收法、教会法和军事法，以及刑法和刑事诉讼法十个法律部门。③

《元照英美法词典》则将公法分为九个部门：宪法、行政法、刑法、诉讼法、社会保险法、税法、教会法、军事法和国际公法。除去国际公法，国家公法实际包括八个部门。④

而《布莱克法律词典》将国家公法部分仅归纳为三个：宪法、行政法和刑法。⑤

本书对公法的认识和界定所持的是广义的观点，故上述辞典和学者著作所提及的法律部门均属于本书所研究公法的公法部门。不过，本章因篇幅限制，下面所介绍的只能是较传统的，现在人们较常见常用的几个主要的公法部门：宪法、行政法、刑法、诉讼法、社会公法和国际公法。前面四个属于国家公法的二级法律部门，后面两个（社会公法和国际公法）属于一级法律部门，由于

---

① 参见何勤华主编：《法律文明史（第 13 卷）：现代公法的变革》，商务印书馆 2017 年版，第 3～4 页。

② 张文显等：《法理学》，人民出版社、高等教育出版社 2010 年版，第 99 页。

③ 参见［英］戴维·M. 沃克：《牛津法律大辞典》（中文版），北京社会与科技发展研究所组织翻译，光明日报出版社 1988 年版，第 733 页。

④ 参见薛波主编：《元照英美法词典》，法律出版社 2003 年版，第 1117 页。

⑤ See Bryan A. Garner (editor in chief), *Black's Law Dictionary* (eighth edition), West (2004), 1267.

目前整个学界对之研究尚不太深入,故本书拟不对它们再进行二级分类探讨。

二、宪法

(一)宪法的概念

关于宪法的概念,龚祥瑞教授在其所著《比较宪法与行政法》一书中有一阐释:“在我国历史文籍上早就用过‘宪’和‘宪法’这种名词,如《尚书》所谓‘鉴于先王成宪’,《国语》所谓‘赏善罚恶,国之宪法’。所有这些名词,都是指‘典章’‘制度’,即一般的法规而言。在西方,很早也使用过这样一个名词,如亚里士多德就编辑过《一百五十八国宪法》一书。但是,这类‘典章’不是今人所谓的宪法,更不是现代意义的宪法法律。今日所谓‘宪法’这个名词是从英文 Constitution 和 Constitutional Law 两词转译而来,并不含有一般法规的意思,也不泛指一般的法律,而指具有近代形式的根本法,即指有政治上民主自由的要求和国家机关权力的分立及其相互制约的总章程。从这个意义上讲,只有在反封建斗争中所形成的,作为立宪国的根本法,才可称谓宪法。”①

英国学者布拉德利(A. W. Bradley)和尤因(K. D. Ewing)在其所著《宪法与行政法》一书中指出,“就适用于法律体系以及管理现代国家事务的政府而言,宪法一词具有两层含义。狭义的宪法是一种具有特殊的法律神圣性的文献,它设定一国的政府架构与政府机构的主要职能,并宣告国家机关必须遵循的原则。在宪法拥有至高无上的法律效力的国家,通常会有一个级别很高的法院对有争议的案件适用或解释宪法文本”。② “广义的宪法意指整个国家的管理体系,创建、规范或治理政府的规则集合……广义的宪法当然包括狭义的宪法。在加拿大、美国、印度和其他许多国家,成文宪法占据了构成广义宪法的‘法律、制度与惯例的集合’的首要地位。但是,任何成文宪法本身都不足以保证政体的顺利运行。一部成文法典的效力不会高于当权者希望赋予它的效力。成文宪法的周边将产生各类习惯性规则与惯例,从而使宪法的实施能够适应不断变化的环境。这些习惯性规则通常比宪法本身更易修改,其不断

① 龚祥瑞:《比较宪法与行政法》,法律出版社 2003 年版,第 15 页。

② [英]A. W. 布拉德利、K. D. 尤因:《宪法与行政法》(上册),程洁译,商务印书馆 2008 年版,第 9 页。

演变也会减少正式修改成文宪法的必要性。正如论者评价美国宪法所言，居支配地位的宪法是法律原则、制度性惯例与政治规范的综合体。”①

《牛津法律大辞典》对“宪法”的释义是：宪法是一类这样的法律规则的总称，“它确定某特别政治团体的政体的法律结构的基本和根本成份，它们之间的关系、权力分配及其职能。在许多国家，宪法的范围被现存的成文宪法所强调和说明，这种成文宪法常常主要或完全体现于一部称为宪法的文件之中，例如美国即如此。在这样的国家，宪法与基本文件规定的规则或由其派生的规则的内容、解释和适用有关。在联合王国，没有称为宪法的独立文件，宪法的原则和规则包含在不同日期颁布的大量的制定法、大量判例的理由、以及通称为宪法惯例的习惯法、惯用法和实际存在的杂乱无章的体系之中。”②

关于宪法的概念，我们最后引用北京大学著名宪法学者肖蔚云教授对我国宪法学者论述宪法的一个概括性的表述作为小结：“我国宪法学者对宪法的概念的看法大致相同。除认为宪法是国家的根本法外，有的学者还指出，宪法是对民主制度的确认和法制化，是阶级力量对比关系的表现，最终决定于统治阶级的物质生活条件。”③

（二）宪法的渊源

日本学者美浓部达吉在其所著《宪法学原理》一书中在论述“成文宪法主义的渊源”时，认为“把宪法规定为成文法的思想于十七世纪以后始行发现，而于此可举出三个不同的渊源来。”④

第一个渊源是欧洲自中世纪以来的特许状。“自中世纪以来，欧洲诸国的国王，有以下之习惯，即对于市府及其他的团体，又对贵族、大地主、教会等，予以某种的特权，且免除其义务时，则给予以特许状。对于国家自身的基础法，虽没有认为有用文书表示之必要，然对于国家以下的团体，若国家公然承认之的时候，则关于其团体如何构成，享有何种的权能，有用明文表示之必

---

① ［英］A. W. 布拉德利、K. D. 尤因：《宪法与行政法》（上册），程洁译，商务印书馆 2008 年版，第 10~11 页。

② ［英］戴维·M. 沃克：《牛津法律大辞典》（中文版），北京社会与科技发展研究所组织翻译，光明日报出版社 1988 年版，第 202 页。

③ 肖蔚云等：《宪法学概论》，北京大学出版社 2002 年版，第 11 页。

④ ［日］美浓部达吉：《宪法学原理》，欧宗祐等译，中国政法大学出版社 2003 年版，第 381 页。

要。因此之故,此种习惯,于中世纪以后流行甚广。就中如北美大陆的英国殖民地,由英国国王认定为殖民地时,凡关于国王所给予的特许状,以及从其所有主(若为个人私领的话)给予的特许状等,即规定殖民地的政治权能及政治组织的,可以说这些即是后来宪法的前身。”①

第二个渊源是王权时代国王与国民(主体为贵族)所缔结的誓约。“国王与国民间缔结约束,担保国民的权利,于此限度之内,限制王权,将来不侵害国民的权利。这样的誓约,亦于中世纪以来屡见其例。其最显著的,就是英国。其中如1215年的Magna Charta Libertatum(《自由大宪章》)、1629年的Petition of Right(《权利请愿书》)、1689年的Bill of Rights(《权利法案》)等。这些誓约与其说是国家的法律,毋宁把国王与国民当作相对立的当事者,而谓这些东西,就是他们双方所缔结的条约。君主国把宪法当作限制王权的东西。为使此种限制,永久确定之故,因而用成文表示之。此种思想,即为成文宪法的渊源。”②

第三个渊源是西方文艺复兴时期及其后兴起的社会契约论和国家契约说。美浓部达吉称这是“成文宪法主义思想最重要的渊源”。依17、18世纪的自然法学说而传播的“国家契约说”认为,“国家乃依自由的国民之契约组织而成,此契约即为国家的基础。依霍布斯的意思,所谓国家的基础法,即构成国家的契约,此种契约于国家存续的期间内是不能变更的;破坏此种契约,即破坏国家的存立,变成绝对的无政府状态。霍布斯以后,洛克、普芬多夫、乌尔夫、华达尔、卢梭等诸学者的学说,虽彼此大异,然关于国家乃依契约而构成,宪法即国家契约之根本思想,则互相一致。其中华达尔对于宪法与普通的法律,区别得最为明白。他说,立法权执掌者无权变更基础法,即宪法(至此时,自然法学者多仅用‘基础法’一词,反之,华达尔则特别地用Constitution一词)……宪法对于立法权者为神圣不可侵犯的东西。国民先制宪法,然后委任立法权。故宪法当然在于委任之外,且立法权者乃基于宪法而被授予权力的。怎样能够变更那为其权力的渊源之宪法呢?即以宪法为构成国

---

① [日]美浓部达吉:《宪法学原理》,欧宗祐等译,中国政法大学出版社2003年版,第382页。

② [日]美浓部达吉:《宪法学原理》,欧宗祐等译,中国政法大学出版社2003年版,第382~383页。

家的契约。则契约自然有依书面明示其条款之必要。故以明文规定宪法,乃当然的事情”。①

英国学者布拉德利和尤因在其所著的《宪法与行政法》一书中根据英国宪法和宪政的特殊模式,将宪法渊源分为宪法性法律的渊源和宪法的历史渊源,宪法的正式渊源和非正式渊源。“宪法性法律的渊源”包括三类规范:一是宪法本身及其修正案;二是处理具有宪法性意义的事务的议会立法;三是解释宪法的司法判决。“宪法的历史渊源”则包括宪法制定和通过时的局势,也包括影响宪法创制的长期因素,以及影响具体法律规则内容的某些宽泛的政治原则。“宪法的正式渊源”包括三类:一是宪法性法律的立法。如《大宪章》《权利请愿书》《权利法案》《王位继承法》以及其他有重大宪法意义的成文法,如《议会法》《王权诉讼法》《欧共体法》《人权法》等。二是司法裁决(判例法),包括普通法和法院对成文法的解释。三是议会的法规和惯例,如议会立法和议事的程序规则、规范两院内部事务的规则等。“宪法的非正式渊源”是指许多重要的规范宪法性行为的规则,为女王、大臣、议员、法官和公务员所遵守的规则,既不在法律之中,也不在司法判决之例。这些规则所引起的争议基本上不会导致法庭上的诉讼,如果违反了这些规则,也不会适用司法制裁。宪法学著作对这些规则起过的名字五花八门:宪法的实证道德、不成文的宪法箴言,以及“政治道德的全部体系、公众人物完全指导守则”等。②

我国宪法学者研究宪法的渊源,主要是研究宪法的表现形式而非宪法的历史和理论渊源。我国是成文法国家,作为宪法表现形式的宪法渊源首先是《宪法》及不同时期全国人大通过的宪法修正案;其次则为宪法性法律,如《立法法》《选举法》《民族区域自治法》《村民委员会组织法》《居民委员会组织法》《国务院组织法》和其他国家机关组织法等。除此以外,全国人大常委会对宪法的解释以及宪法惯例也是我国宪法的渊源。③

(三)宪法的主要内容

各国宪法规定的内容不一,没有统一的模式。但就一些最基本的内容,凡

---

① [日]美浓部达吉:《宪法学原理》,欧宗祐等译,中国政法大学出版社 2003 年版,第 383~384 页。

② 参见[英]A. W. 布拉德利、K. D. 尤因:《宪法与行政法》(上册),程洁译,商务印书馆 2008 年版,第 24~39 页。

③ 参见肖蔚云等:《宪法学概论》,北京大学出版社 2002 年版,第 44~45 页。

实行成文宪法的国家,则不能不予规定,否则其“宪法”就不是宪法。关于宪法的最基本内容,我国民国时期的著名宪法学者王世杰、钱端升在其所著的《比较宪法》一书中指出,宪法既为规定国家根本组织的法律,则宪法的内容,应以下列三项事件为范围:其一,个人的基本权利与义务。“所谓个人的基本权利,在 18 世纪美法大革命时代,即限于当时‘人权宣言’中之所谓‘人权’,即人身自由、言论自由、集会自由等等。近人所谓个人基本权利,尚不止此。所谓个人的基本义务,在法国第三年(1795)宪法的‘人民权利与义务的宣言中,即已有所宣示,惟该法所宣示者,仍不过是服从法律、捍卫国家,与负担租税等几种义务,以比晚近宪法所列举的个人基本义务,其种类或范围,殊形狭小。但无论权利与义务的正当范围,应如何划定,宪法既为规定国家根本组织的法律,当然也是规定个人与国家关系的根本法律,从而个人的基本权利与义务,总应如此根本法中有所规定:因为所谓个人基本权利,即是国家权力的限度,亦即是国家所不应侵犯的权利;所谓个人的基本义务,即是人民所必须牺牲的自由,亦即是人民对于国家所必须负担的义务。二者有了规定,国家与人民的活动才可不相冲突。”①其二,国家最重要机关的组织职权及其相互关系。“所谓国家的主要机关,虽无确定的范围,然最高行政、立法、司法各机关的组织、职权,及其关系,固不容不于宪法有所规定。此类机关的组织、职权,及其关系,虽然仍有许多部分必须以普通法律为补充的或具体的规定,然凡与国家组织有重大关系者,固不容不规定于宪法之中。至于中央地方机关的关系,在单一国家,虽不于宪法上有何规定,在联邦国家,则中央与各邦的权限,固莫不于宪法上划定。”②其三,宪法的修改。“关于宪法修改的手续,虽无一定不易的原则,而此种机关与手续之必须规定于宪法,则不容否认。”③

王世杰、钱端升所述宪法的三项内容是对 20 世纪中期以前各国宪法基本内容的概括,自 20 世纪中期以后,各国宪法的内容有了很大发展。当然,其所述三项内容仍然是宪法的最基本内容,只是这三项基本内容中的具体内容有了发展变化。例如,原宪法规定的个人基本权利主要指人身权、财产权、自由

---

① 王世杰、钱端升:《比较宪法》,中国政法大学出版社 1997 年版,第 3~4 页。

② 王世杰、钱端升:《比较宪法》,中国政法大学出版社 1997 年版,第 4 页。

③ 王世杰、钱端升:《比较宪法》,中国政法大学出版社 1997 年版,第 4 页。

权等,而现代宪法规定的个人基本权利除人身权、财产权、自由权外,大多还规定劳动权、受教育权、社会保障权等各种生存权、发展权。原宪法规定的国家机关主要限于议会、政府(内阁)、最高法院等,而现代宪法规定的国家机关则有不少是20世纪后期或21世纪新建立的国家机关。以我国现行宪法为例,共设四章和一个序言。四章分别为第一章总纲;第二章公民的基本权利和义务;第三章国家机构;第四章国旗、国歌、国徽、首都。序言规定国家发展的目标、任务、途径、指导思想和宪法的效力等;总纲规定国体、政体、宪法基本原则、基本制度等;公民的基本权利和义务既规定一般的人权和传统义务,如纳税的义务、服兵役的义务、守法的义务等;又规定现代国家公民的生存权、发展权及其他基本义务(如维护国家统一和全国各民族团结的义务,尊重社会公德的义务,维护祖国安全、荣誉和利益的义务等),"国家机构"一章则规定了七类国家机关,分别为:全国人民代表大会、中华人民共和国主席、国务院、中央军事委员会、地方各级人民代表大会和地方各级人民政府、民族自治地方的自治机关、监察委员会、人民法院和人民检察院。

三、行政法

(一)行政法的概念

行政法即使不是公法的最重要的法律部门,也是公法的最主要法律部门。关于行政法的概念,首先要提到的自然应是德国行政法泰斗奥托·迈耶(Otto Mayer)的定义。他在1895年所著的《德国行政法》中指出,"行政法是特别用于调整作为管理者的国家和作为被管理者的臣民之间的关系的法律部门"。[①]行政法作用力"从其性质而言是为公共服务而产生的,即公共权力。公共事务即是人们集合体为超出个人目的而进行的事务。主要的例子恰恰是国家……区镇、教会则是类似的组织。为此集合体而表达的意愿被设定相对其作用范围内的人们具有法定约束力。这样,从中就形成了公权力。"[②]

欧美最早研究行政法的学者除德国奥托·迈耶外,美国著名法学家古德诺(Frank Johnson Goodnow)应是与之齐名的同时代学者。古氏1893年出版

---

① [德]奥托·迈耶:《德国行政法》,刘飞译,商务印书馆2002年版,第15页。

② [德]奥托·迈耶:《德国行政法》,刘飞译,商务印书馆2002年版,第16页。

的《比较行政法》一书对行政法这一概念是这样界定的:“所谓行政法者,为法律之一部分而支配政府中一切行政官吏关系之法律也。故行政法为公法之一部分……自确定行政官吏之组织观之,则行政法者,乃补充宪法所必要之法律也。宪法规定政府组织之大纲领,行政法则分演其纲领而涉其细目者也。行政法非但以规定政府之行政组织补充宪法。盖宪法以个人之权利为根据而规范政府与个人之关系,行政法则以政府之权力为根据而规范之。故有谓宪法重权利,行政法重义务者。如此则行政法不问其置重于政府之权力与人民之义务,若个人之权利为之侵害,则不可不求救济于行政法。盖行政法,于制限行政作用范围之程度,而规定行政部门不可不尊重之个人权利也;且欲使行政部门不侵犯法定之个人权利,苟被侵犯,则必予个人以救济之道也。故所谓行政法者,为公法之一部分而规定行政官吏之组织及其权能;且规定权利侵害之时,而以救济之道予个人者也。”①

关于行政法的概念,各国学者和我国学者均下过各种各样的定义,我们这里仅引用我国高等学校法学专业核心课程教材《行政法与行政诉讼法》一书的定义作为本书对公法部门之一的行政法部门的界定:所谓行政法,是指调整行政关系的、规范和控制行政权的法律规范系统。这个定义揭示了行政法的内容、本质和形式。关于行政法的内容,该定义明确行政法是调整行政关系的法。所谓“行政关系”,是指行政主体行使行政职能和接受行政法制监督而与行政相对人、行政法制监督主体所发生的各种关系以及行政主体内部发生的各种关系。关于行政法的实质,该定义明确行政法是控制和规范行政权的法。所谓“行政权”,是指宪法和行政组织法授予行政主体执行国家法律、政策,管理国家内政外交事务的国家权力。关于行政法的形式,该定义表明,行政法是没有而且难于制定统一法典,其法律规范通常散见于各种不同种类、不同位阶的法律规范文件之中的法律部门。②

(二)行政法的渊源

行政法的渊源有两种含义:一是指其历史渊源;二是指其法律形式渊源。

---

① 参见[美]古德诺:《比较行政法》,白作霖译,中国政法大学出版社 2006 年版,第 5~6 页。

② 参见姜明安主编:《行政法与行政诉讼法》(第 7 版),北京大学出版社、高等教育出版社 2019 年版,第 19 页。

关于历史渊源,一般认为行政法是“行政国家”的产物。所谓“行政国家”,是指社会发展到一定阶段以后,由于科技的进步和生产关系的调整导致了经济的迅猛发展,而经济的发展又同时导致了大量的社会矛盾和社会问题的产生,如垄断、恶性竞争、通货膨胀、交通堵塞、环境污染、工人失业、罢工等。为了解决这些不断出现并且越来越多、越来越频繁产生的社会矛盾和社会问题,国家不得不增设大量的行政机构和行政人员,对国家的经济生活和社会生活进行干预。与此相适应,政府的行政权力大为膨胀,行政职能大为增加。资本主义早期的政府职能通常限于国防、外交、治安、税收等纯行政事务,19 世纪末和进入 20 世纪后则主要介入贸易、金融、交通、运输、环境、劳资关系以及工人的失业保险、养老保险、工伤事故等领域;19 世纪政府的权力限于执行、管理,20 世纪后则不断侵入立法和司法的领域:政府自己制定法规和规章,行使“准立法”权;政府自己裁判自己在管理中发生的纠纷、争议和某些私人之间的争议,行使“准司法”权。对于国家行政职能和行政权的这种大扩张、大膨胀的趋势,西方国家的学者们称之为“行政国家”现象。①

世界各国行政职能的发展、扩张、变化和“行政国家”形成的时间及形成的原因虽有较多共性,但亦有较大区别。

英国行政法学者韦德(H. W. R. Wade)在其巨著《行政法》一书中讲到英国行政从 19 世纪到 20 世纪的变迁时首先引述英国历史学者泰洛的话,“直到 1914 年 8 月,除了邮局和警察以外,一名具有守法意识的英国人可以度过他的一生却几乎没有意识到政府的存在”②。韦德认为泰洛的话描述的是英国 19 世纪和之前的行政疆域。而到了 20 世纪,“到了 1914 年,大量的迹象表明政府的概念发生了深刻的变化。这些变化则是 20 世纪的特征。国家学校的教师、国家的保险官员、职业介绍所、卫生和工厂检查员以及他们必不可少的同事——税收员就是这些外在、可见的变化。”③20 世纪英国行政的疆域已扩大到公民“从摇篮到坟墓”的整个地带:“保护他们生存的环境,在不同的时期教育他们,为他们提供就业、培训、住房、医疗机构、养老金,也就是提供衣食住

① Peter Leyland & Gordon Anthhony, *Textbook on Administrative Law*, Oxford University Press, 2005, p. 30.

② A. J. P. Taylor, *English History*, 1914-1945, Clarendon Press, 1965, p. 1.

③ [英]威廉·韦德:《行政法》,徐炳等译,中国大百科全书出版社 1997 年版,第 3 页。

行。”[①]英国行政疆域的这种变迁，一方面是其社会经济发展的结果，另一方面也如韦德所指出的，是英国人理念情感变化的反映。“现代行政国家正在形成，纠正社会和经济的弊病是政府的职责，这种看法反映了人们的情感。”[②]

关于美国行政管理从“守夜人式国家”到“行政国家”的变迁，美国行政法学者盖尔霍恩（Ernest Gellhorn）和利文（Ronald M. Levin）在其合著的《行政法和行政程序概要》一书中写道：“在接近本世纪之时，诸如州际商业委员会和联邦贸易委员会等机构纷纷成立，试图控制垄断集团和大公司的反竞争行为。继20世纪30年代的经济大萧条之后，出现了新政时期的机构激增。新政的目的旨在稳定经济，缓和毫无管理的市场的无节制性，在第二次世界大战时期，又设立或扩大了一些机构，以便动员人力，组织生产并施行价格控制和给养分配。从无线电广播到航空运输到核能新技术的发展又导致新的行政部门的创立。在20世纪60年代，贫穷和种族歧视的不公成为全国关注的紧迫问题，为解决这些问题而制定的各项计划进一步扩大了政府机关的规模。较近期以来，公众日益关注人类健康和安全及自然环境遭受的威胁，这同样促进了新的行政机关和新的规制的创立。”[③]

关于美国行政疆域在20世纪不断扩张的原因，盖尔霍恩和利文认为，在于行政管理程序所具有的极大的灵活性：“行政机关较之法院、立法机关或选举产生的行政官员而言，拥有若干体制上的实力，能够据此处理各种复杂的问题。其中最重要的大概是拥有具有专门才能的工作人员：每个机关均有雇用它所需要的能够完成工作的人员，这些人员具有各种综合才干、技能和经验。此外，由于特定的机关负责公共政策的某一有限领域，该机关便得以通过不断地接触那一存在问题的领域而发展所需的专长。机关也可变通其管理方法和决策程序以解决手边的问题。各种机关可以通过要求取得从事具体活动的许可证来控制某一领域的发展；它们能够规定标准、裁断违法行为及决定处罚；它们能够批准拨款、补助或其他奖励；它们能够制定最高和最低费率；它们还

---

① ［英］威廉·韦德：《行政法》，徐炳等译，中国大百科全书出版社1997年版，第4页。

② ［英］威廉·韦德：《行政法》，徐炳等译，中国大百科全书出版社1997年版，第3页。

③ ［美］欧内斯特·盖尔霍恩、罗纳德·M. 利文：《行政法和行政程序概要》，黄列译，中国社会科学出版社1996年版，第1页。

能够通过多种多样的非正式方法影响人们的行为。”①

上述西方国家行政发展的一般轨迹，通常都经历了从19世纪行政疆域的相对狭小、行政管理职能的相对有限（多只限于国防、外交、治安、税收和邮政寥寥数项），到20世纪，特别是20世纪30年代以后，行政疆域大为扩张、行政职能大为膨胀的重大转折。尽管19世纪以前，德国等一些欧洲国家在“绝对国家”时期也曾有过广泛和积极的行政，但那时行政的范围远不能与20世纪“行政国家”时期的行政相比。20世纪以后行政疆域之所以大为扩张，行政职能之所以大为膨胀，其重要原因之一是人们在经历了自由市场经济创造了那么多的奇迹、给人们带来了那么多的财富和机会之后，突然面对“市场失灵”导致的大灾难而手足无措，转而过分相信政府，相信行政权，认为政府及其行政权是万能的，能够医治“市场失灵”和解决人们在社会生活中发生的种种问题。于是，大肆增设政府机构，不断增加行政职能，致使行政的疆域大大扩张。正是为了应对“行政国家”产生而必然伴之出现的行政权滥用和对行政相对人权利自由的侵犯，行政法亦随之产生、发展并构成公法的最主要部门。

关于行政法的法律形式渊源，我国高等学校法学专业核心课程教材《行政法与行政诉讼法》一书以我国行政法法源为例，将行政法法源分为制定法法源和非制定法法源两大类。前者包括宪法、法律、地方性法规、自治条例与单行条例、行政法规、行政规章、条约与协定，作为具有中国特色的行政法，其制定法法源还包括执政党的党内法规；后者包括法律解释、判例、习惯和惯例、行政法理。②

（三）行政法的主要内容

行政法的内容是由行政法的调整对象决定的。行政法的调整对象是行政关系。行政关系主要包括四类：第一类是行政管理关系；第二类是行政法制监督关系；第三类是行政救济关系；第四类是内部行政关系。故调整这四类关系的行政法律规范即是行政法的内容。

1. 行政管理关系。行政管理关系是行政主体在行使行政职权过程中与行

---

① ［美］欧内斯特·盖尔霍恩、罗纳德·M. 利文：《行政法和行政程序概要》，黄列译，中国社会科学出版社1996年版，第1~2页。

② 参见姜明安主编：《行政法与行政诉讼法》（第7版），北京大学出版社、高等教育出版社2019年版，第47~66页。

政相对人发生的各种关系。所谓"行政主体",是指能以自己名义行使国家行政职权或社会公权力,作出影响公民、法人和其他组织权利、义务的行政行为,并能由其本身对外承担行政法律责任,在行政诉讼中通常能作为被告应诉的行政机关和法律、法规授权的组织以及其他有关社会公权力组织。① 所谓"行政相对人"②,是指行政主体行政行为所涉及的对象,即其权利、义务受到行政主体行政行为影响的公民、法人和其他组织(包括在中国境内的外国人、无国籍人和外国组织)。

行政管理关系,即行政主体与行政相对人的关系是行政关系中最主要的一部分。行政主体实施的大量的行政行为,如行政许可、行政征收、行政给付、行政裁决、行政处罚、行政强制等,几乎都是以行政相对人为对象实施的,从而要与行政相对人发生关系。在一个实行法治的国度里,这些关系必须受法的调整、规范。

2. 行政法制监督关系。行政法制监督关系是行政法制监督主体在对行政主体、国家公务员和其他行政执法组织、人员进行监督时发生的各种关系。所谓"行政法制监督主体",是指根据宪法和法律授权,依法定方式和程序对行政职权行使者及其所实施的行政行为进行法制监督的国家机关,包括国家权力机关、国家监察机关、国家司法机关等。行政法制监督关系的另一方当事人是行政法制监督的对象,包括行政主体、国家公务员、其他行政执法组织和其他行政执法人员。所谓"其他行政执法组织",主要指行政机关委托其行使某种特定行政职权的组织;所谓"其他行政执法人员",指不具有国家公务员身份的依法律、法规授权或行政机关委托行使某种特定行政职权的人员。

---

① 法律、法规授权的组织既可以是社会公权力组织,也可以是私权利组织,社会公权力组织既可以因法律、法规授权行使国家行政职权而成为行政主体,也可以依组织章程行使社会公权力而成为行政主体。

② "行政相对人"和"行政主体"一样,是行政法学上的一个概念,而不是一个法律术语。在有些行政法学著作中,又称"行政管理相对人"或"行政相对方",或者简称"相对人""相对方"。参见罗豪才主编:《行政法学》(新编本),北京大学出版社 1996 年版,第 99 ~ 104 页;王周户主编:《行政法学》,陕西人民教育出版社 1992 年版,第 141 ~ 157 页。在我国台湾地区和日本的一些行政法学著作中,有些学者将"行政相对人"称为"行政客体"。参见管欧:《行政法概要》,台北,三民书局 1980 年版,第 22 页;[日]西冈等:《现代行政法概论》,康树华译,甘肃人民出版社 1990 年版,第 21 页。这种称呼似乎与现代民主精神有悖,行政相对人现在不只是被动地接受管理而且应积极地参与管理,在行政法律关系中,行政主体与行政相对人都是既享有权利又承担义务的法律关系主体。

行政法制监督关系因监督主体不同,其关系的内容也存在较大的差别,国家权力机关作为行政法制监督主体时,主要是与行政主体发生关系,并且主要是对行政机关的抽象行政行为进行监督。当然,国家权力机关也可以通过罢免方式对担任领导职务的国家公务员进行监督,但这不是二者关系的主要内容。人民法院作为行政法制监督主体时,也主要是与行政主体发生关系,它主要是通过行政诉讼的方式对行政主体的行政行为进行监督。当然,人民法院在行政诉讼中,也可以通过司法建议的方式对国家公务员、其他行政执法组织、人员进行监督,但这显然不是此种监督关系的主要内容。国家监察机关作为行政法制监督主体时,主要是和国家公职人员发生关系,它主要通过追究政纪责任(政务处分)的方式对国家公职人员依法履职、秉公用权、廉洁从政以及道德操守的情况进行监督。当然,国家监察机关也可以监督其他国家机关、社会组织、团体人员的遵纪守法行为,但这不属于行政法制监督关系的内容。

行政法制监督关系在行政关系中占有非常重要的地位,调整行政法制监督关系的行政法的法源主要包括宪法、人大常委会监督法、监察法、行政诉讼法等。

3. 行政救济关系。行政救济关系是行政相对人认为其权益受到行政主体行政行为的侵犯,向行政救济主体申请救济,行政救济主体应行政相对人的请求,对其申请救济事项予以审查,作出向相对人提供或不予提供救济的决定而发生的各种关系。所谓“行政救济主体”,是指法律授权其受理行政相对人申诉、控告、检举的国家机关、受理行政复议的行政复议机关、受理行政赔偿申请的行政赔偿义务机关以及受理行政诉讼和行政赔偿诉讼的人民法院等。

行政救济关系同样是一种非常重要的行政关系,这种关系与行政法制监督关系有时是重合的。如行政诉讼关系,从人民法院对行政主体行为的审查、监督的角度看,是一种行政法制监督关系,从行政相对人受到行政主体行为侵犯后向人民法院请求救济的角度看,是一种行政救济关系。调整行政救济关系的行政法主要有申诉法、行政复议法、行政诉讼法、国家赔偿法以及集会游行示威法、请愿法等。①

---

① 我国目前已制定了专门的《行政复议法》《行政诉讼法》《国家赔偿法》《集会游行示威法》《信访条例》,但尚未制定专门的申诉法和请愿法。

4. 内部行政关系。内部行政关系是行政主体内部发生的各种关系，包括上下级行政机关之间的关系，平行行政机关之间的关系，行政机关与所属机构、派出机构之间的关系，行政机关与国家公务员之间的关系，行政机关与其委托行使某种特定行政职权的组织之间的关系，行政机关与法律、法规授权组织之间的关系，等等。

在内部行政关系中，上下级行政关系以及行政机关与国家公务员的关系是最重要的关系。行政机关的上下级关系具有各种形式，主要包括：(1)领导与监督关系(如国务院与各部委、省、自治区、直辖市人民政府的关系)；(2)直属关系(如国务院与国家市场监督管理总局、国家税务总局、国家统计局、国家体育总局等直属机构的关系)；(3)垂直领导关系(如海关、金融、国税、外汇管理系统上下级关系)；(4)双重领导关系(如公安、民政、交通运输、教育等大多数行政机关与上级主管部门、同级人民政府的关系)；(5)指导关系(如物价、统计等行政机关系统的上下级关系)。国家公务员与行政机关的关系同样是各种各样的，就其内容而言，主要有下述关系：(1)特殊劳动关系，如公务员因录用、退休、辞退、工资、福利、休假等与行政机关发生的关系；(2)职务关系，如公务员因考核、晋升、降职、调动、奖励、处分等与行政机关发生的关系；(3)工作关系，如公务员因工作岗位的分配，工作时间、地点的安排，工作条件的确定，工作请示、报告等与所属行政机关发生的关系等。

在上述四种行政关系中，行政管理关系是最基本的行政关系，其他三种关系都是由行政管理关系导致和引起的。因为国家建立行政系统的目的是管理和服务，而不是为了接受监督和提供救济。但行政系统一经建立，就必须协调其系统内部的关系，确定系统内部运作的程序，以保证有效地对外部实施管理和服务，为外部社会提供秩序和福祉。而行政主体在实施管理的过程中，因各种主观和客观的原因，可能产生这样、那样的违法、侵权现象，为减少和克服违法、侵权，保证管理、服务的正确、有效，就必须建立法制监督和救济制度。

四、刑法

(一)刑法的概念

《牛津法律大辞典》对刑法的释义是：规定何种行为在何种情况下、伴随何种主观或其他因素被认定为犯罪，即规定应承担受到起诉和惩罚责任的行为及其应受到何种惩罚的法律的总和……刑法是社会控制的一种主要形式。以前的观点认为,对于严重扰乱社会治安、社会秩序和良好管理的行为及不道德的行为,必须给予严厉镇压。例如,罪犯必须因其有害行为而承受报应,并消除他在道义上的罪恶。在启蒙主义学者们的影响下,刑法的主要功能逐渐被认为是预防犯罪,保护公众和改造罪犯。尽管这些理想到目前为止还无法实现……在大多数国家,刑法的一些基本原则是为人公认的。例如,(1)法无明文规定不为罪的原则,即除非法律明确规定,其他行为不为犯罪。因此,不道德的行为、反社会的行为和错误行为不为犯罪,除非它们属于犯罪的范畴。此范畴在普通法国家是由法院判定,或者由法典规定。目前,即使在普通法国家,确定以前尚未发现的犯罪行为的职能,现在也应当属于立法机构。(2)刑法的规定必须是明确的和不含糊的,以告诉人们什么行为应承担法律责任。(3)刑事法令必须得到严格解释,不得通过类推扩大范围。(4)除非法律有明确的规定,刑法的任何条款均无处罚以前所为的无罪的行为的溯及力。①

关于刑法的概念,高铭暄和马克昌教授主编的我国高等学校法学专业核心课程教材《刑法学》一书是这样阐释的:刑法是规定犯罪、刑事责任和刑罚的法律。具体些说,也就是掌握政权的阶级即统治阶级,为了维护本阶级政治上的统治和经济上的利益,根据自己的意志,规定哪些行为是犯罪和应负刑事责任,并给犯罪人以何种刑罚处罚的法律。刑法有广义和狭义之分。广义刑法是指一切规定犯罪、刑事责任和刑罚的法律规范的总和。它不仅仅指刑法典,还包括单行刑法以及非刑事法律中的刑事责任条款(也称附属刑法)。狭义刑法即指系统规定犯罪、刑事责任和刑罚的刑法典。在中国,即指 1979 年 7 月 1 日第五届全国人民代表大会第二次会议通过,后经多次修订的《刑法》。与广义刑法、狭义刑法相联系的,刑法还可以区分为普通刑法与特别刑法。普通刑法是指具有普通适用效力的刑法,实际上即指刑法典。特别刑法是指仅适用于特定的人、时、地、事(犯罪)的刑法,在我国也就是指单行刑法和附属刑法。有人把刑法典称为主刑法,把特别刑法称为辅刑法;认为普通刑法是常

① 参见[英]戴维·M. 沃克:《牛津法律大辞典》(中文版),北京社会与科技发展研究所组织翻译,光明日报出版社 1988 年版,第 228 页。

典,属于原则刑法,特别刑法是特典,属于例外刑法。①

刑法属于公法的一个重要部门。这不仅因为执行和实施刑法的司法机关是国家公权力的重要机关,而且刑法的目的是维护国家共同体和社会共同体的公共秩序。

(二)刑法的渊源

刑法(广义刑法)的历史渊源较宪法和行政法要早得多。在某种意义上可以说人类有了共同体,就有了刑法。在我国远古时代,即有各种有关刑罚和刑法的传说和古籍记载,传说大禹王在会稽之山大会部落首领,防风部落酋长因迟到,被大禹以刑罚处死并碎尸。"禹朝诸侯于会稽之上,防风之君后至,而禹斩之。"②《尚书·舜典》载有流宥五刑:鞭作官刑;扑作教刑;金作赎刑;眚灾肆赦;怙终贼刑。春秋战国时期,郑国周景王九年(公元前 536 年),子产"铸刑书于鼎,以为国之常法",③这是中国历史上第一次正式公布成文刑法。之后魏国李悝曾著《法经》,含《盗》《贼》《囚》《捕》《杂律》《具律》六篇,内容基本为刑法。至于再之后的《秦律》《汉律》《唐律》,其内容亦主要为刑法。

至于近现代,不仅中国,各国刑法均有了重要发展,并呈现出法典化的趋势。即使在英美不成文法国家,刑法亦有成文法和法典化的趋势。在英国,英格兰在 1861 年通过一些重要的成文刑法,20 世纪又通过立法机构对上述法律做了一些实质性的修改。当然,英格兰刑法主要是从几个世纪的司法判决中发展起来的。在苏格兰,刑法仍然主要是普通法,它在许多方面不完全同于英格兰的普通法。美国刑法源于英格兰普通法,但它考虑了美国各方面的情况,在美国的一些州中,刑法或刑法典已经制定出来,虽然这些法典取代了普通法,但它们多是由普通法编纂而成或是不同时期制定的刑事法律的统一化产物。自 1945 年以来,英国和美国一直在对刑法进行大规模的审查,并开始

① 参见高铭暄、马克昌主编:《刑法学》(第 4 版),北京大学出版社、高等教育出版社 2019 年版,第 8 页。

② 《国语·鲁语下》及《韩非子·饰邪》。转引自曾宪义主编:《中国法制史》(第 2 版),北京大学出版社、高等教育出版社 2019 年版,第 16、18 页。

③ 《左传·昭公六年》。转引自曾宪义主编:《中国法制史》(第 2 版),北京大学出版社、高等教育出版社 2019 年版,第 19、61 页。

刑法的编纂。在西欧国家中,1808 年的拿破仑刑事诉讼法典和 1810 年刑法典,后来的德国 1871 年的刑法典和 1879 年的刑事诉讼法典,对现代刑法立法一直产生着很重要的影响。①

至于刑法的法律形式渊源,其不同于行政法,其法源较行政法简单得多,首先是刑法典,在我国即是《刑法》;其次是单行刑法,即仅规定某一单项犯罪和刑罚的刑法,在我国往往表现为由全国人大或全国人大常委会就某项特定犯罪和刑罚作出和发布的“决定”;最后是其他法律(特别是行政法)中规定的特别刑事责任条款。如我国许多法律在“法律责任”一章中规定的“违反本法规定,构成犯罪的,依法追究刑事责任”的条款。

(三)刑法的主要内容

各国刑法的内容很不一样,但通常都包括有关犯罪、刑罚及其适用规则的一般规定和各种具体犯罪的罪名、构成及应适用的具体刑罚两大部分。在我国《刑法》中,第一部分为总则,第二部分为分则。总则设五章:第一章规定刑法的任务、基本原则和适用范围;第二章规定犯罪,共四节,内容包括犯罪和刑事责任、犯罪的预备、未遂和中止、共同犯罪、单位犯罪;第三章规定刑罚,共八节,内容包括刑罚的种类、管制、拘役、有期徒刑和无期徒刑、死刑、罚金、剥夺政治权利、没收财产;第四章规定刑罚的具体运用,共八节,内容包括量刑、累犯、自首和立功、数罪并罚、缓刑、减刑、假释、时效;第五章为其他规定。分则设十章,分别规定各种具体犯罪和刑罚:第一章规定危害国家安全罪及其刑罚;第二章规定危害公共安全罪及其刑罚;第三章规定破坏社会主义市场经济秩序罪(包括生产、销售伪劣商品罪,走私罪,妨害对公司、企业的管理秩序罪,破坏金融管理秩序罪,金融诈骗罪,危害税收征管罪,侵犯知识产权罪,扰乱市场秩序罪)及其刑罚;第四章规定侵犯公民人身权利、民主权利罪及其刑罚;第五章规定侵犯财产罪及其刑罚;第六章规定妨害社会管理秩序罪[包括扰乱公共秩序罪,妨害司法罪,妨害国(边)境管理罪,妨害文物管理罪,危害公共卫生罪,破坏环境资源保护罪,走私、贩卖、运输、制造毒品罪,组织、强迫、引诱、容留、介绍卖淫罪,制作、贩卖、传播淫秽物品罪]及其刑罚;第七章规定

---

① 参见[英]戴维·M. 沃克:《牛津法律大辞典》(中文版),北京社会与科技发展研究所组织翻译,光明日报出版社 1988 年版,第 228 页。

危害国防利益罪及其刑罚；第八章规定贪污贿赂罪及其刑罚；第九章规定渎职罪及其刑罚；第十章规定军人违反职责罪及其刑罚。

五、诉讼法

（一）诉讼法的概念

诉讼法是关于诉讼程序的法律。广义的诉讼程序包括司法管辖权规则、具体诉讼程序规则、辩护规则、证据规则和执行规则；狭义的诉讼程序仅指规定提出诉讼和进行诉讼的原则、规则，从制作传票、提交诉状、提出诉讼请求，直到作出判决的规则。在司法上，程序法被定义为“使法律权利得以强制执行的程序形式，而不同于授予或规定权利的法律；它是法院通过程序来调整诉讼活动的法律，它是机器，而不是产品”。[①] 诉讼法律制度中存在各自独立的民事诉讼程序法和刑事诉讼程序法以及特种案件（如行政案件、宪法案件等）的诉讼程序法。在民事诉讼程序中，基本步骤是：一方陈述他方侵犯了其权利的事实和诉讼请求；他方当事人进行答辩和辩护；法庭或陪审团对争议事实进行调查、审理；对争议作出判决以及根据案情对有关当事人给予补救（如补偿、赔偿）。刑事诉讼程序的基本步骤是：对案情进行调查；认定和衡量被指控者的罪责；被指控者答辩，对相应罪责予以承认或否认；法庭对争议事实进行审理，确认被指控者有罪或无罪；如确认有罪，则对被指控者判处相应的刑罚。行政案诉讼程序基本步骤大致同于民事诉讼程序。另外，诉讼程序还包括上诉程序和再审程序，上诉程序和再审程序的规则也属于诉讼法的内容。[②]

下面以我国刑事诉讼法、民事诉讼法和行政诉讼法为例，分别介绍这三大诉讼和诉讼法的主要内容。

（二）刑事诉讼法

关于我国的刑事诉讼和刑事诉讼法，陈光中教授主编的我国高等学校法学专业核心课程教材《刑事诉讼法》一书进行了深入研究和论述。该书指出，我国的刑事诉讼是指国家专门机关在当事人及其他诉讼参与人的参加

---

① “波伊泽诉迈纳斯案”1881，7Q. B. D. 329. 333。转引自《牛津法律大辞典》（中文版），光明日报出版社 1988 年版，第 725 页。

② 参见［英］戴维·M. 沃克：《牛津法律大辞典》（中文版），北京社会与科技发展研究所组织翻译，光明日报出版社 1988 年版，第 725 页。

下，依照法律规定的程序，追诉犯罪，解决被追诉人刑事责任的活动。我国刑事诉讼有以下四个特征：其一，是由国家专门机关主持进行，是属于国家的司法活动。所谓"国家专门机关"，主要指人民法院、人民检察院和公安机关（包括国家安全机关）。在刑事诉讼中，人民法院行使审判权；人民检察院行使公诉权、审查批准逮捕权、部分案件侦查权以及法律监督权；公安机关主要行使侦查权。其二，是公安司法机关（公安机关、人民检察院、人民法院简称公安司法机关）行使国家刑罚权的活动。所谓"国家刑罚权"，是指国家对实施了犯罪行为的人加以刑事处罚的权力。刑事诉讼即是依法查明犯罪事实是否已经发生，谁实施了犯罪及其有关情节并正确适用法律加以惩罚。其三，是严格依照法律规定的程序进行的活动。刑事诉讼不但其结果直接关系到公民的生命、人身自由和财产权利的予夺，而且诉讼过程也与公民的人身自由和财产权利密切相关。因此，公安司法机关追诉犯罪的活动，应当由法律规定的程序和规则严格加以规范和制约，以防止其滥用权力，侵犯人权。当事人和其他诉讼参与人也只有严格遵循程序的要求进行诉讼活动，才能有效地维护自己的诉讼权利，更好地发挥自己在诉讼中的作用，确保诉讼的顺利进行。其四，是在当事人和其他诉讼参与人的参加下进行的活动。由于刑事诉讼的中心内容是解决犯罪嫌疑人、被告人的刑事责任问题，因此，任何刑事诉讼都必须有犯罪嫌疑人、被告人参加。为了在诉讼中证明案件事实和维护犯罪嫌疑人、被告人和被害人的合法权益，也需要有被害人、附带民事诉讼原告人、被告人、辩护人、诉讼代理人和证人、鉴定人等参加诉讼。是否有当事人和其他诉讼参与人参加，以及他们参加的深度、广度和透明度，是衡量一国诉讼民主、公正的重要标志。①

我国刑事诉讼法是国家制定的规范人民法院、人民检察院和公安机关进行刑事诉讼，当事人及其他诉讼参与人参加刑事诉讼的法律。我国现行《刑事诉讼法》共设五编：第一编总则，规定刑事诉讼法的任务和基本原则、刑事诉讼管辖、回避、辩护与代理、证据、强制措施、附带民事诉讼、期间、送达等一般和普遍性规则；第二编立案、侦查和提起公诉，分别规定立案规则、侦查规则

---

① 参见陈光中主编：《刑事诉讼法》（第 4 版），北京大学出版社、高等教育出版社 2012 年版，第 1~2 页。

（包括侦查的一般规定，讯问犯罪嫌疑人，询问证人，勘验、检查，搜查、查封、扣押物证、书证，鉴定，技术侦查措施，通缉，侦查终结和人民检察院对直接受理的案件的侦查）、提起公诉的规则；第三编审判，分别规定审判组织、第一审程序（包括公诉案件审判程序、自诉案件审判程序、简易程序和速裁程序）、第二审程序、死刑复核程序和审判监督程序；第四编规定执行程序；第五编规定特别程序，包括未成年人刑事案件诉讼程序，当事人和解的公诉案件诉讼程序，缺席审判程序，犯罪嫌疑人、被告人逃匿、死亡案件违法所得的没收程序，以及依法不负刑事责任的精神病人的强制医疗程序。

（三）民事诉讼法

民法属于私法部门，但民事诉讼法主要属于公法部门。因为审理民事诉讼案件的主体是国家公权力主体——法院，适用的程序是国家制定的具有法律强制性的司法程序。当然民事诉讼法与行政诉讼法和刑事诉讼法亦有所区别，前者保护的利益主要是私益，后两者保护的利益主要是公益。因此，其与私法亦有较密切的联系。

关于我国的民事诉讼和民事诉讼法，江伟教授主编的我国高等学校法学面向 21 世纪课程教材《刑事诉讼法》一书进行了深入研究和论述。该书指出，民事诉讼是一方当事人针对另一方当事人向人民法院提起诉讼，请求法院解决其所主张的纠纷和保护其主张的权利的公力救济途径。其基本特征是当事人的平等性，纠纷解决机制的对抗性，诉讼主体行为的法定性、程序性、规范性和专业性，以及更多的自治性，当事人享有更多处分权；但相对于自力救济和社会救济而言，自治性和处分权要受到更多限制。民事诉讼的基本功能是解决民事纠纷。但解决民事纠纷的途径并不限于民事诉讼，除民事诉讼外，解决民事纠纷的途径还有和解、调解、仲裁和行政裁决等。民事诉讼相较于和解、调解、仲裁、行政裁决等其他解决纠纷的途径，具有下述三个特征：其一，诉讼的启动，当事人的自治权受制于法律。这表现在，启动权只能由当事人一方（原告）享有，其他当事人对诉讼是否进行和案件向哪个法院起诉基本没有选择权（除范围有限的协议管辖外）；同时，原告的程序启动权也要受法律关于裁判者和当事人两方面主体资格等制度的制约，如对法官的选任、审判庭组成、法院管辖及主管均无控制权；另外，法院的民事审判权主要源于法律授权，同时受当事人处分权的制约，其不得主动行使管辖权（不告不理），裁判范围不得超出诉讼请求。其二,司法裁判及法院的调解书,均有强制执行力。当事人一旦选择了诉讼途径,无论是否自愿,都要承受诉讼结果。其三,民事诉讼具有法定性、程序性、规范性和专业性,诉讼审判权力的行使都按照严格的条件和程序进行,如当事人之间的对抗性、审判过程的公开性、诉讼证明和裁判说理的逻辑性、救济机制(上诉和再审)的繁复性都不是能凭当事人意志可任意改变的。

民事诉讼法是国家制定的用以规范民事诉讼程序和民事诉讼法律关系主体之间权利义务关系的法律规范的总和,其法律渊源主要是民事诉讼法典,其他渊源还包括宪法、法院组织法、实体法中有关民事程序的规定、海事诉讼特别程序单行法、有关司法解释及指导性案例等。①

我国民事诉讼法的主要渊源是《民事诉讼法》。该法共设四编二十七章:第一编总则,共十一章,分别规定民事诉讼法的任务、适用范围和基本原则,民事诉讼的管辖(包括级别管辖、地域管辖、移送管辖和指定管辖),审判组织,回避,诉讼参加人(包括当事人和诉讼代理人),证据,期间、送达,调解,保全和先予执行,对妨害民事诉讼的强制措施和诉讼费用;第二编审判程序,共七章,分别规定第一审普通程序(包括起诉和受理、审理前的准备、开庭审理、诉讼中止和终结、判决和裁定),简易程序,第二审程序,特别程序(包括特别程序的一般规定,选民资格案件审判程序,宣告失踪、宣告死亡案件审判程序,认定公民无民事行为能力、限制民事行为能力案件审判程序,认定财产无主案件审判程序,确认调解协议案件审判程序,实现担保物权案件审判程序),审判监督程序,督促程序,公示催告程序;第三编执行程序,共四章,分别规定执行程序的一般规定,执行的申请和移送,执行措施,执行中止和终结;第四编涉外民事诉讼程序的特别规定,分别规定涉外民事诉讼程序的一般原则,管辖,送达、期间,仲裁和司法协助。

(四)行政诉讼法

行政诉讼法在公法系统中,既属于行政法法律部门,也属于诉讼法法律部门。之所以属于行政法法律部门,是因为行政诉讼法涉及行政相对人对行政主体行使公权力行为的监督和控制以及司法权对行政权的制约;行政诉讼法

① 参见江伟主编:《民事诉讼法》,北京大学出版社2012年版,第2~10页。

之所以属于诉讼法法律部门,是因为行政诉讼法涉及法院对争议和纠纷(行政争议和行政纠纷)的处理和裁决。

根据我国现行《行政诉讼法》的规定,我国行政诉讼的概念可界定为:行政诉讼是指作为行政相对人的公民、法人或者其他组织认为作为行政主体的行政机关或法律、法规、规章授权的组织所实施的行政行为侵犯其合法权益,依法向人民法院起诉,人民法院依法对被诉行政行为的合法性进行审查,并依法作出裁决的活动。这个定义反映了我国行政诉讼的四项特征:其一,行政诉讼的原告是作为行政相对人的公民、法人或者其他组织;其二,行政诉讼的被告是作为行政主体的行政机关或法律、法规、规章授权的组织;其三,行政诉讼的主管机关是人民法院;其四,行政诉讼的内容是解决行政争议。所谓"行政争议",是指行政法律关系双方当事人之间的争议,通常是指行政相对人和行政主体之间的外部行政争议。行政主体相互之间的和行政主体与其构成单位或工作人员之间的内部行政争议在我国现行制度下不通过行政诉讼途径解决,不属于行政诉讼的范畴。

我国行政诉讼就其性质而言,具有三重性质:其一,它与行政复议、申诉、信访、调解、和解及协调等途径、环节一道,共同构成解决行政争议的行政解纷制度;其二,它与权力机关监督、监察机关监督、检察机关监督、审计机关监督,以及社会舆论监督等途径、环节一道,共同构成对行政行为监督的行政法制监督制度;其三,它与行政复议、行政赔偿、申诉、控告、信访、请愿等途径、环节一道,共同构成对作为被侵权人的行政相对人的行政法律救济制度。①

行政诉讼制度起源于法国。为什么法国会成为行政诉讼制度的起源地?王名扬教授在其所著的《法国行政法》一书中分析了其思想理论渊源和历史渊源。王名扬先生指出,法国1789年《人权宣言》第16条规定,凡权利无保障和分权未确立的社会就没有宪法。分权原则应用于行政机关和司法机关的关系上,是行政机关和司法机关互相独立,普通法院不能干涉行政,因此不能审理由于行政事项而发生的诉讼。法国对分权学说的这种理解,代表法国大革命时期的特殊观点,在这个理解中,包含一个对行政和行政诉讼的混淆。实际上,分权学说本身与禁止普通法院受理行政诉讼没有必然的联系,因为行政

① 参见姜明安:《行政诉讼法》(第3版),北京大学出版社2016年版,第75~82页。

诉讼也是一种诉讼,从诉讼的观点来看,一切诉讼的裁决属于司法权的范围。根据分权学说,应由普通法院管辖,行政机关不应当享有司法权力。当然,行政诉讼和行政机关的权力行使有关,包含一个行政因素在内,但是行政诉讼本身不是行政权力的行使。法国大革命时期人们混淆了这两个概念,认为行政诉讼就是行政本身,所以禁止普通法院干涉行政,也就禁止普通法院受理行政诉讼。法国这样理解分权学说的结果,就为在普通法院以外成立一个行政审判体系提供了一个理论基础。美国的分权学说没有采取法国式的理解,而是认为一切诉讼,包括行政诉讼在内都属于司法权的范畴,应由普通法院管辖,没有建立独立的行政审判体系。虽然为了实际需要成立了一些专门管辖行政事项的裁判机构,和行政机关有一定的联系,但这类裁判机构的裁决必须接受普通法院的审查,或者可以上诉到普通法院,不构成一个独立的法院体系。①

法国大革命时期人们对分权学说的上述理解,主要是由法国特殊的历史背景所决定的。法国在大革命前,普通法院一直掌握在封建势力手中。大革命之后的一段时间,司法权一度仍掌握在封建时代的那些旧法官的手中。这些由旧法官把持着的皇家法院(Parlements of Ancien Régine),他们利用手中的审判权,阻碍和破坏革命政府政策的实行和各种革命措施的实现,他们任意宣布革命政府的革命政策和措施"违法""无效",以阻碍改革的进行,维护封建制度的特权。对此,革命者非常恼火,决心清除这一障碍。于是国民议会于1790年8月通过一项法律,规定"司法权必须与行政权分立。法官既不得以任何方式干预行政机关的活动,违者撤职,也不得因其职务行使的原因,将行政官员传唤到庭,违者以渎职罪论",从而剥夺了普通法院的行政司法权,使普通法院的法官再也不能任意干预行政和阻碍改革。②

在剥夺了普通法院的行政司法权后,行政案件便由行政机关自己处理。国民议会于1796年9月通过另一项专门法律,规定在任何情况下,普通法院不得管辖要求撤销行政机关作出的行政行为的案件,这类案件应向国家行政机关首脑(同时为国家元首)提出。但是行政案件的数量很多,国家元首根本

---

① 参见王名扬:《法国行政法》,中国政法大学出版社1989年版,第533页。

② 参见龚祥瑞:《比较宪法与行政法》,法律出版社1985年版,第336~338页。

处理不过来,这样就要求有一个专门机关来协助国家元首处理这些案件。此外,随着资本主义的发展,国家行政事务增多,从而政府要经常起草发布有关的行政法规和行政命令,为使这些法规和命令尽量地做到严密、适当、合法,不至于在执行中引起争议,导致行政纠纷,亦需要有一个专门机关对这些法规和命令进行事先的审查和斟酌。正是在这种情况下,拿破仑在他担任第一执政的时候,设立了 Conseil d' État(该机构最初共有成员 29 人)。Conseil d' État 具有两方面的职能:一是就法案、规章、命令和其他方面的问题向政府提供咨询;二是审理行政争议,提出处理行政争议的意见和建议。对于行政争议作出最后裁决仍然是第一执政的权限。不过,在一般情况下,第一执政(以后的皇帝、国王或总统)总是根据 Conseil d' État 的意见和建议,而不是违反它的意见和建议作出裁决的。Conseil d' État 在它建立后一个很长的时期内,一直没有对于行政争议的最后裁决权。因此,它还不能算一个独立的名副其实的行政法院。Conseil d' État 正式作为一个独立的名副其实的行政法院是 1872 年以后的事情。1872 年 5 月 24 日,法国第三共和国的国民议会通过一项法律,规定 Conseil d' État 有权裁决所有关于要求宣告各级行政机关的违法行为无效的请求,即授予它以正式的司法权。此后它便可以独立地作出有约束力的裁决,从而成为审理行政案件的名副其实的法院——行政法院。①

以上历史背景说明,法国等欧洲大陆国家的行政诉讼主要是指行政法院受理和审理行政行为合法性的行政案件的活动,英美等国家的行政诉讼则主要是指普通法院对行政行为合法性进行司法审查的活动。至于行政诉讼法,则是调整行政案件(司法审查案件)受理、审理及裁判活动的法律规范的总和(广义的行政诉讼法还包括调整行政裁判执行的规范)。就我国现行《行政诉讼法》而言,其内容包括十章:第一章为总则,规定行政诉讼的目的、宗旨、功能和基本原则;第二章规定行政诉讼的受案范围:可诉行政行为和不可诉行政行为;第三章规定行政诉讼的管辖,包括级别管辖、地域管辖和管辖冲突处理规则;第四章规定诉讼参加人:原告、被告、第三人和其他诉讼参加人、参与人;第五章规定证据规则;第六章规定起诉和受理规则;第七章规定审理和判决的一般规则,以及第一审普通程序、简易程序、第二审程序和审判监督

---

① 参见姜明安:《行政诉讼法》(第 3 版),北京大学出版社 2016 年版,第 28~29 页。

程序的规则;第八章规定行政裁判的执行规则;第九章规定涉外行政诉讼规则;第十章为附则,规定行政诉讼可适用民事诉讼法相关规定、诉讼费收取及分担的规则等。

六、社会公法

(一)社会公法的概念

社会公法是指由社会组织、团体制定或认可的公法,如行业协会(律协、医协、注协等)的章程、规则、基层自治组织(村民委员会、居民委员会、社区等)的村规民约、乡规民约、社区公约、高等学校的校规、守则等。社会公法与前述宪法、行政法、刑法、诉讼法等国家公法的主要区别有四:其一,法的制定主体不同。国家公法的制定主体是国家,社会公法的制定主体是非国家的社会组织、团体。其二,法的内容不同。国家公法调整国家共同体、国家公权力主体、国家共同体成员相互之间的各种关系,社会公法调整社会共同体、社会公权力主体、社会共同体成员相互之间的各种关系。其三,法的形式不同。国家公法的主要形式是法律、法规、规章等,社会公法的主要形式是章程、规则、公约、守则等。其四,法的效力不同。国家公法在整个国境领域内有效,且可通过国家强制力保障执行,社会公法的效力则仅及于相应社会组织、团体,且不能通过国家强制力保障执行,而只能以相应社会组织、团体的纪律和社会舆论保证其实施。

(二)社会公法的部门划分

在国家产生以后,国家长期垄断公权力,社会公权力很不发达。直到20世纪以后,许多社会公权力组织才逐步创建和发展起来,国家公权力也才将部分向社会公权力组织转移,社会公法才相应发展和完善。由于社会公法发展较晚,学界对之研究更有所不足,故对社会公法一直未进行明确的部门划分。本书根据国家公法的体系框架,试将社会公法粗线条地分成社会组织公法、社会共同体成员行为公法、社会公权力主体行为公法、社会共同体解纷公法四个部门。

(三)社会组织公法

社会组织公法是指社会共同体制定的规范本组织性质、职能、职责、宗旨、活动原则,以及组织机构的规则系统。社会组织公法的最一般形式是组织章程。例如,《中华全国律师协会章程》首先界定该组织的性质是由律师、律师事务所组成的社会团体法人,是全国性的律师自律组织;规定其基本职能是依法对律师行业实施管理。其基本职责有八:(1)保障律师依法执业,维护律师的合法权益;(2)总结、交流律师工作经验;(3)制定行业规范和惩戒规则;(4)组织律师业务培训和职业道德、执业纪律教育,对律师的执业活动进行考核;(5)组织管理申请律师执业人员的实习活动,对实习人员进行考核;(6)对律师、律师事务所实施奖励和惩戒;(7)受理对律师的投诉或者举报,调解律师执业活动中发生的纠纷;(8)法律、行政法规和规章规定的其他职责。《中华全国律师协会章程》确定全国律协的宗旨(活动原则)是:坚持中国共产党的领导,团结带领会员高举中国特色社会主义伟大旗帜,忠实履行中国特色社会主义法律工作者的职责使命,维护当事人合法权益、维护法律的正确实施,维护社会公平和正义,为建设社会主义法治国家,促进社会和谐发展和文明进步而奋斗。最后,《中华全国律师协会章程》还规定了全国律协的主要组织机构:全国律师代表大会、理事会与常务理事会、秘书处与专门委员会、专业委员会等。

(四)社会共同体成员行为公法

社会共同体成员行为公法是指规范社会组织、团体成员在相应行业、领域从事某一类或某一种活动、行为的规则系统。例如,某地一村庄(塘约村)村民订立一项村规民约,规范村民几十种不同领域的行为,主要包括六个方面的行为规则:

一是关于村民使用宅基地、承包地、承包山的行为规则。如第 4 条规定,村民建房应服从村庄建设规划,经村委会和上级有关部门批准,统一安排,不得擅自动工,不得违反规划或损害四邻利益。又如第 5 条规定,建房的村民,经过批准占用耕地建房的,建房占耕地抵作承包地。

二是关于生活垃圾治理和保护环境卫生的行为规则。如第 8 条规定,落实门前“三包”(包卫生、包秩序、包绿化)责任制,生活垃圾定点存放,杜绝乱扔果皮、饮料罐、塑料袋等废弃物和粪便乱排,柴草杂物等乱堆乱放现象。第 9 条规定,家禽家畜集中圈养,不得散养,狗必须拴养,死禽死畜要深埋。第 11 条规定,保持河道清洁,不得将垃圾、农药瓶和农田杂草等一切杂物倒入各大小河道。第 12 条规定,自觉维护村内绿化地段的树木,不乱砍乱伐树木,保持绿化地段无杂物、无杂草、无垃圾，确保树木生长旺盛，没有枯树枝，树木及时修剪。第 13 条规定，严禁用火、焚烧秸秆，村民有义务自觉维护好村内公共设施的完好性，不得随意破坏垃圾桶、垃圾池、绿地、路灯、健身器材等配套设施。第 16 条规定，保持饮水卫生，不准在水井边一米内清洗脏物（衣、裤、蔬菜及其他食物等）、洗澡。

三是关于保护水利和村公共设施方面的行为规则。如第 19 条规定，藕塘水库和各大小山塘所储水源都属于集体所有。承包水库、放鱼人员有保护水源储存、灌溉农田的责任，任何个人不准擅自乱开水闸放水。第 20 条规定，不准任何人毁坏堤坝、田埂和山水主要流域、自来水管网等综合水利基础设施，违者除责其恢复原状外，并处罚款。

四是关于保护森林和防火方面的行为规则。如第 23 条规定，护林防火，人人有责。万一发现野外火源，无论如何村民都要设法在第一时间里向村支两委报告，接到火警的任何人都要在最快时间内号召广大群众赶赴现场扑火。第 25 条规定，凡擅自盗伐集体和个人林木者，视其情节轻重，罚被盗伐林木价值 2~5 倍的款；夜间盗伐林木者，加倍处罚。第 26 条规定，自然灾害（大风、大雨、暴雨、风雪、冰雹等）毁坏的林木，任何人不准进山哄抢。捡得归还集体的，给予奖励。

五是关于社会治安方面的行为规则。如第 29 条规定，圈好看好牲畜是每个村民的职责。不准猪、牛、羊、鸭、鸡等牲畜毁坏糟蹋集体和个人的农作物。第 31 条规定，任何村民不得聚众闹事，煽动宗派纠纷，故意殴打他人；造成直接损伤的，除赔偿医疗费外，损失和损坏财物，除依法追究责任和照价赔偿外，并处罚款。第 32 条规定，村民发生口角纠纷或婚姻纠纷等需要调解的，为调解纠纷需出差外地的旅差费用，由当事人负担。第 34 条规定，为确保人身安全，保证正常供电，不准擅自私接电源，由此造成的故障和损失，除照价赔偿外，另处罚款。

六是关于移风易俗方面的行为规则。如第 37 条规定，村民应培养健康文明的生活理念，破除陈规陋习，崇尚科学文明，远离封建迷信。遵守社会公德，维护公共秩序。第 38 条规定，村民闲暇时应多运动，切勿沾染不良嗜好。娱乐方式要健康向上，自觉抵制打牌赌博。第 39 条规定，喜事新办，丧事简办。合理控制人情往来，不滥发请柬，按照本村红白喜事操办具体原则控制宴请桌数、酒席档次，不铺张浪费；不搞豪华车队；不过量饮酒。提倡新式婚礼，树立文明节俭、个性现代的婚俗新风。提倡厚养薄葬，自觉做到不择日子，治丧时间原则上不超过3天；简化治丧仪式，不搞封建迷信。第40条规定，孝老爱亲，热心公益。尊老爱幼，关爱空巢老人，关心留守妇女儿童，帮助困难群众。

（五）社会公权力主体行为公法

社会公权力主体行为公法是指规范社会公权力组织领导机构及其负责人行为的规则系统。例如，中国共产党中央委员会第六次全体会议制定的《关于新形势下党内政治生活的若干准则》即重点规范中国共产党各级领导机关和领导干部，关键是高级干部特别是中央委员会、中央政治局、中央政治局常委组成人员的行为。①《关于新形势下党内政治生活的若干准则》共确立12条规则：（1）坚定理想信念；（2）坚持党的基本路线；（3）坚决维护党中央权威；（4）严明党的政治纪律；（5）保持党同人民群众的血肉联系；（6）坚持民主集中制原则；（7）发扬党内民主和保障党员权利；（8）坚持正确选人用人导向；（9）严格党的组织生活制度；（10）开展批评和自我批评；（11）加强对权力运行的制约和监督；（12）保持清正廉洁的政治本色。如其中第11条准则规定，党的各级组织和领导干部必须在宪法法律范围内活动，增强法治意识、弘扬法治精神，自觉按法定权限、规则、程序办事，决不能以言代法、以权压法、徇私枉法，决不能违规干预司法。要实行权力清单制度，公开权力运行过程和结果，健全不当用权问责机制，把权力关进制度笼子，让权力在阳光下运行。要营造党内民主监督环境，畅通党内民主监督渠道。党的各级组织和全体党员要增强监督意识，既履行监督责任，又接受各方面监督。领导干部特别是高级干部必须加强自律、慎独慎微，自觉检查和及时纠正在行使权力、廉政勤政方面存在的问题，做到可以行使的权力按规则正确行使，该由上级组织行使的权力下级组织不能行使，该由领导班子集体行使的权力班子成员个人不能擅自行使，不该由自己行使的权力决不能行使。对涉及违纪违法行为的举报，对党员反映的问题，任何党组织和领导干部都不准隐瞒不报、拖延不办。涉及所反

---

① 中国共产党对其内部组织机构和人员行为的规范属于社会公权力行为的范畴，但中国共产党对国家政治、经济、社会、文化和生态环境保护等的领导行为有一定的国家公权力的性质。

映问题的领导干部应该回避，不准干预或插手组织调查。党员、干部反映他人的问题，应该出于党性，通过党内正常渠道实名进行，不准散布小道消息，不准散发匿名信，不准诬告陷害等。对通过正常渠道反映问题的党员，任何组织和个人都不准打击报复，不准擅自进行追查，不准采取调离工作岗位、降格使用等惩罚措施。对党组织和党员、干部行使权力进行监督，必须依纪依法进行。纪检监察、司法机关严格依纪依法按程序对涉嫌严重违纪违法行为进行调查。任何组织和个人不得自行决定或受指使对党员、干部采取非法调查手段。对违反规定的，要严肃追究纪律和法律责任。

（六）社会共同体解纷公法

社会共同体解纷公法是指规范社会共同体解决、处理其内部纠纷（包括社会共同体成员相互之间的纠纷、共同体成员与社会公权力主体之间的纠纷、社会公权力主体之间的纠纷等）的规则系统。例如，中国足球协会制定的《中国足球协会仲裁委员会工作规则》即是调整中国足协建立的解纷机构——足协仲裁委员会——裁决（仲裁）其内部发生的各种争议、纠纷的规则。该规则第 5 条规定足协仲裁委员会受理下列三类案件：（1）对中国足协纪律委员会作出的处罚决定不服，且允许向仲裁委员会申请仲裁的案件；（2）会员协会、足球俱乐部、足球运动员、教练员、经纪人相互间，就注册、转会、参赛资格、工作合同、经纪人合同等事项发生的属于行业管理范畴的争议案件；（3）仲裁委员会认为应当受理的其他争议。第 7 条至第 16 条规定，纠纷当事人申请仲裁，应当向仲裁委员会提交仲裁申请书，并附证据目录和证据材料；仲裁委员会收到仲裁申请书及相关附件后，经过审查，除重大或疑难案件外，7 日内作出是否受理的决定；仲裁委员会决定受理的，应当于决定受理后 10 日内由仲裁委员会主任在仲裁委员中指定包括首席仲裁员在内的 3 名仲裁员组成仲裁庭，共同审理案件。采取开庭方式审理的案件，当事人应当按照仲裁庭的通知到庭参加审理；经仲裁庭同意，当事人可以委托 1～2 名仲裁代理人到庭，当事人对其申请或者答辩所依据的事实负举证义务。因不服纪律委员会的处罚而申请仲裁的案件，纪律委员会应当对其处罚的依据负举证义务；仲裁庭认为必要时，可以自行调查、收集证据；在对案件作出裁决前，仲裁庭可以先行对争议双方进行调解，双方当事人经调解达成和解的，应当签订书面和解协议，仲裁庭应当根据和解协议的内容制作调解书，但对纪律委员会作出的处罚决定不服而申请仲裁的案件，不适用调解。第 17 条至第 23 条规定，仲裁委员会受理案件后，应当根据不同案件的事实，依照法律规定和行业规定，参照国际惯例，并遵循公平、公正原则作出裁决；仲裁庭审理不服纪律委员会的处罚而申请仲裁的案件，对纪律委员会的处罚行为是否违反相关规定进行审查，并作出驳回或撤销的裁决；仲裁裁决书应当写明仲裁请求、争议事实、裁决理由、裁决结果、仲裁费用的负担及裁决日期，但根据双方达成的和解协议所作出的调解书，不受此限；当事人应当依照裁决书或调解书规定的期限自动履行义务；裁决书或调解书未规定期限的，应当自裁决书或调解书送达后 10 日内履行；仲裁委员会裁决撤销纪律委员会处罚决定的案件，应报中国足球协会主席会议备案。

七、国际公法

（一）国际公法的概念

关于国际公法的概念，邵津教授在其主编的我国高等学校法学专业核心课程教材《国际法》一书中是这样阐释的：国际法（international law），或称国际公法（public international law），是指调整国际法主体之间、主要是国家之间关系的，有法律拘束力的原则、规则和制度的总体……国际社会主要是由国家组成的。作为全球性的最大的政治性国际组织联合国，自 2006 年 6 月黑山共和国成为会员国后，就有 192 个会员国。这还不是国际社会成员的全部。国家不是国际法的唯一主体。政府间国际组织也是国际法的主体。但是国家仍然是国际法的主要主体。国际法主要调整国家之间的关系。国际关系的内容是多种多样的，包括政治、经济、军事、文化等方面的内容。国际关系的多样性也就决定了国际法的多部门，如外交关系法、海洋法、航空法、武装冲突法等。①

国际公法与国家公法比较，有以下特征：其一，其主体除国家外，还有政府间国际组织，特别是世界性的国际组织（如联合国）；其二，其制定主要是通过国家之间的协议来实现的，国际社会没有专门的立法机关。例如，《联合国海洋法公约》是联合国海洋会议制定的，《维尔纳外交关系公约》是国际专门外交会议制定的；其三，其调整对象是国际关系，主要是主权国家间的关系；其

---

① 参见邵津主编：《国际法》（第 4 版），北京大学出版社、高等教育出版社 2012 年版，第 1~2 页。

四，其没有居于主权国家之上的如同国家公法一样的强制执法机关和执法手段。联合国国际法院一般没有强制管辖权。国际公法的外在强制主要是主权国家按照国际法联合或单独采取行动，要求违背国际义务、违反国际公法的国家承担责任，或实行报复，或进行自卫等。

（二）国际公法的渊源

国际公法的渊源也包括历史渊源和作为法律形式的渊源。关于国际公法的历史渊源，一般认为，在古代社会和中世纪，由于物质生产水平限制，各大陆之间，各民族、各国、各地区之间总体上处于孤立、闭关自守的状态，当时的国际公法只是萌芽状态或处于初级阶段，而且是分散的、地区性的。国际公法形成一个法律体系并发展起来，应该是近代欧洲的事。[①] 直至 16 世纪，随着地理大发现，资本主义生产方式在西欧首先发生和迅速发展，西方国家的海外殖民扩张以及世界市场的形成，东西方之间和各大陆之间，各民族、各国、各地区之间的隔绝状态被打破。整个世界在经济、政治、文化等各方面形成了互相联系、互相依存又互相矛盾的一体，这即成为统一的、日益发展的国际公法的基础。

近代欧洲国际公法开始形成的一个重要标志是结束欧洲"三十年战争"的 1648 年《威斯特伐利亚和约》。当时欧洲主要国家都被迫卷入这场战争。《威斯特伐利亚和约》规定了欧洲各国的边界（这是欧洲秩序稳定的法律基础），承认所有参加国家均有"领有权和统治权"，确认欧洲各大国不分宗教信仰和国家制度，一律平等，承认了瑞士和荷兰的独立。原来处于罗马帝国统治下的约 300 个封建诸侯国成为独立主权国家，成为平等的国际公法主体（但是各诸侯国同非德意志国家缔结条约的权利受到限制）。这样，《威斯特伐利亚和约》通过建立欧洲国家体系而为国际公法的发展创造了有利条件。

到 20 世纪以后，国际政治、经济形势发生了重大变化，国际公法相应有了突破性发展。现代国际公法在近代国际公法的基础上增加了很多新的内容。1961 年的《维尔纳外交关系公约》即保留并发展了近代国际公法中的许多规则和制度。1949 年的四个《日内瓦公约》及 1972 年的两个附加议定书中有关武装冲突法的规则，即对近代国际公法中有关战争法的内容有了很多新的发展。

---

① 参见周鲠生：《国际法》（上册），商务印书馆 1976 年版，第 40～41 页。

现代国际公法的新发展主要表现在以下六个方面:其一,将禁止侵略战争和非法使用武力及武力威胁确定为国际公法的基本原则;其二,将和平解决国际争端确定为国际公法的基本原则;其三,作为国际公法基本主体的国家明显增加,国际公法的适用范围显著扩大;其四,政府间国际组织的大量出现,特别是联合国的建立,对促进国际公法的全方位发展产生了并还在继续起着重要的作用;其五,国际公法的分支部门不断产生和形成,如国际环境法、外层空间法、海洋法、航空法、国际人权法等;其六,各国在国际公法领域(如禁毒、防止空中劫持、减少碳排放、防治传染病、反恐等)的合作日益扩展。①

关于国际公法的形式渊源,根据《国际法院规约》的规定,其法源有八项:一是国际条约(含条约、协定、公约、议定书等);二是国际习惯;三是“为文明各国所接受”的一般法律原则;四是司法判例;五是权威国际法学家的学说;六是得到当事国各方同意的“公允及善良”原则;七是国际组织和国际会议的决议;八是“准条约”和“软法”(指不规定法律义务,不具法律拘束力但又并非无拘束性的比较灵活的国际协议,如《赫尔辛基最后文件》,以及不具法律拘束力的决议、宣言、建议、指导方针、行动纲领等,如《人类环境宣言》《人类环境行动纲领》《里约环境与发展宣言》等)。在上述八项渊源中,最重要最基本的渊源是前两项:国际条约和国际习惯。②

(三)国际公法的主要内容

根据《牛津法律大辞典》的阐述,国际公法的内容包括人格、国家、对国家和政府的承认、国家领土和领土主权、国籍和外国人地位、引渡、庇护、人权、海洋(包括领水、公海和洋底)、空中和外层空间、在外国领土上的权利、国家管辖权、国家责任、国家继承、对外国人人身和财产的侵害、外交和领事关系、国际交往、条约和协定、国际争端、战争和中立、国际组织和国际法院,以及国际争端的司法解决。③

---

① 参见邵津主编:《国际法》(第4版),北京大学出版社、高等教育出版社2012年版,第5~7页。

② 参见邵津主编:《国际法》(第4版),北京大学出版社、高等教育出版社2012年版,第11~14页。

③ 参见[英]戴维·M.沃克:《牛津法律大辞典》(中文版),北京社会与科技发展研究所组织翻译,光明日报出版社1988年版,第460页。

除了上述内容外，联合国大会于1970年全体一致通过的《国际法原则宣言》[①]所确立的国际公法七项基本原则和中国、印度与缅甸于20世纪50年代共同倡导的“和平共处五项原则”无疑亦是国际公法的重要内容。《国际法原则宣言》确立的七项基本原则分别是：(1)禁止非法使用武力或武力威胁；(2)和平解决国际争端；(3)不干涉他国内政；(4)各国依宪章彼此合作；(5)各民族平等和享有自决权；(6)各国主权平等；(7)各国履行依宪章所负之义务。“和平共处五项原则”分别是：(1)互相尊重主权和领土完整；(2)互不侵犯；(3)互不干涉内政；(4)平等互利；(5)和平共处。[②]

① 《国际法原则宣言》全称为《关于各国依联合国宪章建立友好关系及合作之国际法原则宣言》。

② 参见邵津主编：《国际法》(第4版)，北京大学出版社、高等教育出版社2012年版，第25~30页。

第八章

公法行为

◇公法行为概述

◇立法行为

◇行政行为

◇司法行为

◇公法契约行为

◇公法软法行为

一、公法行为概述

(一)公法行为的概念

公法行为是指受公法调整的公权力主体(包括经公法授权或经公权力主体委托的非公权力主体)实施的产生公法效果的法律行为。

首先,公法行为一般是公权力主体实施的行为。公权力主体包括国家公权力主体、社会公权力主体和国际公权力主体。所有这些公权力主体实施的行为都可能是公法行为,但这些公权力主体实施的所有行为不一定都是公法行为,公权力主体也可能实施私法行为。

其次,公法行为也可以是非公权力主体实施的行为。非公权力主体实施公法行为必须具备下述两个条件之一:一是经公法授权;二是经公权力主体委托。非公权力主体经公法授权实施的行为即为其本身的行为,以自己的名义实施,并由自己对行为的后果负责;非公权力主体经公权力主体委托实施的行为视为委托者公权力主体的行为,以委托其行为的公权力主体的名义实施,并由委托其行为的公权力主体对行为的后果负责。

再次,公法行为是公权力主体(包括经授权或经委托的非公权力主体)实施的受公法调整行为。上述主体实施的行为一般受公法调整,但也有的受私法调整。只有受公法调整的行为才是公法行为。至于上述主体实施的行为哪些应受公法调整,哪些应受私法调整,则取决于这些行为的性质和内容。其行为具有共同体公共利益的性质和内容,即受公法调整。否则,受私法调整。

最后,公法行为是产生公法效果的法律行为。所谓"公法效果",即能对行为相对人权利义务产生实际影响:或赋予、扩增、缩减、取消相对人权利,或加予、增加、减少、免除相对人义务。不对相对人权利义务产生实际影响的行为(包括为公法行为实施进行准备的过程行为和保证公法行为效力实现的执行行为)不是公法法律行为,而是公法事实行为。公法行为仅指法律行为,不含事实行为。

(二)公法行为的分类

公法行为以不同的标准,可以对之作不同的分类。实践中公法行为的主要分类有下述七种。

1. 抽象行为与具体行为

公法行为以其对象是否特定为标准分为抽象公法行为与具体公法行为。抽象公法行为是指公权力主体(包括经公法授权及经公权力主体委托的非公权力主体,下同)针对不特定相对人实施的公法行为。其行为形式体现为规范性文件,包括立法和制定具有普遍约束力的各种规则、决议、决定。具体公法行为是指公权力主体针对特定相对人实施的行为。其行为形式主要体现为具体决定、命令,如行政处罚决定,行政强制执行决定,授予相对人某种权益或剥夺其某种权益的决定,拒绝相对人某种申请、请求的决定等,也包括可产生法律效果的执行和实施这些决定的行为。具体公法行为的形式主要体现为书面决定,有时也以非书面决定的形式表现,如口头通知、当面训诫等,特别是违法的具体公法行为,有些公法主体往往采取非书面的形式,以逃避司法审查。

2. 羁束行为与裁量行为

公法行为以受法规范拘束的程度为标准,分为羁束公法行为和裁量公法行为。羁束公法行为是指法规范对其范围、条件、标准、形式、程序等作了较详细、具体、明确规定的行为。公权力主体实施羁束公法行为,必须严格依法定范围、条件、标准、形式、程序等办事,很少有自行斟酌、选择、裁量的余地,很少能将自己的评价、判断、权衡参与其间。如税务机关征税,只能根据法律、法规规定的税种、税率和征税对象征税,在这些方面,税务机关没有或很少能有选择、判断、裁量的余地。至于减、免税,税务机关虽有一定裁量权,但减、免税的条件、范围和标准,法律、法规通常也有较严格的规定,税务机关裁量的余地很小。裁量公法行为则是指法规范仅对行为目的、行为范围等作原则性规定,而将行为的具体条件、标准、幅度、方式等留给公权力主体自行选择、决定的行为。例如,《教育法》第 24 条规定,各级人民政府……应当采取各种措施,开展扫除文盲的教育工作。《教育法》的这一规定,仅仅对各级政府的行为目标、内容作了一个原则的规定,至于如何运作,具体采取何种措施扫除文盲则留给了政府裁量决定。当然,羁束行为和裁量行为的划分并不是绝对的。羁束行为通常也存在一定的裁量成分,裁量行为也存在一定羁束因素。法律授权公权力主体实施某种行为,即使没有为之规定任何一种具体方式、程序、限度,但法律授权时一般会规定明确的授权目的,并通常会为之规定裁量的范围,公权力主体在实施相应裁量行为时,不能违反授权法的目的和超越法律规定的裁量范围。

3. 依职权行为与应请求行为

公法行为以其启动是否需要相对人先行申请为标准,分为依职权公法行为与应请求公法行为。依职权公法行为是指公权力主体直接依法规范规定的行政职权,而无须以相对人先行申请作为启动条件而实施的行为。如公安机关依法维持社会秩序;海关依法检查出入境人员的行李物品;市场监管机关依法检查进入市场流通的各种商品的质量,打击生产、销售假冒伪劣商品的行为;税务机关依法向纳税义务人收税等行为都是其依职权主动实施的,而无须相对人事先申请。当然,公权力主体实施依职权行为也并非是无任何启动要素的。如有关个人、组织的举报,新闻媒体的披露、曝光,主管机关自行调查或监督检查中获取的有关信息、情报等,这些都可以成为公权力主体实施依职权行为的启动要素。但是,依职权行为不以相对人申请为启动的前提条件。应请求公法行为是指相应行为的启动要以相对人的申请为前提条件。相对人不提出申请,公权力主体即不能实施相应行为。例如,市场监管机关颁发营业执照,公安机关颁发特种行业许可证,民政部门发放抚恤金,新闻出版管理部门批准杂志刊号,广播、电影、电视管理部门批准电影或电视剧公开上映等,都是要以相对人先行申请为前提条件的。当然,相对人申请只是应请求公法行为的前提条件而不是其唯一条件。如果相对人的申请不符合法定要求,公权力主体完全可以依法不予受理。申请受理以后,公权力主体通过审查,如果确认申请人不具备实现其请求事项的法定条件,也完全可以作出拒绝其请求的答复。某种公法行为是依职权直接实施还是应相对人请求实施,通常都由法规范预先规定。一般来说,公权力主体保护国家、社会公益,维护社会经济秩序,要求相对人履行一定义务的行为,法规范多确定为依职权行为;而公权力主体授予特定相对人某种权益,批准、许可其实施一定行为或免除其某种义务,法规范多确定为应请求行为。

4. 授益行为与不利益行为

公法行为以其对相对人利益的不同影响为标准,分为授益公法行为与不利益公法行为。授益公法行为是指公权力主体依法规范授予相对人某种权利或免除相对人某种义务的行为,如行政许可、行政给付等;不利益公法行为是指公权力主体给予相对人义务或对相对人给予处罚、制裁的行为,如征收、征用、强制、处罚等。公法行为的授益与不利益的区分不是绝对的而是相对的,某些公法行为对甲相对人授益可能对乙相对人是不利益,反之,对甲相对人为不利益可能对乙相对人是授益。例如,司法裁判行为往往就构成这种格局:法官判一方当事人胜诉,对该当事人是授益行为,对另一方当事人则是不利益行为,反之亦然。某些行政处罚行为也可能构成这种格局:行政机关对侵害他人人身权、财产权的违法者进行处罚和责令赔偿,对受害者是授益行为,对致害者则是不利益行为。

5. 附款行为与无附款行为

公法行为以有无限制条件为标准,分为附款公法行为与无附款公法行为。附款公法行为是指其效力附有一定条件限制的行为。限制条件通常包括时间条件、期限条件、作为条件、不作为条件等。“时间条件”包括附始期条件、附终期条件。附始期条件是公权力主体规定相对人只能从某一时间起方能作出某种行为;附终期条件是公权力主体规定相对人至某一时间必须终止某种行为。“期限条件”是公权力主体规定相对人只能在某一期限内作出某种行为。这种期限可能是同时附有一定始期、终期的规定,也可能无始期、终期而仅有期限规定。在后者的情况下,相对人何时开始行为、何时结束行为均自行决定,只要行为不超过公权力主体规定的期限即可。“作为条件”是公权力主体规定相对人必须作出某种行为,相应公法行为(如批准、许可、授予、免除等)才能生效。例如,公权力主体批准某企业建设某一工程项目,但规定其必须同时建造相应防治污染设施,并且该设施必须与相应工程同时启用、运作。若防污设施未建好或不能投入使用,该工程就不能启用、运作。或者规定该工程建造好以后,可以先行运作,但某些附属工程不得迟于工程运作以后一年建好和投入使用,否则已运作的工程必须“下马”。这两种情况都是附作为条件的公法行为,但二者也略有区别。前者在公法学上称“附停止条件的公法行为”(防污设施未建好,相应工程建好亦停止使用);后者称“附解除条件的公法行为”(附属设施到期仍未建好,未满足原批准相应工程“上马”行为的条件,即解除原批准行为,相应工程必须“下马”)。“不作为条件”是公权力主体规定相对人不得作出某种行为,否则相应行为(如批准、许可、授予、免除等)即失效。例如,公权力主体向某一夜总会(内设舞厅、电子游戏厅、卡拉 OK 厅等)发放经营管理许可证,但附有不得向 16 岁以下少年儿童开放的不作为条件,该夜总会如违反这一条件,向 16 岁以下少年儿童出售入场券,行政主体即吊销该许可证。无附款公法行为是指其效力不附有条件限制的行为,即公权力主体作出相应行为不附加其他条件,相应行为只要符合法定标准和要求即生效,并且相应行为在延续过程中,只要相对人不违反法定标准、要求,该行为即一直有效而不终止其效力。例如,男女公民双方登记结婚,只要其符合法定年龄和其他法定条件,登记机关即应发给其结婚证而不能对之附加其他条件。之后,该公民双方在婚姻存续过程中,公权力机关亦不得对之附加任何条件,不得以当事人未满足其附加的条件而撤销原婚姻登记行为。附款与无附款都是指公权力主体在作出行政行为时附加或不附加有关条件,而不是指法规范设定的条件。无论是附款行为,还是无附款行为,公权力主体和相对人都要遵守法定条件。例如,公权力主体给相对人颁发许可证,法规范通常会规定相对人取得相应许可证必须具备何种条件(资金条件、技术条件、人才条件等)。相对人只有具备相应法定条件,公权力主体才能给其发放许可证。在此基础上,公权力主体方可在法规范范围内附加有关非法规范明定的条件,当然,公权力主体附加的条件尽管不是法规范明确规定的,但也必须合法、合理,不违反法律的有关规定和公平正义的原则。无附款行政行为是指公权力主体作出行为时不附加任何条件,但是这不意味着相应行为没有任何法定条件。例如,婚姻登记行为虽然是无附款行为,但婚姻法却规定了结婚的年龄条件和其他条件;男女公民双方如果不符合法定条件,登记机关不能发给其结婚证。

6. 要式行为与不要式行为

公法行为以有无法定形式要求为标准,分为要式公法行为与不要式公法行为。要式公法行为指法律、法规规定必须以某种方式或形式实施的行为。例如,《国家行政机关公文处理办法》要求行政机关发送公文必须遵循该办法规定的公文格式,行政机关发送公文的行为即一种要式行为。不要式公法行为是指法律、法规未规定一定具体方式或形式,而允许公权力主体根据情况自行选择适当方式或形式实施的行为。例如,公权力行使者的指示、指令、告知行为等,对于这些行为,公权力行使者可在不同情况下选择采用书面形式、口头形式或电话、电报、公告等各种其认为适当的形式。

7. 立法行为、行政行为与司法行为

公法行为以其主体或行为性质为标准,可分为立法行为、行政行为与司法行为。根据主体标准,立法行为指国家立法机关制定法律的行为;行政行为指国家行政机关执行法律,管理国家内政外交的行为;司法行为指国家司法机关制裁犯罪,裁决争议、纠纷的行为。根据行为性质标准,广义的立法行为既指国家立法机关制定法律的行为,也指行政机关制定行政法规、规章的行为和地方代表机关制定地方性法规的行为,最广义的立法行为还包括社会公权力主体制定章程、规则等软法,国际公权力主体制定条约、协定、规则等国际公法的行为;广义的行政行为既指国家行政机关执行法律,管理国家内政外交的行为,也指人民代表机关内部、司法机关内部的人事、财物、财产等的行政管理行为,最广义的行政行为还包括社会公权力的内部外部管理行为和国际公权力主体的内部外部管理行为;广义的司法行为既指国家司法机关制裁犯罪,裁决争议、纠纷的行为,也指行政机关裁决争议、纠纷的行为,最广义的司法行为还包括社会公权力组织(如民间仲裁机构)裁决、处理某些特定争议、纠纷的行为和国际公权力组织(如国际法院)裁决、处理国际争议、纠纷的行为。

本章研究公法行为,主要采用最后一种分类,即第七种分类:立法行为、行政行为与司法行为,并且主要依行为主体标准,分别研究国家立法机关的立法行为、国家行政机关的行政行为和国家司法机关的司法行为。这些公法行为实际上都是国家公权力主体的行为,而未包括社会公权力主体和国际公权力主体的行为。对于社会公权力主体和国际公权力主体的公法行为,我们在本书其他章节中有所涉及,本章的某些内容也可能有所论及。

国家公权力主体的公法行为在传统上一般限于立法行为、行政行为和司法行为三种。但现代社会,有些新型公法行为不能完全归入这三种行为的范畴,它们有相当大的特殊性。为了对现代公法行为有较全面的认识,我们在本章还选择了两种新型公法行为——公法契约行为、公法软法行为进行特别研究。所以,拟列入本章重点研究的公法行为分别为:立法行为、行政行为、司法行为、公法契约行为、公法软法行为。①

二、立法行为

(一)立法的概念

《法学大辞典》对"立法"(legislation)的释义是:国家机关按照法定程序和权限制定、修改或废除法律的活动,包括国家立法机关制定法律的活动,也包括被授权的其他国家机关制定从属性法律规范的活动,也是国家行使自己的职能,确保统治阶级利益的一项基本活动。②

《牛津法律大辞典》对"立法"(legislation)有一个较详细的释义(包括对欧洲的立法史和立法渊源的介绍):③立法是指通过特别法律制度赋予其有效公布法律的权力和权威的人或机构依其意志制定或修改法律的过程。这一词亦指在立法过程中所产生的结果,即所制定的法律本身。在这一意义上,相当于制定法。

由于古代的法律通常只是将被接受的习惯以成文的形式表现出来,因此

① 公法行为远不止这五种。但这五种是最常见、最典型的公法行为,故本章加以重点研究。

② 参见周振想主编:《法学大辞典》,团结出版社 1994 年版,第 329 页。

③ 参见[英]戴维·M. 沃克:《牛津法律大辞典》(中文版),北京社会与科技发展研究所组织翻译,光明日报出版社 1988 年版,第 547~548 页。

当时的立法的事情决不是真正意义上的立法,可能是很早就有统治者或权力机构有意识制定的法律。在罗马早期,主要由国王立法,《十二铜表法》即是例证;而在罗马共和国时期,通常由人民大会制定法令,由平民集会通过平民制定法律,但此种情况多指制定公法而不是私法的情况。民众立法的方式于1世纪后期被废止。司法行政长官发布告示的权力在大法官法产生发展的过程中占有重要的地位,可以将这种权力看成是一种委托立法权。塞尔惠斯·朱利安于大约于130年公布其敕令之后,司法行政长官的这种权力即告终止。从罗马帝国初期开始,通过元老院咨询书对法律至少进行间接修改的做法日渐普遍。到2世纪中期,皇帝通过发布敕令、法令、法律解答信函来制定法律的权力得到承认。这一权力后来被更明确地加以认可,而不论皇帝的本意采取何种方式表达。查士丁尼制定了大量的法律,许多著名的法律收在他的五十法令集和后来的《新律》中。在西方,加洛林王朝的皇帝制定了大量法律,称为法规汇编。但从那以后立法观念逐渐衰退。

在联合王国(英国),英格兰从盎格鲁-撒克逊时期,苏格兰至少从12世纪起已有制定法。从那时开始,制定法便一直沿袭下来,但在很长一段时期内,一直被认为是对习惯法修改的附录。直到19世纪初期,由于受到边沁学说的强烈影响,某些部门法律,如税法和社会福利法,才主要地或完整地逐渐显示出制定法的重要性。在某些方面,如货物销售,现行习惯法一直是以制定法的形式得到重审。自亨利一世的自由宪章问世后,新的法律法规不断以宪章的形式出现,制定法的数量激增。到爱德华一世执政时期,制定法是由枢密院或贵族院制定。到14世纪,议会通过制定法更加普遍。国王命令议会为其法令提供根据,议会可请示国王制定某一方面的立法。然而到15世纪,出现由议会提出包含准备颁布的法案的做法。在亨利八世执政时期,制定法庞大且重要,它解决了最基本的问题,即教皇的至高无上的权力和英国国教的主导地位的问题。早在1504年,授权立法制度建立,到1563年,制定了一个法律合并法。重要的问题是制定法是否能有效地对被认为是基本法的法律进行改革。在中世纪,普遍认为制定法在教会的权力范围内无效。17世纪在科克的影响下,制定法违反自然法和基本法是无效的观点得到一些人的支持,但这个观点与宗教改革运动所进行的基本变革十分不一致(在这次变革运动中,确立了一个新形式的宗教——英国国教的主导地位)。直到18世纪,议会权力无限的近代理论才得到确认。

法律的解释问题很早就有人提出,但13世纪和14世纪的观点是有关法律包含的意思上的疑问,应由枢密院或议会来处理,因为法律是由它们制定,它们应该知道法律包含的意思是什么。14世纪,必须由法院解释法律的观点被接受,但开始法院采用的是任意解释的方式,不是从法律本身认真加以解释。到了15世纪和16世纪,法院开始研究法律规则的结构。到了18世纪,确立了法院的解释不受议会准备的材料和争议的影响的原则。

作为一种法律渊源,制定法长期以来一直是民法法系(欧洲大陆法系)国家的基本法律渊源,在这些国家中,法律的主要表现形式是法典,通过立法就某些方面制定补充条款。另外,在联合王国的判例法法系国家(英美法系,或称普通法系或海洋法系),判例法长期以来被视为主要的法律渊源。但是,19世纪末和20世纪所出现的大量的制定法改变了这种状况,法典在普通法系国家虽然不普遍,但是实际上,在法律的每一个领域内,重要的、实用的制定法的数量正在激增。在理论上,作为法律渊源,制定法比判例法和习惯法或其他形式的法更可取,通过制定法,可以制定明确的、容易理解的、普通适用的法律,这正好同难以接受的包含在各种判例中和判决依据中的法律陈述形成对照。在实践中,由于在一个法规中含有几个不同的主题,由于修改的多层次性,因而制定法通常是含糊的、难以理解的,且相互脱节并且不灵活,难以适应新情况,难以适应到具体案件中去。毫无疑问,制定法在取消或废除现行的相互抵触的规则,在设立法律规范一直很少或没有法律的领域的权力方面以及在所预见的情况未发生之前作出法律规定的能力方面优于其他法律渊源。

虽然法院的职能主要是适用法律,根据法律解决争议;但是必须承认,法官们作出的判决由于表现了他们行为的某些原则,其中含有先例理论和遵从先例原则理论,实际上起制定新的法律规则的作用。在赖兰诉弗莱彻和多诺诉史蒂文森的案件中,出现许多像制定法一样的新的法律规则。这种重要的由法院重新制定法律规则的情形有时被称为司法立法。

同样,执行或行政部门的职能亦是实施法律,而不是制定法律。但国家行政部门偶尔作出法律解释,发布通告、指示、规定等,以此来说明他们对某种情况下法律适用的看法,从而人们不得不得出以下结论:这些东西既是在解释法律,阐明其实施情况,又是在制定法律(行政立法)。[①]

前面引述的《牛津法律大辞典》关于"立法"释义中的司法立法和行政立法均是广义的立法。现代严格的狭义立法则仅指由国家立法机关(议会、国会、全国人大等)制定法律的活动或行为。

(二)立法的主体

现代严格的狭义立法主体仅指国家立法机关。单一制国家的立法主体仅指中央立法机关,如我国的全国人大和全国人大常委会、法国的议会(由国民议会和参议院组成)、日本的国会(由众议院和参议院组成);联邦制国家的立法主体既包括联邦立法机关,也包括联邦组成单位各州的立法机关。联邦的立法机关通常由两院组成,如俄罗斯的杜马和联邦委员会、美国的众议院和参议院、德国的联邦议院和联邦参议院等。

广义的立法主体首先还包括国家元首,例如,在我国,全国人大和全国人大常委会制定的法律必须由国家主席以"中华人民共和国主席令"公布;在美国,国会通过的法律须经总统批准签署(美国宪法规定:凡通过于众议院及参议院的法案,应于成为法律之前提交合众国总统。总统如批准该项法案,即应签署。否则应附异议书退还提交该项法案的议院。该院应将该项异议书详载于该院议事录,然后进行复议。经复议后,如该院三分之二议员同意通过该项法案,即应将该项法案连同异议书送交其他议院;该院亦应加以复议,如经该院三分之二议员认可,该项法案即成为法律……如法案提交总统后10日内未经总统退还,即视为已经总统签署,应将该项法案定为法律。唯国会因休会使该项法案不能退还时不在此限。遇有此种情形时,该项法案即不得成为法律)。其次,广义的立法主体还包括法院(司法立法的主体)和行政机关(行政立法的主体)。

最广义的立法主体还包括国际法的立法主体,如联合国、各种国际组织等国际公权力主体,以及社会软法的立法主体,如各种行业协会、基层群众性自治组织、社会公益团体、宗教组织等。

(三)立法的程序

关于立法程序,王世杰和钱端升合著的《比较宪法》一书认为有两种程

---

① 《牛津法律大辞典》对"立法"的上述释义虽然主要是以欧洲的立法制度及其历史演变为根据,但其关于议会立法、法院立法、行政立法的说法反映了现代立法的普遍趋势。

序:法案提出和法案讨论审议程序。在两院制国家,则有三种程序,多了一个两院协议的程序。①

各国政体不同,法案提出的程序亦有不同。在总统制国家(如美国),仅有议会议员享有提出法案的权力,行政机关无此权。而在议会内阁制国家(如英国),则议会议员和行政机关均享有此权。行政机关不仅是执法机关,而且参与立法。不仅如此,政府提出的法案往往要比议员提出的多得多。"例如英国将议会每星期中开会时间的大部分,划作政府提案的讨论时间,议员提案则每每是得不到讨论机会。"②

关于法案的讨论审议程序,各国宪法、议院及议会议事规则的规定很不一致。议院全院讨论审议有"三读制"与非三读制的区别。所谓"三读制",是指每个法案须经过三次诵读,始能投票表决。美英德等国均采此制。而在法国和意大利,一个法案则只需议会两次讨论审议。第一次叫"总讨论",第二次则为"逐条讨论"。不过,"三读制"与"两读制"并无重大区别,有的国家(如英国),初读只宣读法案的名称而不实际讨论;有的国家(如德国),一读二读为实际讨论,三读则直接进入投票表决。对于法案的审议,各国议会通常非常重视相关委员会的审查。委员会有常任委员会和非常任委员会之别。美法德议会设有各种常任委员会,分别对各种相应法案进行审查。英国不设美法德式的常任委员会,③遇有特殊必要时,方由议院临时设立一个特别委员会行使审查之责。因此,在美法等国,法案须经过委员会的审查才能进入议院的全面讨论审议。在英国,法案一般不须经委员会审查,议会以外的内阁可以操纵立法。在美法,能左右立法者为议会的常设委员会。法国虽为内阁制国家,但议会常设委员会的影响力却大于内阁,一般法案须先经常设委员会审查才能交付议院讨论。德国议会常设委员会的审查在议院全面讨论审议之后,故其影响力不及美法等国的常设委员会。

在大多数两院制国家,法案须经两院一致通过。但两院如果意见不能一致,就必须有一个相互协商达成协议的程序。这种程序通常有两种形式:一是

---

① 参见王世杰、钱端升:《比较宪法》,中国政法大学出版社 1997 年版,第 217~219 页。

② 王世杰、钱端升:《比较宪法》,中国政法大学出版社 1997 年版,第 217 页。

③ 英国虽也有所谓"常任委员会"(standing committee),但其是为代替全院委员会的一种组织,其职能与全院委员会相似,而与美法德式的常任委员会不同。

召开两院联席会议,由两院联席会议投票表决;二是由两院各推定若干议员,组成一个协调委员会,通过协调委员会达成协议,再提交两院各自投票表决。美国等多数国家均采用第二种形式,采用第一种形式的国家很少。

我国实行的是人民代表大会政体。只有全国人大和全国人大常委会享有狭义立法权(制定法律的权力)。根据《立法法》的规定,可向全国人大提出法案的主体有:全国人大主席团(可直接交付审议)、全国人大常委会、国务院、中央军委、最高人民法院、最高人民检察院、全国人大各专门委员会(这些主体提交的法案须由主席团决定列入全国人大会议议程)。另外,全国人大一个代表团或者30名以上代表联名,亦可向全国人大提出法律案(此种法案须由主席团决定列入全国人大会议议程,或者先交有关的专门委员会审议,提出是否列入全国人大会议议程的意见,再决定是否列入全国人大会议议程)。可向全国人大常委会提出法案的主体有:全国人大常委会委员长会议(可直接交付审议)、国务院、中央军委、最高人民法院、最高人民检察院、全国人大各专门委员会(这些主体提交的法案须由委员长会议决定列入全国人大常委会会议议程,或者先交有关的专门委员会审议,提出报告,再决定列入全国人大常委会会议议程)。如果委员长会议认为法案有重大问题需要进一步研究,可以建议提案人修改完善后再向常委会提出。另外,全国人大常委会组成人员10名以上联名,亦可向常委会提出法案(此种法案须由委员长会议主席团决定是否列入常委会会议议程,或者先交有关的专门委员会审议,提出是否列入常委会会议议程的意见,再决定是否列入常委会会议议程。不列入常委会会议议程的,应当向常委会会议报告或者向提案人说明)。

我国全国人大和全国人大常委会审议法案的程序亦为“三读”。即经全国人大常委会三次审议后再交付表决(应由全国人大通过的法律则交付全国人大表决):常委会第一次审议法案,在全体会议上听取提案人的说明,由分组会议进行初步审议;常委会第二次审议法案,在全体会议上听取宪法和法律委员会关于法律草案修改情况和主要问题的汇报,由分组会议进一步审议;常委会第三次审议法案,在全体会议上听取宪法和法律委员会关于法律草案审议结果的报告,由分组会议对法律草案修改稿进行审议。常委会审议法案时,根据需要,可以召开联组会议或者全体会议,对法律草案中的主要问题进行讨论。列入常委会会议议程的法案,各方面意见比较一致的,可以经两次常委会会议审议后交付表决;调整事项较为单一或者部分修改的法案,各方面意见比较一致的,也可以经一次常委会会议审议即交付表决。

现代立法程序不限于议会对法案的讨论、审议乃至辩论,还进一步扩大了社会公众、专家和各方面参与的科学、民主立法程序。根据我国《立法法》的规定,列入全国人大常委会会议议程的法案,宪法和法律委员会、有关的专门委员会和常委会工作机构须听取各方面的意见。听取意见可以采取座谈会、论证会、听证会等多种形式。法案有关问题专业性较强,需要进行可行性评价的,须召开论证会,听取有关专家、部门和全国人民代表大会等方面的意见。论证情况应向常委会报告。法案有关问题存在重大意见分歧或者涉及利益关系重大调整,需要进行听证的,须召开听证会,听取有关基层和群体代表、部门、人民团体、专家、全国人大代表和社会有关方面的意见。听证情况应向常委会报告。另外,常委会工作机构应将法律草案发送相关领域的全国人大代表、地方人大常委会以及有关部门、组织和专家征求意见。列入全国人大常委会会议议程的法案,应在常委会会议后将法律草案及其起草、修改的说明等向社会公布征求意见(但经委员长会议决定不公布的除外),征求意见的情况须向社会通报。①

三、行政行为

(一)行政行为的概念

在行政法学教科书和其他著作中,学者们对“行政行为”有多种不同的界定,其定义有最广义、广义、较广义、较狭义、狭义、最狭义之分。最广义的“行政行为”指公权力主体中的行政主体实施的所有行为,包括法律行为和事实行为;广义的“行政行为”仅指行政主体实施的所有法律行为,包括行政主体实施的行政法律行为和民事法律行为(不包括事实行为);较广义的“行政行为”仅指行政主体实施的所有行政法律行为(不包括民事法律行为);较狭义的“行政行为”则仅指行政主体实施的外部行政法律行为(不包括内部行政法律行为);狭义的“行政行为”只包括行政主体实施的外部单方行政法律行为

---

① 参见《立法法》第二章第二节“全国人民代表大会立法程序”和第三节“全国人民代表大会常务委员会立法程序”。

(不包括行政合同、行政协议行为);最狭义的“行政行为”更是只包括行政主体实施的具体行政行为(不包括抽象行政行为)。本书“行政行为”在大多数场合用其狭义,但有时也会用其较广义,即包括抽象行政行为和行政合同行为。

在行政法学中,行政行为仅指国家行政主体及其工作人员或者行政主体委托的组织或个人实施的产生行政法律效果的行为。① 首先,行政行为的主体是行政主体。根据我国《行政诉讼法》第2条的规定,行政行为包括行政机关和行政机关工作人员作出的行政行为以及法律、法规、规章授权的组织作出的行政行为。这里的行政机关和法律、法规、规章授权的组织均是行政主体,相应行政行为均以其名义作出,并由其对该行为负责。这里的行政机关工作人员并非行政行为的主体而只是行政行为的实施者,行政机关工作人员是以行政机关的名义作出行政行为,并由行政机关对其行为负责。行政行为的实施者除了行政机关工作人员以外,还包括法律、法规、规章授权组织的工作人员以及行政机关委托的组织及其工作人员。

其次,行政行为是指行政主体作出的产生法律效果的行为,即行政主体的相应行为能对作为行政相对人的个人、组织的权利、义务产生影响,这种影响可能对行政相对人是有利的(如颁发证照、发给抚恤金等),也可能对行政相对人是不利的(如行政处罚、行政强制等)。行政主体对相对人实施的某些行为有些并不直接产生法律效果,也不具有强制执行力,如行政事实行为,行政事实行为在行政管理中有重要意义,行政法学也需要加以研究,但它们不属本章“行政行为”的范畴。

最后,行政行为是指行政主体实施的产生行政法律效果的行为,即行政主体的行为所引起的关系是行政法律关系而非民事法律关系或其他法律关系。行政主体的大量行为是行政性的,是依行政职权实施的,故其产生的关系属于行政法律关系。但是行政主体的有些行为并不具有行政性质,也非依行政职权而为,如行政机关购买办公用品的行为、雇用外部人员修理办公设备的行为等。这些行为虽然也会产生法律效果,引起相应的权利、义务关系,但是此种

---

① 在公法学中行政行为的主体除了国家行政主体外,还应包括社会行政主体和国际行政主体。但本章主要讨论国家行政主体实施的行政行为。

法律效果和权利、义务关系均是民事性质的,属于民法调整的范畴,不是行政行为。

此外,行政行为一般指行政主体对外实施的产生行政法律效果的行为,即行政主体对外部行政相对人实施的,影响其权利、义务的行为,而不包括行政主体的内部行为,如上级行政机关对下级行政机关的命令、指示行为,行政机关对其工作人员的任免、工作分配、调动等行为(当然,这些行为属于广义的行政行为)。

行政行为是行政主体实施的产生行政法律效果的行为,但是这并不意味着行政行为都是合法的行为。行政主体对行政相对人实施的违法侵权行为同样产生行政法律效果——侵犯相对人的合法权益,相对人从而可对之依法申请行政复议和提起行政诉讼。因此,行政违法侵权行为同样是行政行为。

行政行为相对于民事行为和其他国家机关的行为,主要具有下述四项特征:

其一,公务性。行政行为不同于企业和其他经济组织的行为,后者的行为是以营利为目的。行政行为是公务行为,是为社会提供"公共物品",为全体国民提供公共服务的行为。这种行为对相对人通常是无偿的、不收费的;因为行政机关的运作费用和行政工作人员的工资、福利都是国家财政开支的,而国家财政是由全体纳税人纳税维持的。当然,行政机关实施的某些行政行为是要收费的,如行政机关颁发有关自然资源开发、利用等一类许可证即要收取一定费用。但这一方面是出于管理的目的,另一方面是出于保障国家资源让人民共享的目的,而非为营利的目的。从整体上说,行政行为的公务性决定了其无偿性。

其二,从属法律性。行政行为是执行法律(广义的法律)的行为,从而必须依据法律,从属于法律。任何行政行为的作出必须有法律根据,依法行政是民主和法治的基本要求。行政机关及其工作人员是人民的公仆,必须根据体现人民意志和利益的法律行事。行政行为不同于立法行为:立法行为是创制法律规范,行政行为是执行法律规范。行政机关虽然也可以创制行政性规范(行政立法),但行政性规范(不论是行政规章,还是行政法规)只是从属性规范,是为执行法律规范而制定的规范。行政立法不是严格意义的立法行为,它只是一种准立法行为,一种从属性的立法行为。行政行为也不同于公民个人、组织的行为。公民个人、组织不是其每一项行为都要有法律根据。法治对公民个人、组织的要求是不违法,不做法律禁止其做的事情,“法无禁止则可为”。而行政机关则不同,法治对行政机关的要求是依法行政,“法无授权不可为”。

其三,裁量性。行政行为虽然必须依法而行,必须有法律根据,但法律没有也不可能将行政行为的具体内容都予以严密地规范。行政机关不能只是机械地按照法律预先设计的具体路线、途径、方式行事,不能有任何自己的主动性参与其间;而是应有一定自行选择、裁量的余地。行政行为的裁量性是相对于司法行为而言的。司法行为虽然也有一定的自由裁量因素,但其裁量的范围、幅度不及行政行为。因为司法行为主要是针对过去,裁决的是当事人之间已经发生了的争议案件,法律应该并可以对其裁判标准、方式等尽量规定得明确、具体、详尽,不给法官留下过于宽泛的裁量余地。行政行为则不同,其行为主要是针对未来,特别是行政机关制定法规、规章,发布行政规范性文件,更多是就未来的事项作出规定,从而不能不具有更多的自由裁量因素。

行政行为的自由裁量性与从属法律性不是截然对立的,而是矛盾的对立统一。自由裁量不是无限制地自由裁量,而是在法律、法规范围内的裁量;从属法律也不是机械地执行法律、适用法律,而是充分运用其主观能动性,紧紧地把握相应法律、法规的立法目的,积极地、灵活地执行法律,适用法律,使立法目的得到最佳实现。

其四,强制性。行政行为是行政主体代表国家,以国家名义实施的执法行为。根据行政法的原则,行政主体为行使其管理职能,享有相应的管理权力和管理手段。行政主体行使职能的行为如遇到障碍,在没有其他途径克服障碍时,可以运用其行政权力和手段,包括运用行政强制手段,以消除障碍,保障其行政执法目标的实现。在现代社会,行政主体执法行为的实施大多不需要借助于行政强制手段,通过行政强制手段执法的数量是很少的。根据现代民主的要求,行政主体实施行政执法,要尽可能减少强制性,尽可能取得相对人的配合和协作,对相对人的人格尊严予以充分的尊重。行政执法的强制只是行政执法目标实现的一种潜在的保障。

(二)行政行为的效力

行政行为的效力是指行政行为成立后对行政相对人、行政主体本身以及所有其他组织、个人所具有的法律上的效力,主要包括公定力、确定力、拘束力和执行力。

行政行为的公定力指行政行为一经作出,除非有重大、明显的违法情形,即假定其合法有效,任何机关、组织、个人,未经法定程序,均不得否定其法律效力。行政行为的公定力是对世的,即此种效力不仅及于行政相对人和行政主体本身,而且及于其他任何机关、组织和个人。其他任何机关、组织和个人在其行为或活动中,都要尊重相应的行政行为,不得违反和不得作出与之相抵触的行为。国家权力机关可以对行政行为进行监督,可以依法撤销违法的抽象行政行为;人民法院在行政诉讼中也可对行政行为进行监督,可以依法撤销违法的具体行政行为;上级行政机关可以对下级行政机关的行政行为进行监督,可以撤销下级行政机关任何违法的、不当的抽象或具体行政行为。但是,无论是国家权力机关,还是人民法院,或者是上级行政机关,对于未依法定程序撤销(包括废止、宣布无效)的行政行为,都不得否定其效力。

行政行为的确定力是指行政行为作出后,除非有重大、明显的违法情形,即发生法律效力,行政主体本身非经法定程序不得变更、撤销或废止;行政相对人超过行政复议和行政诉讼期限后,不得对该行为申请行政复议或提起行政诉讼;即使在复议、诉讼期间,相对人非经法定程序,亦不得停止对该行为确定的义务的履行。行政行为的确定力主要是针对行政主体本身的,它的目的主要在于防止行政主体反复无常,任意变更、撤销、废止其已作出的行政行为,导致对行政相对人权益的损害。行政行为的确定力对于维护相对人对行政行为的信任是很重要的:如果行政主体作出行政行为后又随时变更,相对人的权利、义务就会时时处于不稳定状态。这样,他们就会对其合法权益失去安全感、稳定感。另外,这对于国家和社会利益也是很不利的。

当然,行政行为的确定力是一种相对的确定力,而不是绝对的确定力。因为行政行为作出后,除非有重大、明显的违法情形,即在法律上假定其合法。但是,这种假定在法定的期限内是可以以一定事实和证据推翻的。行政相对人如在法定期限内认为相应的行政行为违法,可以通过行政复议和行政诉讼途径要求撤销或改变。行政主体或行政主体的上级行政机关如发现相应的行政行为违法或不当,任何时候都可依法定程序撤销或改变。不过,相应行为的违法或不当如果不是因行政相对方的过错造成的,行政主体对撤销、改变原行为给相对人造成的损失应予以赔偿或补偿,原行为已赋予相对人的权益一般不得再收回。在某些情况下,行政行为的违法或不当如不是很严重,撤销或改变相应行为又可能给相对人造成重大损失,根据信赖保护原则,行政主体可以(或应该)不撤销、改变原行政行为。当然,相应行为的违法或不当如果是因为行政相对人的过错(如提供虚假材料)造成的,那么,行政主体不仅应撤销、改变相应行为,而且还要收回行政相对人因相应行为已获得的利益、好处。原行为如给国家、社会利益造成了损失,行政相对人还要对此种损失予以赔偿。

行政行为的拘束力是指行政行为生效后,作为行政相对人的所有个人、组织都要受该行为的约束,履行该行为确定的义务,不得作出与该行为相抵触或违反该行为有关要求的行为。首先,行政行为的拘束力及于行为的直接对象。例如,行政主体命令某公司停业整顿,该公司即不得再行开工营业;行政主体已禁止某组织举行集会、游行,该组织即不得再组织集会、游行;行政主体查封某个人的财产,该个人即不得拆封启用该财产等。其次,行政行为的拘束力也可能及于行政行为非直接对象的个人、组织。例如,行政主体发给某饮食店营业执照和有关许可证,批准其从事饮食业,其他任何个人、组织即不得阻止、妨碍或破坏其进行营业;行政主体依法冻结、划拨某公司的存款、账户,有关金融机构就应予以配合,不得让该公司再支取相应款项,并将应划拨的款项划拨给指定的组织或个人等。

行政行为的拘束力不仅及于作为行政相对人的个人、组织,同时也及于行政主体本身。行政主体对于自己作出的行政行为,无论是规定相对人义务的行为,还是授予相对人权益的行为,都要保证其实现。特别是授益行政行为,行政主体更应受其拘束。此外,行政行为的拘束力也及于处在行政相对人地位的国家机关及其工作人员。任何国家机关及其工作人员,无论其地位和职位多高,当其处在相应行政领域时,都要受相应领域行政行为的约束,除非其依法享有相应的豁免。例如,交通运输部部长或公安部部长骑自行车或驾驶汽车在公路上、街道上行驶时,要同其他骑车人或司机一样服从交通民警的指挥;在北京市的中央国家机关在市内进行有关活动时,同样要遵守北京市的有关规定,北京市的有关行政管理行为同样对其有拘束力。在这些场合,任何国家机关或国家机关领导人实际上处于行政相对人的地位。当然,有关国家机关根据法律授权,依法撤销、改变有关行政主体作出的行政行为时,相应国家机关是处于行使国家权力的地位,而不再是处于行政相对人的地位。

行政行为的执行力是指行政行为生效后,行政相对人必须自觉履行相应行为为之确定的义务。如其拒绝履行或拖延履行,相应行政主体可以依法采取强制措施,强制相对人履行;如相应行政主体不具有采取某种强制措施的法定权力,该行政主体可以依法申请人民法院强制执行。

行政行为的执行力不仅及于行政相对人,也及于行政主体本身。行政主体作出某种行政行为,行政相对人可能直接或间接从中取得某种利益。如果行政主体在之后不采取措施保障相对人的利益得以实现,行政相对人既可以申请行政主体履行自己的行政行为,也可以通过行政复议或行政诉讼途径,请求行政复议机关或人民法院责令行政主体履行自己的行政行为。

行政行为的执行力是与拘束力紧密相连的。一方面,拘束力是执行力的前提,行政主体作出的没有拘束力的行为不可能强制执行。只有其行为具有了拘束力,当事人才必须履行相应行为所确定的义务;在当事人不履行时,行政主体才能对之予以强制执行。另一方面,执行力是拘束力的保障。行政行为如果没有强制执行力,其拘束力就是一句空话。诚然,绝大多数行政相对人不是因行政行为具有强制执行力才履行行政行为为之确定的义务,他们履行义务是出于他们的理性和道德自觉。但是,行政行为如果没有强制执行力,确会有一些个人、组织拒不履行其应履行的义务,使相应行政行为所欲达到的行政管理目标落空。很显然,行政行为的拘束力必须以执行力为保障,行政行为的执行力始终潜在于行政行为之中。

(三)行政行为的程序

行政行为的程序(简称行政程序)对于保证行政行为的公正、准确和效率均有重要意义。行政程序主要体现和反映于下述制度:

1. 职能分离制度。指行政机关将内部的某些相互联系的职能加以分离,使之分属于不同的机构或不同的工作人员掌管和行使。例如,法律在规定行政机关对相对人实施行政处罚的行为时,将调查控告职能与作出处罚裁决的职能分离,负责调查违法行为事实和提起指控的机构或工作人员不能作出行政处罚裁决,负责作出行政处罚的机构或工作人员不能行使调查违法行为事实和提起指控的职能。职能分离制度最先源于英国的自然正义原则,该原则要求任何与争议有利害关系的人不得参与争议的裁决。美国《联邦行政程序法》第557条规定,为行政机关履行调查和起诉职责的官员或其代表不得参与该案或与此案事实上有联系的案件的裁决,对这类案件亦不得提供咨询性意见或建议性裁决。我国过去仅在司法领域实行职能分离制度,直到20世纪90年代才将这一制度引入行政领域。1996年第八届全国人大第四次会议通过的《行政处罚法》在规定处罚的听证程序和执行程序时确立了职能分离制度,规定行政处罚案件的调查人员不得主持行政处罚的听证程序;作出罚款决定的行政机关应当与收缴罚款的机构分离;除某些当场处罚外,作出行政处罚决定的行政机关及其执法人员不得自行收缴罚款。① 职能分离制度的主要价值在于:其一,建立权力制约机制,防止行政机关及其工作人员腐败和滥用权力;其二,防止执法人员的偏见,保证行政决定公正、准确;其三,有利于树立行政机关在公众心目中的公正形象和消除公众对行政机关偏私的疑虑。

2. 不单方接触制度。指行政主体在处理某一涉及两个或两个以上有利益冲突的当事人的行政事务或裁决他们之间的纠纷时,不能在一方当事人不在场的情况下单独与另一方当事人接触,听取其陈述,接受和采纳其证据等。不单方接触制度主要适用于行政裁决行为。例如,美国《联邦行政程序法》第554条规定,行政机关进行行政裁决应为所有利害关系的当事人提供机会,使他们能提出和研究各种事实、证据和解决办法;主持接收证据的公职人员不得向某个当事人就有争议的事实单独征询意见,如需征询意见,必须向各方当事人发出通知,使所有当事人都有机会参加。除行政裁决外,在行政机关实施行政许可行为时,如两个或两个以上的当事人为取得同一事项的有竞争性的许可证而向行政机关同时提出申请时,行政机关应为之举行听证,同时听取各方当事人的申请理由和接受、审查其证据,而不能单独与其中的一方当事人接触。不单方接触制度有近似于职能分离制度的价值。职能分离制度是通过行政机关内部分权而对其权力行使进行制约;不单方接触制度则是通过分隔行政机关与外部当事人的不合理联系而对其权力行使进行制约。该制度的目的在于:其一,防止行政机关及其工作人员与一方当事人进行私下交易而导致行政腐败;其二,防止行政机关及其工作人员受一方当事人不实或情绪化陈述及虚假或片面性证据的影响而形成偏见,导致对其他当事人的不利,损害其他当

---

① 分别参见《行政处罚法》(1996年)第42条和第46条。

事人的合法权益；其三，维护行政机关在各方当事人心目中的公正形象，减少其对行政决定公正性的疑虑。

3. 回避制度。我国《公务员法》和有关法律、法规规定了回避制度[①]。《公务员法》要求公务员在执行公务时，如相应事项与本人有利害关系、法定亲属关系（夫妻关系、直系血亲关系、三代以内旁系血亲关系以及近姻亲关系）或者其他关系可能影响公正执行公务的，不得参与该事项的处理，以及要求具有法定亲属关系的公职人员不得在同一机关担任双方直接隶属于同一领导人员的职务或有直接上下级领导关系的职务，也不得在其中一方担任领导职务的机关从事某些特定工作，如组织、人事、纪检、监察、审计和财务工作等。我国《公务员法》还要求担任乡级机关、县级机关及其有关部门主要领导职务的公务员实行地域回避。[②] 国外大多通过行政程序法规定回避制度。例如，奥地利《行政程序法》第7条规定，行政人员执行公务有下列情形者，应自行回避并请求代理：（1）本人、配偶、血亲、姻亲之尊卑亲属，同祖兄弟姊妹或其他更近之血亲或同等之姻亲参与之案件；（2）养父母或义父母、养子女或义子女、被监护人或责任抚养人之案件；（3）曾为一方当事人之授权代理人或尚在代理中之案件；（4）如有其他重要理由存在，足以怀疑其完全公平性时；（5）在诉愿中，曾参与被声明不服之下级官署的裁决者。其他国家，如日本、西班牙、德国、葡萄牙等的行政程序法亦有类似的回避规定。回避制度的主要价值在于防止偏私，保障公正，既保障实体的结果公正，又保障程序的形式公正。因此，回避制度是行政程序的一项基本制度，在各国行政程序法中有普遍的规定。

4. 告知制度。指行政主体作出影响行政相对人权益的行为，应事先告知相对人该行为的内容，包括行为的时间、地点、主要过程，作出该行为的事实根据和法律根据，相对人对该行为依法享有的权利等。告知制度通常只适用于具体行政行为，对于抽象行政行为则适用信息公开制度。此外，告知制度主要为具体行政行为的事前程序，行政机关对事中、事后程序中有需要告知相对人的事项，自然也应告知。但是有关行政行为基本内容及行政根据的重要事项，必须事前告知。告知可采用书面形式，也可采用口头形式，但对于重要事

---

① 其他法律如《行政处罚法》（2021年）第43条、《行政许可法》第48条等。

② 参见《公务员法》第74～78条。

项的告知,一般应采用书面形式。如事后相对人与行政主体对是否告知发生争议,行政主体应负举证责任。许多国家的行政程序法均规定了告知制度。如葡萄牙《行政程序法典》第 55 条规定,由行政主体依职权实施可能损害相对人权益的行为,应事先告知相对人,告知应包括程序的实体内容、程序的开始日期、进行程序的部门与程序标的。日本《行政代执行法》第 3 条规定,行政机关拟作出代执行处分,必须事先以文书告知相对人代执行的宗旨,相对人仍不自行履行义务时,应向相对人发出代执行令书,告知其代执行的时间、执行负责人的姓名以及代执行的费用概算。我国《行政处罚法》(2021 年)也明确规定了告知制度。该法第 44 条规定,行政机关在作出行政处罚决定之前,应告知相对人拟作出的行政处罚内容及事实、理由、依据,并告知相对人依法享有的陈述、申辩、要求听证等权利。告知制度的主要价值在于:其一,尽可能防止和避免行政主体违法、不当行政行为的发生,给相对人权益造成既成的不可弥补的损害。相对人事前得到行政主体将采取某种行为的信息,如认为其违法、不当,就可能依法采取措施,阻止其行为的发生。其二,有利于减少行政行为的障碍和阻力,保证行政行为的顺利实施。许多行政行为的实施,如征税、征收财产、强制拆迁等,均需相对人的一定配合,事前告知相对人,可使之有一定准备,以便减少行政行为实施的困难。其三,事前告知也体现了行政主体对相对人利益和人格的尊重。

5. 听取陈述、申辩和听证制度。听取陈述、申辩和听证制度是与告知制度紧密衔接的一项行政程序制度。行政主体拟实施一定行政行为,在告知相对人后,相对人可能认为相应行为违法、不当,根本不应实施该行为;也可能认为相应行为虽应实施,但所持事实、法律根据不当;或者认为行政行为虽不存在瑕疵,但对行为实施的时间、地点、方法有所建议和要求。无论属何种情况,行政主体都应认真地听取相对人的意见,并加以认真地、充分地考虑,如其意见合理、适当,则应予以采纳;如其意见不合理、不适当,虽不应予以采纳,但应向相对人予以解释、说明。行政主体听取相对人的陈述、申辩一般应记录在案,以作为行政复议和司法审查的证据。行政主体为拟实施的行政行为举行的听证必须有正式的笔录,听证笔录应作为最终作出行政行为的根据。在现代行政程序制度中,听取陈述、申辩和听证制度是一项较常见的制度,许多国家的行政程序法或其他行政管理法均规定了这一制度。如德国《行政程序法》第58条规定,行政机关作出涉及当事人权利的行政行为,应给予当事人陈述与相应行为有关的重要事实的机会。日本《行政程序法》第13条规定,行政机关作出对相对人不利的处分时,应依法履行让相对人陈述意见的程序。我国《行政处罚法》(2021年)第44条和第45条规定,行政机关对相对人实施行政处罚,相对人有权进行陈述和申辩,行政机关必须认真听取,对相对人提出的事实、理由和证据,应进行复核,经复核认为成立的,应予采纳。第45条第2款还规定,行政机关不得因当事人申辩而加重处罚。第63条规定,行政机关作出下述行政处罚决定之前,应告知当事人有要求举行听证的权利,当事人如要求听证,行政机关应当组织听证:(1)较大数额罚款;(2)没收较大数额违法所得、没收较大价值非法财物;(3)降低资质等级、吊销许可证件;(4)责令停产停业、责令关闭、限制从业;(5)其他较重的行政处罚;(6)法律、法规、规章规定的其他情形。听取陈述、申辩和听证制度的主要价值与告知制度的价值基本相同:其一,在于保证行政决定的正确性,尽量避免行政错误的发生;其二,在于保护相对人的权益;其三,在于尊重相对人的人格尊严。听取陈述、申辩和听证制度是告知制度价值实施的保障,没有听取陈述、申辩和听证制度,告知制度在很大程度上就会失去意义。

6. 记录和决定制度。指行政主体作出影响行政相对人权益的行为,其过程应有记录,其最终形成的意见表示应有书面决定,并送达相对人。例如,我国《行政处罚法》(2021年)明确规定,行政机关为实施行政处罚而进行检查、调查、举行听证等均应制作笔录;最后决定对当事人给予处罚,必须制作行政处罚决定书,并送达当事人。① 国外境外一般通过行政程序法对记录和决定制度作出明确规定。例如,西班牙《行政程序法》规定,凡属下列情形:(1)限制相对人权利的行为;(2)处理提出诉愿的行为;(3)与以前行政行为不一致的行为;(4)由法律规定的行为;(5)成为诉愿对象的行为的中止协议,行政机关必须制作记录。即使行政机关以口头方式行使职权(非作出裁决),如有必要,亦应由口头接受的下级机构作出书面记载并签字。② 我国《澳门行政程序法典》规定,行政机关对于私人向其提出属其权限之所有事项,有作出决定之

---

① 参见《行政处罚法》(2021年)第59~61条。

② 参见西班牙《行政程序法》第41~43条。

义务。[①] 记录和决定制度的主要价值在于：其一，保证行政行为的严肃性、稳定性，防止行政机关朝令夕改，反复无常，损害相对人的权益。其二，为行政复议、行政诉讼等行政救济制度提供顺利进行的条件。主要由行政记录和决定等构成的行政程序案卷是行政复议、行政诉讼证据的基本来源。其三，规范化的行政程序记录与行政决定书本身体现现代行政的文明，是行政现代化的标志。

7. 说明理由制度。指行政主体作出涉及相对人权益的决定、裁决，特别是作出对相对人权益有不利影响的决定、裁决，必须在决定书、裁决书中说明其事实根据、法律根据或行政主体的政策考虑。除了具体行政行为以外，行政机关在制定行政法规、规章或发布其他规范性文件时，在可能的条件下，也应在有关政府公报中说明其事实和法律根据。我国《行政处罚法》《行政许可法》《行政强制法》等许多单行法律、法规均规定了说明理由制度。许多国家和地区通过行政程序法明确规定说明理由制度，如德国《行政程序法》第39条规定，行政机关的书面行为或书面确认的行为，得书面说明理由。行政机关应说明其决定所考虑的事实上和法律上的主要理由。行政机关在裁决中，亦得说明其进行裁量时所持的观点。日本《行政程序法》第14条规定，行政机关作出对相对人不利处分时，应向相对人说明有关处分的理由。葡萄牙《行政程序法》第124条规定，行政机关作出行政行为，法律规定应说明理由的，应说明理由，对于下列行为，不论法律有无规定，均应说明理由：(1)以任何方式全部或部分否认、消灭、限制或损害相对人的权利或受法律保护的利益，课予或加重义务、负担，或给予处罚；(2)对相对人声明异议和申诉作出决定；(3)作出与相对人要求、建议相反的决定；(4)作出不同于惯常做法的决定；(5)废止、变更或中止以前的行政行为。其他国家的行政程序法，如荷兰的《基本行政法典》第31条、西班牙的《行政程序法》第43条等亦明确规定了说明理由制度，法国还制定了专门的《行政行为说明理由法》。说明理由制度的主要价值在于：其一，体现对相对人权利和人格的尊重；其二，使相对人明了行政行为的根据、理由，以便于相对人理解相应行为和配合相应行为的实施；其三，体现现代行政文明，有利于树立政府的文明形象。

8. 时效时限制度。指行政主体实施行政行为，特别是涉及相对人权益的

① 参见《澳门行政程序法典》第11条。

行为,法律、法规要对之确定明确的时间限制。如对行政主体实施行政许可行为,法律法规要规定其申请的时效、审查的时限、决定的时限、送达的时限等;对行政主体实施行政处罚或行政处分时,法律法规要为其规定调查相对人(外部相对人即公民、法人和其他组织,或内部相对人即公务员)违法行为的时效,审查违法违纪事实、证据或听证的时限,作出处罚、处分决定的时限,向相对人送达处罚、处分决定书的时限,执行的时限等。例如,我国《行政处罚法》(2021年)许多条款均有时效、时限规定,如第36条规定行政机关追究违法行为的时效为2年或5年(涉重大违法);第56条规定行政机关对调查检查中登记保存的证据作出处理决定的期限为7日;第61条规定行政机关向作出处罚时不在场的当事人送达行政处罚决定书的期限是7日等。我国《澳门行政程序法典》共176条,其中有时效、时限、期间规定的即有40条①,可见时效时限制度在行政程序法中的重要地位。时效时限制度的主要价值在于:其一,保障行政行为及时作出,避免因行政行为的拖延耽搁造成对相对人权益的损害;其二,防止和避免官僚主义,提高行政效率;其三,督促行政主体及时作出行政行为,防止因时间拖延而导致有关证据散失、毁灭,或环境、条件变化,影响行政行为作出的准确性;其四,有利于稳定行政管理秩序和社会秩序。

四、司法行为

(一)司法的概念

严格意义的"司法"仅指作为国家公权力主体的司法机关(国家法院)受理、审理和裁判各种争议、纠纷案件(主要包括刑事案件、民事案件和行政案件等)的活动,广义的"司法"还包括检察机关、公安(警察)机关等国家机关侦查犯罪和对犯罪嫌疑人采取刑事强制措施、检察机关向法院提起公诉的活动。最广义的司法还包括作为社会公权力主体和国际公权力主体裁决争议、纠纷的活动,如民间仲裁、国际仲裁、国际刑事法院审理国际刑事案件、世贸组织专家委员会裁决世界贸易纠纷案件等活动。

---

① 参见《澳门行政程序法典》第10条、第16~18条、第20条、第22条、第31条、第43条、第50条、第55条、第57~58条、第62条、第64条、第66条、第68条、第70~72条、第76条、第88~91条、第96条、第98条、第108~109条、第112~113条、第118条、第122条、第136条、第141~142条、第144条、第147条、第150~151条、第154条。

《法学大辞典》对“司法”(judicature)有一个简单的释义,指司法主管机关对法律的运用、解释和依照法律对民事、行政、刑事案件进行审理、判决并以此为目的而进行的活动。①

《牛津法律大辞典》没有设“司法”词条而设了一个“司法职能”(judicial function)的词条,其释义是:政府(广义的“政府”,指国家公权力主体)的主要职能之一,包括查明事实,确定与之有关的法律,以及就事实适用有关的法律,即对权利主张、争论和争议加以判断。司法职能还包括行使重要的自由裁量权,如在判刑或授权救济方面。司法职能主要是判定性的,即裁决争端,而不是就所适用的法律,或在某一特定案件中就某一许可的或适当的诉讼程序提出建议。司法职能通常交给由一个或多个具有法定资格的人组成的法庭来行使,但也会交由非法律专业人员或大臣们来行使(这里主要指英国枢密院司法委员会行使司法职能的情形)。②

(二)司法的主体

狭义的司法主体(司法机关)仅指法院。广义的司法机关还包括对犯罪行使侦查职能,对犯罪嫌疑人行使公诉职能的检察机关和公安(警察)机关等国家机关。最广义的司法机关还包括裁决社会争议、纠纷和国际争议、纠纷的民间仲裁机构、国际仲裁机构、国际法院等。

《法学大辞典》对“司法机关”(judicial organ)的释义是:行使国家司法权的机关。资本主义国家通常指法院,并宣称司法独立,以表明三权分立。在中国,有广义和狭义的不同理解。狭义上讲,人民法院、人民检察院依法独立行使审判权、检察权等司法权力,是代表国家专门行使司法权的机关。广义上讲,除人民法院、人民检察院外,负责对大量刑事案件的侦查、拘留、预审的公安机关、国家安全机关,负责执行刑事判决、裁定的劳动改造机关及对其实行管理的司法行政机关都可称为司法机关。③

《牛津法律大辞典》对作为司法机关的“法院”(court)有一个详细的释义:法院最初是国王或大领主的宫殿或宅邸,国王或大领主同其作为朋友和顾

---

① 参见周振想主编:《法学大辞典》,团结出版社 1994 年版,第 374 页。

② 参见[英]戴维·M. 沃克:《牛津法律大辞典》(中文版),北京社会与科技发展研究所组织翻译,光明日报出版社 1988 年版,第 485 页。

③ 参见周振想主编:《法学大辞典》,团结出版社 1994 年版,第 375 页。

问的随从或邑从住在这里。例如,圣·詹姆斯法院,这个名称被转换指以君主或领主名义的个人或集体行使司法职能的人,也指进行审判的地方。在现代意义上,法院同样是指有权按照法律原则审理和裁决纠纷的个人或团体。而裁判依据契约或当事人志愿提交其公断裁决者,如仲裁人、法纪团体、会所委员会、工会等。严格地说,这都不是法院,因为它们并不是强制或依法律权威来实施管辖权。不能因为一个人或一个团体必须审查证据,公平不倚地作出裁决或其要服从上诉,该个人或团体就是法院。法院的职能是对争议作出裁判,对申请者提出的诉讼请求(如收养子女,施以惩罚、罚款和其他制裁,对侵权人判处赔偿等)作出是否满足的认定。在实施这些职能的过程中,法院要遵循法律、解释法规等。

当代各国对法院有各种分类:其一,分为民事法院与刑事法院。前者处理两个或两个以上当事人对诸如下列事项的纠纷,如违反契约、商业纠纷、损害赔偿责任、财产权利、家庭纠纷等。后者是处理控告他人的案件,通常是由一个代表国家或公共利益的人提出,控告被控告人违反国家、社会制定的行为规则。如被控有盗窃行为的人被认定有此罪行,即要被判监禁或罚金等刑罚惩罚。其二,分为普通管辖权法院与专门管辖权法院。前者为审理各种普通民、刑事案件的法院,后者为仅可审理法律所规定或限定的特定案件的法院(法庭),如宗教法庭、军事法庭、商事法庭、工业法庭、劳动法庭、遗嘱检验法庭、少年法庭、交通法庭等。其三,分为上级法院与下级法院。前者审理重大复杂的案件,后者审理较轻的和普通的案件,其管辖权受到一定限制,如管辖限一定价值额以下案件,刑事判决限一定刑罚以下惩罚。此外,“下级法院的法官可以是外行、业余法官或没有法定资格”。[①] 其四,分为初审法院与上诉审法院。前者审查案件证据,裁决事实,适用法律和作出判决;后者审查不服初审法院判决的上诉,可以修改或改变初审法院的判决,可以对案件进行重新审理,可以仅审查案件所涉法律问题,可以只依下级法院的笔录进行审判,可以径依下级法院认定的事实和适用的法律作出判决。在有的国家,上诉法院设有多级,上诉人对下一级上诉法院的判决不服可以再上诉到上一级上诉法院。

---

① [英]戴维·M.沃克:《牛津法律大辞典》(中文版),北京社会与科技发展研究所组织翻译,光明日报出版社1988年版,第218页。

在联邦制国家,法院体系和分类更为复杂。在美国,联邦和州各有自己的法院体系,各有自己的最高法院,分别管辖属于联邦宪法、法律授权管辖的案件、州际争议案件和州宪法、法律授权管辖的案件。在加拿大和澳大利亚,各省、州法院和最高法院均处理涉联邦和州法律争议的案件,均可判决中央政府与省、州当局之间的争议案件和省、州之间的争议案件。①

(三)司法程序

严格的和狭义的司法程序主要指诉讼程序,包括刑事诉讼程序、民事诉讼程序和行政诉讼程序。刑事诉讼程序又包括犯罪侦查程序、对犯罪嫌疑人采取刑事强制措施程序、预审程序、提起公诉程序、审理判决程序和对判决的执行程序。民事诉讼程序和行政诉讼程序则包括当事人起诉和法院受理程序、审理判决程序和对判决、裁定的执行程序。较广义的司法程序还包括审判监督程序。最广义的司法程序还包括社会仲裁程序和国际仲裁、国际司法程序。本章研究的司法程序仅指狭义的国家司法程序。

相对于立法程序和行政程序,司法程序主要具有下述特征:

1. 独立性。司法程序因为要裁决双方当事人的争议和纠纷,故特别要求裁判者独立,不受争议和纠纷当事人以及其他人的影响,尤其是不受执掌公权力的机关、组织和个人的干预。我国《宪法》第 131 条规定,人民法院依照法律规定独立行使审判权,不受行政机关、社会团体和个人的干涉。我国刑事诉讼法、民事诉讼法和行政诉讼法亦均有类似规定。

2. 被动性。司法程序不同于立法程序和行政程序,前者具有不告不理的被动性,而后两者均具有主动性。就立法程序而言,公民个人和团体虽然可以向立法机关提出立法建议,但立法建议不是启动立法程序的先决条件。行政程序中虽然有部分行政行为(如行政许可行为)的程序是应相对人申请(被动)进行的,但大量的行政行为(如治安管理行为、市场监管行为等)程序是行政主体主动依职权启动和进行的。而法院的诉讼程序则不同,必须有当事人提起诉讼,相应程序才能启动和进行。这对于民事诉讼和行政诉讼自不待言,即使是刑事诉讼,也必须有检察机关提起公诉或当事人提起自诉,相应程

---

① 以上关于法院分类的介绍参见[英]戴维·M. 沃克:《牛津法律大辞典》(中文版),北京社会与科技发展研究所组织翻译,光明日报出版社 1988 年版,第 217~218 页。

序才能启动和进行。法院不能主动启动任何一种诉讼程序。

3. 中立性。在司法诉讼程序中,法院对于争议案件的双方当事人,是处于中立者的地位。法官在法庭上应不偏不倚地听取双方当事人的陈述和辩论,接受双方当事人提交的证据和其他案件材料,然后据此作出公正的判决或裁定。这与行政行为的程序很不相同。行政主体在绝大多数行政行为的程序(除听证程序)中,是直接以管理者(而不是以中立的第三方)的身份面对相对人,对相对人实施相应行政行为(如行政强制、行政处罚、行政确认等)。尽管行政主体在行政程序中也要认真听取相对人陈述、申辩和全面收集保证行政行为合法、准确的证据,但其是立于公共利益维护者的角色而不是中立者的地位实施相应行为的。

4. 对抗性。在司法诉讼程序中,通常存在利益冲突的"两造"当事人。法院审理案件,必须为"两造"提供相互辩论、相互质证的充分机会和条件。法院作出最终裁判所基于的所有证据,必须经法庭出示和"两造"辩论质证后方可采纳和在判决裁定中引用。而行政程序的相对人大多是权利义务的一方,其相对方是行政管理者行政主体本身,从而不可能在行政程序中构成平等对抗的关系。当然,行政程序有两种例外情况。一是听证程序:行政主体让行政执法者与相对人成为平等主体在一种类似法庭的环境中相互辩论、相互质证;二是行政裁决程序,行政机关对存在利益冲突的双方当事人的争议、纠纷进行裁决,为保证行政裁决公平、公正,行政机关要求利益冲突的双方当事人对其争议主张相互辩论、相互质证。这实际是一种准司法程序。但这种程序在整个行政程序中的比重是很小的。

5. 终局性。人们常说,司法是正义的最后一道屏障。这也就是说,任何个人、组织的合法权益受到侵犯,人们之间发生争议、纠纷,可能有很多处理、救济途径,如民间调解、行政裁决、社会仲裁、行政复议等。但如果所有这些处理、救济途径都不能解决他们之间的争议、纠纷,不能使他们被侵犯的权益获得恢复和补救,他们得不到应该得到的正义,他们可以诉诸司法:向法院提起诉讼,请求法院依法提供救济。法院的判决、裁定具有终局性。尽管法院的判决、裁定也有发生错误,出现冤假错案的可能性;但由于司法程序的公开、公正、公平是其他任何解纷程序不可比拟的,出现冤假错案的这种可能性是最小的。因此,司法行为的终局性是保证社会秩序稳定,维护公平正义的最优制度设计。

五、公法契约行为

(一)公法契约的概念

关于"公法契约",在西方国家法学著作中有不同表述,如 public law's contract("公法契约"或"公法合同")、administrative contract("行政契约"或"行政合同")、government contract("政府契约"或"政府合同")。但在日本、韩国、美国等一些国家的学者著作中,其使用的 administrative contract、government contract 往往又包括"公法契约"(公法合同)和"私法契约"(私法合同),而非"行政契约"(行政合同)等于"公法契约"(公法合同)。许多国家和地区的行政程序法典对"公法契约"有专章或专节的规定,如德国《行政程序法》第三章专门规定"公法契约",共有 9 个条款;[①]葡萄牙《行政程序法》第四编第三章专门规定"行政合同",共有 12 个条款;[②]我国台湾地区"行政程序法"第三章专门规定"行政契约",共有 15 个条款。[③]

许多公法学者在其行政法教科书中对公法契约下过不同的定义。例如,德国学者毛雷尔(Hartmut Maurer)在其所著的《行政法学总论》中指出,"行政契约是指设立、变更和终止公法上的法律关系的合同。"[④]沃尔夫(Hans J. Wolff)等人在其所著的《行政法》中指出,公法合同(行政法合同),是指"一个公共行政主体与另一个公共行政主体或者行政相对人具有共同或者互补的利益时签订的合同。合同当事人的意思表示等值,公共行政主体的优越性不起作用,行政相对人也不是'行政客体',行政机关的优越地位变成了平等的合作伙伴身份。行政法合同是单方性措施的替代和补充,在单方性措施不适合时,即可采用合同方式,因此,行政法合同是处理具体事件的,稳定性和灵活性兼备的替代性活动方式。"[⑤]

日本学者盐野宏认为,行政上的契约既包括公法契约,也包括私法契约。

---

① 参见德国《行政程序法》第 54~62 条。

② 参见葡萄牙《行政程序法》第 178~189 条。

③ 参见我国台湾地区"行政程序法"第 135~149 条。

④ [德]哈特穆特·毛雷尔:《行政法学总论》,高家伟译,法律出版社 2000 年版,第 348 页。

⑤ [德]汉斯·沃尔夫等:《行政法》(第二卷),高家伟译,商务印书馆 2002 年版,第 147~148 页。

公法契约主要适用于政府和私人间在规划领域的权利义务关系以及行政主体之间的可用契约调整的关系。而私法契约适用政府和私人之间广泛的权利义务关系。如为了建设道路、公园、水库需要用地，其不通过征收而通过民法上的买卖契约进行；自来水供给、公营电车、公共汽车经营等及政府工程建设亦可通过民法上的承包合同进行。盐野宏在其《行政法总论》中没有对“行政上的契约”的内涵予以明确的界定，而只是对其外延予以了列举，包括：(1)准备行政中的契约，如民事土地买卖契约、行政法土地征收契约、公用建筑设施承包契约等；(2)给付行政中的契约，如电气、通讯、煤气、自来水供应契约等；(3)规制行政中的契约，如公害防止契约、地域环境整备契约等；(4)PFI(private finance initiative，私人财政投资契约)，如公共设施的设计、建筑、管理等方面的契约；(5)行政主体间的契约，如公共事务委托契约等。①

韩国学者金东熙认为：“行政契约是指行政主体相互间及行政主体和国民相互间为了达成一定的行政目的而缔结的契约。在这种意义上的契约中，从内容上包括以产生公法效果为目的的公法契约和以产生私法效果为目的的私法契约。”②“公法契约也可以称为是通过多个当事人之间的意思一致，产生一定法的效果的契约。在这一点上，它基本上与私法契约相同。但是，在公法契约中，双方当事人的意思并不具有对等价值，而且公法契约产生公法上的效果，这不同于私法契约。”③

考察各国学者对“公法契约”含义的阐释，结合我国的实践(我国目前尚无法律对“公法契约”或者“行政契约”进行界定和规范)，笔者试对“公法契约”下一定义：所谓公法契约，是指公权力主体与公权力相对人之间，或者公权力主体相互之间以达成某种涉及公共利益事项为目的，经相互协商，双方合意而签订的取代或补充公法单方行为的，设立、变更、终止公法法律关系的协议。例如，我国碳排放指标交易合同即取代公法单方行为(罚款或收取排污费的行为)的协议；土地使用权出让合同即为补充公法单方行为(发放国有土地使用权证的行为)的协议。广义的公法契约包括作为特别法人的政府或政

---

① 参见[日]盐野宏：《行政法总论》，杨建顺译，北京大学出版社2008年版，第125~132页。

② [韩]金东熙：《行政法Ⅰ》，赵峰译，中国人民大学出版社2008年版，第163页。

③ [韩]金东熙：《行政法Ⅰ》，赵峰译，中国人民大学出版社2008年版，第164页。

府部门与一般法人、非法人组织、自然人之间签订的设立、变更、终止公法法律关系的协议。

公法契约具有下述特征：

其一，契约的一方或双方是公权力主体。只有在法律授权或公权力主体委托的情况下，契约双方方可均为私权利主体。

其二，契约的目的是基于公共利益的需要。

其三，契约既具公法性质（行政优益权），又具一定私法性质（双方协议、合意、等价、有偿）。

其四，公权力主体一方基于公共利益的需要，依法享有行政优益权，如单方确定对方当事人的条件、监督对方当事人履约、在补偿对方损失的前提下单方解除或变更合同等。

其五，签约和履约争议通常依公法途径（行政复议、行政诉讼等）解决。但争议不涉及公权力行使而仅涉及纯私法问题的，或者我国法律、行政法规或国际条约另有规定的，亦可通过私法途径（如仲裁、民事诉讼等）解决。

（二）公法契约的主要种类

1. 公权力主体与相对人签订的合同。这类合同的传统形式包括公共工程承包合同、公共工程特许合同、公务特许合同、公产使用合同、国有不动产使用合同、政府采购合同等。

我国最高人民法院《关于审理行政协议案件若干问题的规定》确定的“行政协议”（公法契约或公法合同）有下述六类：（1）政府特许经营协议；（2）土地、房屋等征收征用补偿协议；（3）矿业权等国有自然资源使用权出让协议；（4）政府投资的保障性住房的租赁、买卖等协议；（5）符合本规定第 1 条规定的政府与社会资本合作协议；（6）其他行政协议。[①]“其他行政协议”的范围较为广泛，如有关城管、交通、环境、食品药品等行政管理的政府规制合同、政府购买公共服务（如托育、养老、市政卫生等）方面的合同，以及“政府与社会资本合作协议”（PPP）的各种形式，如 BOT（建造、运营、移交）、BOOT（建造、拥有、运营、移交）、BTO（建造、移交、运营）、BOO（建造、拥有、运营）、PFI（民间主导融资建设工程，其运营向政府或服务对象收取费用）。

---

① 参见最高人民法院《关于审理行政协议案件若干问题的规定》第 2 条。

2. 公权力主体相互间签订的合同。如地方政府间为实现区域(京津冀、长江三角洲、太湖流域等)合作、协作而签订的合同、上级政府与下级政府为实现某种政策目标,落实各自责任而签订的合同、政府部门间签订的公务协助合同或委托合同等。

3. 公权力主体与非政府组织、公共事业机构、基层群众自治组织签订的公务委托合同。如政府环保部门与绿色和平组织、政府文化旅游部门与博物馆、美术馆、文艺演出单位、市县政府及其工作部门、乡镇政府与村民委员会、市区政府、街道办事处与居民委员会、社区之间签订的某种特定公务的委托合同等。

(三)公法契约对于公共治理现代化的意义

公法契约对于公共治理现代化的意义主要体现为六个“有利于”:

其一,有利于政府职能的转变。政府通过公法契约方式将其直接经营的工程项目、公益事业转变为由市场经营、政府监管,实现由规制型政府向服务型政府转变。

其二,有利于节约行政成本,提高政府资金使用效率和行政管理效率。

其三,有利于调动民间社会的积极性、创造性,充分利用民间资本发展社会公益事业和公共服务。

其四,有利于行政管理方式的变革。由命令—服从的强制性管理方式向指导—互动的柔性管理方式转变。

其五,有利于加强政府廉政建设,防止权力寻租和公权力腐败。政府重大工程项目通过招拍挂,与相对人签订合同的方式可尽量消除或减少权钱交易、权色交易的机会。

其六,有利于维护社会经济关系的稳定,促进诚信政府、诚信社会的建设。在公权力主体与相对人的关系中,通过合同、协议的方式确定双方各自的权利义务,显然有利于保护相对人的合理预期和信赖利益,防止公权力主体反复无常损害相对人的利益。

(四)公法契约行为的合法要件

公法契约行为的合法要件主要有八个:

其一,相对人签约自愿,公权力主体不得强制相对人与之签订合同。否则,合同无效。

其二,契约针对的事项是依法可通过合同实施的。对于有些高权事项

(如警察权、行政许可权等),法律是不允许公权力主体通过合同授权私人主体实施的。公权力主体就这些事项与相对人签订的合同不具有法律效力。

其三,凡涉及特许经营、政府采购或有限自然资源开发利用事项(如城市供水、热、电、气,国有土地使用权、采矿权、探矿权出让、政府重大工程承包等)的合同,公权力主体必须通过招拍挂等公平竞争程序选择合同对方当事人。否则,其他竞争人可对之提出合同违法或无效的异议。

其四,签约的公权力主体对相应合同所涉事项享有法定权限。有关事项同时涉及其他部门(如财政、发改委、规划、自然资源等)权限的,须事前与其他部门协商,取得其他部门的同意。否则,其因无权限或未经与相关部门协调而导致合同无效或不生效。

其五,契约涉及第三人利益,可能对第三人利益造成不利影响的,需事先与第三人协商,与之达成利益补偿或平衡协调的协议,以避免事后合同履行的障碍。

其六,公权力主体在签约和履约过程中依法且合理行使自由裁量权,不得利用自由裁量损害国家利益或社会公共利益(如非法减免对方当事人的税费、损害生态环境、浪费国家资源等)。

其七,公权力主体在签约和履约过程中不得利用公权力为本机关、本部门谋取不正当的利益(如与开发商签订土地出让合同时,要求对方向本机关公职人员低价出售商品房等)。

其八,公权力主体在签约和履约过程中不得滥用行政优益权,在不具备法定或契约约定的情形,或者非在公共利益特别需要并给予对方当事人相应补偿的情况下,不得单方解除或变更合同。

六、公法软法行为

(一)软法的概念与特征

软法,是指由各种不同共同体制定或认可的规范公权力主体行为或共同体成员行为的,调整公权力主体与公权力相对人关系、共同体与公权力主体关系,或公权力主体相互关系的不具有法律强制效力,但对规范对象具有软性约束力的行为规范。

荷兰学者西尔登(René J. G. H. Seerden)和弗里茨·斯特罗因克(Frits

Stroink)在其合编的《欧盟及其成员国和美国的行政法——比较分析》一书中将软法视为欧盟治理的一种公法手段(Community Soft Law Instruments)。他们认为,《欧盟条约》中规定的建议、意见、一般行动纲领、中长期框架计划以及大量的无《欧盟条约》法律基础的决议、指南、宣言、行为准则等均属于欧盟软法的范畴。这些形式的软法具有一个共同的特征:不具有完全的法律上的约束力,但也并非完全没有法律效力。例如,欧盟成员国在给予国内企业补助、援助时,要受欧盟法一般原则的约束:遵守在补助、援助领域适用裁量权的有关"指南"(guidelines);欧盟法院有时会以"建议"(recommendations)的方式作为解释欧盟规章的工具;在这种情况下,成员国当局和成员国法院处理相应事项也必须考虑这些"建议"①。

软法是相对于硬法而言的,软法与硬法比较,其特征有五个:第一,软法创制的渠道是多元的,既可以由国家机关制定、认可,也可以由社会组织及民间团体制定、认可,还可以是人们在社会生活和政治活动及交往中自然地生长和形成,而硬法只能由国家机关制定、认可;②第二,软法通过个人、组织的自我约束和相互约束以及舆论约束和利益机制而实现规范人们行为,调整社会关系的作用,而硬法主要以国家强制力为后盾,由国家强制力保障实施;③第三,软法的法源既可以是法律文件,也可以是社会组织、团体的章程、村规民约

---

① See René Seerden & Frits Stroink, *Administrative Law of the European Union , Its Member States and the United States: A Comparative Analysis*, Intersentia Vityevers N V, p. 273.

② 关于法律(包括硬法与软法)的起源和生长、法律的普适性与特殊性、法律的静(稳定性)与动(发展和变动性),美国原最高法院法官卡多佐指出:"我们今天的法律面临着双重的需要,一是需要重新表述,它将为那些杂乱无章的判例带来确定性和条理化,这是法律科学的任务。二是需要一种哲学,它能够调和稳定与进步这两种相互冲突的要求,并提供一种生长的原则";"法律必须稳定,但不能一成不变";"我们必须记住两句忠告。在我们敬仰确定性时,我们必须分清正确的确定性和虚假的确定性,分清真金与镀金。此外,当我们获得了确定性时,我们必须记住,它并不是唯一的好东西,人们也许得为它付出过高的代价;恒静与恒动有着同样的危险;必须从生长的原则中找出妥协之道。"(参见[美]本杰明·内森·卡多佐:《法律的生长》,刘培峰等译,贵州人民出版社2003年版,第1~11页)

③ 关于软法与硬法在法律约束力方面的区别,罗豪才教授和宋功德教授在其合著的《软法亦法》一书中指出,"能否运用国家强制力保证实施成为我们区分、理解和定义软法与硬法概念的一个关键"(参见罗豪才、宋功德:《软法亦法》,法律出版社2009年版,第297页)。《欧洲法律杂志》主编弗朗西斯·施尼德(Francis Snyder)亦曾就软法的法律约束力指出,"软法是原则上没有法律约束力但有实际效力的行为规则"(See Francis Snyder, *Soft Law and Institutional Practice in the European Community*, The Constraction of Europe, p. 197-225)。

以及政治惯例、社会惯例等，而硬法的法源只能是国家法律文件；[①]第四，软法既可以是静态的法规范，也可以是动态的公共治理方式、治理手段，如调解、协商、讨论、指导、说服等手段被认为是软法手段，而硬法一般仅指静态法；[②]第五，软法既具有相对的普遍性，又兼顾一定时间、地点、对象的特殊性，注重在保证形式正义的同时最大限度地保障实质正义，而硬法则更多地强调普遍性，注重形式正义优于实质正义。[③]

（二）软法的主要形式

软法和软法行为是国家治理的重要工具。在我国，对软法和软法行为的认识、研究和实践是较晚近的事。直至21世纪初，学界才有比较系统的软法专著、专论出版。[④] 软法建设和实践也才开始比较自觉地提上法治建设的日程，各种软法形式才开始得到发展。目前我国国家治理领域中软法的主要形式有七个。

1. 公法的基本原则

法律的基本原则是法律条文的灵魂。法律条文通常是以硬法形式表现，而法律基本原则则一般以软法，且在很多情况下以不成文法的形式出现。法律的基本原则包括公法基本原则和私法基本原则。前者如依法行政原则，人权保障原则，信赖保护原则，比例原则，正当法律程序原则；后者如契约

---

① 关于软法的法律渊源或法律形式，西尔登和弗里茨·斯特罗因克在其合作编辑的《欧盟及其成员国和美国的行政法——比较分析》一书中研究和论述了欧盟法中的大量的软法形式。这些形式的软法具有一个共同的特征：不具有完全的法律上的约束力（See Rene Seerden & Frits Stroink, *Administrative Law of the European Union , Its Member States and the United States: A Comparative Analysis*, Intersentia Vitgevers N Y, p. 273）。

② 关于法（软法）的动态性，卡多佐法官曾指出，“法律不仅是一系列孤立的判决，在调解那些引出它们的争端时，它们行使着法律的力量”；“在说到行为的原则或规则时，我把另一些行为规范或标准也包括在内，它们因为没有在法规或裁决中被正式宣布，也许不是严格的规则或原则，但它们却是有望得到法规或裁决遵守的类型或模式。我仅仅否认它们是一种凌驾于那些国家已建立的机构的力量。它们扎根于商业和伙伴关系的习惯形式与方法中，扎根于公平和正义的主流信仰中，扎根于我们称之为时代风俗的信仰和实践的复合体中。”（参见[美]本杰明·内森·卡多佐：《法律的生长》，刘培峰等译，贵州人民出版社2003年版，第21~27页）

③ 关于软法调整效力的普遍性与特殊性的关系，可参见姜明安：《民主形式与公共治理》，载罗豪才等：《软法与协商民主》，北京大学出版社2007年版，第232~239页。

④ 如罗豪才、宋功德等学者撰著的《软法与公共治理》（北京大学出版社2006年版）、《软法与协商民主》（北京大学出版社2007年版）、《软法亦法——公共治理呼唤软法之治》（法律出版社2009年版）、刘小冰等学者撰著的《软法原理与中国宪政》（东南大学出版社2010年版）等。

自由原则,民事活动平等、自愿、等价、有偿原则。法律的有些基本原则兼有公法和私法的双重性质,同时适用于公法和私法领域,如公平原则与诚信原则等。公私法的基本原则相互有密切联系。例如,作为公法基本原则的信赖保护原则与主要作为私法基本原则(同时也适用于公法领域)的诚信原则,都要求行为主体"禁反言"(estoppel),行事不能出尔反尔,反复无常。但是二者也有区别:诚信原则更强调行为者主观善意,其不能有故意误导他人、欺骗他人而使自己从中获利的不良意图;信赖保护原则却不强调行为人的主观目的,其更注重行为人的行为结果对他人的影响。行为人一旦对他人做出某种行为,使他人对这种行为产生信赖,并根据这种信赖做出了其他行为,行为人就不能随意撤销或改变其已做出的行为,损害他人的信赖利益。如果行为人因为某种原因(无论是恶意还是善意)撤销或改变自己做出的行为导致他人利益的损害,其应当对他人因此造成的损失予以补偿。

2. 已经形成和正在形成的宪法惯例

在国外,特别是不成文宪法国家,宪法惯例(constitutional conventions,或称政治惯例)是重要的宪法渊源之一。周叶中教授指出,"国家机关在行使权力过程中所遵循的种种惯例可能会成为宪法规范的来源,这在不成文宪法国家尤其明显。例如,英国国会所通行的一些惯例实际上已经具有了宪法效力,具有较强的强制性。即便在实行成文宪法的国家,各种政治惯例也有可能影响宪法的解释和修改,并在很大程度上改变一个国家的宪政体制。例如,美国总统任期不能超过两届的规定,就与由华盛顿和杰弗逊等人开创的政治惯例关系密切"。①

我国是成文宪法国家,但是由于正处在社会转型时期,宪法和法律需要适应国家政治、经济、文化的不断发展变化而有相应的发展变化。然而一个国家的宪法和法律,特别是宪法,不可能频繁地修改。这样,具有软法性质的宪法惯例就不断生长、发展起来,在推进社会转型和国家治理现代化方面发挥越来越广泛和越来越重要的作用。

我国目前已经形成和正在形成的宪法惯例是多方面的。例如,在党和国家领导人换届时就候选人产生方式和人选最终确定协商的惯例。包括参加协

---

① 周叶中主编:《宪法》(第3版),高等教育出版社2011年,第108页。

商的领导干部的范围、协商和集中多数人意见的程序、方式等现均已经开始形成渐趋成熟的制度。这种惯例的不断完善、定型对于保障党和国家的稳定具有特别重要的意义。又如,执政党中央政治局常委会委员兼任各主要国家机关(国务院、人大、军队)和政协领导人的惯例。如由执政党的总书记兼任国家主席和中央军委主席。党的中央政治局常委会委员兼任国务院总理、人大常委会委员长、政协主席。这种体制显然有利于宪法规定的民主集中制原则的实现,有利于国家的统一领导。另外,执政党省级负责人一般兼任省级人大常委会主任也初步形成惯例,这种体制一方面有利于加强党对地方人大的领导和提高地方人大的权威性,另一方面也有利于加强地方人大对地方"一把手"的监督。因为地方党的负责人不进入人大,就不可能接受地方人大的监督,而其进入人大担任人大常委会主任后,人大就可以监督和罢免他。如果他的人大常委会主任的职务被人大罢免,其党内职务自然就难以维持和继续了。再如,执政党与参政党就国家重大决策协商的惯例。自 20 世纪末以来,执政党在召开党的全国代表大会或中央全会就国家重大政治、经济、社会事项或重大人事变动作出决策前,都要邀请参政党领导人进行协商,认真听取他们的意见、建议。这一做法现在已经基本形成惯例。这种惯例一方面可提升党就国家重大决策程序的民主性和科学性,防止决策的失误,另一方面可促进协商民主制度的完善和发展。比如,重要立法在人大审议过程中经由公民全民讨论的惯例。最早展开全民讨论的法律草案是 20 世纪 50 年代制定的《婚姻法》(已失效)和"五四宪法",但当时并未形成宪法惯例,改革开放以后,法律草案经全民讨论的次数逐步增多,如 1989 年第七届全国人大第二次会议通过的《行政诉讼法》、2007 年第十届全国人大第五次会议通过的《物权法》(已失效)、2011 年第十一届全国人大常委会第二十一次会议通过的《行政强制法》和 2020 年第十三届全国人大第三次会议通过的《民法典》等。21 世纪这一做法已基本形成惯例,凡涉及人民群众重大利益的立法,在人大审议过程中几乎都展开全民讨论,人民群众在全民讨论中提出的合理意见、建议,许多都被立法机关采纳,为正式通过的立法所吸收。此外,还有各级人大常委会对政府和政府部门进行专题询问,政协定期就专门问题组织政治、政策协商的惯例(如全国政协实施的"双周协商会"制度)。宪法和人大代表法虽然规定了人大的质询和询问制度,但是由于各种原因,一直没有很好和有效地运作起来。21

世纪以来，全国人大常委会和许多地方人大常委会逐步创立和形成的对政府和政府部门进行专题询问的惯例，补充了硬法实施的不足。至于政协的定期专题协商，则完全没有硬法的规定，应认为是近年来实践创立的宪法惯例。

3. 执政党党内法规

中国共产党党内法规是目前我国国家治理领域中重要的软法形式。经中共中央批准，《中国共产党党内法规制定条例》及《中国共产党党内法规和规范性文件备案规定》分别于2012年5月和2013年6月公开发布。这对于中国共产党科学执政、民主执政、依法执政和建设法治中国，具有重要意义。

党内法规虽然不是国家立法机关制定的硬法，但它属于规范国家治理行为的重要软法形式。① 因为中国不同于西方国家，中国共产党及其党内法规在国家治理中有特殊重要的地位和作用。首先，中国共产党直接领导国家的政治、经济、文化等各项事业，其次，中国共产党对国家的领导是依法（包括硬法和软法）进行的，党必须在宪法和法律范围内活动。党依法执政，首先是依照国家的宪法和法律，除此之外，还必须依照党内法规管党治党，因为党的领导体系、党的执政权力结构、党的执政方式与党的组织、党的纪律、党内监督、责任机制等是国家法律、法规所无法调整的。法治有普适性的原则和要求，也有各国基于国情的特殊性原则和要求。普适性原则要求对公权力进行规范，把权力关进制度的笼子里。而法治的中国特色要求，中国共产党应当依法执政、依规治党。因为中国共产党担负领导国家的职责，但其本身又不是国家机关的组成部分，故不仅应通过国家法律，也应通过党内法规，规范其权力。②

---

① 《中国共产党党内法规制定条例》既然将“党内法规”定性为“法规”，无疑已明确其姓“法”，而使之与一般的“党内制度”相区别。但“党内法规”的基本定位无疑属于软法的范畴，而非国家法和硬法。当然，由于中国共产党在中国的特殊地位，党内法规对党务的调整必然影响和涉及国务。从而，中国共产党的党内法规会同时具有一定的国家法和硬法的因素。例如，中共中央和国务院发布的《党政机关厉行节约反对浪费条例》，中共中央发布的《关于农业和农村工作若干重大问题的决定》《关于国有企业改革和发展若干重大问题的决定》《党政领导干部选拔任用工作条例》，中共中央办公厅和国务院办公厅发布的《关于实行党政领导干部问责的暂行规定》《领导干部报告个人有关事项的规定》《关于健全和完善村务公开和民主管理制度的意见》《关于实行党政领导干部问责制的暂行规定》《国有企业领导人员廉洁从业的若干规定》，中共中央纪律委员会发布的《关于严格禁止利用职务上的便利谋取不正当利益的若干规定》，中共中央组织部、人事部发布的《公务员调任规定（试行）》《关于因公出国人员审查的规定》；等等。

② 参见姜明安：《规范党内法规是法治中国需要》，载《人民日报》2013年5月31日，第5版。

4. 宪法、法律中的宣示性、倡导性条款

宪法典中的宣示性、倡导性条款同样也属于目前我国国家治理领域中的软法形式。例如，我国《宪法》序言确定，“中国各族人民将继续在中国共产党领导下……把我国建设成为富强民主文明和谐美丽的社会主义现代化强国……”《宪法》第5条第1款规定，“中华人民共和国实行依法治国，建设社会主义法治国家”。《宪法》第15条第1款规定，“国家实行社会主义市场经济”。《宪法》第24条规定，国家“提倡爱祖国、爱人民、爱劳动、爱科学，爱社会主义的公德……”等。宪法的这些条款显然不具有硬法的国家强制拘束力，但它们对于推进国家的良政善治，实现国家治理的总目标无疑是不可缺少和具有重要意义的。

除了宪法以外，法律中的宣示性、倡导性条款也属于软法的重要形式。我国国家治理领域中的软法大量存在于各种法律中。许多法律中均有很多不具有国家强制约束力的宣示性、倡导性条款。例如，《全国人民代表大会和地方各级人民代表大会代表法》第4条规定，(各级人大)代表必须模范地遵守宪法和法律……代表应当……努力为人民服务。《民族区域自治法》序言指出，“实行民族区域自治，体现了国家充分尊重和保障各少数民族管理本民族内部事务权利的精神，体现了国家坚持实行各民族平等、团结和共同繁荣的原则”。另外，2013年全国人大常委会新修订的《老年人权益保护法》规定，家庭成员应当关心老年人的精神需求，不得忽视、冷落老年人。与老年人分开居住的家庭成员，应当经常看望或者问候老年人。这一“常回家看看”的条款可以认为是较典型的软法条款。

5. 已经形成和正在形成的公民社会规则

公民社会规则，或称“社会法”①，同样是国家治理领域中软法的重要组成部分。作为与国家法相对应的“社会法”，是指由公民社会及其社会公权力主体，如社会团体、行业组织、社会自治组织等制定的调整其内部关系和相应社

① 作为与国家法相对应的“社会法”不同于作为国家法法律体系构成的部门法之一的“社会法”。前者是依法的制定主体而划分的法律类别(国家法、社会法、国际法)，后者是依法的内容、法的调整对象而划分的法律部门(民商法、经济法、行政法、社会法等)。一般认为，作为法律部门的“社会法”，主要包括社会保险法、社会福利法、劳动法、环境保护法、消费者权益保护法等(可参见樊启荣、程芳:《社会法的范畴及体系的展开——兼论社会保障法体系之构造》，载《时代法学》2005年第2期)。

会公权力运作所涉及的外部关系,规范社会公权力组织内部机构、内部成员行为以及相应社会公权力运作所及于外部组织、外部人员行为的规则系统。

考察历史,“社会法”先于“国家法”的存在而存在。国家并不与人类社会同在,在阶级社会之前和之后,并不存在国家。但是,在不存在国家的社会中,人类的行为不能没有规则,人们之间的社会关系不能没有法调整。只是这种规则不是由国家制定或认可,这种法不是由国家强制力保障实施。这种规则之所以与国家法、硬法一样也称“法”,是因为它具有法的一般特征:由一定的人类共同体通过一定的程序制定或认可;反映共同体全体成员或多数成员的意志和利益;规范共同体成员的行为;调整共同体内部和外部的各种关系;通过一定的激励和制约、制裁措施保障其实施。

作为软法的社会法不仅存在于人类长久的没有国家存在的历史时期,而且也存在于有国家存在,即国家社会并存的人类社会历史阶段。国家不是哪一天突然产生的,也不是哪一天突然消亡的,其产生和消亡都是一个相当长的历史过程。在国家形成的初期,社会因素的比重大于国家,人们的行为受制于社会必然甚于受制于国家。之后,随着经济的发展和政治的演进,国家越来越强势,社会越来越萎缩,以至于到后来国家几乎垄断了对人类共同体各个领域、各个层面的控制权。这时,在人类共同体的生活中,国家因素大大超过社会因素,人们的行为虽然不能说完全受制于国家,但无疑主要或已根本上受制于国家。然而,人类社会发展到今天,国家与社会的关系又开始发生了新的变化,新的转折:随着市场经济和民主政治的发展,公民社会日益成长,部分国家公权力开始向社会转移,人们的行为即受制于国家,同时也越来越多地受制于社会。正是在这样的历史条件下,在规范人们行为,调整社会关系的法规则体系中,国家法和硬法的比重开始逐步降低,作为软法的社会法的比重开始增加。尽管在相当长的一个历史时期内,国家法和硬法在法体系中的主体地位并不会改变,相应的法规范更不会消失。①

目前我国正处于国家公权力逐步向社会转移的转型时期,公民社会日益成长。与之相适应,作为社会法的软法也在不断生长、发展,其中包括各种已

---

① 参见姜明安:《论中国共产党党内法规的性质与作用》,载《北京大学学报(哲学社会科学版)》2012年第3期。

经形成和正在形成的公民社会规则或惯例。如公民、NGO、NPO通过申请政府信息公开监督公权力的社会规则和惯例;公民、NGO、NPO通过网络、博客揭露腐败公职人员和腐败行为的社会规则或惯例;公民和公民组织通过向国家机关提交立法、政策、制度改革、变革的建议、参与政治的社会规则或惯例;社会自治组织通过制定章程推进和规范社会自治行为的社会规则或惯例;等等。

6. 司法判例

司法判例,是指法院就典型性案件作出的对今后本级和下级法院审判同类案件有法律约束力的或有指导意义的判决。在英美法系国家,判例称为"判例法",对今后本级和下级法院审判同类案件有法律约束力,相当于硬法;在大陆法系国家,判例仅对今后本级和下级法院审判同类案件有指导意义,属于软法范畴。我国最高人民法院每年发布若干指导性案例,对本级和下级法院审判同类案件起指导作用。判例的直接效力仅及于法院,但对法院以外的国家机关进行国家治理亦有一定的约束力。例如,行政机关在行政执法过程中如不遵守判例确定的规则,之后在行政诉讼中就可能因法院遵守先例其要承担败诉的风险。因此,司法判例在我国亦属于规范国家治理行为的软法形式。

7. 行政执法基准

行政执法基准,是指行政机关为正确、公正行使法律、法规授予的行政裁量权,防止执法机关和执法工作人员滥用裁量权或过分任意行使裁量权而导致的不公,而就法律、法规规定的裁量范围、幅度予以细化、具体化所制定的细化、具体化的条件、标准。关于作为软法性质的行政执法基准的适用,笔者曾在一篇论文中通过一个具体案例①说明适用规则:裁量基准不是硬法,没有强

---

① 该案例的简要案情如下:2007年8月2日,律师周某明驾车行驶至云南省文山县境内省道210线某处时,被文山县交警大队执勤民警拦下,告知其行驶速度为每小时90公里,已超出该路段每小时70公里的限速。文山县交警大队根据《道路交通安全法》第90条的规定(该条规定,机动车驾驶人违反道路交通安全法律、法规关于道路通行规定的,处警告或者20元以上200元以下的罚款),对周处以罚款200元、记3分的处罚。周某明不服,诉至法院,认为根据《云南省道路交通安全违法行为处罚标准暂行规定》(行政处罚裁量基准),超速未达50%的,处罚款50~100元;超速超过50%的,处罚款100~200元。其超速未达50%,交警依法定处罚幅度最上限罚款没有充分法律根据。一审法院认可原告的诉讼理由,以交警上限罚款显失公正为由,判决变更罚款为80元,取消扣分。交警不服,提出上诉。二审法院认为,《云南省道路交通安全违法行为处罚标准暂行规定》是公安厅内部下发的规范性文件,效力低于法律,交警依法律处罚没错,故撤销一审判决,维持交警原处罚(参见姜明安:《行政裁量的软法规制》,载《法学论坛》2009年第4期)。

制执行的法律效力,但它作为软法,也不是没有约束力。在一般情况下,它应该得到执法者的严格遵守,违反即构成违法。但在某些特定情况下,执法者可以不遵循,而在法律赋予的裁量权大范围内作出行政行为。因为行政机关制定裁量基准时难于、甚至不可能对所有违法情形均予以考虑。当然,执法者不遵循裁量基准必须在法律文书中详细说明理由,否则,裁量权滥用即难于避免。①

(三)新时代公共治理对软法治理需求

软法是国家治理和社会治理的重要工具和手段。在我国社会进入"新时代"以后,公共治理对软法有更大和更迫切的需求。这主要表现在下述六个方面:

其一,新时代市场经济新业态蓬勃发展,对软法治理提出了新的需求。像网约车、共享单车、网络借贷,互联网金融等,这些新业态、新事物,短时间内不可能有完善的硬法规范,特别需要加强软法治理。

其二,新时代公民社会的茁壮成长,对软法治理提出了新的需求。在现代社会,NGO、NPO及各种社会组织大量发展,除了传统的行业协会(如律协、注协、医协等),工会、妇联等群团组织、基层群众性自治组织外,近年来又出现了许多新型的公民社会团体、志愿者自治组织,像环保组织、非遗保护组织、社区组织等,这些组织的活动和行为大多没有硬法规范,迫切需要软法规制。

其三,新时代区域合作日益展开,对软法治理提出了新的需求。现在区域合作形式多样,像港珠澳、京津冀、长江保护区、珠江三角洲、环渤海、太湖流域等,这些区域合作有的可能涉及多个省市,或多个市县。这些区域没有制定硬法的人大,主要是靠软法来协调的。很多事是根据相互签订的协议来做的,如京津冀治理雾霾,就是北京、天津、河北几个地方相互协商,形成规范和约束机制的。

其四,新时代"一带一路"的推进和发展,对软法治理提出了新的需求。

---

① 本案行政行为的合理性、罚款多少为合适可进一步探讨,但一审法院将裁量基准视为硬性的法律依据是不适当的,二审法院完全无视裁量基准,在行政审判中完全不考虑(参照)裁量基准则更为不当。

十八大以后，我国大力推动“一带一路”发展，不仅涉及投资、贸易和基础设施领域，而且涉及金融、科技和文化等领域。这些领域交流的很多问题不可能由哪一个国家的硬法来治理，很多问题需要国际法规范，国际法是否存在硬法有争议，这可以研究，像条约就很硬，但大量的国际法规范无疑是软法。我们要推进“一带一路”发展，必须非常重视国际软法的治理。

其五，新时代生态环境治理任务日益艰巨，对软法治理提出了新的需求。现代社会是风险社会，除核武、恐暴、极端主义等人为风险外，自然风险也愈益严重，如雾霾、沙尘暴、地震、海啸、传染病等。人类保护自然生态环境，防止各种风险发生的任务愈益紧迫，这对软法治理提出了新的需求。像治理雾霾、治理沙尘暴、治理水污泥、治理太空垃圾等。怎么治？生态环境方面的东西，有些规律现在的科学还搞不太清楚，如到底是什么原因导致雾霾，各种因素占多大的比例，如汽车尾气占多大的比例，煤炭等作为燃料到底占多大比例，气候原因占多大比例，在科学研究尚无确切结论前，完全靠硬法肯定不行，还是需要软法先行，如北京首创的“街乡吹哨，部门报到”就是软法手段，需要上下左右各个部门协调，需要与社会公众互动。

其六，新时代公权力运作模式变革创新，对软法治理提出了新的需求。在现代，传统公权力运作模式受到了当今公民直接参与民主和协商民主实践的挑战。参与民主虽然并非取代代表民主，协商民主也并非取代票决民主，但它们在现代国家治理过程中实际具有越来越重要的地位和发挥越来越重要的作用。正是参与民主和协商民主促使公法治理由单纯的“有法可依、有法必依、执法必严、违法必究”的纯硬法形式法治模式向良法善治的实质法治模式转变。

在我国，传统公权力治理模式还受到新时代党和国家机构改革，国家机构与党的机构合并或者合署办公趋势的挑战。中共十九大报告指出，在党政机构改革中，要赋予省级及以下政府更多自主权。在省市县对职能相近的党政机关探索合并或合署办公。过去隶属于政府的新闻、出版、电影、电视、广播、民族、宗教、公务员管理等行政机构在新时代均逐步隶属于党的部门。而党的部门不由人民代表机关产生，向人民代表机关负责和接受人民代表机关监督，党的部门也不能成为行政诉讼的被告，其行为不接受人民法院的司法审查。对于新时代的这种新的治理模式，显然不能完全依靠硬法规范和调整，而必须通过软法协调各种关系。很多硬法短时间没有办法修改,必须依靠软法,如党内法规等。

(四)软法的主要作用

在当下中国,软法在国家治理现代化中的作用主要表现在下述五个方面:

其一,规范国家公权力的行使,推进依法治国。国家公权力包括国家立法权、行政权、司法权和国家管理内政外交事务的其他权力。所有这些国家公权力的行使,除了应受国家硬法的约束和规范以外,还必须受软法的约束和规范。否则依法治国,推进国家治理现代化的目标和任务就不能实现。

这里仅就国家立法权的行使而言,硬法只能确定立法的主体、各立法主体的一般权限划分,以及立法的一般程序。至于立法权限的具体划分,立法程序的具体规则,均需要通过软法确定。例如,《立法法》第 8 条规定,属于"民事基本制度""基本经济制度以及财政、税收、海关、金融和外贸的基本制度"之类的事项为法律保留事项,只能由全国人大或全国人大常委会制定法律。但是,什么是"基本制度"呢?就只能留待立法惯例等软法来确定,或通过各主体间的讨论、协商等软法方法来寻求答案。又如,《立法法》第 67 条规定,对于列入人大常委会议程的法律草案,应当通过座谈会、论证会、听证会等多种形式听取意见,并将法律草案发送有关机关、组织和专家征求意见。但是,什么样的法律草案应采取座谈会的形式听取意见,什么样的法律草案应采取论证会的形式听取意见,什么样的法律草案应采取听证会的形式听取意见,什么样的法律草案应采取所有三种形式或其中两种形式听取意见呢?什么样的法律草案应发送有关机关、组织征求意见,什么样的法律草案应发送专家征求意见,什么样的法律草案应同时发送机关、组织和专家征求意见呢?就只能留待立法惯例等软法来确定,或通过各主体间的讨论、协商等软法方法来寻求答案。

其二,规范执政党的行为,推进执政党依法执政。在中国,要推进国家治理体系和治理能力的现代化,关键在执政党依法执政、科学执政和民主执政。怎么实现执政党依法执政、科学执政和民主执政?首先当然还是要靠硬法,通过硬法保障执政党在宪法和法律范围内活动;其次则是靠软法,以软法规范执政党的组织和各种执政行为与活动。因为党不是国家机关,不能完全适用国家硬法。但作为长期执政的中国共产党也不是一般的社会组织,它要直接行使某些重要的国家公权力,如党对国家一定重大事项的决策权、党管国家干部权、党指挥国家军队权等。在这些方面,作为软法的党内法规和其他有关政策性文件对规范党的组织和行为有必不可少的作用。其中最重要者有以下三项:一是规范执政党的组织、选举、干部选拔任命,促进执政党党务公开与党内民主。目前,这方面的党内法规已经不少,但仍然存在不少问题,如有关党内选举和干部选拔任命的法规,民主性和科学性不够,需要把体现现代国家治理理念和原则的参与民主与协商民主的内容注入进去;又如有关党务公开与党内民主的党内法规目前还很不健全、完善,需要抓紧制定和完善这方面的党内法规。二是规范执政党与人大、政府、法院、检察院的关系,保证执政党的领导与各国家机关独立行使职权的统一。现代国家治理的中国特色在于既坚持中国共产党对国家事务的领导,又保证各国家机关依法独立行使职权。要做到这一点,就必须正确处理执政党与人大、政府、法院、检察院等国家机关的关系。对此,软法应该在其中发挥重要的作用:一方面,执政党可以通过党内法规和政策来规范和约束自己的行为,防止自己以党代政,不适当干预或包办应该由国家机关处理的事务;另一方面,国家机关可以通过不断探索和创新,形成和积累依法独立行使职权与接受党的领导二者辩证统一的做法和惯例,以规范其行为。三是规范执政党与参政党及社会组织、团体的关系,保障三者的相互合作、相互监督和制约。中国特色的现代国家治理不仅要求正确处理执政党与人大、政府、法院、检察院等国家机关的关系,而且要求正确处理执政党与参政党及社会组织、团体的关系。在这方面,近十来年的实践已经形成和发展了许多好的做法和软法惯例,下一步需要做的是认真加以提炼总结,使之进一步制度化、规范化。

其三,规范行政行为,推进依法行政和法治政府建设。软法对于国家治理现代化的另一重要作用就是规范行政行为,特别是规范行政机关的行政裁量行为,推进依法行政和法治政府建设。2004 年,国务院发布了《全面推进依法行政实施纲要》。正是这一作为典型软法形式之一的纲要对政府各种行政行为——抽象行政行为和具体行政行为——均确定了基本要求和行为准则,明确设定了我国建设法治政府的主要目标,从而在我国开启了全面建设法治政府的进程。①

关于软法规范政府行政裁量行为的作用,笔者曾经在《湖南社会科学》上发表过专论,认为这种作用主要表现在六个方面,即通过软法的六种形式——正当法律程序、立法目的、法的基本原则、行政惯例、行政政策和行政执法基准——对行政裁量权的行使进行规制,防止裁量权的滥用和保障行政法治的实现。② 至于法律对政府羁束行政行为的规制,则主要是硬法的作用范围,当然软法在其中也可以发挥适当的作用。

其四,规范公民社会行为,推进参与民主、协商民主。现代国家治理体系的建立和完善在很大程度上有赖于公民社会的培植。因为在现代社会,国家与公民的关系以及公权力的配置大不同于传统社会。在传统社会,公权力集中于国家,国家通过各级官僚机构治理民众。而在现代社会,由于社会经济关系的复杂化,公民社会③迅速成长,部分国家公权力向社会转移,社会在自身发展过程中也生长出许多自治性的社会公权力。所以,现代国家治理不能仅专注于国家和国家公权力,还必须特别关注和推进参与民主和协商民主,规范公民社会和社会公权力行为,以此全方位推进国家治理现代化。在这方面,软法主要通过以下四个途径发挥作用:一是通过 NGO、NPO 等社会组织、团体和事业组织的章程规范其自治行为,促进其参与国家和社会公共治理。NGO、NPO 等社会组织、团体和事业组织的章程(如律协、医协、注协的章程、大学章程等)属于软法的范畴。它们是公民社会的"宪法",其对于规范社会组织、团体的自治行为,促进其参与国家和社会公共治理有极为重要的作用。但是,目前我国这方面的软法还很不完善,迫切需要加强,国家有关主管部门应引导 NGO、NPO 等社会组织、团体和事业组织健全其章程,推进其行为法

---

① 《全面推进依法行政实施纲要》确定的依法行政的基本要求共有六项:合法行政、合理行政、程序正当、高效便民、诚实守信、权责统一。确定的建设法治政府的目标共有七项:行政管理体制改革和政府职能转变;依法定权限和程序进行行政立法和规范性文件制定;依法、文明执法;行政决策科学化、民主化、规范化;有效防范和化解社会矛盾;加强行政法制监督;提高领导干部和公职人员的法治观念。

② 参见姜明安:《论行政裁量权及其法律规制》,载《湖南社会科学》2009 年第 5 期。

③ "公民社会"相当于马克思在其著作中所称的"市民社会"。我们现在使用这两个概念时,也可对二者的内涵稍加区分:赋予"市民社会"以区别于政治国家的市场组织和社会组织总体的含义;赋予"公民社会"以既区别于政治国家,又区别于市场组织的纯社会的含义。

治化。二是通过社会组织、团体的联合公约、协议,推进公民社会的共同行动,实现公共治理目标。社团组织的公约、协议既可以是特定社团组织的成员签订的,也可以是不同社团组织之间相互签订的。社团组织通过这些公约、协议,约定为达到某种公共目标而共同采取一定行动。凡参与签约的组织、个人均应自觉受这些公约、协议条款的约束,从而达到公民社会自我治理的目的。三是通过社会组织、团体与国家机关的互动,形成互动规则,促进公共政策和国家、社会公共治理措施的公共讨论、辩论和协商的常态化。公民社会的治理既通过国家机关的管理行为和社团组织的自治行为实现,也通过社团组织与国家机关的互动实现。在社团组织与国家机关互动的过程中,会形成各种成文或不成文的软法规则。正是这些规范双方互动的软法规则,不断促使公共政策和国家、社会公共治理措施的公共讨论、辩论和协商的常态化。四是规范互联网行为,提高网民素质,促进网络对民主、宪制的推动作用。网络虚拟世界构成现代公民社会的重要空间。网络虚拟世界既是现实世界的反映和延续,但也有很多区别于现实世界的不同特点。从而它既受国家硬法的调整和规范,更要受网络虚拟世界自身运作过程中不断产生和形成的软法的调整和规范。互联网网民之间、互联网营运商之间、互联网网民与互联网营运商之间在其互动过程中不断形成规则、达成协议,自觉规范、约束自己的行为,不仅有利于消除网络上的欺诈、名誉侵权、软暴力等负面消极行为,而且有利于提高网民素质,促进网络对民主、宪政的积极推动作用。

其五,平衡改革、发展、创新与法治的关系,保障富强民主文明和谐美丽中国与法治中国建设的协调统一。软法对推进国家治理现代化的另一重要作用就是平衡改革、发展、创新与法治的关系,保障富强民主文明和谐美丽中国与法治中国建设的协调统一。这一作用主要通过以下三个方面的途径实现:一是软法通过其灵活性,平衡改革与法治的关系,既推进改革,又防止改革脱离法治的约束。改革与法治的关系在一般情形下是统一的:法治推动和保障改革的实现,改革促进法治的发展和完善。但是在某些情况下,改革与法治也可能发生矛盾和冲突。例如,改革者急功近利,或从个人私利出发,抛开法治、违反法治乱改革、滥改革,或者法律、法规因各种原因滞后,不适应现实社会、政治、经济的发展,严格依硬法的具体条文办事,改革即无法进行下去。在这两种情况下,软法通过其灵活性既可对急功近利的改革者形成约束,防止他们的急躁冒进和滥权行为,又可弥补硬法的滞后与不足,为改革提供适当的法律根据,保障和促进改革。二是软法通过其自治性,平衡发展与法治的关系,既促进发展,又保障发展以人为本,制约官员的政绩冲动。要解决中国的各种问题,必须讲发展,必须促进发展,把发展放在非常重要的位置。邓小平同志曾经指出,“发展才是硬道理”。[①] 但是发展必须坚持科学发展,必须坚持以人为本,而“再不能简单以 GDP 论英雄”。[②] 为了制约官员,特别是地方官员的政绩冲动,发展社会自治组织,促进公民社会的发展,以软法的自治性平衡发展与法治的关系,保障经济、政治、社会、文化和生态环境的全面协调发展是非常必要的。三是软法通过其相对保守性,平衡创新与法治的关系,既激励创新,又防止创新脱离现实条件,导致异化。创新是改革和发展的条件和途径,但是创新必须从现实条件出发,不能异想天开。同时,创新必须受法治的约束,不能随心所欲。否则,创新将导致异化,不仅不能推进真正的改革和发展,反面可能干扰或破坏改革和发展,侵犯或损害人民群众的合法权益。对此,软法可通过其相对保守性,平衡创新与法治的关系。此外,软法还可通过对硬法的保障和适当补充、修正对硬法僵硬性的缓和,在平衡改革、发展、创新与法治的所有三个关系方面,改进国家治理,促进善政良治,保障富强民主文明和谐美丽中国与法治中国建设的协调统一。

---

① 《邓小平文选》(第 3 卷),人民出版社 1993 年版,第 377 页。

② 习近平:《习近平:再也不能简单以 GDP 考核干部》。转引自《新京报》2013 年 6 月 30 日,第 A03 版。

第九章

公法监督

◇公法监督概述

◇议会监督与人大监督

◇监察监督

◇检察监督

◇审判监督

◇审计监督

◇社会监督

一、公法监督概述

(一)公法监督的概念

公法监督,是指共同体及其机构、成员对公权力主体及其公职人员依公法实施的监督。

首先,公法监督的主体是共同体及其机构、成员。包括三类:第一类是共同体,包括国家共同体、社会共同体和国际共同体;第二类是共同体的机构,如议会、监察机关、司法机关等;第三类是共同体成员,国家共同体成员即为公民和公民组织,包括代表公民发声的报纸、电视、广播、互联网等各种舆论机构;社会共同体成员即为各种社会组织的成员,如律师协会的律师和律师事务所、注册会计师协会的注册会计师和注册会计师事务所、村民委员会的村民、居民委员会的居民;等等。

其次,公法监督的对象是公权力主体及其公职人员。包括两类:第一类是公权力主体,如各级政府、各级政府部门,也包括人大、法院、检察院、监察委员会等,这些机构既是监督主体,也是监督对象。从公权力相互制约的角度讲,甲公权力主体在制约乙公权力主体时,甲公权力主体是监督主体,甲公权力主体在被乙公权力主体制约时,甲公权力主体是监督对象。反之亦然。当然,公权力主体除了相互监督、相互制约外,它们作为监督对象,还要受其相对人及舆论机构的监督。第二类是公职人员。作为我国国家公权力主体的公职人员,其狭义公职人员的范围仅指列入国家行政编制,受《公务员法》调整的公务员,广义的公职人员则指列入国家监察范围的,为我国《监察法》第 15 条规定的六类人员:(1)中国共产党机关、人民代表大会及其常务委员会机关、人民政府、监察委员会、人民法院、人民检察院、中国人民政治协商会议各级委员会机关、民主党派机关和工商业联合会机关的公务员,以及参照《公务员法》管理的人员;(2)法律、法规授权或者受国家机关依法委托管理公共事务的组织中从事公务的人员;(3)国有企业管理人员;(4)公办的教育、科研、文化、医疗卫生、体育等单位中从事管理的人员;(5)基层群众性自治组织中从事管理的人员;(6)其他依法履行公职的人员。

最后,公法监督是监督主体对监督对象依公法实施的监督。这里的"公法"包括国家公法、社会公法和国际公法。对国家公权力主体的监督所依据的是国家公法,如宪法、监督法、监察法、行政诉讼法、刑事诉讼法、行政复议法等;对社会公权力主体的监督所依据的主要是社会公法(也包括国家公法),如社会组织章程、公约、各种监督制约规则等;对国际公权力主体的监督所依据的主要是国际公法(也包括国家公法和社会公法),如联合国宪章和各种国际组织的规则、条约、决议、决定等。

(二)公法监督的意义

公法监督的意义主要体现在下述五个方面。

1. 防止作为"公仆"的公权力形式主体与作为"主人"的公权力实质主体——共同体及其成员之间的关系异化

恩格斯于 1891 年在为马克思《法兰西内战》所写的导言中指出:"社会起初用简单分工的办法为自己建立了一些特殊的机关来保护自己共同的利益。

但是,后来,这些机关,而其中主要的是国家政权,为了追求自己特殊的利益,从社会的公仆变成了社会的主人。”①自从国家产生以后一直到现在,一切旧的国家机关和官吏都没有改变过这种状况,本来应是公仆的官员把本来应是主人的人民当作他们能够任意驱使的奴仆,资产阶级国家虽然打着“主权在民”的旗号,实际上,人民无权真正参与国家事务,无权监督政府及其官吏的活动。真正把政府和人民的地位重新颠倒过来的是无产阶级革命,首先是巴黎公社。巴黎公社“为了防止国家和国家机关由社会公仆变为社会主人……采取了两个措施。第一,它把行政、司法和国民教育方面的一切职位交给由普选选出的人担任,而且规定选举者可以随时撤换被选举者。第二,它对所有公职人员,不论职位高低,都只付给跟其他工人同样的工资。”②这两项措施中的第一项措施即包括共同体及其成员监督公权力主体,人民监督政府及其工作人员的内容。他们服务得好,人民即选举他们任职;他们服务得不好,人民即撤换他们。当然,巴黎公社只存在72天,并没有来得及建立完善的监督制度。十月革命以后,社会主义制度在欧洲、亚洲一系列国家建立和获得巩固,人民成为国家的主人,人民监督政府及其工作人员的制度本应真正建立起来。马克思主义的基本理论告诉我们,社会主义国家既然是人民当家作主的国家,人民是国家的主人,政府及其工作人员是人民的公仆、人民的勤务员,人民就有权监督政府及其工作人员。政府机关及其工作人员如果不受任何监督,任意所为,那就是专制,是与社会主义制度根本不相容的。但是,苏联、东欧国家和计划经济时代的我国,在这方面都做得并不好。现在,我们建设社会主义法治国家,必须吸取过去的教训,加强人民对政府的监督,加强共同体及其成员对公权力主体的监督。

2. 防止公权力主体及其公职人员违法、越权、滥用权力,保障公权力合法和正确行使

法治原则是公法的基本原则。法治原则首先要求公权力主体及其公职人员依法行使职权,严格按法律、法规、规章和各种相应共同体的规则办事。即使是对于法和规则没有明确规定的事项,公权力主体行使自由裁量权,也必须

① 《马克思恩格斯选集》(第2卷),人民出版社1972年版,第334页。
② 《马克思恩格斯选集》(第2卷),人民出版社1972年版,第335页。

严格遵循法的精神、法的基本原则和一般社会公正的要求。但是怎样保障法治原则的实现呢？这就必须要有严格的公法监督机制。事实证明，没有监督，法治就没有保障。这是因为，在我们的公权力主体及其公职人员中，不仅会存在少数人故意违法的情形（有些公权力主体及其公职人员，可能为了某些局部的利益、地方的利益、个人的利益，故意违反或规避法和规则），还会存在因对法和规则不熟悉、不理解或对法与规则适用的对象、条件、事实认识错误而过失违法的情形。无论是哪种情况，如果没有监督，违法、越权、滥用权力的问题就难以发现，难以防止，难以纠正，公权力的合法、正确行使就没有保障。因此，加强和完善公法监督是保障公权力合法、正确行使，以实现法治原则的需要。

3. 维护共同体社会公益、保障公权力相对人合法权益

公权力主体及其公职人员与公权力相对人不一样，他们担负组织、指挥、管理共同体事务的重任，担负处理各种与共同体成员权利和利益有关的事务的责任。与此相适应，共同体赋予了他们以各种权力。很显然，他们能否正确地履行自己的责任，能否合法、合理地行使自己的权力，对共同体公益及相对人权益均有极为重要的影响。例如，他们滥用权力、瞎指挥可能给共同体财产和公权力相对人生命财产造成严重损失。如果在他们滥用权力、瞎指挥付诸实施以前，有严格的监督，就可以防止和消除此种损失。即使监督是行之于损失发生以后，也有查明事故发生的原因、条件，追究有关人员的责任，采取措施防止类似事故重新发生的作用。又如，国家公职人员违法失职、不作为，可能严重侵犯相对人的合法权益。如果在这种侵犯结果发生前有严格的监督，就可能防止和消除此种侵犯结果。即使监督是行之于侵犯结果发生以后，也有查明事情经过，追究有关人员责任，恢复相对人被侵犯的合法权益，赔偿因违法失职、不作为给相对人造成的物质损失的作用。

很显然，如果共同体法律、规则只赋予公权力主体及其公职人员以各种权力，而不规定相应的监督，那么，共同体的社会公益、行政相对人的合法权益就得不到切实的保障，当某一个公权力主体或某一个公职人员由于各种原因而发生违法失职行为时，这些利益就可能受到损害。因此，从保护共同体社会公益和公权力相对人合法权益的需要来说，公法监督亦是非有不可，非加强不可的。

4. 揭露和消除腐败,保障公权力主体为政清廉

公法监督不是建立在人们对公权力主体及其公职人员不信任的基础之上。公权力主体及其公职人员大多是由共同体或共同体代表机关选举或任命产生的,是共同体成员的公仆、勤务员,他们中的绝大多数应该是勤勤恳恳地为共同体及其成员服务,兢兢业业、任劳任怨地工作,克己奉公、遵纪守法的。共同体及其成员对自己的公仆这一个整体自然是没有什么不信任的。之所以需要监督,是因为各种客观和主观的因素:其一,公权力主体及其公职人员虽然整体上是好的,但也难免会有腐败分子存在。为了揭露和清除腐败分子,需要建立和完善公法监督机制。其二,公权力主体及其公职人员不是生活在真空,而是生活在社会上。既然生活在社会上,就不可避免地要接触到社会上形形色色的各种消极事物和腐朽没落思想,金钱、美色的诱惑难免会使公职人员队伍中某些意志薄弱者蜕化变质,某些个人主义严重的人难免以权谋私,进行权钱交易、权色交易,产生种种腐败行为。为了预防这种情况和在这种情况发生后能及时消除,必须建立和完善公法监督机制。其三,表扬先进、批评落后是任何政治思想工作的重要方法,是调动公职人员工作积极性、激励其奋斗、干事的精神的重要方法。而要在公职人员队伍中开展实事求是的和有效的激励和批评,就不能不掌握充分的实际材料,从而不能不有认真切实的公法监督。

5. 消除官僚主义,提高公权力主体及其公职人员的办事效率

邓小平同志曾在一次中央政治局扩大会议上的讲话中指出:“官僚主义现象是我们党和国家政治生活中广泛存在的一个大问题。它的主要表现和危害是:高高在上,滥用权力,脱离实际,脱离群众,好摆门面,好说空话,思想僵化,墨守成规,机构臃肿,人浮于事,办事拖拉,不讲效率,不负责任,不守信用,公文旅行,互相推诿,以至官气十足,动辄训人,打击报复,压制民主,欺上瞒下,专横跋扈,徇私行贿,贪赃枉法,等等。”①在现代社会,为什么还会有这些官僚主义的种种现象呢?其根源并不在于我们的社会主义政治制度本身,而是由于我们长期以来在管理体制上的高度集权,以及缺乏严格的法制监督。如果我们以公法严格规定公权力机关的人员编制,严格规定机构、人员的

---

① 《邓小平文选》(第2卷),人民出版社1983年版,第287页。

职、权、责划分,严格规定他们的工作程序,严格规定对他们履行职责的相应的监督制度和奖惩制度,我们就可以大大减少以至消除官僚主义。

我们国家和各种公权力主体在当前和今后一个相当长的时期内的中心任务仍然是进行现代化建设。要建设就要讲效率、讲速度。而官僚主义却是效率和速度的大敌,是发展国民经济、进行现代化建设的严重障碍。官僚主义给我们事业造成拖延耽搁,给我们各个方面的工作造成了重大损失,这在很长一个时期内我们都深切地感受到了。因此,事情很明显:要推进现代化建设,就要提高行政效率,要提高行政效率就要消除官僚主义,要消除官僚主义,就必须加强和完善公法监督机制。

二、议会监督与人大监督

(一)国外议会监督

在国外议会内阁制国家,议会对行政和司法的监督主要有下述六种形式:

1. 询问(question)和质询(interpellation)。议会对于监督范围内的事项,可以书面或口头的方式向政府或政府部门提出询问或质询,被询问、质询者必须答复。询问在议会会议时由议员向部长、国务委员提出,被询问者当场答复,无须展开辩论。质询则必须附有辩论。辩论结束,可对于被质询者或内阁全体发起信任或不信任投票。质询制度在欧洲各国议会尤为盛行,监督力度大于英国。

2. 调查和审查。王世杰、钱端升在其《比较宪法》中译为"查究"(drkit d'enquête),[①]指议会对于行政部门或司法机关的违法或失职事件,组织调查委员会进行调查、审查。调查、审查之后,凡需要采取善后补救措施的,可以立法补救,需追究责任的,可进行不信任投票。在英美等国,调查委员会有权传唤公民收集证据。

3. 受理请愿。在西方国家,公民合法权益受政府或政府官员侵犯,或者对于行政、司法的政策、设施不满,可向议会提出请愿。议会通过受理请愿对行政、司法进行监督。

4. 提出建议。议会向政府提出建议案,也是一种监督方式。在实行两院

---

① 参见王世杰、钱端升:《比较宪法》,中国政法大学出版社1997年版,第220页。

制的国家，议会通过法律，须两院分别均通过才发生效力，但建议案一院通过即可。政府对议会的建议虽然不是必须执行，但一般会予以重视，特别是对于下院（众议院）的建议，大多会予以接受采纳，以免之后引发议会的不信任投票。

5. 弹劾。弹劾是一种最严厉之一，甚至是最严厉的监督方式。其主要适用于国家元首、政府首脑和部长的违法犯罪行为。之所以采用弹劾，一是因为这些职位权威尊贵，不便于由普通法院审判；二是因为国家元首、政府首脑和部长的违法犯罪，往往含有政治性质，法庭审理极为困难。关于弹劾适用的行为范围，各国规定略有差别：美国适用于议会认为的各种犯罪行为；法国仅适用于与职务有关的犯罪行为；德国则适用于一切违反宪法或法律的犯罪行为。各国的弹劾均不适用于政策不当行为。对政策不当行为，只能采用不信任投票监督。弹劾适用的对象，在君主国只适用于部长而不适用于君主；在共和国则适用于总统和部长。在美国，弹劾还适用于部长以下的官员。关于弹劾的审判，各国做法亦有差别：在比利时，弹劾经下院过半数票通过后，提交最高法院审判；在西班牙，则提交护宪法院审判；英法美等国则由上院（参议院）审判。在美国，弹劾案经众议院通过后交参议院审判，但有两项限制：一是参议院判决被弹劾人有罪须经出席议员三分之二多数通过；二是其判决仅以撤销职务和褫夺公权为限。如欲判其他刑罚，则须由普通法院为之。

6. 不信任投票。在实行议会内阁制的国家，议会（通常为下院，即众议院），认为内阁或部长政策不当时，可以通过不信任投票（下院半数议员通过）促令内阁或部长去职。不过，各国在采行不信任投票制度时，政府如认为议会的主张与民意相反，也可以通过解散议会，重新举行大选，以诉诸民意，由选民决定政策的最终选择（法国内阁无解散议会权）。①

（二）我国人大监督

我国人大和人大常委会是国家权力机关，其对“一府（政府）一委（监察委员会）两院（最高人民法院和最高人民检察院）”的监督是由人民民主国家的性质决定的。我国是社会主义的人民民主国家，国家的一切权力属于人民。人民通过选举自己的代表组成各级人民代表大会行使国家的权力，各级人民

---

① 参见王世杰、钱端升：《比较宪法》，中国政法大学出版社 1997 年版，第 220~224 页。

代表大会是各级国家权力机关。国家行政机关、监察机关、审判机关、检察机关均由人民代表大会产生，根据人民代表大会的授权行使国家行政、监察、审判和检察职能。“一府一委两院”既然是由人民代表大会产生，根据人民代表大会的授权行使职权的，它们必须向人民代表大会负责，接受人民代表大会的监督。如果不是这样，它们可以不向人民代表大会负责，不接受人民代表大会监督而任意行为，那我们国家的人民民主性质就会改变，我国宪法规定的“国家一切权力属于人民”就不能真正实现。

我国人大（包括人大和人大常委会，下同）对“一府一委两院”的监督，属于全面性的监督。监督的范围包括合法性问题、合理性问题以及国家公职人员的遵纪守法问题。监督的对象包括所有国家机关及其工作人员。

关于人大监督的形式和内容，彭真同志在第六届全国人民代表大会第三次会议预备会议上的讲话中指出，人大的监督可以归为两类：一类是法律监督，另一类是工作监督。“全国人大和它的常委会对法律实施的监督，主要是监督宪法的实施，包括履行宪法规定的职权。任何机关、任何地方如果作出同宪法相抵触的决议、决定，全国人大和它的常委会有权力、有责任予以撤销。至于对行政、审判、检察工作的监督，首先是听取和审议政府工作报告，它包括过去工作的工作总结和今后的工作部署。再就是审查和批准国民经济和社会发展计划，审查和批准国家预算决定，计划和预算决算反映了各方面的工作……这是全面的、基本的监督。有了重大问题，能不能管？能管。按照法律规定，权力机关有权提出质询案，必要时还可以组织关于特定问题的调查委员会。”①

具体地讲，我国人大的监督主要包括下述四个方面的范围和形式：

1. 对行政立法、监察立法和司法解释等规范性文件的监督。此类监督的形式主要包括：（1）备案。行政法规、监察法规和司法解释等规范性文件发布后，应向全国人民代表大会常务委员会备案。② （2）裁决。地方性法规与部门规章之间对同一事项规定不一致，执法或司法机关不能确定如何适用时，报国务院提出意见。国务院认为应适用地方性法规的，即适用地方性法规；国务院

---

① 转引自《人民日报》1985 年 3 月 27 日，第 1 版。

② 参见《立法法》第 98 条、《监督法》第 28~30 条。

认为应适用部门规章的，应提请全国人民代表大会常务委员会裁决。[①] (3)审查和撤销。中央军委、最高人民法院、最高人民检察院及省、自治区、直辖市人大常委会认为行政法规(和监察法规)同宪法和法律相抵触的，可以要求全国人民代表大会常务委员会进行审查；其他国家机关、社会团体、企事业组织以及公民认为行政法规(和监察法规)同宪法和法律相抵触的，可以建议全国人民代表大会常务委员会进行审查。全国人民代表大会常务委员会经审查，如认为行政法规(和监察法规)同宪法和法律确实相抵触，有权予以撤销。[②] 此外，省、自治区、直辖市人民代表大会常务委员会对地方政府规章进行监督。根据《宪法》《立法法》《地方组织法》的规定，省、自治区、直辖市人民代表大会常务委员会可以通过备案、审查和撤销其认为不适当的规章的方式对地方政府规章进行监督。[③] 省级以下地方人大对相应地方人民政府规范性文件的监督既可以通过备案制度进行，也可以应其他监督主体的请求进行。省级以下地方人大通过审查监督，如认为相应地方人民政府规范性文件同有关法律、法规相抵触，可以撤销相应地方人民政府的规范性文件。[④]

2. 对政府政策的监督。人大对行政政策监督主要采用下述形式：(1)听取和审查人民政府的工作报告。《宪法》第 92 条和第 110 条规定，国务院要向全国人民代表大会和它的常务委员会报告工作，地方各级人民政府要向同级人民代表大会和它的常务委员会报告工作。人民代表大会通过听取政府的工作报告，并进行认真、深入的讨论和审议，对政府的政策予以评价和提出改进建议，对政府工作的成绩予以肯定，对问题提出批评和改进意见，从而保证政府工作正确和有效地进行。(2)向人民政府及所属各工作部门提出质询和询问。《宪法》第 73 条规定："全国人民代表大会代表在全国人民代表大会开会期间，全国人民代表大会常务委员会组成人员在常务委员会开会期间，有权依照法律规定的程序提出对国务院或者国务院各部、各委员会的质询案。受质询的机关必须负责答复。"《地方各级人民代表大会和地方各级人民政府组织法》第 28 条规定："地方各级人民代表大会举行会议的时候，代表十人以上

---

① 参见《立法法》第 94~95 条。

② 参见《宪法》第 67 条和《立法法》第 96~97 条。

③ 参见《宪法》第 104 条、《立法法》第 97 条、《地方组织法》第 44 条。

④ 参见《宪法》第 104 条、《地方各级人民代表大会和地方各级人民政府组织法》第 44 条。

联名可以书面提出对本级人民政府和它所属各工作部门……的质询案……质询案由主席团交由受质询机关在主席团会议、大会全体会议或者有关的专门委员会会议上口头答复,或者由受质询机关书面答复。”此外,《全国人民代表大会组织法》(1982 年)第 16 条对代表提出质询案和被质询机关作出答复的程序作了规定:“在全国人民代表大会会议期间,一个代表团或者三十名以上的代表,可以书面提出对国务院和国务院各部、各委员会的质询案,由主席团决定交受质询机关书面答复,或者由受质询机关的领导人在主席团会议上或者有关的专门委员会会议上或者有关的代表团会议上口头答复。在主席团会议或者专门委员会会议上答复的,提质询案的代表团团长或者提质询案的代表可以列席会议,发表意见。”除了质询以外,人民代表还可以向有关国家机关提出询问。《全国人民代表大会组织法》(1982 年)第 17 条规定:“在全国人民代表大会审议议案的时候,代表可以向有关国家机关提出询问,由有关机关派人在代表小组或者代表团会议上进行说明。”人民代表向政府机关提出质询和询问的制度是一种重要的监督形式,它有利于人民代表了解和掌握情况,从而有效地、正确地对行政机关的行政政策行使监督权,以督促政府机关改进工作,修正错误,更好地完成所担负的任务。(3)审查和批准国家和地方的国民经济和社会发展计划、国家和地方预算。《宪法》第 62 条和第 67 条规定,国家的国民经济发展计划和计划执行情况的报告,国家预算和预算执行情况的报告应经全国人民代表大会审查和批准,在全国人民代表大会闭会期间,由全国人大常委会审查和批准国民经济和社会发展计划、国家预算在执行过程中所必须作的部分调整方案。《地方各级人民代表大会和地方各级人民政府组织法》第 8 条规定,县级以上地方各级人民代表大会审查和批准本行政区域内的国民经济和社会发展计划,预算以及它们执行情况的报告。审查和批准国家和地方的国民经济和社会发展计划以及预算,是国家权力机关对行政机关行政政策进行监督的一种重要方式。

3. 对行政行为、监察行为、司法行为的监督。人大对行政行为、监察行为、司法行为的监督主要采取下述形式:(1)视察和检查相应国家机关的工作。人民代表视察和检查国家机关的工作,是其行使监督权的一种重要形式。人民代表通过视察和检查,了解国家机关的工作情况,收集人民群众对国家机关的工作反映,从中发现问题,针对所发现的问题向相应国家机关提出意见或建议，督促相应国家机关改进工作。人民代表视察和检查工作，可以是全面性的，也可以是专题性的。方法可以采取召开汇报会、座谈会、个别交谈的形式，也可以采取文件审查和现场视察相结合的方式。（2）组织对特定问题的调查。《宪法》第71条第1款规定："全国人民代表大会和全国人民代表大会常务委员会认为必要的时候，可以组织关于特定问题的调查委员会，并且根据调查委员会的报告，作出相应的决议。"为了使调查委员会的工作能够顺利地开展，实现调查的目的，《宪法》第71条第2款还规定："调查委员会进行调查的时候，一切有关的国家机关、社会团体和公民都有义务向它提供必要的材料。"（3）接待和处理公民的来信来访。各级人民代表大会常务委员会一般都设有信访机构或专门负责信访工作的专职干部，受理公民对于国家公职人员违法、失职、侵权行为的申诉、控告和检举。人民代表机关通过受理公民的申诉、控告和检举，发现国家机关及其公职人员的问题，督促有关机关采取措施（包括惩处有过错的公务员，恢复公民被侵犯了的合法权益等），纠正错误，解决问题。

4. 对国家机关领导人员的监督。《宪法》第63条规定，全国人民代表大会有权罢免国家主席、副主席、国务院总理、副总理、国务委员、各部部长、各委员会主任、审计长、秘书长、中央军委主席及军委组成人员、国家监察委员会主任、最高法院院长、最高检察院检察长。《地方各级人民代表大会和地方各级人民政府组织法》第10条规定，地方各级人民代表大会有权罢免本级人民政府的组成人员，县级以上地方人大有权罢免本级人大常委会组成人员和由它选出的（监察委员会主任）①法院院长、检察院检察长②。人民代表机关行使的对国家机关领导人员的罢免权是对国家公权力最有力的公法监督形式之一，同时，也是其他监督形式能否有效和最终实现的保证。

三、监察监督

（一）西方国家的监察专员制度

西方国家监察专员（ombudsman）制度源于瑞典。1713年，瑞典查尔斯国

① 《地方各级人民代表大会和地方各级人民政府组织法》尚未修改，故监察委员会主任现尚未列入。

② 罢免检察长须报经上一级检察院提请该级人大常委会批准。

王(Charles)为了平定当时国内的骚乱,曾发布一道命令,设置一个以国王为最高专员的官署,监督国家公职人员执行法律法令和履行其对国家的义务。1809年,瑞典议会通过了一部以国王和议会分权原则为基础的宪法,规定设立司法监察专员(Justice Ombudsman)。由议会从“具有杰出法律才能和秉性正直的人士”中选举一人担任。其职责是以议会代表的身份监督所有行政官员和法官对法律和法令的遵守。从1976年起,司法监察专员公署改由4名专员组成,其中一人为首席专员。首席专员主持公署的日常行政工作,任命工作人员,主管税收、人事、政府信息公开等方面的监督;第二个专员主管司法、监狱等方面的监督;第三个专员主管军队和一切不属其他专员管辖的民政事项和地方政府的监督;第四个专员主管广泛企事业单位和社会福利方面的监督。①

监察专员的监督权限和监督方式主要有四种:其一,调查权。监察专员可以列席法院或公共权力机关的会议(但不得在会议上发表评论),并有权查阅法院或政府部门的会议记录和文件,要求法院和任何公共权力机关、中央和地方政府部门提供其所需要的资料与报告,监督对象必须向监察专员提交相应的文件。其二,建议权。监察专员发现监督对象行为不当或错误,他可以向其提出纠正的建议,他还可以将这种建议同时向议会和政府提出。监察专员如发现公职人员有违法乱纪的行为,其可以向纪律惩戒机关或相应主管机关提出对该公职人员给予纪律处分(包括撤销其某种资格或职务)的建议。其三,接受投诉权。任何人,即使是外国人,或者不在瑞典居住者,都可以向监察专员提出投诉。投诉不要求投诉人与投诉案件有利害关系,也没有时效限制。只是监察专员对投诉事件进行调查时,对发生在两年前的事件一般不进行调查。投诉一般是书面形式的,但也可向监察专员秘书处的官员或其他专门指定的人员进行口头陈述。对于一些无关紧要的投诉,监察专员可不予受理或在启动调查前驳回。对于启动调查程序的投诉案件,监察公署最后要作出正式裁决,裁决向社会公开,并载入监察专员的年度报告,在大众传媒上发表,从而使监察专员的监督发生广泛和深度的影响。其四,起诉权。监察专员还具有公诉人的身份,对监察对象违法和滥用权力的行为和决定,可以向法院提起诉讼(但本人不亲自出庭,由监察专员秘书处的人员中经验丰富的专门履行公

① 参见龚祥瑞:《比较宪法与行政法》,法律出版社2003年版,第483~495页。

诉职责的人出庭),由法院审理裁决。对法院的裁决,监察专员不能上诉,更不能改变。

继瑞典以后,芬兰于1918年建立了监察专员制度,丹麦于1953年建立了监察专员制度,挪威于1952年建立了军事监察专员制度,并于1963年建立了对政府官员的监察专员制度,新西兰于1962年亦引进了北欧国家的监察专员制度。到20世纪,全世界约有60个国家建立了类似的监察制度。在所有这些国家的监察专员制度中,监察专员都以某种方式对议会负责,所以,监察专员又被称为"议会监察专员"[英国的监察专员叫"议会行政专员"(Parliamentary Commissioner for Administration)]。议会通常要求监察专员每年或一定时期内向其提交阶段性报告。报告通常向社会公布,以扩大监督效果。

各国监察专员制度有其共性,亦有各种区别。例如,有的国家的监察专员由议会任命,有的由国家元首任命,有的由政府首脑任命。又如,瑞典、芬兰的监察机关可对法院进行监督,其他国家的监察机关一般不能对法院进行监督;等等。①

(二)我国监察制度的沿革

中华人民共和国建国后国家监察制度(包括党的纪检制度)的发展可以分为五个阶段:

第一阶段(1949—1965年)。1949年9月29日,中国人民政治协商会议第一届全体会议通过的《中国人民政治协商会议共同纲领》规定,"在县市以上的各级人民政府内,设人民监察机关,以监督各级国家机关和各种公务人员是否履行其职责,并纠举其中之违法失职的机关和人员"。② "人民和人民团体有权向人民监察机关或人民司法机关控告任何国家机关和任何公务人员的违法失职行为。"③与此相适应,中国人民政治协商会议第一届全体会议通过的《中央人民政府组织法》亦规定,政务院设人民监察委员会。人民监察委员会负责监察政府机关和公务人员是否履行其职责。④ 政务院设立的人民监察

---

① 参见[瑞典]本特·维斯兰德尔:《瑞典的议会监察专员》,程洁译,清华大学出版社2001年版,第24~50页。

② 《中国人民政治协商会议共同纲领》第19条第1款。

③ 《中国人民政治协商会议共同纲领》第19条第2款。

④ 参见《中央人民政府组织法》第18条。

委员会的职责包括:“监察全国各级国家机关和各类公务人员是否违反国家政策、法律、法令或损害人民及国家的利益,并检举纠正其中违法失职的机关和人员;指导全国各级监察机关的监察工作,颁发决议和命令,并检查其执行;接受及处理人民和人民团体对各级国家机关和各种公务人员违法失职行为的控告。”①之后,地方各级人民政府亦逐步建立起人民监察委员会,到 1952 年年底,从中央到地方的国家行政监察制度初步形成。

1954 年 9 月,国务院进行机构调整,人民监察委员会改为监察部,负责维护国家纪律,贯彻政策法令,保护国家财产。1958 年年底到 1959 年年初,全国大部分省(市)开始试行党政监察机构合署办公或合并。② 1959 年,监察部被撤销,地方各级政府的监察机构与各级党的监察委员会合并③,党的监察机关既管党的纪律监督又管政纪监察。④

第二阶段(1966—1976 年)。1966 年 5 月至 1976 年 10 月的“文化大革命”期间,国家整个法制被摧毁,党的纪检和国家监察制度被全部废止。党和政府的监察监督机关被撤销,整个监察监督机制停止运行。1969 年 1 月,中共中央组织部“业务组”向中央提交了《关于撤销中央监察委员会机关的建议》和《关于中组部中监委机关人员下放劳动的报告》。同年 7 月,毛泽东主席批示“原则同意”,从而取消了中共中央监察机关,善后工作由中共中央组

---

① 参见中共中央组织部、中共中央党史研究室、中央档案馆:《中国共产党组织史资料》(附卷一),中共党史出版社 2000 年版,第 78 页。

② 参见彭勃:《关于建国以来监察体制的探索与实践》,载《当代中国史研究》1995 年第 1 期。

③ 中国共产党中央纪律检查委员会于 1949 年成立,1955 年改名为中央监察委员会。

④ 关于新中国成立后党的纪检工作,中央文献研究室编写的《建国以来重要文献选编》有较详细的介绍。1949 年 11 月 9 日,中共中央曾发出《关于成立中央及各级党的纪律检查委员会的决定》,决定成立中央及各级党的纪律检查委员会,并决定由朱德任中央纪律检查委员会书记。1955 年 3 月 31 日,中央通过《中国共产党全国代表会议关于成立党的中央和地方监察委员会的决议》(以下简称《决议》),《决议》指出,“目前党的各级纪律检查委员会的组织和职权已不能适应在阶级斗争的新时期加强党的纪律的任务,因此中国共产党全国代表会议决定成立党的中央的和地方各级的监察委员会,代替中央的和地方各级的党的纪律检查委员会,借以加强党的纪律,加强反对党员中各种违法乱纪现象的斗争,特别是防止像高岗、饶漱石反党联盟这一类严重危害党的利益的事件重复发生”。《决议》明确规定了各级监察委员会的产生方式、领导体制、主要任务和职责权限。1956 年,中共八大党章从产生方式、领导体制和任务职权三方面对党的监察机关作出规定。八届一中全会重新选举产生了由董必武等 21 人组成的中共中央监察委员会。1962 年八届十中全会《关于加强党的监察机关的决定》规定:“加强中央和地方各级的监察委员会,扩大各级监察委员会委员的名额”。“中央监察委员会可以派出监察组常驻国务院所属各部门”,“各省、市、自治区党的监察委员会,在必要的时候,可以派监察组和监察员驻省、市、自治区人民委员会所属的各部门进行工作”。

织部“业务组”负责处理。[①] 之后，党的九大和十大党章都取消了关于党的监察机关和党的纪律的条款，党的纪检工作遭到全面破坏。

第三阶段（1977—1989 年）。1977 年 8 月，中共十一大通过的新党章重新规定设置党的纪律检查机关——纪律检查委员会。但“文革”以后，党和国家纪检监察制度真正重大的转折始于 1978 年 12 月党的十一届三中全会。这次中央全会选举产生了以陈云同志为中央纪委第一书记、邓颖超同志为第二书记、胡耀邦同志为第三书记、黄克诚同志为常务书记的中央纪律检查委员会。1979 年 1 月，中央纪委召开第一次全会，讨论通过了《中共中央纪律检查委员会关于工作任务、职权范围、机构设置的规定》，对中央纪律检查委员会的工作作出了全面部署。自此，党的纪检工作重新焕发了生机活力。1982 年中共十二大选举了 132 人组成了中央纪律检查委员会。十二大通过的党章对于党的纪律检查机构的设置及职权、任务都作出了新的规定，使纪律检查委员会有了更完整的制度。1987 年中共十三大选举产生了 69 人组成的纪律检查委员会。

改革开放后，在党的纪检制度恢复的同时，行政监察部门也开始恢复重建。1986 年年底，国家决定恢复行政监察体制。1987 年，监察部成立。监察部的主要职责是监督检查国务院各部门及其工作人员、省级政府的主要负责人和中央直属企事业单位中国家行政机关任命的领导干部贯彻执行国家法律、法规和政策以及决定、命令的情况；受理对其违反国家法律、法规以及违反政纪行为的检举、控告；调查处理其违反国家法律、法规以及违反政纪的行为，受理其不服行政处分的申诉，以及法律、法规规定的其他由监察部受理的申诉。根据国务院《关于在县以上地方各级人民政府设立行政监察机关的通知》，到 1988 年年底，省、市、县三级地方政府的监察机关均先后完成组建。当时的监察机关与纪委遵循党政分开原则，监察机关负责执行行政纪律的监督，其工作对象主要是国家机关的公务人员；纪委负责党纪监督，主要处理各类机关团体、企事业单位中党员的违纪案件，由于我国的公务员大部分都是党员，这样，职能划分其实很难完全分开。

---

① 参见杨溪阁、蒋国海：《中共中央纪律检查机构的历史考察》，载《湖南人文科技学院学报》2005 年第 4 期。

第四阶段(1990—2012 年)。1990 年,国务院发布了规范行政监察制度的第一个行政法规《行政监察条例》,行政监察走上了有法可依的轨道。《行政监察条例》规定了行政监察机构的设置、管辖、职权和监察程序等,为我国行政监察工作提供了全方位的法律规范。1997 年,第八届全国人大常委会第二十五次会议将《行政监察条例》上升为《行政监察法》,推动了行政监察的进一步法制化。《行政监察法》共设 7 章 51 条。第一章总则,规定行政监察法的立法目的、依据;监察机关的性质、任务;监察原则,如依法独立行使职权原则,重证据、重调查研究原则,适用法律和行政纪律人人平等原则,教育与惩处相结合原则,监督检查与制度建设相结合原则,监察工作依靠群众原则等。第二章监察机关和监察人员,规定监察机关的体系、上下级关系、监察人员的任职要求、职位保障和有关履职要求,如遵纪守法、忠于职守、秉公执法、清正廉洁、保守秘密以及公务回避等。第三章监察机关的职责,规定国务院监察机关和县级以上地方各级人民政府监察机关的管辖及监察机关应履行的职责:检查国家行政机关在遵守和执行法律、法规和人民政府的决定、命令中的问题;受理对国家行政机关及其公务员和国家行政机关任命的其他人员违反行政纪律行为的控告、检举;调查处理国家行政机关及其公务员和国家行政机关任命的其他人员违反行政纪律的行为;受理国家行政机关公务员和国家行政机关任命的其他人员不服主管行政机关给予处分决定的申诉与法律、行政法规规定的其他由监察机关受理的申诉;以及法律、行政法规规定由监察机关履行的其他职责。第四章监察机关的权限,规定监察机关履行职责时有权采取的措施(如要求监察对象提供材料和进行查阅复制、要求监察对象作出解释说明、责令监察对象停止违法违纪行为)、监察机关的主要调查手段(如扣留、封存可以证明违反行政纪律行为的文件、资料、财务账目及其他有关资料,责令涉嫌单位和涉嫌人员调查期间不得变卖、转移有关财物,"双指",查询,保全,冻结等),以及监察建议权(如建议纠正、撤销违法决定、命令,采取补救措施,纠正不当录用、任免、奖惩决定,责令公开道歉,停职检查,引咎辞职,责令辞职、免职,给予行政处罚,以及完善廉政勤政制度等)、监察决定权(如作出行政处分、没收、追缴、责令退赔的决定)。第五章监察程序,规定监察机关进行检查、调查、提出监察建议、作出监察决定的过程、步骤、时限和应遵守的规则;以及被处分人员不服处分提出申诉和监察机关对之复查、复核、复审的过程、步骤、时限等。第六章法律责任,分别规定监察对象、监察机关、监察人员以及其他违法人员违反该法的各种情形及其法律责任。第七章附则,规定本法对法律法规授权的组织及其从事公务的人员和行政机关委托的组织及其从事公务的人员的适用等。2004 年,国务院颁布《行政监察法实施条例》,对《行政监察法》实施的有关问题作出了解释性或补充性的规定,并确定监察机关对派驻机构和人员实行统一管理。2010 年,第十一届全国人大常委会第十五次会议对《行政监察法》进行了部分内容的修改,进一步明确了监察对象、监察方式和对派驻机构的统一管理等内容。

为了减少行政监察与党的纪律检查机关的职能交叉重叠、提高工作效率,1993 年,中央决定中央纪律检查委员会与监察部合署办公,实行一套工作机构、两个机关名称的体制,同时履行党的纪律检查和政府行政监察两种职能,对党中央全面负责。监察部仍属于国务院系列,受国务院领导。地方各级纪检、监察机构随后也按中央要求实行合署办公、调整内设机构。党的十六大之后,中央调整了反腐败战略,强调从源头防治腐败。2005 年,中央印发了《建立健全教育、制度、监督并重的惩治和预防腐败体系实施纲要》,确立了"标本兼治、综合治理、惩防并举、注重预防"的反腐倡廉工作方针。为了推进预防腐败工作的开展,也为了履行《联合国反腐败公约》义务,促进预防腐败及相关国际合作,2007 年 9 月国家预防腐败局成立。该局隶属于国务院,负责全国的预防腐败工作。国家预防腐败局下设办公室作为办事机构,该办公室同时又是中纪委、监察部的内设预防腐败室。国家预防腐败局成立之后,省级以下地方政府的预防腐败机构也相继组建。到 2012 年,全国已建立 18 个省级预防腐败机构。

第五阶段(2012—2018 年)。2012 年 11 月,中国共产党第十八次全国代表大会(以下简称中共十八大)召开,中国特色社会主义进入新时代,中国纪检监察制度的改革和发展同样也进入新时代。① 2013 年 11 月,党的十八届三中全会召开,全会通过《中共中央关于全面深化改革若干重大问题的决定》

---

① 本节关于中国特色社会主义新时代(第五阶段)纪检监察制度改革发展的资料主要引自张国栋:《推动全面从严管党治党的重要一招:党的十八大以来纪律检查和国家监察体制改革综述》一文,该文载《中国纪检监察杂志》2017 年第 20 期。

（以下简称《决定》）。《决定》专门就加强反腐败体制机制创新和制度保障作出了五个方面的规定。其一，加强党对党风廉政建设和反腐败工作统一领导。改革党的纪律检查体制，健全反腐败领导体制和工作机制，改革和完善各级反腐败协调小组职能。其二，落实党风廉政建设责任制，党委负主体责任，纪委负监督责任，制定实施切实可行的责任追究制度。各级纪委要履行协助党委加强党风建设和组织协调反腐败工作的职责，加强对同级党委特别是常委会成员的监督，更好发挥党内监督专门机关作用。其三，推动党的纪律检查工作双重领导体制具体化、程序化、制度化，强化上级纪委对下级纪委的领导。查办腐败案件以上级纪委领导为主，线索处置和案件查办在向同级党委报告的同时必须向上级纪委报告。各级纪委书记、副书记的提名和考察以上级纪委会同组织部门为主。其四，全面落实中央纪委向中央一级党和国家机关派驻纪检机构，实行统一名称、统一管理。派驻机构对派出机关负责，履行监督职责。改进中央和省区市巡视制度，做到对地方、部门、企事业单位全覆盖。其五，健全反腐倡廉法规制度体系，完善惩治和预防腐败、防控廉政风险、防止利益冲突、领导干部报告个人有关事项、任职回避等方面的法律法规，推行新提任领导干部有关事项公开制度试点。健全民主监督、法律监督、舆论监督机制，运用和规范互联网监督。

2014年，中央在成立全面深化改革领导小组的同时，设置纪律检查体制改革专项小组。中纪委进行了机构改革，纪检监察室总数由原先的8个增加到12个，占内设机构总量的近一半；新设纪检监察干部监督室，以便及时“清理门户”。之后，中央政治局审议通过《党的纪律检查体制改革实施方案》，明确了改革的时间表和路线图，要求推动纪检工作双重领导体制具体化、程序化、制度化，落实查办腐败案件以上级纪委领导为主，各级纪委书记、副书记提名和考察以上级纪委会同组织部门为主，强化上级纪委对下级纪委的领导等。

2015年，第十八届中央纪律检查委员会第五次全体会议提出对各级纪委的七项要求：其一，从严治党、依规治党，加强党的纪律建设。党员领导干部特别是高级领导干部，必须遵守政治规矩，党决不容忍结党营私、拉帮结派；决不允许自行其是、阳奉阴违。其二，深化纪律检查体制改革，推动组织和制度创新。实行下级纪委向上级纪委报告线索处置和案件查办情况制度；加大对国有企业的巡视力度，实现对中管国有重点骨干企业巡视全覆盖；实现派驻全覆盖。其三,深入落实主体责任,强化责任追究;突出问责,坚持"一案双查",对违反政治纪律和政治规矩、组织纪律,"四风"问题突出,发生顶风违纪问题以及出现区域性、系统性腐败案件的地方、部门和单位,既追究主体责任、监督责任,又严肃追究领导责任。其四,深入落实中央八项规定精神,切实纠正"四风";坚决查处公款吃喝、旅游和送礼等问题。加强对中央关于厉行节约、公务接待、公车配备等规定执行情况的监督检查,把违反中央八项规定精神列入纪律审查重点,对顶风违纪者所在地区、部门和单位党委、纪委进行问责。其五,持续保持高压态势,坚决遏制腐败蔓延势头;突出纪律审查重点,严肃查办发生在领导机关和重要岗位领导干部中插手工程建设、土地出让,侵吞国有资产,买官卖官、以权谋私、腐化堕落、失职渎职案件。把违反政治纪律、组织纪律等行为作为审查重点,对转移赃款赃物、销毁证据,搞攻守同盟、对抗组织审查的行为,纳入依规惩处的重点内容。加大对群众身边不正之风和腐败问题查处力度。其六,加强国际合作,狠抓追逃追赃,把腐败分子追回来绳之以法。其七,落实监督责任,建设忠诚、干净、担当的纪检监察干部队伍;要充分发挥纪检监察干部监督机构的作用,完善自我监督机制,健全内控措施,严肃查处跑风漏气、以案谋私行为,坚决防止"灯下黑"。

2016 年 11 月,中央办公厅印发《关于在北京市、山西省、浙江省开展国家监察体制改革试点方案》(以下简称《试点方案》),国家监察体制改革试点渐次铺开。《试点方案》强调,国家监察体制改革是事关全局的重大政治改革,是国家监察制度的顶层设计。深化国家监察体制改革的目标,是建立党统一领导下的国家反腐败工作机构。实施组织和制度创新,整合反腐败资源力量,扩大监察范围,丰富监察手段,实现对行使公权力的公职人员监察全面覆盖,建立集中统一、权威高效的监察体系,履行反腐败职责,深入推进党风廉洁建设和反腐败斗争,构建不敢腐、不能腐、不想腐的有效机制。《试点方案》指出,党中央决定开展国家监察体制改革试点工作。由省(市)人民代表大会产生监察委员会,作为行使国家监察职能的专责机关。党的纪律检查委员会、监察委员会合署办公。紧接着,第十二届全国人大常委会第二十五次会议即通过决定:在北京市、山西省、浙江省及所辖县、市、市辖区设立监察委员会,行使监察职权。将试点地区人民政府的监察厅(局)、预防腐败局及人民检察院查处贪污贿赂、失职渎职以及预防职务犯罪等部门的相关职能整合至监察委员会。试点地区监察委员会由本级人民代表大会产生。监察委员会主任由本级人民代表大会选举产生;监察委员会副主任、委员,由监察委员会主任提请本级人民代表大会常务委员会任免。监察委员会对本级人民代表大会及其常务委员会和上一级监察委员会负责,并接受监督。试点地区监察委员会按照管理权限,对本地区所有行使公权力的公职人员依法实施监察;履行监督、调查、处置职责,监督检查公职人员依法履职、秉公用权、廉洁从政以及道德操守情况,调查涉嫌贪污贿赂、滥用职权、玩忽职守、权力寻租、利益输送、徇私舞弊以及浪费国家资财等职务违法和职务犯罪行为并作出处置决定,对涉嫌职务犯罪的,移送检察机关依法提起公诉。为履行上述职权,监察委员会可以采取谈话、讯问、询问、查询、冻结、调取、查封、扣押、搜查、勘验检查、鉴定、留置等措施。①

2017年10月,中共中央在总结北京、山西、浙江改革试点工作经验基础上,决定在全国各地推开改革试点,在2017年年底2018年年初召开的全国各省、市、县人民代表大会上产生三级监察委员会,整合反腐败资源力量,完成相关机构、职能、人员转隶,明确监察委员会职能职责,赋予惩治腐败、调查职务违法犯罪行为的权限手段,建立与执法机关、司法机关的协调衔接机制。

与此同时,全国人大常委会自2017年年初即开始国家监察法的立法工作,并分别于2017年6月和12月对监察法草案进行了两次审议。2018年3月,第十三届全国人民代表大会第一次会议正式通过了《监察法》。该法共9章69条。第一章总则;第二章监察机关及其职责;第三章监察范围和管辖;第四章监察权限;第五章监察程序;第六章反腐败国际合作;第七章对监察机关和监察人员的监督;第八章法律责任;第九章附则。

(三)我国监察机关的职责

根据《监察法》的规定,我国监察机关履行下述三类职责:

1. 监督。即对公职人员进行监督检查。监督检查的内容包括四项:第一项是依法履职的情况,即检查公职人员是否存在不作为和乱作为(违法作为)的情况;第二项是秉公用权的情况,即检查公职人员是否存在以权谋私,利用

① 参见《全国人大常委会关于在北京市、山西省、浙江省开展国家监察体制改革试点工作的决定》,载人大新闻网,http://www.npc.gov.cn/zgrdw/npc/xinwen/2016-12/25/content_2004968.htm。

职权为自己及其亲属或其他关系人、朋友等谋利的情况;第三项是廉洁从政从业的情况,即检查公职人员是否存在贪污受贿,权钱交易、权色交易的情况;第四项是道德操守的情况,即检查公职人员是否存在违反从政道德、职业道德和社会公德及私德(包括孝敬父母、夫妻忠诚方面的道德)的情况。

2. 调查。此项职责是对涉嫌贪污贿赂、滥用职权、玩忽职守、权力寻租、利益输送、徇私舞弊以及浪费国家资财等职务违法和职务犯罪进行调查。调查分为两种:一种是对职务违法行为的调查;一种是对职务犯罪行为的调查。在国家监察体制改革以前,对职务犯罪行为的侦查属于检察机关的职责。改革后,检察机关原负责侦查职务犯罪的人员转隶监察委员会,这为监察委员会履行该职责提供了非常有利的条件。

3. 处置。此项职责主要包括五项内容:(1)对违法行为情节较轻的公职人员进行谈话提醒、批评教育、责令检查或予以诫勉;(2)对违法公职人员作出警告、记过、记大过、降级、撤职、开除等政务处分决定;(3)对不履行或不正确履行职责负有责任的领导人员作出问责决定,或者向有权作出问责决定的机关提出问责建议;(4)对涉嫌职务犯罪的,将调查结果移送人民检察院依法审查、提起公诉;(5)向监察对象所在单位提出监察建议。监察委员会在办案过程中,发现监察对象所在单位存在制度不完善,对公职人员管理存在缺陷、漏洞,或存在其他违法、违纪问题,需要其自我纠正、自我改进,应该向其提出监察建议。

(四)监察对象与监察管辖

《监察法》规定的监察对象包括下述六类:其一,中国共产党机关、人民代表大会及其常务委员会机关、人民政府、监察委员会、人民法院、人民检察院、中国人民政治协商会议各级委员会机关、民主党派机关和工商业联合会机关的公务员,以及参照《公务员法》管理的人员;其二,法律、法规授权或者受国家机关依法委托管理公共事务的组织中从事公务的人;其三,国有企业管理人员;其四,公办的教育、科研、文化、医疗卫生、体育等单位中从事管理的人员;其五,基层群众性自治组织中从事管理的人员;其六,其他依法履行公职的人员。

关于监察管辖,《监察法》规定了三类规则:

1. 监察级别管辖的一般规则。各级监察机关可以管辖本辖区内所有监察事项，尽管国家、省、市、县各级监察委员会对“管理权限”有内部分工，但监察管辖不同于司法管辖。对于司法管辖，诉讼法明确规定哪些案件由基层人民法院管辖，哪些案件由中级人民法院管辖，哪些案件由高级人民法院管辖，等等。[①] 监察法没有这样明确的级别管辖划分。即使各级监察委员会对监察对象有内部管辖划分，但《监察法》第 16 条第 2 款规定，“上级监察机关可以办理下一级监察机关管辖范围内的监察事项，必要时也可以办理所辖各级监察机关管辖范围内的监察事项”。这也就是说，国家监察委员会不仅可以办理省级监察委员会管辖范围内的监察事项，必要时也可以办理市级乃至县级监察委员会管辖范围内的监察事项；省级监察委员会不仅可以办理市级监察委员会管辖范围内的监察事项，必要时也可以办理市辖区、县级监察委员会管辖范围内的监察事项；等等。

2. 地域管辖的一般规则。各地监察机关按照管理权限管辖本辖区内监察对象所涉监察事项。应该说，监察地域管辖的范围比司法地域管辖的范围明确，因为监察针对的主要是人——公职人员，司法针对的主要是事——争议案件，公职人员所属管辖区域一般比较明确，很少会发生某公职人员是河北省管还是河南省管，是北京海淀区管还是西城区管的争议，司法争议案件则不同，涉及争议发生地、当事人居住地、户籍地、不动产所在地，等等，确定管辖非常复杂。当然，监察地域管辖也不是完全不会发生争议，如公职人员工作岗位调动、挂职锻炼、借调，等等，也可能出现管辖争议的问题。所以《监察法》第 16 条也作了万一发生争议时解决途径的规定：“监察机关之间对监察事项的管辖有争议的，由其共同的上级监察机关确定。”

3. 指定管辖规则。指定管辖包括三项规则：其一，上级监察机关可以将其所管辖的监察事项指定下级监察机关管辖。上级监察机关之所以指定下级监察机关管辖其所管辖的监察事项，可能是出于办理某一特定案件方便的需要，也可能是上级监察机关案件多而下级监察机关案件相对较少的缘故。监

---

① 例如，《行政诉讼法》第 14 条至第 17 条规定，基层人民法院管辖第一审行政案件；中级人民法院管辖下列第一审行政案件：（一）对国务院部门或者县级以上地方人民政府所作的行政行为提起诉讼的案件；（二）海关处理的案件；（三）本辖区内重大、复杂的案件；（四）其他法律规定由中级人民法院管辖的案件；高级人民法院管辖本辖区内重大、复杂的第一审行政案件；最高人民法院管辖全国范围内重大、复杂的第一审行政案件。

察机关上下级是领导指挥关系,上级监察机关指定下级监察机关办理自己管辖的监察事项,是其相互关系的性质使然。其二,上级监察机关将下级监察机关有管辖权的监察事项指定给其他监察机关管辖。上级监察机关之所以做这种指定,可能是因为某下级监察机关负责人或主要监察人员与某一特定案件有某种利害关系,需要回避的缘故,也可能是上级监察机关某一时期调节各个下级监察机关工作量(有的下级监察机关可能某一时期案多人少,有的下级监察机关可能某一时期案少人多)的需要,还可能是出于某种办案方便的考虑。其三,下级监察机关认为所管辖的监察事项重大、复杂,需要由上级监察机关管辖的,可以报请上级监察机关管辖。这与上级监察机关将其所管辖的监察事项指定下级监察机关管辖稍有不同。上级监察机关指定下级监察机关管辖其所管辖的监察事项,下级监察机关一般必须接受。即使有某种原因难于接受,也只能向上级监察机关解释说明,请求上级监察机关改变指定。上级监察机关认为下级监察机关解释说明的理由不充分,不改变指定,下级监察机关必须服从。而下级监察机关将其所管辖的监察事项报请上级监察机关管辖,则必须取得上级监察机关的同意,上级监察机关认为下级监察机关报请其管辖的监察事项并非那么重大、复杂而需要由其代下级监察机关管辖,完全可以不接受下级监察机关的报请,而仍退回下级监察机关管辖。

(五)监察机关的监察权限

《监察法》规定监察机关的监察权限可分为下述六类:

1. 谈话、讯问与询问。监察机关对可能发生职务违法的监察对象,按照管理权限,可以直接或者委托有关机关、人员进行谈话或者要求说明情况。谈话或者要求说明情况的对象是“可能发生职务违法的监察对象”。监察机关在日常监察过程中发现特定监察对象有轻微违纪行为(有群众反映、举报或从其他渠道知悉),有可能发展为违法甚至犯罪,为避免其在错误的道路上继续走下去,挽救该公职人员,也防止造成国家利益和公共利益的损失,监察机关有必要对该公职人员“扯扯袖子”,与其谈话,要求其说明情况,对其予以警示。确定进行谈话或者要求说明情况的主体可以是监察机关自己,也可以是监察机关委托的有关机关、人员。所谓“有关机关、人员”,一般是“可能发生职务违法的监察对象”所在的机关(机关负责人)或组织、人事部门的负责人。如果“可能发生职务违法的监察对象”是所在的机关主要负责人,“有关机关、人员”则是其上级机关(机关负责人)或上级机关组织、人事部门的负责人。

在调查过程中,监察机关对涉嫌职务违法的被调查人,可以要求其就涉嫌违法行为作出陈述,必要时可向被调查人出具书面通知。对涉嫌贪污贿赂、失职渎职等职务犯罪的被调查人,监察机关可以进行讯问,要求其如实供述涉嫌犯罪的情况。

在调查过程中,监察机关可以询问证人等人员。询问证人是监察机关调查取证、查明案情的基本手段之一。《刑事诉讼法》规定,证人证言是人民法院审理刑事案件可以用于证明案件事实,作为证据使用的八种材料之一。[①] 但是,证人证言必须在法庭上经过公诉人、被害人和被告人、辩护人双方质证并且查实以后,才能作为定案的根据。[②] 因此,监察机关在询问证人过程中,一定要遵循正当法定程序,[③]保证证人证言的真实性和合法性。

2. 留置。根据《监察法》第 22 条的规定,监察机关对涉嫌贪污贿赂、失职渎职等严重职务违法或者职务犯罪,且已经掌握其部分违法犯罪事实及证据,仍有重要问题需要进一步调查,并有下列情形之一的被调查人,经依法审批,可以将其留置在特定场所:(1)涉及案情重大、复杂的;(2)可能逃跑、自杀的;(3)可能串供或者伪造、隐匿、毁灭证据的;(4)可能有其他妨碍调查行为的。此外,对涉嫌行贿犯罪或者共同职务犯罪的涉案人员,监察机关可以依照前款规定采取留置措施。留置场所的设置、管理和监督依照国家有关规定执行。

《监察法》赋予监察机关的该项权限、手段,在其赋予监察机关的各项权限、手段中,强制性程度最高,对被调查人权益(特别是人身权)影响最严重,或者说是强制性程度最高、对被调查人权益影响最严重的权限、手段之一。因此,《监察法》对适用该项权限、手段规定了严格的条件。首先,留置适用的对象限于“涉嫌贪污贿赂、失职渎职等严重职务违法或者职务犯罪,监察机关已经掌握其部分违法犯罪事实及证据,仍有重要问题需要进一步调查的被调查人”;其次,这些被调查人还必须具有《监察法》规定的上述四种情形之一;

---

① 参见《刑事诉讼法》第 50 条。

② 参见《刑事诉讼法》第 59 条。

③ 此项正当法律程序规定于《刑事诉讼法》第 41 条。

此外，对被调查人适用留置须经监察机关依法审批，《监察法》第 43 条规定了留置审批的严格程序；最后，本条还对留置场所的设置、管理和监督作了规定：依照国家有关规定执行。本条虽然没有规定具体的留置场所，但对留置场所的设置、管理和监督予以了限制，必须依照国家有关规定执行，而不能任意设置、任意管理和疏于监督。

3. 查询、冻结与搜查。监察机关调查涉嫌贪污贿赂、失职渎职等严重职务违法或者职务犯罪，根据工作需要，可以依照规定查询涉案单位和个人的存款、汇款、债券、股票、基金份额等财产；可以依照规定冻结涉案单位和个人的存款、汇款、债券、股票、基金份额等财产；监察机关还可以对涉嫌职务犯罪的被调查人以及可能隐藏被调查人或者犯罪证据的人的身体、物品、住处和其他有关地方进行搜查。但在搜查时，应当出示搜查证，并有被搜查人或者其家属等见证人在场。搜查女性的身体，应当由女性工作人员进行。监察机关进行搜查时，可以根据工作需要提请公安机关配合。

4. 调取、查封与扣押。监察机关在调查过程中，可以调取、查封、扣押用以证明被调查人涉嫌违法犯罪的财物、文件和电子数据等信息。采取调取、查封、扣押措施，应当收集原物原件，会同持有人或者保管人、见证人，当面逐一拍照、登记、编号，开列清单，由在场人员当场核对、签名，并将清单副本交财物、文件的持有人或者保管人。对调取、查封、扣押的财物、文件，监察机关应当设立专用账户、专门场所，确定专门人员妥善保管，严格履行交接、调取手续，定期对账核实，不得毁损或者用于其他目的。对价值不明物品应当及时鉴定，专门封存保管。查封、扣押的财物、文件经查明与案件无关的，应当在查明后 3 日内解除查封、扣押，予以退还。

5. 勘验检查与鉴定。监察机关在调查过程中，可以直接或者指派、聘请具有专门知识、资格的人员在调查人员主持下进行勘验检查。勘验检查情况应当制作笔录，由参加勘验检查的人员和见证人签名或者盖章。另外，对于案件中的专门性问题，可以指派、聘请有专门知识的人进行鉴定。鉴定人进行鉴定后，应当出具鉴定意见，并且签名。

6. 技术调查、通缉与限制出境。监察机关调查涉嫌重大贪污贿赂等职务犯罪，根据需要，经过严格的批准手续，可以采取技术调查措施，按照规定交有关机关执行。批准决定应当明确采取技术调查措施的种类和适用对象，自签发之日起 3 个月以内有效;对于复杂、疑难案件,期限届满仍有必要继续采取技术调查措施的,经过批准,有效期可以延长,每次不得超过 3 个月。对于不需要继续采取技术调查措施的,应当及时解除。此外,对于依法应当留置的被调查人如果在逃,监察机关还可以决定在本行政区域内通缉,由公安机关发布通缉令,追捕归案。通缉范围超出本行政区域的,需报请有权决定的上级监察机关决定。监察机关为防止被调查人及相关人员出逃境外,经省级以上监察机关批准,可以对被调查人及相关人员采取限制出境措施,由公安机关依法执行。对于不需要继续采取限制出境措施的,应当及时解除。

《监察法》规定,监察机关行使监督、调查职权,有权依法向有关单位和个人了解情况,收集、调取证据。有关单位和个人应当如实提供。监察机关及其工作人员对监督、调查过程中知悉的国家秘密、商业秘密、个人隐私,应当保密。任何单位和个人不得伪造、隐匿或者毁灭证据。这一规定既对监察机关提出了要求:其调查取证的目的应该是“行使监督、调查职权”而非其他目的;调查取证应当“依法”进行,遵守正当法律程序;①也对被调查取证的单位和个人提出了要求:“应当如实提供”情况和证据。任何单位和个人不得伪造、隐匿或者毁灭证据。为保证任何单位和个人对这一规则的履行,《监察法》第 63 条规定了违反这一规则的法律责任(由其所在单位、主管部门、上级机关或者监察机关责令改正,依法给予处理),第 66 条还规定了违反这一规则,构成犯罪的刑事责任。

四、检察监督

(一)检察监督概述

在各国公法监督制度中,检察监督是一项极具中国特色的制度。无论是法治发达国家,还是其他法治发展中国家,都没有中国这种由检察机关对法院诉讼活动和行政机关行政活动(限特定行政行为)进行法律监督的制度。检察监督是中国特色社会主义国家治理体系中一项独特的反映和体现中国国情

---

① 《监察法》第 41 条规定了调查取证的正当法律程序:应当依照规定出示证件,出具书面通知,由 2 人以上进行,形成笔录、报告等书面材料,并由相关人员签名、盖章。调查人员进行讯问以及搜查、查封、扣押等重要取证工作,应当对全过程进行录音录像,留存备查。

的公法监督制度。

我国检察监督制度经历了一个艰辛的发展过程。1949 年 10 月,最高人民检察署成立,隶属于中央人民政府委员会,其职能之一即是对国家机关工作人员的贪污受贿和渎职侵权行为进行法律监督。最高人民检察署设立第一处负责一般监督工作。[①] 但由于缺少专业人才,在最初阶段,检察署的工作进展缓慢,在反腐败工作中只起到了较小的作用。1954 年,最高人民检察院成立,最高人民检察院根据《人民检察院组织法》调整内设机构,按照各项法律监督职权进行分工,设置了一般监督厅,继续负责反贪污贿赂和反渎职侵权两项工作。1962 年,最高人民检察院再次调整内设机构,内设三个业务厅,其中三厅负责查处严重违法乱纪行为等工作。

"文革"期间,国家检察机关遭受重创。在"砸烂公检法"的口号下,检察监督制度遭到彻底破坏。1968 年上半年,检察工作被迫停止。同年 12 月,全国各级检察院先后被撤销。1975 年修订的"七五宪法"规定"检察机关的职权由各级公安机关行使",从宪法上取消了检察机关的设置。

"文革"结束后,国家检察监督方开始恢复。1978 年修订的"七八宪法"规定,在国家机构中恢复设置人民检察院。随后,最高人民检察院成立,同时组建地方各级人民检察院。[②] 1979 年颁布的《刑事诉讼法》规定,人民检察院负责对贪污罪、侵犯公民民主权利罪、渎职罪的立案侦查和提起公诉,为检察机关开展反贪污贿赂和渎职侵权工作提供了法律依据。1982 年,最高人民检察院调整内设机构,设立二厅负责原法纪检察厅和经济检察厅业务。1988 年,全国人大常委会通过了《关于惩治贪污罪贿赂罪的补充规定》,首次在单行刑法中将贪污贿赂犯罪规定为一类犯罪。同年,将 1982 年以来的二厅分设为经济检察厅和法纪检察厅,分别负责反贪污贿赂和渎职侵权的立案侦查和公诉。为了更好地领导各级检察机关查处贪污贿赂案件,1989 年 8 月,最高人民检察院将经济检察厅更名为贪污贿赂检察厅,职能不变。同年,在最高人民检察院的支持下,广东省试点成立了全国首个人民检察院反贪局(全称为

---

① 参见王松苗、王丽丽:《检察机关内设机构的风雨变迁:对高检院 24 个职能部门历史沿革的初步梳理》,载《检察日报》2009 年 10 月 12 日。

② 参见中共中央组织部、中共中央党史研究室、中央档案馆:《中国共产党组织史资料》(附卷一),中共党史出版社 2000 年版,第 742 页。

“反贪污贿赂工作局”)。[①] 随后,全国其他省区市也相继成立了反贪局。

此外,从20世纪90年代开始,最高人民检察院不断调整内设机构,构建由反贪、反渎和预防职务犯罪机构组成的反腐败组织架构,加强检察机关在反腐败中的作用。1995年,贪污贿赂检察厅更名为反贪污贿赂总局。2000年2月,法纪检察厅更名为渎职侵权检察厅。2005年5月,最高人民检察院决定地方各级检察院渎职侵权检察机构统一更名为反渎职侵权局。1992年,最高人民检察院在贪污贿赂检察厅内设预防处,1995年变更为反贪污贿赂总局内设的贪污贿赂犯罪预防中心。2000年8月,最高人民检察院成立了职务犯罪预防厅,从而构建起检察系统内的比较完善的反腐败组织体制。

2016年12月25日,第十二届全国人大常委会第二十五次会议通过《关于在北京市、山西省、浙江省开展国家监察体制改革试点工作的决定》,对原隶属于政府的行政监察部门、预防腐败部门和隶属于检察机关的查处贪污贿赂、失职渎职、预防职务犯罪等部门的相关职能,整合至新成立的监察委员会。2018年3月20日,第十三届全国人大第一次会议通过《监察法》,正式以法律的形式将这一重大改革在全国全面推开。党中央之所以要推进这一重大改革,其目的在于打破体制、机制障碍,加强对各种原分散的反腐败力量的整合,构建集中统一、权威高效的反腐败体制,实现对所有行使公权力的公职人员的监督,实现国家监察全面覆盖,推进国家治理体系和治理能力现代化。

适应监察体制的这一重大改革,检察监督的范围和基本职能也发生了重要的变化,新时代的检察监督主要指检察机关对法院诉讼活动和行政机关行政活动(限特定行政行为)进行的法律监督。检察监督作为公法法律监督,是检察机关依公法实施的,对监督对象行使职权、职责的活动、行为所涉法律层面问题的法律监督。检察法律监督既区别于其他监督主体依层级隶属关系对监督对象实施的工作监督(如上级行政机关对下级行政机关的监督、各级人民政府对所属工作部门的监督),也区别于其他监督主体依政治体制机制对监督对象实施的政治、政策监督(如人大对“一府一委两院”的监督)。以法院对行政诉讼的监督为例(对民事诉讼的监督基本相同,对刑事诉讼的监督有所区别),行政诉讼活动属于法律性质的活动,行政诉讼主体(人民法院、被

① 郑博超:《反贪局挂牌,反腐步入正规化》,载《检察日报》2012年1月9日。

告、原告)实施的诉讼行为属于法律行为。人民检察院对行政诉讼活动,包括对行政诉讼主体实施的各种诉讼行为(起诉、受理、审理、裁判、执行)进行的监督均属于法律监督,其行使与之相应的职权、职责和采取相应的措施是宪法确定其作为国家法律监督机关的性质所决定的。另外,行政机关的行政活动亦同样属于法律性质的活动,行政主体实施的各种行政行为(包括作为和不作为)均属于法律行为。人民检察院对行政行为实施的监督,包括通过行政诉讼监督间接实施的监督和通过行政公益诉讼直接实施的监督,均属于法律监督。

《人民检察院组织法》第 20 条规定了检察机关的七项具体职权和一项概括性职权("法律规定的其他职权"),其中第 5 项"对诉讼活动实行法律监督"和第 6 项"对判决、裁定等生效法律文书的执行工作实行法律监督"都同公法检察监督有关。"对诉讼活动实行法律监督"当然包括对行政诉讼活动的法律监督;"对判决、裁定等生效法律文书的执行工作实行法律监督"当然包括对行政判决、裁定等生效法律文书执行的监督,也包括对非诉执行的监督。因为非诉执行裁定也应认为是一种行政裁定,至少是"对判决、裁定等生效法律文书"中的"等"生效法律文书。另外,《人民检察院组织法》第 20 条第 4 项的"依照法律规定提起公益诉讼"也含有公法检察监督的内容(行政公益诉讼)。

据此,我们可以将公法检察监督的范围分为三大类别:对诉讼活动的检察监督(以行政诉讼检察监督为例),对判决、裁定执行和非诉执行的检察监督(以行政判决、裁定执行和非诉执行检察监督为例),以及对违法行政行为的检察监督。

(二)行政诉讼检察监督

根据《宪法》《人民检察院组织法》《行政诉讼法》的规定,行政诉讼检察监督的范围可以概括为以下四项。

1. 对行政诉讼起诉、受理的监督

起诉、受理是行政诉讼活动的第一个环节。检察机关对行政诉讼活动的法律监督是全过程、全方位的。因此,行政诉讼检察监督的第一项监督即是对行政诉讼起诉、受理环节的监督。根据《行政诉讼法》第 91 条和第 93 条的规定,公民、法人或者其他组织向人民法院提起诉讼,人民法院作出确有错误的不予立案或者驳回起诉的终局裁定,不管这种裁定是人民法院因受被告行政机关或其他行政机关、社会组织或个人(特别是领导干部)干预作出的,还是人民法院错误适用法律或法官对法律错误理解作出的,人民检察院都可以向人民法院提出抗诉或者检察建议,以纠正此种错误裁定,保护公民、法人和其他组织的行政诉权。

2. 对行政审判活动的监督

行政审判是行政诉讼活动中最重要的环节。这个环节如果出现行政机关、社会团体或个人违法干预或人民法院违反法定诉讼程序等情形,诉讼结果显然就难于保障公正。因此,检察机关对行政审判的监督是整个行政诉讼检察监督的最重要环节。《人民检察院组织法》第 47 条第 2 款规定,对于领导干部等干预司法活动、插手具体案件处理,或者人民检察院内部人员过问案件情况的,办案人员应当全面如实记录并报告;有违法违纪情形的,由有关机关根据情节轻重追究行为人的责任。这一条款适用于所有审判活动,但特别适用行政审判活动。另外,根据《行政诉讼法》第 91 条第 1 款第 5 项的规定,检察机关要对行政审判的诉讼程序进行监督,对人民法院违反法律规定的诉讼程序作出的可能影响公正的终局裁判,人民检察院可以向人民法院提出抗诉或者检察建议,以启动再审,纠正裁判中可能出现的错误。

3. 对生效行政判决、裁定和调解书的监督

人民检察院对人民法院生效行政判决、裁定和调解书的监督是行政诉讼检察监督中最常见、最具法律效力的监督类型。根据《行政诉讼法》第 93 条的规定,最高人民检察院对各级人民法院已经发生法律效力的判决、裁定,上级人民检察院对下级人民法院已经发生法律效力的判决、裁定,发现有《行政诉讼法》第 91 条规定情形之一(如主要证据不足、未经质证或者系伪造;适用法律、法规确有错误;遗漏诉讼请求;有新的证据,足以推翻原判决、裁定的等),或者发现调解书损害国家利益、社会公共利益的,应当提出抗诉。地方各级人民检察院对同级人民法院已经发生法律效力的判决、裁定,发现有《行政诉讼法》第 91 条规定情形之一,或者发现调解书损害国家利益、社会公共利益的,可以向同级人民法院提出检察建议,并报上级人民检察院备案;也可以提请上级人民检察院向同级人民法院提出抗诉。

4. 对行政审判人员在审判程序中的违法行为的监督

对行政审判人员在审判程序中违法行为的监督也属于广义的行政诉讼检

察监督的范畴。《行政诉讼法》第 93 条第 3 款规定，各级人民检察院对审判监督程序以外的其他审判程序中审判人员的违法行为，有权向同级人民法院提出检察建议。另外，根据《行政诉讼法》第 91 条第 8 项和第 93 条第 1、2 款的规定，检察机关发现行政审判人员在案件审理时有贪污受贿、徇私舞弊、枉法裁判的情形，应对相应终局裁判提出抗诉，启动法院再审。并且，依据《监察法》第 34 条，检察机关对在监督中发现行政审判人员涉嫌贪污贿赂、失职渎职等职务违法或者职务犯罪的问题线索，应移送监察机关，由监察机关依法调查处置。

（三）行政判决、裁定执行和非诉执行检察监督

1. 行政判决、裁定执行的检察监督

《人民检察院组织法》第 20 条规定的检察机关的职权之一即是对判决、裁定等生效法律文书的执行工作实行法律监督。《行政诉讼法》及其司法解释虽然没有专门规定对行政判决、裁定等生效法律文书执行的检察监督，但是根据行政法理论及实践，最高人民法院和最高人民检察院《关于民事执行活动法律监督若干问题的规定》（以下简称《若干规定》）应可以适用行政判决、裁定等生效法律文书执行的检察监督。根据《若干规定》，具有下列情形之一的执行案件，人民检察院应当依职权进行监督：（1）损害国家利益或者社会公共利益的；（2）执行人员在执行时有贪污受贿、徇私舞弊、枉法执行等违法行为、司法机关已经立案的；（3）造成重大社会影响的；（4）需要跟进监督的。此外人民检察院认为人民法院在执行活动中可能存在怠于履行职责情形的，亦属于检察监督的范围。人民检察院对行政判决、裁定等生效法律文书执行的监督主要采取检察建议的形式。

2. 非诉执行检察监督

行政非诉执行检察监督是指人民检察院依据《人民检察院组织法》第 20 条第 6 项的授权，对人民法院行使行政非诉执行职能活动的监督。行政非诉执行是指人民法院依据《行政诉讼法》和《行政强制法》的规定，应行政机关的申请，并对相应申请的合法性进行审查和作出执行裁定后，对在法定期限内既不自动履行行政决定，又不申请行政复议和提起行政诉讼的公民、法人或者其他组织采取强制执行措施，强制执行行政决定的行为。

行政非诉执行检察监督对于新时代法治政府建设具有非常重要的且其他

制度不可替代的作用。首先,行政非诉执行检察监督是实现宪法和组织法对人民检察院的性质定位,全面履行人民检察院的法律监督职能的需要。在《人民检察院组织法》第 20 条规定人民检察院享有的 8 项职权中,有两项包含行政非诉执行检察监督:一项是对诉讼活动的法律监督;另一项是对判决、裁定等生效法律文书执行的法律监督。行政非诉执行是《行政诉讼法》第八章规范的行政诉讼执行活动的重要内容之一,故属于行政诉讼活动的组成部分;行政非诉执行,在行政机关提出申请后,人民法院无论是准予执行,还是不准予执行,都要作出裁定,故此种裁定属于判决、裁定等生效法律文书的范畴,对此种裁定的执行则属于对判决、裁定等生效法律文书执行的内容。因此,检察机关加强行政非诉执行检察监督对于其全面履行《人民检察院组织法》赋予的法律监督职能,实现宪法和组织法对人民检察院的性质定位具有重要意义。

其次,行政非诉执行检察监督是保障人民法院依法、公正、高效履行行政非诉执行职能,保护作为被执行人的公民、法人和其他组织的合法权益的需要。法律之所以授权人民法院应行政机关申请,对在法定期限内既不自动履行行政决定,又不申请行政复议和提起行政诉讼的公民、法人或者其他组织采取强制执行措施,执行行政决定,而非授权行政机关强制执行(当然,法律也授权行政机关对某些比较紧急的或侵权可能性较小的行政决定的强制执行),其主要目的在于防止行政机关违法行使职权,滥用权力,侵犯公民、法人或者其他组织的合法权益。虽然公民、法人或者其他组织对行政机关违法侵犯其合法权益的行政决定可以申请行政复议和提起行政诉讼,但是,由于各种客观或主观的原因(如法律知识欠缺,不会告;行政机关威胁,不敢告;害怕行政机关打击报复,不愿告等),放弃了复议、诉讼的机会或者耽误了复议、诉讼的法定期限。在这种情况下,法律不将强制执行权赋予行政机关而赋予人民法院,就是要让法院对行政决定的合法性进行审查,以阻止对可能的违法行政决定的强制执行,保护公民、法人和其他组织的合法权益。但是法律的这种目的有赖于人民法院依法、公正地审查相应行政决定和正确作出准予或不准予执行的裁定并予以实施。如果法院、法官不依法、公正行使行政非诉执行职能,这种目的就会落空。然而,在目前的法治运行环境下(法院尚存在一定的外部干预,某些法官法律素质或政治素质尚存在一定问题等),法院、法官违法、错误地行使行政非诉执行职能的情况难以完全避免。因此,为了加强对法院、法官依法、公正行使行政非诉执行职能的监督,以更好地保护公民、法人和其他组织的合法权益,法律赋予人民检察院行政非诉执行检察监督的职能。

再次,行政非诉执行检察监督也是防止行政机关及其公职人员滥用职权,推进法治政府建设的需要。行政非诉执行检察监督的直接对象是人民法院,但是此种监督必然涉及行政机关,行政机关无疑构成了行政非诉执行检察监督的间接对象。检察机关在对人民法院就行政非诉执行案件作出的准予执行或不准予执行的裁定进行法律监督时,必然要审查行政机关所申请法院执行的行政行为的合法性:行为实施主体是否具有行政主体资格;相应行为是否具有明显缺乏事实根据的情形;相应行为是否具有明显缺乏法律、法规依据的情形;相应行为是否具有其他明显违法并损害被执行人合法权益的情形等。如果通过审查发现相应行为的实施主体不具有行政主体资格,或者相应行为明显缺乏事实根据或法律、法规依据,或者相应行为具有其他明显违法并损害被执行人合法权益的情形,人民法院却对之作出了予以执行的裁定。对此,人民检察院不仅应向人民法院发出检察建议,制止人民法院对违法行政行为的执行,同时还应审查相应行政公职人员在实施相应行政行为的过程中是否有违法乱纪、滥用职权、贪污腐败的行为。如发现相应公职人员有违法乱纪、滥用职权或贪污腐败的行为,应将案件有关材料移送纪检监察机关调查处理。这样,检察机关在对人民法院行政非诉执行活动进行监督时,就同时也监督了行政机关及其公职人员的行政行为。检察机关的这种监督无疑有利于防止行政机关及其公职人员滥用职权,推进法治政府建设。

最后,行政非诉执行检察监督还是支持公民、法人和其他组织依法维权,促进行政相对人守法和依法履行法定义务的需要。行政非诉执行检察监督大多是由公民、法人或者其他组织向人民检察院申请监督启动的(检察机关通过报刊、广播、电视、网络等其他渠道获得人民法院行政非诉执行违法的信息也可主动启动监督程序)。人民检察院这种应申请启动监督的程序实质是对公民、法人和其他组织维权行为的支持。当然,人民检察院应申请启动行政非诉执行监督程序,最后的结果不一定能如申请人所愿:认定人民法院的执行裁定违法,终止人民法院的强制执行行为。如果行政机关的行政行为确实违法,人民法院仍裁定准予执行,检察机关自然会支持申请人的申请。但是,如果行政机关的行政行为是合法的,公民、法人或者其他组织有依法履行行政行为为之确定的义务,人民法院裁定准予执行,检察机关则不仅不会建议人民法院撤销准予执行裁定,还应说服申请人自觉主动履行行政行为为之确定的义务;如人民法院已经启动强制执行,则应说服申请人配合人民法院的强制执行,使相应行政行为为之确定的义务得以实现。在这种情况下,行政非诉执行检察监督即实质上发挥了促进行政相对人守法和依法履行法定义务的功能。同时,检察机关这样做,还具有防范和化解社会矛盾,推进和谐社会建设的作用。因为公民、法人和其他组织不履行行政机关的行政行为为之确定的义务,通常是其认为相应行政行为违法,侵犯了他们的合法权益,而行政机关申请人民法院强制执行,则通常是其认为相应行政行为合法,相对人不履行是违法的。在这种情况下,二者的争议和矛盾如果不能获得公正的处理,必然会影响社会的和谐和社会秩序的稳定,如果矛盾激化,还可能导致社会冲突。对此,人民检察院展开行政非诉执行检察监督,如认定行政机关的行政行为违法,可建议人民法院不准予强制执行,以平息行政相对人对政府的不满和怨愤情绪;如认定行政机关的行政行为合法,相对人不履行违法,则教育相对人知法、守法,使之认识到自己抗拒履行的错误,从而自觉履行法定义务。上述情形无论属于哪种情形,非诉执行检察监督在其中均可发挥防范和化解社会矛盾,推进和谐社会建设的作用。

(四)对违法行政行为的检察监督

现行《人民检察院组织法》除了规定公益诉讼(包括行政公益诉讼和民事公益诉讼)外,没有直接赋予检察机关对违法行政行为的检察监督职权。但是,中国共产党第十八届中央委员会第四次全体会议《关于全面推进依法治国若干重大问题的决定》要求"检察机关在履行职责中发现行政机关违法行使职权或者不行使职权的行为,应该督促其纠正",相当于赋予了检察机关对违法行政行为的行政检察监督职能。当然,党中央决定只是党的文件。要在实践中贯彻落实,还必须通过立法将党的政策上升为法律。尽管 2017 年 6 月 27 日第十二届全国人大常委会第二十八次会议通过修改《行政诉讼法》,赋予了检察机关提起行政公益诉讼,对违法行政行为进行行政检察监督的职能,但是该法将这种监督的范围仅限于生态环境和资源保护、食品药品安全、国有财产保护、国有土地使用权出让四个领域。当然,法律在这四个领域之后还使用了“等”的表述，从而为检察机关扩大对其他领域行政行为的监督留下了较广阔的余地。事实上，现行《行政诉讼法》（2017 年）实施近三年来，全国各地检察机关都在探索拓展行政公益诉讼的范围。

关于检察机关对违法行政行为监督的范围，笔者认为，可循以下四项原则逐步拓展：一是协同和补充监督的原则。根据这一原则，检察机关对违法行政行为监督只起协同和补充的作用。凡是其他监督主体已经在进行监督的事项，检察机关不应重复介入。只有其他监督主体都缺席监督时，检察机关如再不介入，国家利益、社会公共利益或公民、法人、其他组织的合法权益就要受到重大损害，此时，相应事项才进入检察机关实际行使监督权的范围。在这个意义上，检察监督可以说是制止和纠正违法行政行为，维护国家利益、社会公共利益或公民、法人、其他组织的合法权益的“最后一道防线”。二是循序渐进的原则。根据这一原则，检察机关对违法行政行为监督范围应依自己现时的条件、能力和社会的特别需要逐步拓展，选择当前违法行政行为危害最为严重的若干重点领域开展监督。三是不代行行政权原则。根据国家职能分工的要求，检察机关不能代替行政机关行使行政权。检察机关发现行政机关违法作为或不作为，可以建议行为机关纠正，或建议行为机关的上级机关或监察机关予以处理，或支持公民、法人、其他组织申请行政复议、提起行政诉讼，在所有这些手段都不奏效，都不能纠正行政机关违法的作为或不作为时，检察机关才应启动行政检察监督。在任何情况下，检察机关都不应代替行政机关作出行政处罚、行政许可、行政强制、行政给付等任何行政行为。四是各地检察机关对此的监督范围应有所差别，不搞“一刀切”的原则。根据检察机关的“国家法律监督机关”性质，对违法行政行为监督的范围包括行政机关所有行政管理领域，如生态环境、安全生产、卫生健康、扶贫、资源能源、食品药品安全、知识产权、社会治安、国有财产保护、国防、交通、教育、科技、文化、文物保护、互联网等，可及于所有违法作为和不作为，如违法审批、许可、征收、征用、拆迁、处罚、强制、国有资产出让的招拍挂等，以及对依法应审批、许可、征收、征用、拆迁、处罚、强制、国有资产出让的招拍挂的事项违法不予审批、许可、征收、征用、拆迁、处罚、强制、招拍挂等。但一个地方的行政检察监督不可能，也不应该及于所有领域的所有违法行政行为，而只能和只应该根据各地的实际情况确定对违法行政行为监督的范围，不应搞“一刀切”。

五、审判监督

法院不同于监察机关和检察机关，其基本功能是裁决争议和纠纷而不是对公权力主体和公职人员进行监督，但法院的审判活动也有一定的监督性质。法院通过审判活动实施的监督也应认为是一种公法监督形式。我国人民法院作为公法监督主体之一，其主要监督方式是通过行政诉讼对行政主体行政行为的合法性进行审查，撤销违法或明显不当的行政行为，变更明显不当的行政处罚或其他行政行为涉及对款额的确定、认定确有错误的，确认具有重大明显违法的行政行为无效，判决不履行法定职责的行政主体限期履行法定职责，以实现其监督职能。除此以外，人民法院还可以通过司法建议的方式，建议行政机关纠正不属于人民法院撤销范围的违法行政行为和建议处分在违法行政行为中有过错的国家公务员。①

除了行政审判监督以外，人民法院在刑事审判、民事审判和其他专门审判中也能实现对行政机关及其公务员一定的法制监督。

人民法院通过审理刑事案件，追究违法、失职、侵犯公民权利的犯罪的公务员的责任，保障法律为任何机关、组织和个人所遵守，使任何机关、组织和个人都不能有超越宪法和法律的特权。同时，也鞭策和督促所有的机关、组织和个人自觉地把自己置于宪法和法律之下，自觉地遵守宪法和法律。

人民法院通过审理民事案件，追究在民事活动中违法、侵权的国家行政机关和公务员的民事责任，督促这些机关及其公务员正确地行使民事权利，履行民事义务，自觉地把自己置于普通公民完全平等的地位，杜绝在民事交往中的任何特权。

人民法院的审判监督可以涉及行政机关具体行政行为的合法性，但是我国审判机关不具有全面的司法审查职能，它不受理对行政法规、规章和行政规范性文件确认效力的案件，不能宣布行政法规、规章和行政规范文件违宪、违法、无效，从而撤销和废除它们。审查和确定政府法律性文件违宪、违法，撤销这些文件，通常属于各级人大常委会的权限（上级行政机关亦可撤销或改变下级行政机关的法律规范性文件）。人民法院对于行政规范性文件的合法性

---

① 参见《行政诉讼法》第66、70~78条。

可以进行审查和评价。这种审查和评价必须结合具体案件进行，必须是在解决具体案件时进行的附带审查。人民法院不能直接撤销或改变行政机关不合法或不适当的行政规范性文件，但人民法院在审理相对人不服行政机关具体行政行为的行政案件中，可以应行政相对人的申请，在审查行政行为时一并审查行政行为所依据的规范性文件的合法性，经审查认为规范性文件不合法的，可不作为认定行政行为合法的依据，并向相应规范性文件的制定机关提出处理建议。

六、审计监督

审计监督也是公法监督的重要形式。在我国，国家审计机关作为法制监督主体，主要对国务院各部门和地方各级政府及其工作部门的财政收支行为进行监督。审计机关通过审计监督，发现监督对象有违法或违反国家有关规定的财政收支行为，依法予以处理、处罚，或提请有权处理的机关依法予以处理、处罚，以保障财政领域的法治。另外，审计机关也对政府和政府部门以外的金融机构、企事业组织的财务收支进行审计监督。①

（一）审计机关体系

我国审计机关的体系主要由国务院设置的审计署和县以上地方各级人民政府设置的审计机关组成。地方各级审计机关实行双重领导制，同时对本级人民政府和上一级审计机关负责并报告工作，审计业务以上级审计机关领导为主。

国务院审计署是国家最高审计机关，在国务院总理领导下主管全国的审计工作，负责审计署审计范围内的审计事项。

县级以上地方各级人民政府设置的审计机关分别在本级人民政府最高行政首长和上一级审计机关的领导下，负责本行政区域内的审计工作。

审计机关根据工作需要，经本级人民政府批准，可以在其审计管辖范围内设立派出机构，派出机构根据审计机关的授权，依法进行审计工作。

（二）审计机关的职责

根据《审计法》，审计机关的职责主要有下述6项：

---

① 参见《审计法》第17~36条。

1. 对本级政府各部门(含直属单位)和下级政府预算的执行情况和决算以及其他财政收支情况,进行审计监督。审计署在国务院总理领导下,对中央预算执行情况和其他财政收支情况进行审计监督,向国务院总理提出审计结果报告。地方各级审计机关分别在政府行政首长和上一级审计机关的领导下,对本级预算执行情况和其他财政收支情况进行审计监督,向本级人民政府和上一级审计机关提出审计结果报告。审计署还对中央银行的财务收支,进行审计监督。

2. 对国有金融机构的资产、负债、损益,国家的事业组织和使用财政资金的其他事业组织的财务收支,国有企业的资产、负债、损益,政府投资和以政府投资为主的建设项目的预算执行情况和决算,进行审计监督。

3. 对政府部门管理的和其他单位受政府委托管理的社会保障基金、社会捐赠资金以及其他有关基金、资金的财务收支,国际组织和外国政府援助、贷款项目的财务收支,进行审计监督。

4. 按照国家有关规定,对国家机关和依法属于审计机关审计监督对象的其他单位的主要负责人,在任职期间对本地区、本部门或者本单位的财政收支、财务收支以及有关经济活动应负经济责任的履行情况,进行审计监督。

5. 对《审计法》规定的审计事项以外的,其他法律、行政法规规定应当由审计机关进行审计的事项,依照《审计法》和有关法律、行政法规的规定进行审计监督。

6. 对与国家财政收支有关的特定事项,向有关地方、部门、单位进行专项审计调查,并向本级人民政府和上一级审计机关报告审计调查结果。

审计机关根据被审计单位的财政、财务隶属关系或者国有资产监督管理关系,确定审计管辖范围。审计机关之间对审计管辖范围有争议的,由其共同的上级审计机关确定。上级审计机关可以将其审计管辖范围内的审计事项,依法授权下级审计机关进行审计;上级审计机关对下级审计机关审计管辖范围内的重大审计事项,可以直接进行审计,但是应当防止不必要的重复审计。

依法属于审计机关审计监督对象的单位,应当按照国家有关规定建立健全内部审计制度;其内部审计工作应当接受审计机关的业务指导和监督。

社会审计机构审计的单位依法属于审计机关审计监督对象的,审计机关按照国务院的规定,有权对该社会审计机构出具的相关审计报告进行核查。

（三）审计机关的权限

根据《审计法》,审计机关履行职责享有下述7项权限:

1. 要求被审计单位按照审计机关的规定提供预算或者财务收支计划、预算执行情况、决算、财务会计报告,运用电子计算机储存、处理的财政收支、财务收支电子数据和必要的电子计算机技术文档,在金融机构开立账户的情况,社会审计机构出具的审计报告,以及其他与财政收支或者财务收支有关的资料,被审计单位不得拒绝、拖延、谎报。被审计单位负责人对本单位提供的财务会计资料的真实性和完整性负责。

2. 进行审计时有权检查被审计单位的会计凭证、会计账簿、财务会计报告和运用电子计算机管理财政收支、财务收支电子数据的系统,以及其他与财政收支、财务收支有关的资料和资产,被审计单位不得拒绝。

3. 进行审计时有权就审计事项的有关问题向有关单位和个人进行调查,并取得有关证明材料。有关单位和个人应当支持、协助审计机关工作,如实向审计机关反映情况,提供有关证明材料。审计机关经县级以上人民政府审计机关负责人批准,有权查询被审计单位在金融机构的账户。审计机关有证据证明被审计单位以个人名义存储公款的,经县级以上人民政府审计机关主要负责人批准,有权查询被审计单位以个人名义在金融机构的存款。

4. 进行审计时,被审计单位如果转移、隐匿、篡改、毁弃会计凭证、会计账簿、财务会计报告以及其他与财政收支或者财务收支有关的资料,或者转移、隐匿所持有的违反国家规定取得的资产,审计机关有权予以制止;必要时,经县级以上人民政府审计机关负责人批准,有权封存有关资料和违反国家规定取得的资产;对其中在金融机构的有关存款需要予以冻结的,应当向人民法院提出申请。审计机关对被审计单位正在进行的违反国家规定的财政收支、财务收支行为,有权予以制止;制止无效的,经县级以上人民政府审计机关负责人批准,通知财政部门和有关主管部门暂停拨付与违反国家规定的财政收支、财务收支行为直接有关的款项,已经拨付的,暂停使用。但审计机关采取上述规定的措施不得影响被审计单位合法的业务活动和生产经营活动。

5. 如认为被审计单位所执行的上级主管部门有关财政收支、财务收支的规定与法律、行政法规相抵触的,应当建议有关主管部门纠正;有关主管部门不予纠正的,审计机关应当提请有权处理的机关依法处理。

6. 可以向政府有关部门通报或者向社会公布审计结果。审计机关通报或者公布审计结果,应当依法保守国家秘密和被审计单位的商业秘密,遵守国务院的有关规定。

7. 审计机关履行审计监督职责,可以提请公安、监察、财政、税务、海关、价格、工商行政管理等机关予以协助。

七、社会监督

(一)社会监督的概念和特征

社会监督指国家机关以外的社会团体、组织和公民个人对国家公权力主体行使公权力行为的监督。广义的社会监督则包括社会共同体成员和国际共同体成员对社会公权力主体和国际公权力主体行使其相应公权力行为的监督。社会监督主体作为公法监督主体,一般不能直接对监督对象采取有法律效力的监督措施或监督行为,社会监督通常是通过向有权国家机关提出批评、建议、申诉、控告、检举、起诉或通过报刊、电台、网络、电视等舆论工具对违法行政行为予以揭露、曝光,为有权国家机关的监督提供信息,使之采取有法律效力的监督措施、监督行为,实现公法监督的目的。在这种意义上,社会监督是国家公法监督启动的动力,是国家公法监督的基础。①

在我国,社会监督包括企事业组织的监督、社会组织和社会团体的监督以及作为国家公权力相对人的公民、法人和其他组织的监督。监督的内容包括对公权力主体行为的合法性、合理性以及公职人员的遵纪守法的监督。社会监督具有如下特征:其一,广泛性。社会监督是最广泛的监督,社会监督的广泛性既表现在监督主体的广泛性,也表现在监督对象和监督客体的广泛性:监督对象既包括国家机关,又包括公职人员。监督客体既包括行使公权力的具体行为,又包括行使公权力的抽象行为;监督内容既包括行使公权力行为的合法性,又包括行使公权力行为的合理性,还包括公职人员遵纪守法的情况。其二,监督效果的间接性。社会对公权力的监督一般需要通过国家机关才能产生实际的法律效果。无论是公民个人,还是企事业组织或社会团体,都不能直

---

① 参见我国《宪法》第 27、41 条。

接撤销违法、不当的公权力行为，都不能直接处分、制裁违法、失职的公职人员，不能直接追究国家机关及其工作人员的违法侵权责任。社会监督一般需要通过国家权力机关、监察机关、司法机关和其他国家机关的监督等国家监督才能产生实际的法律效果。

（二）社会监督的形式

社会监督主要有下述形式。

1. 向国家机关及其公职人员直接提出批评、建议

公民个人、组织对于国家机关及其公职人员工作中的缺点、错误或违法、失职行为，有权以书面或口头形式，直接向其提出批评，并要求其改正；对于其工作中的缺陷、问题，有权提出改进或改善的建议。国家机关及公职人员对于人民群众的批评、建议，应认真听取，详细记录，并随之加以研究、分析，吸取正确的批评意见，改进自己的工作。对于人民群众提出的某些不完全符合实际的批评和不适当的建议，国家机关及其工作人员应向批评、建议者予以必要的解释和说明。

2. 通过信访渠道，向有关国家机关提出申诉、控告、检举

信访，是指公民、法人或者其他组织采用书信、电子邮件、传真、电话、走访等形式，向各级各类国家机关反映情况，提出建议、意见或者投诉，依法由有关国家机关处理的活动。人民群众通过信访渠道对国家机关及公职人员的违法失职行为向有关国家机关提出申诉、控告、检举也是重要的公法监督形式之一。申诉、控告、检举是宪法规定的公民权利。申诉是公民向有关国家机关申述和诉说自己的合法权益被违法失职行为侵犯，要求撤销该种行为（此种行为多有书面决定），追究实施违法失职行为者的责任，恢复被侵犯的合法权益。控告是公民向有关国家机关控诉，告发某种违法失职或职务犯罪行为，要求对之予以处分或惩治。检举是公民向有关国家机关揭发某种违法失职或职务犯罪行为，向相应国家机关提供相应材料、证据和事实情况。

为了保障公民申诉、控告、检举的宪法权利的实现，各级党和国家机关均建立了相应的信访机构系统。《地方各级人民代表大会和地方各级人民政府组织法》规定，县级以上地方各级人民代表大会常务委员会监督本级人民政府，受理人民群众对政府机关及其工作人员的申诉和意见。县级以上地方各级人大常委会，通常在办公厅（室）下设信访接待室或专职信访干部，受理公

民的申诉、控告和检举。信访室对于申诉、控告、检举中揭发或提出的问题,一般批转有关国家机关进行处理,并负责监督检查处理的结果。对于重大的案件,人大常委会则组织特定问题的调查委员会,亲自调查处理。人民法院和人民检察院也设有专门的信访机构,依法处理相应信访案件。作为最广泛受理公民申诉、控告、检举的信访机构是各级政府和政府部门设立的信访机构。《信访条例》规定,县级人民政府应当设立信访工作机构;县级人民政府工作部门以及乡、镇人民政府应当按照有利工作、方便信访人的原则,确定负责信访工作的机构或者人员,具体负责信访工作。

3. 通过社会组织、团体以及报刊、杂志、广播、电视等舆论工具揭露、批评国家机关及其公职人员的违法、失职和滥用权力的行为

人民群众通过社会组织、团体及舆论工具对公权力的监督是我国国家管理民主原则的直接体现,它是一种最广泛的监督形式。在社会监督中,政协和各民主党派的监督有极为重要的地位。《宪法》序言指出:"中国人民政治协商会议是有广泛代表性的统一战线组织,过去发挥了重要的历史作用,今后在国家政治生活、社会生活和对外友好活动中,在进行社会主义现代化建设、维护国家的统一和团结的斗争中,将进一步发挥它的重要作用。"这里所说的"重要作用",当然包括监督作用。《中国人民政治协商会议章程》规定,政协应通过举行报告会、座谈会,组织参观访问和调查研究,反映实际情况,提出意见和建议、协助国家机关宣传和贯彻政策,改进工作,并在这些活动中发挥监督作用。至于民主党派,我们党和政府的方针历来是"长期共存,互相监督"。这里"互相监督"的"监督",自然包括对国家机关工作及政府工作人员的监督。

作为社会监督形式之一的社会组织、团体的监督,工会、共青团、妇联等群众组织的监督同样有重要的意义和作用。中共中央 1990 年 1 月 31 日在《中共中央关于加强和改善党对工会、共青团、妇联工作领导的通知》中指出:"工会、共青团、妇联是党领导的工人阶级、先进青年、各族各界妇女的群众组织,是党联系群众的桥梁和纽带,是国家政权的重要社会支柱。"①"各级政府要支持工会、共青团、妇联充分发挥民主监督作用,经常听取它们对改进政府

① 载《人民日报》1990 年 2 月 1 日,第 1 版。

工作的意见和建议，认真处理它们对国家机关及其工作人员违法乱纪、以权谋私和严重官僚主义等行为的举报，并吸收它们参加经济案件和其他有关案件的调查工作。对近年来工会、共青团、妇联与政府和社会有关方面联合组建的社会监督队伍和组织，要加强指导和扶持，充分发挥其积极作用。”①为了保障工青妇组织对政府工作的监督和参与，中共中央的通知还规定了下述五项具体措施：(1)政府及其有关部门，在研究制定经济和社会发展计划，制定教育、劳动、工资、社会保障、物价、住房以及其他涉及职工、青年、妇女切身利益的重大政策、措施时，要有同级工会、共青团、妇联的代表参加，在充分听取他们的意见后再作出决定。(2)各级政府设立的工资、物价等有关职工切身利益的专门机构，应吸收工会的代表作为正式成员参加工作。各级政府设立的其他有关群众切身利益的专门机构，应视需要吸收工会、共青团、妇联的代表作为正式成员参加工作。(3)某些涉及群众切身利益的重大问题，各级政府或政府有关部门可以与同级工会、共青团、妇联分别共同联署发布文件。(4)各级政府可以指定一位负责人加强同工会、共青团、妇联的联系，帮助它们解决一些具体问题。工会、共青团、妇联应将有关情况向政府反映，以取得支持。(5)省、自治区、直辖市以及大中城市的人民政府，可以定期、不定期地通过与同级工会召开座谈会或联席会议等形式，通报政府的一些政策、法规及重要工作部署，研究解决工会反映职工群众的一些问题。②

舆论机关的监督也属于一种社会监督，它的重要性同样是不容忽视的。世界上有的国家把舆论工具称为“第四权力”，把它与国家权力并立，视它为制约国家权力的权力。由此可见舆论工具的重要，可见舆论工具作为一种监督工具的不容小觑的作用。我们党和国家非常重视发挥报刊、电视、广播等舆论工具在法制监督中的作用。早在建国初期，党中央就作出了《关于在报刊上展开批评和自我批评的决定》(以下简称《批评决定》)。《批评决定》指出：“因为今天大陆上的战争已经结束，我们党已经领导着全国的政权，我们工作中的缺点和错误很容易危害广大人民的利益，而由于领导者的地位、领导者威信的提高，就容易产生骄傲情绪，在党内外拒绝批评，压制批评。由于这些新

① 载《人民日报》1990年2月1日，第3版。

② 参见《人民日报》1990年2月1日，第3版。

的情况的产生，如果我们对于我们党和人民政府的及所有经济机关和群众团体的缺点和错误，不能公开地及时地在全党和广大人民中展开批评与自我批评，我们就要被严重的官僚主义所毒害，不能完成新中国的建设任务。由于这样的原因，中共中央决定：在一切公开的场合，在人民群众中，特别在报纸刊物上展开对于我们工作中一切错误和缺点的批评与自我批评。”[①]对于人民群众对党和政府工作的批评，在报刊上发表后，如完全属实，被批评者应立即在同一报刊上声明接受并公布改正错误的结果；如部分属实、部分不实，被批评者应立即在同一报刊上作出实事求是的更正，接受批评的正确部分；如被批评者拒绝表示态度，或对批评者加以打击报复，则应受到党纪、政纪或国法制裁。长期以来，我们党和政府一直重视和注意发挥舆论工具的监督作用。事实上，在我国，随着人民群众文化素质和政治素质不断提高，舆论工具作为人民群众参政、议政和监督政府工作的手段的作用越来越强了。

4. 通过行政诉讼，请求人民法院审查、撤销违法、越权、滥用权力和侵犯公民合法权益的行政行为

行政诉讼既是公法救济的重要途径和形式，也是公法监督的重要途径和形式。关于这种公法监督的途径和形式，我们将在下面第十章论述“公法救济”中一并论述，这里不予详细讨论，以免重复。

---

① 转引自徐晓波：《重温〈关于在报刊上展开批评和自我批评的决定〉》，载《炎黄春秋》2010年第5期。

第十章

公法救济

一、公法救济概述

(一)公法救济的概念

公法救济,是指公权力相对人的合法权益受到公权力主体行为侵犯后,向公法规定的救济主体提出申请,请求其对相应公权力行为进行审查,确认相应公权力行为违法侵权,撤销或变更违法侵权的公权力行为,或者责令违法侵权主体采取补救措施、对被侵权人予以赔偿或补偿的制度。

首先,公法救济的申请人是其合法权益受到公权力主体行为侵犯的公权力相对人,而非一般的与公权力行为没有任何利害关系的公民、法人或者其他组织。这与公法监督不同。作为公法监督主体的公权力相对人,其不一定要与被监督行为有利害关系,只要其认为相应公权力行为违法,损害国家、社会公共利益，其即可向有关国家或社会公法监督主体反映、举报和要求采取法律监督措施。公法救济的申请人提起公法救济申请，必须是其本人或法律规定其有权代理的人的合法权益被公权力行为侵犯，即只有合法权益受到公权力行为侵犯的人或其法定代理人才能依法提起公法救济请求。

其次，公法救济的被申请人必须是公权力主体或法规范（法规范既可以是国家法规范，也可以是社会法或国际法规范）授权其行使公权力的人而非公权力行为的一般实施者。公权力行为的一般实施者可能是作为公权力主体的机关、组织的工作人员，或者是受公权力委托行使特定公权力的组织、个人，他们不是以自己的名义而是以作为公权力主体的机关、组织的名义行使公权力，故其行为的责任不应由他们自己对外承担，而是应由他们所隶属的或委托他们行为的公权力主体对外承担。

再次，引起公法救济申请人申请救济的行为或事项必须是公法行为或公法事项。具有公权力主体身份的机关、组织实施的行为、处理的事项不一定都是公法行为或公法事项，它们也可以实施私法行为、处理私法事项。公权力相对人如果对作为公权力主体的机关、组织实施的私法行为、处理的私法事项不服，认为侵犯其权益，他们只能申请私法救济，而不能申请公法救济。

复次，公法救济的主体是法规范赋予其有相应管辖权的机关、组织，如法院、行政复议机关、国家赔偿义务人等。各救济主体只能管辖法规范授权其管辖的事项，公法救济申请人只能向对其申请救济的事项有管辖权的机关、组织请求救济。否则，其请求可能会不被受理或在受理后被驳回。

最后，公法救济的方式是多种多样的，包括确认相应公法行为违法或无效、撤销或变更相应公法行为、责令违法侵权主体采取补救措施、对被侵权人予以赔偿或补偿等。

（二）公法救济的种类

公法救济有狭义、中义和广义之分。

狭义的公法救济仅指行政法救济，其种类主要有声明异议、行政复议、行政诉讼、行政赔偿、行政补偿、行政申诉等。

中义的公法救济指行政法和宪法救济，其种类除前述行政法救济外还包括各种宪法救济，包括集会、结社、游行、示威、请愿和违宪审查等。

广义的公法救济除行政法、宪法等国家公法救济外，还包括社会公法救济和国际公法救济。社会公法救济的主要形式是申诉和投诉,如律师、律师事务所不服律师协会的处分申诉;足球俱乐部及球员、球队、篮球俱乐部及球员、球队不服足球协会、篮球协会的处分申诉;高校师生不服高校处分申诉,以及各种社会公权力相对人对社会公权力主体违法侵权行为而向有关社会公权力救济主体投诉等。国际公法救济的主要形式则包括申请国际仲裁、裁决,也包括向有关国际法院或地区性法院提起诉讼,如欧共体成员国的公民对所在国公权力主体侵犯人权的行为向欧洲人权法院提起诉讼,请求救济等。

本章研究的公法救济既不采用狭义,也不采用广义,而重点研究下述六种属于中义的公法救济形式:其一,违宪审查;其二,集会、结社、游行、示威与请愿;其三,申诉与信访;其四,行政复议;其五,行政诉讼;其六,国家赔偿。

二、违宪审查与合宪性审查

(一)西方国家违宪审查的渊源和模式

违宪审查既是一种公法监督制度,也是一种公法救济制度。就司法机关(普通法院或宪法法院)或其他特定机关对相应国家公权力(行政权、立法权,乃至政党等行使的社会公权力)行为进行审查,以实现"制约与平衡"(check and balance)而言,违宪审查是公法监督;就合法权益被公权力违宪行为的相对人不服公权力行为,求助于司法机关或其他特定机关裁决相应争议而言,是公法救济。

违宪审查一般被认为源于1803年美国"马伯里诉麦迪逊"(Marbury v. Madison)一案。案情大致是这样的:1800年美国大选结果,联邦党人约翰·亚当斯总统落选,民主党人托马斯·杰斐逊当选。亚当斯为了使联邦党人在以后能长期控制法院,以此牵制国会和行政,便在1801年年初他即将卸任总统职位前的两三个月的时间内紧急任命他的国务卿约翰·马歇尔(John Marshall)为联邦最高法院首席法官,并通过修法大量增加联邦法官人数,并授权在哥伦比亚地区任命42名治安法官。这些新增加和增设的法官均是联邦党人,他们均由亚当斯总统提名,于1801年3月3日新总统杰斐逊上任的前一天晚上由联邦党人控制的参议院连夜批准,亚当斯连夜颁发由他签署,国务卿马歇尔盖印的委任状。但由于过于匆忙,有些委任状来不及送出去就到了第二天新总统上任。新总统杰斐逊一上任便命令他的国务卿麦迪逊(Madison)扣发这些尚未发出去的委任状。马伯里(Marbury)就是被任命为治安法官而又未拿到委任状的人中的一个。为此,马伯里与其他几个同样被任命为治安法官却未拿到委任状的人向联邦最高法院起诉,请求联邦最高法院责令国务卿麦迪逊向他们颁发委任状。但杰斐逊和麦迪逊对此均不以为然,他们认为司法机关无权向行政机关发布这样的命令。而且在这个时候,民主党人已经控制了国会,并且正在对上一届国会通过的相应法案进行激烈辩论。在这种情形下,联邦最高法院对如何判决"马伯里诉麦迪逊案"处于两难地位:如果驳回马伯里等人的诉求,显然是向民主党人屈服;但如果向麦迪逊发布执行命令,杰斐逊和麦迪逊肯定不会执行,从而会使联邦最高法院失去权威。为了摆脱这种两难的困境,首席法官马歇尔创设了违宪司法审查制度。在他起草并获得最高法院全体法官一致同意的判决书中,首先确认马伯里被任命为治安法官是合法的,其是有权得到委任状的,总统和国务卿不予颁发是不对的,马伯里的合法权利因此受到了侵犯,其是应获得救济的。其次,判决书转而指出,根据美国《宪法》第 3 条规定,联邦最高法院除对极少数案件有第一审管辖权外,只能审理上诉案件。因此,1789 年国会通过的要求最高法院对公职人员颁发执行命令的《司法条例》是违宪的。"违宪的法律不是法律",法院不能执行和适用违宪的法律。此后,违宪审查即成为美国公法运作的一项重要宪法惯例。①

西方国家的违宪审查主要有四种模式:第一种是普通法院审查模式;第二种是专门宪法法院审查模式;第三种是议会审查模式;第四种是宪法委员会审查模式。采用第一种模式的国家有美国、日本、加拿大、澳大利亚、墨西哥、阿根廷等;采用第二种模式的国家有德国、意大利、奥地利等;采用第三种模式的国家有英国、荷兰等;采用第四种模式的国家主要是法国。

美国等普通法院审查模式的特征有五个:其一,违宪审查权主要由最高法院行使,虽然其他法院也有一定的审查权,但最高法院有最终裁判权。其二,其审查具有间接性、附带性和消极单一的事后抑制性,一般实行"不告不理"的原则。其三,对诉讼当事人有严格限制,其应与违宪行为、事件有利害

---

① 参见龚祥瑞、罗豪才、吴撷英:《西方国家的司法制度》,北京大学出版社 1980 年版,第 123~128 页。

关系。其四,法院判决效力一般只及于本案及其诉讼当事人,对他案他人不具有约束力。其五,审查制度基于三权分立理论。德国、奥地利等宪法法院审查模式的特征亦有五个:其一,宪法法院不审理刑民事案件,其基本职能是进行违宪审查。其二,审查形式复杂多样,有的国家进行“具体案件审查”(抑制性审查),即通过具体案件对有关法律、法令进行审查,并通过判决确认有关法律、法令是否合宪;有的国家进行“抽象原则审查”(预防性审查),又分法律颁布前审查和法律颁布实施后一定时间内审查两种形式。德奥违宪审查则存在以上多种形式。其三,提出宪法诉讼的当事人较广泛,既可以是利益直接相关者,也可以是利益不直接相关者。其四,实行违宪判决普遍(一般)效力原则主,凡经宪法法院(或宪法委员会)判决宣告违宪的法律、法令普遍失去效力。其五,在宪法中专门规定宪法实施和监督的机构、职权和方式。[①] 英国由于实行“议会主权”原则,故违宪审查采行议会审查模式,宪法条文的修改、废止一律由议会决定,如果某一项议会法案与宪法原则(英国无成文宪法)相抵触,其抵触部分可被认为是议会对宪法的修改(议会有立宪修宪权);如议会通过审查,发现某一法律违反宪法原则,它也可以修改或废止该法律,制定新法律。另外,英国高等法院虽然不能审查议会立法,但可审查行政行为、行政命令和下级法院判决的合法性、合宪性,还可以受理因侵权行为引起的宪法诉讼案件,并可对人身保护状等令状作出宣告性判决。这些亦有合宪性司法审查的因素。至于法国的宪法委员会审查模式,其接近宪法法院模式,但亦有区别。宪法委员会由 9 名委员组成,其中 3 名由总统任命,3 名由国民议会议长任命,3 名由参议院议长任命。委员任期 9 年,不得连任。委员会每 3 年更换三分之一。另外,历届共和国前任总统均为委员会终身委员。委员会主席由现任总统任命。在裁决时,如双方票数相等,主席有最终决定权。委员会进行合宪性审查采行“抽象原则审查”(预防性审查),即法律颁布前审查。国家各种组织法在颁布以前,议会两院的内部规则在实施以前,均应提交宪法委员会审查;各项法律在颁布以前,总统、总理、两院议长或者国民议会 60 名议员或参议院 60 名参议员均可提交宪法委员会审查。宪法委员会在受理后,应在 1

① 参见陈业宏、唐鸣:《中外司法制度比较》,商务印书馆 2000 年版,第 369~382 页。

个月内(紧急情况在 8 天内)作出是否合宪的裁决。①

(二)我国的合宪性审查制度

我国现行《宪法》和《立法法》规定了合宪性审查制度。《宪法》第 62 条和第 67 条规定,我国全国人大和全国人大常委会行使监督宪法实施的职权。《立法法》第 99~102 条规定了审查主体、有权提起合宪性审查的主体、审查对象和客体以及审查程序。

审查主体为全国人大常委会。

关于有权提起合宪性审查的主体,《立法法》规定了两类主体。一类是可提出审查要求的主体,包括五种国家机关:(1)国务院;(2)中央军事委员会;(3)最高人民法院;(4)最高人民检察院;(5)各省、自治区、直辖市的人民代表大会常务委员会(另外,全国人大有关的专门委员会和全国人大常委会工作机构可以对报送备案的规范性文件进行主动审查)。另一类是可提出审查建议的主体,包括三种:(1)上述五类主体以外的其他国家机关和社会团体;(2)企业事业组织;(3)公民。

关于审查对象和客体,《立法法》规定了三类:(1)国务院制定的行政法规;(2)地方人大和人大常委会制定的地方性法规;(3)民族自治地方的人大制定的自治条例和单行条例。

关于审查程序,《立法法》规定了下述五项程序:

其一,有权提出审查要求的主体提出审查要求后,由全国人大常委会工作机构分送有关的专门委员会进行审查、提出意见;有权提出审查建议的主体提出审查建议后,由全国人大常委会工作机构进行研究,必要时,送有关的专门委员会进行审查、提出意见。

其二,全国人大专门委员会、常委会工作机构在审查、研究中认为相应行政法规、地方性法规、自治条例和单行条例同宪法或者法律相抵触的,可以向制定机关提出书面审查意见、研究意见;也可以由宪法和法律委员会②与有关

① 参见陈业宏、唐鸣:《中外司法制度比较》,商务印书馆 2000 年版,第 361~385 页;《法国宪法》第 56~63 条。(转引自北京大学法律系宪法教研室、资料室编:《宪法资料选编》,北京大学出版社 1981 年版,第 17~18 页)

② 全国人大宪法和法律委员会建立于 2018 年,此前,2015 年修正通过的《立法法》规定的审查机构为法律委员会,2018 年后审查机构变更为宪法和法律委员会。

的专门委员会、常委会工作机构召开联合审查会议,要求制定机关到会说明情况,再向制定机关提出书面审查意见。制定机关应当在两个月内研究提出是否修改的意见,并向全国人大宪法和法律委员会及有关的专门委员会或者常委会工作机构反馈。

其三,全国人大宪法和法律委员会、有关的专门委员会、常委会工作机构向制定机关提出审查意见、研究意见,制定机关按照所提意见对相应行政法规、地方性法规、自治条例和单行条例进行修改或者废止的,审查终止。

其四,全国人大宪法和法律委员会、有关的专门委员会、常委会工作机构经审查、研究,认为相应行政法规、地方性法规、自治条例和单行条例同宪法或者法律相抵触而制定机关不予修改的,即向常委会委员长会议提出予以撤销的议案、建议,由常委会委员长会议决定提请全国人大常委会会议审议决定。

其五,全国人大有关的专门委员会和常委会工作机构应当按照规定要求,将审查、研究情况向提出审查建议的国家机关、社会团体、企业事业组织以及公民反馈,并可以向社会公开。

此外,根据《立法法》的规定,其他接受备案的机关对报送备案的地方性法规、自治条例和单行条例、规章的审查程序,按照维护法制统一的原则,由接受备案的机关规定。①

三、集会、结社、游行、示威与请愿

(一)集会、结社、游行与示威概述

集会、结社、游行、示威是《宪法》规定的公民的基本权利,也是对公权力相对人确立的一项重要的公法救济制度。王四新教授曾在其宪法学教材中将集会、结社、游行、示威这四种公民基本权利概括为“表达自由”权,并根据《集会游行示威法》的规定对这四种基本权利的含义及其功能分别进行了阐释:集会,是指公民聚集于露天公共场所,发表意见,表达意愿的活动;结社,是指公民基于共同的理想、信念或为了达到某个共同的目的,依照法定程序结成某种持续存在的社会组织;游行,是指公民在公共道路、露天公共场所列队行进,表达共同意愿的活动;示威,是指公民在露天公共场所或者公共道路以集

---

① 参见《中华人民共和国立法法》第 99~102 条,法律出版社 2015 年版,第 45~47 页。

会、游行、静坐等方式,表达要求、抗议或者支持、声援等共同意愿的活动。

公民结社自由的功能首先在于它能够满足个体获得某种归属感的需要;其次,个体通过团体组织的各种活动,可以与他人以集体的方式共同从事某项事业。在这个过程中,个体能够体会到自己能力的强化和扩大。人们据此可以说,结社自由不仅与其他自由有着密切的联系,而且它还会影响其他权利和自由享有的程度和行使的方式。托克维尔(Alexis-Charles-Henri Clérel de Tocqueville)认为,在民主国家,结社自由是防止统治者专制或专权的有效办法,借助于结社自由,人们能够走到一起,结成防止暴政的堤坝,避免一个伟大民族受到一小撮无赖或一个独夫的残酷压迫。① 正因如此,许多国家的宪法都确定公民有结社自由的权利,结社自由权也规定在许多国际人权条约中,如1966年第21届联合国大会通过的《公民权利和政治权利国际公约》、②1948年国际劳工组织大会第31届会议通过的《结社自由及保护组织权利公约》等。③

集会、游行、示威是三项紧密联系(尽管亦有区别)的基本权利,它们都属于广义上的"言论"或"表达",其目的均是以激烈和引人注目的方式来表达自己的政治意愿,影响他人或影响公共政策和社会进程。从自然法的角度讲,集会、游行、示威是国家共同体成员享有的自然权利,国家共同体的每个成员在共同体内都有权按照他所喜欢和擅长的方式,在其他成员面前表达他的政治愿望。集会、游行、示威对现代民主社会的运转起非常重要的作用。在大众媒体越来越集中、越来越被少数人控制、接近和使用大众传媒媒体相对困难的情况下,集会、游行、示威这样的表达方式便成为他人或社会了解下层群体、弱势群体困难处境和改善其处境要求的非常有效的途径。这样的方式和途径不仅可以引起一般公众的关注,而且可以吸引各种相关媒体跟进报道,从而引发更深层次地讨论、交流。这对于处于边缘境地和不能公平享有各种社会资源的个人或群体来讲,是他们获得公法救济的重要手段。

1989年我国第七届全国人大常委会第十次会议通过了《集会游行示威

---

① 参见[法]托克维尔:《论美国的民主》(上卷),董果良译,商务印书馆1996年版,第217页。

② 该公约于1976年3月23日生效,目前有170多个缔约国,中国于1998年10月5日签署该公约。

③ 该公约于1948年7月9日通过后开放给各国签字、批准和加入,于1950年7月4日生效。

法》(2009年第十一届全国人大常委会第十次会议作了个别条文修正)。该法共五章,分别为总则、集会游行示威的申请和许可、集会游行示威的举行、法律责任和附则,共36条。该法规定,公民行使集会、游行、示威的权利,各级人民政府应当依法予以保障;公民在行使集会、游行、示威的权利的时候,必须遵守宪法和法律,不得反对宪法所确定的基本原则,不得损害国家的、社会的、集体的利益和其他公民的合法的自由和权利;公民举行集会、游行、示威,必须依法向主管机关提出申请并获得许可;对于依法举行的集会、游行、示威,主管机关应当派出人民警察维持交通秩序和社会秩序,保障集会、游行、示威的顺利进行;依法举行的集会、游行、示威,任何人不得以暴力、胁迫或者其他非法手段进行扰乱、冲击和破坏。

(二)请愿制度概述

我国目前尚无法律规定请愿制度,请愿制度的有关内容被信访制度吸收。但请愿制度比信访制度的救济功能更强一些,救济效力更突出一些。因此,我们研究公法救济,还必须介绍作为公法救济重要方式的请愿制度。请愿权是现代各国宪法广泛确认的一项公民基本权利,请愿制度作为现代民主社会中一项有效的公法救济和公法监督制度,许多国家(如德国、瑞士、日本、俄罗斯、加拿大等)均通过宪法加以确认并实施。

日本早稻田大学法学博士,华东政法大学科学研究院助理研究员杨官鹏曾专门撰文介绍日本的诉愿制度。[①] 笔者特在此引述他在文中的若干内容:日本《宪法》第16条规定了国民拥有请愿权:任何人对损害的救济,公务员的罢免,法律、命令以及规章的制定、废止、修订以及其他事项,都拥有平稳请愿的权利,且任何人不因请愿而受到差别待遇。日本在明治维新以后,民众参与国政和设立民选议院的热情空前高涨,日本政府于明治十五年(1882年)发布了《请愿规则》,并第一次使用“请愿”一词。1889年,日本《明治宪法》第30条规定:“日本臣民遵守相当之礼仪并遵照所定规程,得实行请愿”,第一次确立了请愿权这项权利。《明治宪法》第50条规定:“对于臣民呈交的请愿书,两议院必须受理”,受理请愿书成为议会和人民直接交涉的重要途径。

---

① 参见杨官鹏:《从日本请愿制度发展看我国请愿权的宪法定位》,载《日本法研究》2016年第2卷,第3~19页。

在日本,请愿一般是指国民就国务事项向国家机关陈述希望。依照现行宪法、法令和现实经验,请愿一般是指民众拥有的、通过议会向国家和地方公共团体机关就其职务相关事项陈述意见或希望的权利。随着第二次世界大战后宪法的颁布,日本紧接着于 1947 年制定了《请愿法》,将请愿权具体落实。依照请愿提出对象的不同,日本的请愿可以分为向国会的请愿和向地方议会的请愿。一般的请愿除适用《请愿法》之外,《国会法》第九章还对国会各议院的请愿设立了专门规定,《众议院规则》第十一章和《参议院规则》第十一章也规定了具体条款;《地方自治法》和各地方议会的会议规则还针对提交给地方议会的请愿规定了相应的具体处理办法和程序。公民向议会提交请愿书须经议员的介绍和署名,向国会的请愿,其请愿书向众议院议长提交。如多人联名请愿,还应附上联名签名单。请愿书提出之后,国会将制作请愿文书表分发给各议员,依照请愿内容,请愿事项将被委托给同该事项相对应的常任委员会或特别委员会来负责处理。委员会对请愿进行初步审查,按照是否需要呈交议院会议分为两类,呈交议院会议的请愿将在议院会议最终决定是否被采纳。委员会认为需要递交内阁的请愿,还应特别注明并向议院报告。被采纳的请愿如没有在委员会审查中注明需递交内阁,则由众议院来处理。审查结果在国会闭会之后通知介绍请愿的议员。内阁对接收到的请愿进行处理,并需将处理经过向国会报告。

在日本,常与请愿相提并论的还有"陈情"。陈情,是指向公共机关就一定事项诉诸实情,并期望其采取相应对策。陈情与宪法明文规定并保障的请愿权不同,其并非一种法律明文保障的权利,法律也没有规定其具体形式。但在现实操作中,陈情书和请愿书的提出程序基本相同,区别一般只在于请愿在程序上需要经过议员介绍,而陈情则不需要。

我国台湾地区也曾于 1954 年制定"请愿法"。基主要内容有下述六项:其一,公民对政府政策、公共利益或其自身权益维护的事项,可向职权所属之民意机关或主管行政机关请愿。其二,地方民意机关亦可代表所在地区公民向上级民意机关请愿。其三,公民集体向有关机关请愿,在面递请愿书和有所陈述时,应推选代表提交和陈述,代表不得超过 10 人。其四,受理请愿的机关处理公民请愿事项时,应通知请愿人或其代表出席陈述和答询。其五,请愿处理完毕后,请愿处理机关应将处理结果告知请愿人;如请愿事项非属其管辖,应通知请愿人向有权管辖该请愿事项的机关提出。其六,受理请愿的机关或请愿人所属机关的负责人对于请愿人不得有胁迫行为或有所歧视。

四、申诉与信访

(一)申诉与信访的概念和性质

申诉有多重含义:一是诉讼当事人或其他公民对已发生法律效力的判决或裁定不服时,依法向法院或检察院提出重新处理的要求;二是国家机关工作人员和政党、团体成员等对所受处分不服时,向原机关或上级机关提出自己的意见;[①]三是我国现行《宪法》第 41 条规定的公民"对于任何国家机关和国家机关工作人员的违法失职行为"向有管辖权的"有关国家机关",请求其查清事实,予以处理的制度。

《宪法》第 41 条规定,公民"对于任何国家机关和国家机关工作人员的违法失职行为"不仅可以申诉,还可以控告和检举。申诉与控告、检举的区别在于:申诉人本身的权益受到了相应"违法失职行为"的侵犯,其要求有关国家机关处理,恢复自己的合法权益,从而更多地具有救济的性质(尽管也有一定的监督性质);而控告人和检举人与被其控告和检举的"违法失职行为"不一定有利害关系,其向有关国家机关控告和检举主要是请求相应国家机关惩治违法失职行为,以维护法治,从而使控告和检举更多地具有监督的性质(尽管也有一定的救济性质)。

《宪法》第 41 条规定,公民向"有关国家机关"申诉,这个"有关国家机关"既包括实施"违法失职行为"的国家机关和国家机关工作人员的上级机关,以及实施"违法失职行为"的国家机关工作人员所属的机关;也包括监察机关;还包括法院、检察院(如公民向法院提起行政诉讼,行政诉讼也属于广义的申诉;公民对法院裁判不服,向检察院申诉,请求检察院抗诉,这也属于广义的申诉)。除了上述机关以外,我国受理公民申诉的主要机关是信访机关。

信访机关的职责之一是处理申诉。除了受理申诉、投诉外,信访机关的职责还包括受理公民、法人或者其他组织采用书信、电子邮件、传真、电话、走访等形式所提交的情况反映,提出的各种建议、意见等。所以,信访既是重要的

---

① 参见《现代汉语词典》(第 5 版),商务印书馆 2007 年版,第 1207 页。

公法监督制度,也是重要的公法救济制度。

(二)信访制度的主要原则和规则

国务院于2015年制定和颁布的《信访条例》是目前规范我国信访制度的基本行政法规。《信访条例》共七章,分别为总则、信访渠道、信访事项的提出、信访事项的受理、信访事项的办理和督办、法律责任和附则,共51条。根据《信访条例》的规定,我国信访制度主要原则和规则有下述六项:

1. 信访工作应当在各级人民政府领导下,坚持属地管理、分级负责,谁主管、谁负责,依法、及时、就地解决问题与疏导教育相结合的原则。各级人民政府、县级以上人民政府工作部门应当科学、民主决策,依法履行职责,从源头上预防导致信访事项的矛盾和纠纷。

2. 县级以上人民政府应当建立统一领导、部门协调,统筹兼顾、标本兼治,各负其责、齐抓共管的信访工作格局,通过联席会议、建立排查调处机制、建立信访督查工作制度等方式,及时化解矛盾和纠纷。各级人民政府、县级以上人民政府各工作部门的负责人应当阅批重要来信、接待重要来访、听取信访工作汇报,研究解决信访工作中的突出问题。

3. 设区的市、县两级人民政府可以根据信访工作的实际需要,建立政府主导、社会参与、有利于迅速解决纠纷的工作机制。信访工作机构应当组织相关社会团体、法律援助机构、相关专业人员、社会志愿者等共同参与,运用咨询、教育、协商、调解、听证等方法,依法、及时、合理处理信访人的投诉请求。

4. 信访人对下列组织、人员的职务行为反映情况,提出建议、意见,或者不服下列组织、人员的职务行为,可以向有关行政机关提出信访事项:(1)行政机关及其工作人员;(2)法律、法规授权的具有管理公共事务职能的组织及其工作人员;(3)提供公共服务的企业、事业单位及其工作人员;(4)社会团体或者其他企业、事业单位中由国家行政机关任命、派出的人员;(5)村民委员会、居民委员会及其成员。

5. 有关行政机关收到信访事项后,能够当场答复是否受理的,应当当场书面答复;不能当场答复的,应当自收到信访事项之日起15日内书面告知信访人。对信访事项有权处理的行政机关办理信访事项,应当听取信访人陈述事实和理由;必要时可以要求信访人、有关组织和人员说明情况;需要进一步核实有关情况的,可以向其他组织和人员调查。对重大、复杂、疑难的信访事项,可以举行听证。听证应当公开举行,通过质询、辩论、评议、合议等方式,查明事实,分清责任。

6. 对信访事项有权处理的行政机关经调查核实,应当依照有关法律、法规、规章及其他有关规定,分别作出以下处理,并书面答复信访人:(1)请求事实清楚,符合法律、法规、规章或者其他有关规定的,予以支持;(2)请求事由合理但缺乏法律依据的,应当对信访人做好解释工作;(3)请求缺乏事实根据或者不符合法律、法规、规章或者其他有关规定的,不予支持。有权处理的行政机关依照第1项规定作出支持信访请求意见的,应当督促有关机关或者单位执行。信访事项应当自受理之日起60日内办结;情况复杂的,经本行政机关负责人批准,可以适当延长办理期限,除法律、行政法规另有规定的,延长期限不得超过30日,并须告知信访人延期理由。

五、行政复议

(一)行政复议的含义与特征

在日本和韩国,行政复议在20世纪中期以前称"诉愿",现在日本称"行政不服审查"(其于1962年制定《行政不服审查法》);韩国现在称"行政审判"(其于1984年制定《行政审判法》)。在我国台湾地区,行政复议一直称"诉愿"(诉愿制度源自国民政府于1930年制定的"诉愿法",该法在台湾地区于1970年和1979年经过两次修改)。

根据我国台湾地区的"诉愿法",诉愿,是指行政相对人对行政机关的行政处分(指具体行政行为),认为违法或不当,致损害其权利或利益者,得依法提起诉愿、再诉愿的制度。诉愿属于行政争讼(行政争讼包括诉愿和行政诉讼),其功能有四个:解决公法争议;保障公民权益;维护法的正确适用;保证行政行为合法化。诉愿不同于行政诉讼,是行政系统内部"自省的救济程序",其公信力不能与行政诉讼等量齐观。但其优势有二个:一是除审查行政行为的合法性外,还审查行政行为的适当性、合目的性(而行政诉讼只审查行政行为的合法性)。适当性、合目的性审查不限于对行政行为手段、方法选择裁量的审查,而且还包括对是否符合方针政策、经济效益、资源分配的优先顺序以及公众对政府机关或决策人员的看法、评价等全面性的审查。至于是否违反平等原则、比例原则,则已属合法性审查的范围。二是有利于减轻行政法院的负担。行政争议案件大多能通过诉愿解决，即使当事人对诉愿决定不服，仍诉至行政法院，行政法院亦可集中精力审查合法性问题，而避免对适当性问题做自己所不擅长的专业性判断，从而保证效率性和准确性。①

日本《行政不服审查法》规定的“审查”，其外延范围超过我国台湾地区的“诉愿”，包括三种类型的审查：异议申诉、审查和再审查。三者的区别是受理审查请求的机关不同。异议申诉是向作出行政行为或不作为的行政机关提出。审查是向作出行政行为或不作为的行政机关的直接上级行政机关或者其他法定机关提出（如公务员的不服审查，是向人事院提出；对于建筑方面的处分，是向市町村或都道府县的建筑审查会提出；对于税务方面的的处分，是向国税不服审判所提出），再审查是不服初次审查结果的第二次审查（相当于我国台湾地区的“再诉愿”）。行政相对人只有在下述两种情况下才能申请再审查：一是法律规定了可再审查的情形；二是行政机关将法定权限范围内的事项委托其他行政机关实施，相对人对被委托机关的行为不服，其已经委托机关审查仍不服，且相应事项依法可再审查。②

韩国《行政审判法》规定的“行政审判”其内涵和外延大致相当于我国台湾地区的“诉愿”，包括三种类型：其一，撤销审判，是指行政相对人对行政机关违法或不当行政行为及拒绝其请求的行为不服，请求撤销或变更相应行为的审判。其二，确认审判，是指行政相对人请求确认行政行为有效或无效或者行政行为是否存在的审判；其三，履行审判，是指行政相对人对行政机关不作为行为不服，请求责令其履行义务，作出一定行为的审判。行政审判的受理裁决机关有七种情形：其一，在一般情况下，是行为机关的直接上级行政机关。其二，在以国务总理、各部部长等高层级机关为请求审判对象时，审判机关为行为机关。其三，对于市、道知事等人行为的审判，由主管和监督其行为的机关为审判机关。其四，对于市、道知事所属地方自治团体长官行为的审判，由市、道知事为审判机关。其五，对于特别地方行政机关（如兵务厅、地方国税厅等）的行为的审判，由其所属的中央行政机关为审判机关。其六，对于受委托从事公务的公共团体或私人的行为的审判，由委托机关为审判机关。其

---

① 参见吴庚：《行政争讼法论》，台北，三民书局1999年版，第289~290页。

② 参见[日]盐野宏：《行政法》，杨建顺译，法律出版社1999年版，第256~262页。

七,对于有关公务员管理、海关、国税等事务的行为的审判,由相应专门法律设置的第三机关(审查委员会、审判院等)为审判机关。①

根据我国《行政复议法》的规定,行政复议,是指行政相对人认为行政主体实施的行政行为违法和侵犯其合法权益,申请有法定管辖权的行政复议机关对被申请行政行为的合法性和适当性进行审查,并作出决定的公法救济制度。

行政复议的申请人是作为行政相对人的公民、法人或者其他组织。公务员和其他公职人员对行政机关的行政处分决定或监察机关的政务处分决定不服,或者对其他内部行政行为不服,不能申请行政复议而只能通过行政申诉程序寻求救济。

行政复议的被申请人是作出被申请行政行为的行政主体——行政机关或者法律法规授权的组织。实施被申请行政行为的公务员或被行政机关委托的组织不能成为被申请人。行政相对人对公务员或被行政机关委托的组织所实施的行政行为不服,应以相应公务员所在的行政机关和委托相应组织实施行政行为的行政机关为被申请人向行政复议机关申请复议。

受理行政相对人行政复议的机关是有法定管辖权的行政复议机关——作为被申请人的行政机关所在地的人民政府或其上级主管部门或行政复议法所确定的其他行政机关。没有法定管辖权的行政机关无权受理行政复议。

行政复议具有下述七项特征:

1. 行政复议相对于行政诉讼,有三大优势:一是不收费,行政相对人获得救济的成本相对低廉;二是快捷,行政复议自复议机关受理相对人申请后 60 日内作出复议决定,行政诉讼一审的期限 6 个月,二审的期限 3 个月;三是专业性,行政复议机构及其工作人员因处在行政系统内部,对于复议事项具有专门知识、专门经验和专门技能。

2. 行政复议相对于信访等行政系统其他内部救济,亦有三项优势:一是程序有一定的准司法性,法治化程度较高;二是复议机构及其工作人员专业性较强;三是与司法的联系较密切,相对人不服行政复议决定,一般都可再提起行政诉讼,但当事人对信访决定不服,一般不能再提起行政诉讼。

---

① 参见[韩]金东熙:《行政法》,赵峰译,中国人民大学出版社 2008 年版,第 442~449 页。

3. 行政复议在性质上既是一种狭义的公法救济制度,也是一种公法监督制度和解决行政争议的解纷制度。对于被行政侵权的行政相对人来说,行政复议是救济;对于作出违法侵权行政行为的行政机关来说,行政复议是上级行政机关对下级行政机关的监督;对于行政相对人与行政主体所发生的行政争议来说,行政复议是通过行政途径实施的一种解纷机制。

4. 行政复议案件的审理机关是有法定管辖权的行政复议机关,属于行政系统。这不同于行政诉讼,行政诉讼案件的审理机关是人民法院,属于司法系统。因而行政复议地位的超脱性、程序的正式性和可能的公正性不及行政诉讼。

5. 行政复议机关对被申请行政行为的审查,既审查行为的合法性,也审查行为的合理性。这不同于人民法院对被诉行政行为的审查:人民法院对被诉行政行为的审查,一般只审查行为的合法性,不审查行为的合理性。人民法院虽然也可对明显不当行政行为进行审查和作出裁判,但这只是司法审查的例外而非常态。

6. 行政复议适用准司法程序,是带有一定司法性的行政程序。这既不同于一般的行政程序,较一般行政程序正式、严格;也不同于一般的司法程序,较一般司法程序简便、快捷。

7. 行政复议的目的和功能是防止和纠正违法、不当的行政行为;保护公民、法人和其他组织的合法权益,以及解决行政争议,保障和监督行政机关依法行政,推进法治政府与和谐社会建设。行政诉讼虽然也有这样的目的和功能,但行政复议较行政诉讼更注重防止和纠正违法、不当的行政行为,行政诉讼较行政复议则更注重监督和救济。

(二)行政复议机关、复议机构和管辖

根据《行政复议法》的规定,履行行政复议职责的行政机关是行政复议机关。行政复议机关负责法制工作的机构是行政复议机构,具体办理行政复议事项,履行行政复议机构的职责。

《行政复议法》和《行政复议法实施条例》对行政复议机关提出了下述要求:(1)履行行政复议职责应当遵循合法、公正、公开、及时、便民的原则,坚持有错必纠,保障法律、法规的正确实施;(2)领导和支持行政复议机构依法办理行政复议事项,并依照有关规定配备、充实、调剂专职行政复议人员,保证行政复议机构的办案能力与工作任务相适应;(3)根据国务院法制机构(现为司法部)和国务院有关部门规定的办法选配专职行政复议人员,所选配的专职行政复议人员应当具备与履行行政复议职责相适应的品行、专业知识和业务能力,并取得相应资格。

根据《行政复议法》的规定,行政复议机构履行下述职责:(1)受理行政复议申请;(2)向有关组织和人员调查取证,查阅文件和资料;(3)审查申请行政复议的具体行政行为是否合法与适当,拟订行政复议决定;(4)处理或者转送对《行政复议法》第7条①所列有关规定的审查申请;(5)对行政机关违反本法规定的行为依照规定的权限和程序提出处理建议;(6)办理因不服行政复议决定提起行政诉讼的应诉事项;(7)法律、法规规定的其他职责。《行政复议法实施条例》对行政复议机构的职责作了进一步的补充规定:(1)依照《行政复议法》第18条②的规定转送有关行政复议申请;(2)办理《行政复议法》第29条③规定的行政赔偿等事项;(3)按照职责权限,督促行政复议申请的受理和行政复议决定的履行;(4)办理行政复议、行政应诉案件统计和重大行政复议决定备案事项;(5)办理或者组织办理未经行政复议直接提起行政诉讼的行政应诉事项;(6)研究行政复议工作中发现的问题,及时向有关机关提出改进建议,重大问题及时向行政复议机关报告。

近10年来,一些地方(如北京、上海、江苏等)行政复议机构一直在探索和试行复议委员会制。复议委员会由政府法制机构工作人员、法学专家、律师、人大代表、政协委员等各方面人士组成,以增加行政复议的相对独立性和

---

① 《行政复议法》第7条规定,公民、法人或者其他组织认为行政机关的具体行政行为所依据的下列规定不合法,在对具体行政行为申请行政复议时,可以一并向行政复议机关提出对该规定的审查申请:(1)国务院部门的规定;(2)县级以上地方各级人民政府及其工作部门的规定;(3)乡、镇人民政府的规定。但这些规定不含国务院部、委员会规章和地方人民政府规章。规章的审查依照法律、行政法规办理。

② 《行政复议法》第18条规定,依照本法第15条第2款的规定接受行政复议申请的县级地方人民政府,对依照本法第15条第1款的规定属于其他行政复议机关受理的行政复议申请,应当自接到该行政复议申请之日起7日内,转送有关行政复议机关,并告知申请人。接受转送的行政复议机关应当依照本法第17条的规定办理。

③ 《行政复议法》第29条规定,申请人在申请行政复议时可以一并提出行政赔偿请求,行政复议机关对符合《国家赔偿法》的有关规定应当给予赔偿的,在决定撤销、变更具体行政行为或者确认具体行政行为违法时,应当同时决定被申请人依法给予赔偿。申请人在申请行政复议时没有提出行政赔偿请求的,行政复议机关在依法决定撤销或者变更罚款,撤销违法集资、没收财物、征收财物、摊派费用以及对财产的查封、扣押、冻结等具体行政行为时,应当同时责令被申请人返还财产,解除对财产的查封、扣押、冻结措施,或者赔偿相应的价款。

公正性。这一制度在即将修改的《行政复议法》中有望确立,作为行政复议机构的一种可选择模式,但不是唯一模式。

行政复议的一般管辖规则是:实行本级人民政府管辖和政府工作部门管辖双轨制。行政相对人对县级以上地方各级人民政府工作部门的行政行为不服申请行政复议,既可以向该部门的本级人民政府申请行政复议,也可以向上一级主管部门申请行政复议。究竟由谁管辖,由申请人选择。申请人选择向本级人民政府申请的,行政复议即由本级人民政府管辖;申请人选择向上一级主管部门申请的,行政复议即由上一级主管部门管辖。

行政复议的特别管辖规则有下述十项:(1)行政相对人对海关、金融、国税、外汇管理等实行垂直领导的行政机关和国家安全机关的行政行为不服申请复议的,由上一级主管部门管辖。(2)行政相对人对地方各级人民政府的行政行为不服申请复议的,由上一级地方人民政府管辖。(3)行政相对人对省、自治区人民政府依法设立的派出机关所属的县级地方人民政府的行政行为不服申请复议的,由该派出机关管辖。(4)行政相对人对国务院部门或者省、自治区、直辖市人民政府的行政行为不服申请复议的,由作出该行政行为的国务院部门或者省、自治区、直辖市人民政府管辖。申请人对行政复议决定不服的,可以向人民法院提起行政诉讼;也可以向国务院申请裁决,由国务院依法作出最终裁决。(5)行政相对人对县级以上地方人民政府依法设立的派出机关作出的行政行为不服申请复议的,由设立该派出机关的人民政府管辖。(6)行政相对人对政府工作部门依法设立的派出机构依照法律、法规或者规章规定,以自己的名义作出的行政行为不服申请复议的,由设立该派出机构的部门或者该部门的本级地方人民政府管辖。(7)行政相对人对法律、法规授权的组织作出的行政行为不服申请复议的,分别由直接管理该组织的地方人民政府、地方人民政府工作部门或者国务院部门管辖。(8)行政相对人对两个或者两个以上行政机关以共同的名义作出的行政行为不服申请复议的,由其共同上一级行政机关管辖。(9)行政相对人对被撤销的行政机关在撤销前所作出的行政行为不服申请复议的,由继续行使其职权的行政机关的上一级行政机关管辖。(10)有前列第5~9项情形之一的,申请人也可以向相应行政行为发生地的县级地方人民政府提出行政复议申请,由接受申请的县级地方人民政府转送有管辖权的行政复议机关进行复议。

(三)行政复议的范围

根据《行政复议法》的规定,公民、法人或者其他组织可以依法对下述行政行为申请行政复议:①

1. 行政处罚行为。行政处罚行为包括6种:(1)警告、通报批评;(2)罚款、没收违法所得、没收非法财物;(3)暂扣许可证、降低资质等级、吊销许可证件;(4)限制开展生产经营活动、责令停产停业、责令关闭、限制从业;(5)行政拘留;(6)法律、行政法规规定的其他行政处罚。②

2. 行政强制行为。行政强制行为包括《行政强制法》规定的行政强制措施和行政强制执行(但不包括人民法院实施的行政强制执行)。行政强制措施,是指行政管理过程中为制止违法行为,防止出现证据损毁、避免危害发生、控制危险扩大等情形,依法对公民的人身自由实施暂时性限制,或者对公民、法人或者其他组织的财物实施暂时性控制的行为,具体行政强制措施包括五种:(1)限制公民人身自由;(2)查封场所、设施或者财物;(3)扣押财物;(4)冻结存款、汇款;(5)其他行政强制措施。行政强制执行,是指行政机关依法对不履行行政决定的公民、法人或者其他组织依法履行义务的行为。具体行政强制执行措施包括六种:(1)加处罚款或者滞纳金;(2)划拨存款、汇款;(3)拍卖或者依法处理查封的场所、设施或者财物;(4)排除妨碍、恢复原状;(5)代履行;(6)其他强制执行方式。

3. 行政许可行为。行政许可行为包括两类:一类是行政机关作出的有关许可证、执照、资质证、资格证等证书变更、中止、撤销的决定行为。③ 另一类是行政相对人认为自己符合法定条件,申请行政机关颁发许可证、执照、资质证、资格证等证书,或者申请行政机关审批、登记有关事项,行政机关没有依法办理的。④ 这类行政许可行为属于行政机关的不作为行为,包括行政机关对

---

① 关于作为行政复议客体的行政行为范围,《行政复议法》的用语是“具体行政行为”。因为新修订的《行政诉讼法》已将“具体行政行为”这一用语改为“行政行为”,故本书亦用“行政行为”指称“具体行政行为”。这里的“行政行为”与《行政诉讼法》中使用的“行政行为”一样,并不包括行政法规、规章、行政规范性文件等抽象行政行为。因此,它的外延仍然是或基本上还是具体行政行为(有时包括行政协议)。

② 参见《行政处罚法》(2021年)第9条。

③ 参见《行政诉讼法》第12条第1项。

④ 参见《行政诉讼法》第12条第3项。

许可申请不予答复,以及行政机关明确拒绝行政相对人的申请的行为。

4. 涉自然资源行为。指行政机关作出确认行政相对人有关土地、矿藏、水流、森林、山岭、草原、荒地、滩涂、海域等自然资源所有权或者使用权决定的行为。

5. 涉经营自主权行为。指行政机关在行政管理中非法干预、截留、限制或取消法律、法规赋予企业或其他经济组织在生产经营活动中自主处理其所属人、财、物和决定产、供、销等事项的权利,特别是非法干预行政相对人对其财产享有的依法处分权和对其生产经营事项自主决策权的行为。

6. 涉农业承包合同的行为。指行政机关违法变更或者废止农业承包合同,侵犯承包人合法权益的行为。

7. 科加行政相对人义务的行为。主要指行政机关违法集资、征收财物、摊派费用的行为。除此以外,还包括行政机关要求行政相对人作出某种行为(如要求公民个人无偿提供劳务)或不作出某种行为(如要求企业不给职工发放奖金、不给特定人员提高工资、福利等)。

8. 行政不作为。指行政机关不履行法律、法规赋予其履行的职责。如行政相对人申请行政机关履行保护人身权利、财产权利、受教育权利等法定职责,行政机关不依法履行。例如,妇女儿童被拐卖,其本人或其家人请求公安机关解救,公安机关拒绝解救或不予答复。又如,各级各类学校的学生被校方违法开除、勒令退学、除名,请求教育行政机关救济,教育行政机关拒绝救济或不予答复等。

9. 行政给付行为。这主要包括以下三种情形,一是行政相对人申请行政机关依法给付,如申请发放抚恤金、社会保险金或者最低生活保障费等,行政机关拒绝发放的;二是行政机关违反法定条件、标准、程序等实施给付,如违法添加给付条件、降低给付标准、增加给付手续等;三是行政机关故意拖延给付的。

10. 侵犯行政相对人合法权益的其他行政行为。这是行政复议范围的一个兜底条款。如果行政相对人对行政机关的某一行政行为不服,又难于将该行为归入前述九种行为的范畴,只要行政相对人能够提出行政机关的相应行政行为侵犯了某一部法律、法规赋予自己的某一项权益,亦可向行政复议机关申请复议。

另外,新修订的《行政诉讼法》已将行政协议列入行政诉讼受案范围。由于行政复议是行政诉讼的前置救济程序，尽管是非必经的前置救济程序，可行政诉讼的事项均可行政复议（但可复议的事项不一定都能行政诉讼），因而，行政协议也应该属于行政复议的范围。

除此以外，作为行政相对人的公民、法人或者其他组织如认为行政机关相应行政行为所依据的某些规定不合法，在对行政行为申请行政复议时，可以一并向行政复议机关提出对该规定的审查申请。根据《行政复议法》第7条的规定，可作为行政相对人一并申请行政复议范围的行政规定有下述三种：(1)国务院部门的规定；(2)县级以上地方各级人民政府及其工作部门的规定；(3)乡、镇人民政府的规定。

根据《行政复议法》的规定，我国行政复议排除对下述两类事项的复议救济：(1)人事处理决定。公务员或行政机关其他公职人员不服行政机关作出的行政处分决定或者其他人事处理决定的，不能申请行政复议，而应依照有关法律、行政法规的规定通过申诉的途径寻求救济。(2)对民事纠纷作出的调解或者其他处理。公民、法人或者其他组织不服行政机关对民事纠纷作出的调解或者其他处理，只能依法申请仲裁或者向人民法院提起诉讼，而不能申请行政复议。

（四）行政复议的审查和决定

行政复议原则上采取书面审查的方式，但是申请人提出要求或者行政复议机构认为有必要时，可以向有关组织和人员调查情况，听取申请人、被申请人和第三人的意见。在近几年的行政复议实践中，一些地方和部门一直在探索和试行具有一定司法性的复议程序——复议听证程序，即将修改的《行政复议法》预计将规定听证程序作为行政复议的审查程序模式之一，主要适用于重大复杂的行政复议案件。

行政复议机构对被申请人作出的行政行为进行审查后，提出处理意见，经行政复议机关的负责人同意或者集体讨论通过后，可分别作出下列行政复议决定：

1. 维持决定。维持决定适用于认定事实清楚，证据确凿，适用依据正确，程序合法，内容适当的被申请复议行政行为。

2. 履行决定。履行决定适用于被申请人不履行法定职责的情形。复议机关责令被申请人在一定期限内履行。

3. 撤销决定。撤销决定适用于有下列情形之一的被申请复议行政行为：(1)主要事实不清、证据不足的；(2)适用依据错误的；(3)违反法定程序的；(4)超越或者滥用职权的；(5)具体行政行为明显不当的。

4. 变更决定。对具有撤销决定情形的被申请复议行政行为，如果适用变更决定更有利于行政复议目的实现的，行政复议机关可作出变更决定。

5. 确认决定。对具有撤销决定情形的被申请复议行政行为，如果撤销有损重大公共利益或第三人重大利益，或者因时过境迁，撤销已无意义，行政复议机关可作出确认行政行为违法的决定。确认行政行为违法，如相应行政行为已造成行政相对人权益损害，可同时责令被申请人赔偿相对人损失。

6. 决定重新作出行政行为。行政复议机关决定撤销或者确认行政行为违法的，可以责令被申请人在一定期限内重新作出行政行为。

六、行政诉讼

(一)外国行政诉讼制度的两种主要模式

总的来说，行政诉讼制度是现代民主和宪制的产物，在封建专制制度下，不可能产生对政府权力进行制约和监督的行政诉讼制度。但是同是在现代民主和宪制制度下，世界各国行政诉讼制度的产生也有先有后，并且有各不相同的模式，不同模式的行政诉讼制度在其形式、内容上有很大区别。这是因为，行政诉讼制度不仅取决于不同国家的基本政体，同时也受各国具体政治制度、经济制度、文化观念和民族传统的影响。

目前世界上主要有两种基本的行政诉讼制度模式——行政法院模式和普通法院模式。

1. 欧洲大陆行政法院模式的行政诉讼制度

欧洲大陆行政法院模式的行政诉讼制度的典型国家是法国，法国也是欧洲大陆乃至世界最早建立行政诉讼制度的国家。

有人认为，法国的 Conseil d' État(法国的最高行政法院)①可以追溯至封

---

① 对法国的 Conseil d' État，学界有不同的译法：龚祥瑞先生将之翻译成“国政院”或“国家行政法院”(参见龚祥瑞、罗豪才、吴撷英：《西方国家的司法制度》，北京大学出版社 1980 年版；龚祥瑞：《比较宪法与行政法》，法律出版社 1985 年版)；王名扬先生将之翻译成“国家参事院”或“最高行政法院”(参见王名扬：《法国行政法》，中国政法大学出版社 1989 年版)。

建时代的"王室咨议会"。但二者在性质上是完全不同的：后者是封建国王的一个咨询机构，而 Conseil d'État 是资产阶级民主国家的一个行使行政司法权的，对于行政机关具有相当独立性的机构(尽管它也同时具有向政府提供咨询的职能)。Conseil d'État 成立于法国资产阶级革命时期，是资产阶级革命的产物。在法国，资产阶级夺取政权以后，司法权曾一度仍然掌握在封建时代的那些旧法官的手中。这些旧法官把持的法院利用手中的审判权，阻碍和破坏革命政府政策的实行和各种革命措施的实现。为清除革命的障碍，法国国民议会于 1790 年 8 月通过一项法律，规定"司法权必须与行政权分立。法官既不得以任何方式干预行政机关的活动，违者撤职，也不得因其职务行使的原因，将行政官员传唤到庭，违者以渎职罪论"，从而剥夺了普通法院的行政司法权，使普通法院的法官再也不能任意干预行政和阻碍改革。[①]

在剥夺了普通法院的行政司法权后，行政案件便由行政机关自己处理。国民议会于 1796 年 9 月通过另一部专门法律，规定在任何情况下，普通法院不得管辖要求撤销行政机关作出的行政行为的案件。为有效处理这类行政案件，拿破仑在他担任第一执政的时候，设立了 Conseil d'État 行使行政审判职能。Conseil d'État 审理行政争议，提出处理行政争议的意见和建议。对于行政争议作出最后裁决仍然是作为政府首脑的第一执政的权限。不过，在一般情况下，拿破仑和在他之后的政府首脑总是根据 Conseil d'État 的意见和建议，而不是违反它的意见和建议作出裁决的。

Conseil d'État 在建立后一个很长的时期内，一直没有对于行政争议的最后裁决权。因此，它还不能算一个独立的名副其实的行政法院。Conseil d'État 正式作为一个独立的名副其实的行政法院是 1872 年以后的事情。1872 年 5 月 24 日，法兰西第三共和国的国民议会通过一部法律，规定 Conseil d'État 有权裁决所有关于要求宣告各级行政机关的违法行为无效的请求，即授予它以正式的司法权。此后它方可以独立地作出有约束力的裁决，从而成为审理行政案件的名副其实的法院——行政法院。

1872 年以后，法国行政法院又进行了几次较重要的改革，使其制度更趋

---

① 参见龚祥瑞：《比较宪法与行政法》，法律出版社 1985 年版，第 336~338 页；王名扬：《法国行政法》，中国政法大学出版社 1989 年版，第 532~535 页。

于完善和更适于形势发展的需要。

现在,法国最高行政法院 Conseil d' État 包括负责行政和负责诉讼的两大系统。行政系统设有四个厅:分别是内务厅、公共工程厅、财政厅和社会事务厅。它们的职责主要是审议政府交付它们审议的有关的法律案和法令案,对之提出建议和意见。行政系统还设有一个报告和研究委员会,1985 年改称“报告和研究室”。诉讼系统即裁判庭,由一位庭长、3 位副庭长、数位行政法官和若干审查官及助理办案员组成,下设 10 个审案组。①

最高行政法院各厅以及裁判庭各审案组的工作都是相互联系、分工合作进行的。对于政府交付的法律案和法令案,最高行政法院先分发有关行政厅审议,提出意见,然后召开全院会议(裁判庭的法官也同样参加)讨论,确定正式的建议(如属一般法令案,可无须全院会议讨论);对于受理的行政案件,最高行政法院先交付裁判庭一个审案组审理,提出意见,如该案属于一般案件,则在原小组审理和提出的意见的基础上,再由两个至三个审案组联合作出裁决;如该案属比较重大的案件,则由裁判庭全庭会议,并有各行政厅代表(各厅派两名行政法官为代表)参加,联合作出裁决;如属最重大案件,则由全院会议(会议由最高行政法院副院长主持,各厅厅长以及具体办案人员参加)作出裁决。

最高行政法院院长由总理兼任,司法部长为副院长,最高行政法院院长职位纯粹是形式上的,实际职权由副院长行使。最高行政法院的法官构成保证这个机构的成员既有渊博的法律知识,又有丰富的实践经验,特别是行政经验。最高行政法院为了将行政经验和法律知识结合起来,以便有效地处理行政案件,还实行下列制度:一是所有的审查官、助理办案员和一部分行政法官,都是同时担任裁判庭和一个行政厅的工作,使每一个成员同时具有两方面的经验和知识。二是最高行政法院的成员可应邀到院外工作一段时间(一年到数年)。例如,他们常被交换去担任省长或中央政府部门的职务,有时被交换去担任那些摆脱了殖民统治的新建立的法语国家或者是同法国有特殊关系

---

① 关于法国最高行政法院及以下法国行政诉讼情况介绍的资料来源主要是皮埃尔·孟戴斯——弗朗斯大学(法国格勒诺布尔第二大学)名誉教授,古斯塔夫·佩泽尔先生所著《法国行政法》的中译本。参见[法]古斯塔夫·佩泽尔:《法国行政法》,廖坤明、周洁译,国家行政学院出版社 2002 年版。

的国家的法律顾问。院外任职期满后,或者任职虽未期满但愿意提前回院,他们可重新回院内任职。三是最高行政法院的成员参加政府各种咨询委员会或决策委员会的工作。这些委员会通常由代表有关部门的利益的官员以及有关私人利益的人员组成。最高行政法院成员在这些委员会中通常担任主席,因为他们被认为具有独立性和具有全面的行政经验。“独立性”使他们能够成为各种不同利益之间的公断人,“全面的行政经验”使他们有能力解决各种疑难复杂问题。

法国行政法院在传统上受理下述四种形式的行政诉讼案件:①(1)“申请撤销”之诉(Le Contentieux de l'annulation)。此种诉讼主要适用于违法、越权的行为或行政决定。行政法院经过审查确认被诉行政行为或行政决定违法、越权,即予撤销。撤销之诉不判决变更、责令重新作出行为或责令赔偿。(2)“申请适用‘完全管辖权’”之诉(Le Contentieux de pleine juridiction)。此种诉讼指当事人提起诉讼,不仅要求撤销行政机关的行为或决定,而且要求对这种行为或决定造成的损害判给赔偿金或判予其他救济,如变更行政决定、确认当事人权利、预防可能对之的侵害等。(3)“申请解释”之诉(Le Contentieux de l'interprétation)。此种诉讼指普通法院、行政机关或公民个人在诉讼过程中对某种行政行为或行政决定的含义发生疑问或争议的时候,请求行政法院对此种含义予以解释。行政法院对此种请求,只能审查和解释行政行为或决定的意义或合法性,而不能撤销相应行为或决定,不能判决行政主体承担赔偿责任。(4)“刑事处罚”之诉(Le Contentieux de la répression)。行政法院的刑事审判权,仅限于法律规定的某几类案件,如有关航道、机场、港口等犯罪案件。在1926年以前,有关公路交通的犯罪案件也由行政法院管辖。在实践

---

① 法国行政诉讼除了这种传统的分类以外,新的分类还有主观诉讼和客观诉讼之分。这种分类建立在形成诉讼的法律地位的性质的基础之上。“主观诉讼是指起诉人请求法官解决一个主观的法律问题,即请求法官查证某个文件或某项行为是否给其主观法律地位带来损害”。主观诉讼主要包括契约或准契约诉讼以及赔偿诉讼(解释性诉讼有时是主观的,有时是客观的,其区分依所解释的文件的性质而定)。“客观诉讼是指起诉人请求法官解决一个客观法律问题即请求法官查证一项法律规则是否被违反或是否对普遍的而非个人的权利造成损害。”客观诉讼主要包括撤销之诉、合法性审查之诉、(大部分)请求复核之诉、税务诉讼和选举诉讼。客观诉讼相对于主观诉讼具有更大的开放性,在客观诉讼中,法院裁决的既判力是绝对的。此外,法国行政诉讼的分类有时仅分为越权之诉和完全管辖权之诉。因为这两种诉讼是最主要、最常见的诉讼。参见[法]古斯塔夫·佩泽尔:《法国行政法》,廖坤明、周洁译,国家行政学院出版社2002年版,第287~289页。

中,行政法院受理的行政诉讼案件主要是前两种形式,后两种形式的案件是比较少的。在“申请撤销”之诉中,越权之诉占有最重要的地位,适用范围最广,它不需要法律的明文规定,甚至当法律排除“一切申诉”时,相对人仍然可以提起越权之诉。此外,行政法院通过越权之诉作出撤销行政行为的裁决具有普遍的效力,而在“完全管辖权”之诉中,行政法院作出的裁决仅适用于诉讼当事人。

法国行政法院对行政行为或决定进行司法审查,主要标准有四项:其一,是否无权限(Incompetence);其二,是否存在形式上的瑕疵(Vice de forme);其三,是否滥用权力(Détournement de pouvoir);其四,是否违法(Violation de la loi)。

法国行政诉讼程序的特点有五个:其一,诉讼主要采取书面审理形式。当事人起诉应向法院提交一份完整表述其要求的书面诉状。口头辩论相对罕见,即使进行口头辩论,律师也仅仅就书面诉状的内容展开。其二,非书面审理程序采用审问式。非书面审理程序由法官主持,起诉人没有主动权。法官通过审问式可减轻起诉人的举证责任(在越权之诉中尤其如此),可要求行政机关提供实施行政行为的法律根据和事实依据。其三,某些诉讼可免除律师代理要求。在越权之诉、养老金诉讼与选举诉讼中尤可免除律师代理。在最高行政法院的诉讼中,当事人只能由具有正式资格的“最高行政法院和最高法院的律师”代理。其四,行政诉讼不停止被诉行政行为的执行。[①] 其五,行政诉讼实行低收费。1994 年的《财政法》规定收费 100 法郎(2002 年前法国的法定货币),律师费原则上由请律师的当事人一方支付,但 1991 年的法律规定,法官可判处败诉方支付另一方有关费用。

2. 英美司法审查模式的行政诉讼制度

英美模式行政诉讼制度的典型国家是美国。美国法律用语中与大陆法系

---

① 这与德国的规则不同,德国行政诉讼实行被诉行政行为停止执行的原则,即在一般情况下,行政相对人提起诉讼,行政行为即停止执行,除非有法律规定的例外,可不停止执行被诉行政行为。不过法国最高行政法院近年来在实践中对起诉不停止执行的规则有所松动,确定了若干例外,如立即执行被诉行政行为会给相对人带来难以弥补的损害后果,法院可要求行政机关延缓执行。此可参见[法]古斯塔夫·佩泽尔:《法国行政法》,廖坤明、周洁译,国家行政学院出版社 2002 年版,第 276~279 页。

中“行政诉讼”一词含义相近的词是“司法审查”(Judicial Review),“司法审查”也规定在美国联邦《行政程序法》(Administrative Procedure Act)中。[①] 司法审查,是指普通法院应行政相对人的申请,审查行政机构行为的合法性,并作出相应裁决的活动。美国《联邦行政程序法》第 702 条规定,“司法审查”,是指因行政行为而致使其法定权利受到不法侵害的人,或受到有关法律规定之行政行为的不利影响或损害的人以合众国为被告,诉诸法院,要求法院予以审查和给予救济。法院经审查,可以作出处罚合众国的判决,但任何强制性、禁止性的判决必须指定相应联邦官员或其工作继任者个人负责执行。[②]

美国司法审查不设置大陆法系的行政法院,也没有相应于我国人民法院行政审判庭的专门行政审判机构,而且美国的司法审查与行政裁判有极密切的联系,司法审查建立在广泛、完善的行政裁判制度的基础之上。美国行政机构内设有专司行政裁判职能的类似于法院法官的行政法官(Administrative Law Judge),美国行政裁判适用的是类似于法院司法程序的准司法程序(Quasi-judicial procedure),美国的行政案件或与行政管理有关的案件,绝大多数都经过行政机构的行政裁判。在某种意义上,行政裁判可以认为是美国行政诉讼的初审程序,行政裁判机构可以认为是美国行政诉讼的初审法院。

美国在 19 世纪后期,由于资本主义经济的迅速发展,社会关系较前更为复杂,各种社会问题、社会矛盾大量出现。为了调节各种新出现的社会关系,解决各种新出现的社会矛盾和社会问题,政府开始对社会经济活动和相对人的相应行为进行广泛地干预,从而政府职能较之前大为增加,行政权大为扩张。与此相适应,行政机构也比过去更为膨胀,特别是新出现了一种被人们称为“第四政府部分”或“第四权力”的“独立规制机构”(Independent Regulatory Agencies)。美国是实行三权分立的典型国家,三权互相分立、互相平衡、互相制约。但这种新出现的独立规制机构既不从属于国会,也不从属于法院,也不完全从属于总统。它不仅行使行政执行权,而且行使制定规章的准立法权和裁决纠纷的准司法权。如果把它视为行政部门的一部分的话,那么行政部门

---

① 美国《联邦行政程序法》(Administrative Procedure Act)第七章,第 701～706 条。

② 参见《美国法典》(宪法行政法卷),美国法典编译委员会、中国社会科学出版 1993 年版,第 285～286 页;See Bryan A. Garner(editor in chief), *Black's Law Dictionary*, (eighth edition), West (2004), p. 864。

则是一个权力大为膨胀了的政府部门。如果要保持三个部门的平衡,其他两个部门就不能不对它进行更多、更强有力的制约。正因为如此,作为对行政权制约的形式之一的司法审查的加强和制度化就是无疑义的了。①

美国行政权的加强和独立规制机构的出现是其资本主义社会经济发展的必然。因为资本主义社会经济发展导致的大量社会问题,如垄断、通货膨胀、失业、环境污染等以及随着资本主义生产、贸易、分配、消费而产生的各种社会矛盾,如联邦与州的矛盾、州与州的矛盾、政府与企业的矛盾、企业与企业的矛盾、生产者与消费者的矛盾、资本家与工人的矛盾等,必须有行政权予以干预、调节,否则社会就会陷入混乱,正常的经济秩序和社会秩序就无法维持。美国第一个干预社会经济活动的独立规制机构是 1887 年建立的州际商业委员会(Interstate Commerce Commission)。它的主要职能是管理州际铁路运输,调整运输价格,反垄断和不正当竞争。它有权为此制定有关这方面的行政规章和裁决有关这方面的争议、纠纷。继州际商业委员会之后,美国在 19 世纪末至 20 世纪中期,又建立了一系列具有混合权力的独立规制机构,如联邦贸易委员会、联邦通讯委员会、联邦储备署、债券与交易委员会、劳工关系理事会、国家宇航局、退伍军人管理局、田纳西流域管理局等。到 20 世纪 70 年代,这些独立规制机构有了更大规模的发展。如消费者安全管理委员会、环境保护局、核能管理委员会、职业安全委员会、联邦选举委员会、运输安全理事会、邮资管理委员会、农业信贷管理局、国际开发署、国际交流署等,都是在 20 世纪 70 年代新建或改建的。

行政机构的膨胀和行政权的扩张引起了社会的广泛不安和人们的普遍担忧,从而要求对行政权加以制约的呼声越来越高。人们开始设计对行政权加以制约的各种方案,制约的形式主要有两种:一是行政程序制约;二是司法制约,即司法审查。这两种制约形式是相互联系的。行政程序制约是司法制约的前提条件,司法制约是行政程序制约的保障。

美国法院对行政行为的司法审查,主要标准有下述六项:②(1)是否存在专断、反复无常、滥用自由裁量权或有其他违法行为(arbitrary, capricious, an

---

① 美国宪政学者一般认为,政府部门权力的平衡制约是民主、自由的保障。

② 参见美国《联邦行政程序法》(Administrative Procedure Act)第七章,第 706 条。

abuse of discretion, or otherwise not in accordance with law）。所谓“专断”（arbitrary），是指行政机关实施行政行为考虑了不相关的因素或未考虑相关的因素，事实不清，证据不足。所谓“反复无常”（capricious），是指行政机关实施行政行为违反诚信和信赖保护原则，变化无常，使行政相对人对行政行为失去预期，无所适从。所谓“滥用自由裁量权”（an abuse of discretion），是指行政机关行使自由裁量权目的不当，以权谋私，打击报复，或违反适当注意义务，违反比例原则，任意行为等。（2）行政行为是否与宪法规定的权利、权力、特许权或豁免权相抵触（contrary to constitutional right, power, privilege, or immunity）。美国《联邦行政程序法》第706条规定，行政行为如与宪法规定的权利、权力、特权或豁免权相抵触，则应宣布其为非法，予以撤销。所谓“权利”（right），是指公民固有的，组成国家、政府等公共体后仍保留的权利，如生命、自由、财产等权利；所谓“权力”（power），是指宪法赋予国家机关管理国家事务的权力；所谓“特权”（privilege），是指公民通过政府授予或许可而行使的权利，如救济金、养老金、失业、伤残保险等；所谓“豁免权”（immunity），是指公民因特定情形豁免履行某种法定义务或豁免某种法律责任的权利，如免除纳税的义务、免服兵役的义务、免除行政或刑事责任等。（3）是否超越法定管辖、职权或限制，或者缺少法定权利（in excess of statutory jurisdiction, authority, or limitation, or short of statutory right）。超越法定管辖、职权、限制和缺少法定权利可以统称“越权”，尽管这四种情形亦有区别。所谓“超越法定管辖”，是指行政机关实施行政行为超越其级别或地域管辖范围；所谓“超越职权”，是指行政机关实施行政行为超越其权限，包括事务管辖和管理手段的范围；所谓“超越限制”，是指行政机关实施行政行为没有遵守法律规定的条件、方式或程度的限制；所谓“缺少法定权利”，是指行政机关无权实施某种行政行为，相应事项完全不在行政职权范围之内，其没有做相应事项的权利。（4）是否遵循法定程序（without observance of procedure required by law）。根据美国宪法的要求，行政机关实施行政行为，如涉及公民的生命、自由、财产等权利，应遵循“正当法律程序”（due process of law）。“正当法律程序”包括法律明确规定的程序（procedure required by law）和法律虽未明确规定，但依“自然正义”（natural justice）而应遵循的程序。行政机关实施行政行为违反法律未明确规定而依“自然正义”原则应遵循的程序，则构成“专断”或“滥用自由裁量权”。行政机关实施行政行为是否违反法律明确规定的程序即属于法院司法审查的本项标准。本标准所指法律(law)通常指广义的法律,包括规章(rules)。即行政行为即使违反规章规定的程序,亦构成撤销的条件。(5)是否没有实质证据支持(unsupported by substantial evidence in a case subject to section 556 and 557 of this title or otherwise reviewed on the record of an agency hearing provided by statute)。根据美国《联邦行政程序法》规定的此项审查标准,行政机关实施的行政行为,如果属于该法第556条和第557条调整的事项,或者法律要求依行政听证案卷审查的事项,若无实质证据支持,应予以撤销。所谓“实质证据”,相当于我国行政诉讼法规定的“主要证据”,即支持相应行政行为作出的基本证据,如行政机关作出拒绝行政相对人某项许可申请的决定,其“实质证据”应是法律文件或行政机关关于相应许可的条件和相对人不具备此种条件的证据。(6)是否没有事实根据(unwarranted by the facts to the extent that the facts are subject to trial de novo by the reviewing court)。美国司法审查一般只审查法律问题而不审查事实问题,但是也并非对事实完全不闻不问。如果行政行为完全没有事实根据,或者事实不清,以致需要法院对之重新审理,在这种情况下,法院可据此撤销相应行政行为。

美国对行政行为的司法审查制度体现了英美法系国家行政诉讼制度的最一般特点。这些特点可大致归纳为下述几项:(1)不设专门主管行政诉讼的专门司法机构,行政案件的审判职能由审理刑民事案件的普通法院统一行使。英美既没有欧洲大陆式的专门行政法院,也没有我国式的专门行政审判庭,行政案件由普通法院统一审理。(2)没有单独的行政诉讼法典。法院审理行政案件,适用统一的民事诉讼规则和某些特别法规定的专门规则,如行政程序法、司法审查法、侵权赔偿法等法律规定的管辖规则及程序规则。(3)行政诉讼主要采取司法审查形式。法院审理行政案件主要是对行政部门或行政裁判所通过行政裁判作出的行政决定的审查。因此,司法审查与行政裁判有极其密切的联系。在某种意义上可以认为行政裁判和司法审查一样,同是构成行政诉讼的一部分。(4)行政诉讼的范围是由各种制定法和普通法确定的。在英美法系国家,作为相对人提起行政诉讼和法院受理行政案件的根据,既可以是各种制定法法律法规,也可以是普通法的各种令状,还可以是宪法。对于法律明确排除司法审查的行政行为和法律授权行政机关自由裁量的行政行为，相对人不能向法院提起行政诉讼，除非行政机关有越权和滥用权力的情况。

（二）我国行政诉讼的概念和特征

根据我国现行《行政诉讼法》的规定，我国行政诉讼是指作为行政相对人的公民、法人或其他组织认为作为行政主体的行政机关或法律、法规授权的组织所实施的行政行为侵犯其合法权益，依法向人民法院起诉，人民法院依法对被诉行政行为的合法性进行审查，并依法作出裁决的活动。①

我国现行行政诉讼具有下述四项特征：

1. 行政诉讼的原告是作为行政相对人的公民、法人或其他组织

行政诉讼是因行政实体法律关系双方当事人之间的争议引起的。行政实体法律关系双方当事人一方是行政主体——行政机关或法律法规授权的组织，另一方是行政相对人——公民、法人或其他组织。在行政法律关系中，行政主体和行政相对人处于不平等的地位，行政主体有权对行政相对人发布行政命令，采取行政强制措施和实施行政制裁。因此，在行政主体认为行政相对人行为违法，不履行法定义务时，其无须向法院起诉，要求法院评判、裁决和强制相对人履行。即使法律未赋予某些行政机关以某些法律强制手段，它们作出行政行为后相对人不执行，也只需申请人民法院强制执行，而无须请求法院对相对人行为的合法性进行审查和作出裁决。故行政主体在行政诉讼中没有作原告的必要。而行政相对人在行政法律关系中处于被管理的地位，他们必须服从行政主体的命令，履行行政主体实施的行政行为加于他们的义务，否则就可能要受到行政主体的制裁。正是在这种情况下，法律赋予他们行政诉讼起诉权，在他们认为行政主体实施的行政行为违法，侵犯其合法权益时，可以请求法院评判、裁决。他们也只有在法院先行评判、裁决，确认相应行政行为

---

① 这个定义是根据我国现行《行政诉讼法》的规定作出的。世界各国的法律制度不同，行政诉讼的原告不一定仅限于公民、法人和其他组织；被告不一定仅限于行政机关和法律、法规授权的组织；被诉行为不一定仅限于行政行为；司法审查范围不一定仅限于行政行为的合法性。就我国的情况而言，行政诉讼制度也不是固定不变的，随着民主政治和法治的发展，行政诉讼的主体、被诉行政行为的范围和司法审查的“度”都将发生变化。因此，这个定义今后随着《行政诉讼法》的修改也将适当修改。

违法和撤销该行政行为后，才能拒绝履行相应行政行为违法加于他们的义务。①

2. 行政诉讼的被告是作为行政主体的行政机关或法律、法规授权的组织

在行政诉讼中，被告只能是作为行政主体的行政机关或法律法规授权的组织。首先，由于在行政实体法律关系中，行政主体拥有对行政相对人自行采取行政强制和行政制裁手段的权力，故在其认为相对人行为违法，不履行义务时，无须诉诸法院，请求法院裁判和制裁相对人，因此，行政主体在行政诉讼中无须作原告，既然行政主体不可能作原告，行政相对人就不可能作被告。其次，行政机关和法律、法规授权的组织实施的行政行为有两种情况：一种是通过行政决定、命令，以行政主体的名义实施的；另一种是行政机关和法律、法规授权组织的工作人员或行政机关委托的组织、个人在没有行政主体决定、命令的情况下自己实施的。对于行政相对人权利义务发生影响的行政行为，无论属于上述哪一种情况，相对人提起诉讼都只能以作为行政主体的行政机关或法律法规授权的组织为被告，而不能以公务员或行政机关委托的组织、个人为被告。因为在行政法律关系中，公务员或被委托的组织、个人的职务行为均视为行政主体的行为，作为法律关系一方的当事人，是行政主体，而不是公务员或被委托的组织、个人。此外，行政机关或法律、法规授权的组织只有在行政实体法律关系中处于行政主体地位，即代表国家行使行政职权时与行政相对人发生争议，才能成为行政诉讼的被告。行政机关或法律、法规授权的组织在行政实体法律关系中处于被管理地位与处于行政主体地位的行政机关或法律、法规授权的组织发生争议时，其不能作被告，而只能依法作为行政相对人，要么服从行政主体，要么作为原告依法提起行政诉讼。

3. 行政诉讼的主管机关是人民法院

行政诉讼的主管机关是人民法院，这是行政诉讼区别于行政复议的基本特征。行政诉讼虽然和行政复议一样，同是解决行政争议的制度，但属于解决行政争议的两个不同阶段。虽然两者并不完全衔接，提起行政诉讼未必都要

---

① 在德国等一些西方国家，行政行为如果明显、重大违法，即构成无效。对于无效的行政行为，行政相对人无须先经过行政诉讼，即可直接抵制，径行拒绝履行相应行政行为加于他们的义务。参见《联邦德国行政程序法》第43条、第44条。

先经过行政复议,经过行政复议后也未必都能再提起行政诉讼,但就多数情况来说,行政复议和行政诉讼通常是解决一个行政争议的两个相互衔接的阶段。之所以要将二者加以区别,不统称行政诉讼,不统一由《行政诉讼法》调整,就是因为二者的主管机关不同,适用的程序不同。行政复议由行政机关主管,适用的是具有一定司法性的行政程序,[①]行政诉讼由人民法院主管,完全适用司法程序。

4. 行政诉讼的内容是解决行政争议

这是行政诉讼区别于民事诉讼和刑事诉讼的基本特征。所谓“行政争议”是指行政法律关系双方当事人之间的争议,通常是指行政相对人和行政主体之间的外部行政争议,行政主体相互之间的和行政主体与其构成单位或工作人员之间的内部行政争议在我国现行制度下不通过行政诉讼途径解决,不属行政诉讼的范畴。行政争议的存在是行政诉讼的前提,没有行政相对人对行政主体行政行为的不服和向人民法院提起起诉,就不可能发生行政诉讼。行政诉讼的整个过程都是围绕解决行政争议进行的。从原告起诉,被告应诉,人民法院开庭审理,到人民法院作出判决、裁定,以及对判决、裁定的执行,即是行政争议进入法院和法院解决争议的过程。行政争议的起因是被告作出被行政相对人异议的行政行为,行政争议的产生是始于行政相对人提出行政行为违法和侵犯其合法权益的指控,行政争议的解决是人民法院审查和确认相应行政行为是否合法:对于合法的行政行为,即使原告认为该行为造成了对他的权益的不利影响,人民法院也将驳回原告的起诉或诉讼请求;只有对于违法的行政行为,且侵犯原告的合法权益,人民法院才予以撤销或确认违法,给予原告以相应的救济。民事诉讼的情况即不是这样:民事争议的起因可以是双方当事人任一方的行为或某种法律事实;法院解决民事争议通常要审查原被告双方的行为,或双方争议的某种法律事实,而不是仅审查被告的行为,更不是仅限于审查被告行为的合法性。

(三)行政诉讼的受案范围

我国《行政诉讼法》列举规定了下述十一种行政行为为行政诉讼的受案范围。

---

① 我国《行政复议法》规定的程序即是具有一定司法性的行政程序,而非纯行政程序。

1. 行政处罚行为

行政处罚是指行政机关对实施了违反行政管理秩序行为的公民、法人或者其他组织所给予的法律制裁。[①] 作为行政诉讼受案范围的行政处罚行为,包括《行政处罚法》(2021 年)第 9 条列举规定的所有六类行政处罚。

2. 行政强制行为

行政强制包括行政机关实施的行政强制措施行为和行政强制执行行为。《行政强制法》第 9 条规定,行政强制措施有下述五种类别:(1)限制公民人身自由;(2)查封场所、设施或者财物;(3)扣押财物;(4)冻结存款、汇款;(5)其他行政强制措施。《行政强制法》第 12 条规定,行政强制执行有下述六种形式:(1)加处罚款或者滞纳金;(2)划拨存款、汇款;(3)拍卖或者依法处理查封、扣押的场所、设施或者财物;(4)排除妨碍、恢复原状;(5)代履行;(6)其他强制执行方式。

3. 行政许可行为

行政许可是指"行政机关根据公民、法人或者其他组织的申请,经依法审查,准予其从事特定活动的行为"。[②]《行政诉讼法》第 12 条第 3 项规定,公民、法人或者其他组织申请行政许可,行政机关拒绝或者在法定期限内不予答复,或者行政相对人对行政机关作出的有关行政许可的其他决定不服,均可提起行政诉讼。关于"行政机关作出的有关行政许可的其他决定"究竟包括哪些决定?一般认为,应该包括行政机关就行政许可作出的变更、撤回、注销、延续等决定,但不包括吊销和撤销行政许可的决定。因为吊销和撤销行政许可的决定虽然同样可诉,但诉由是"行政处罚"而非"行政许可"。另外,行政许可的行政相对人,特别是行政许可的间接相对人,如公平竞争人和其他利害关系人,对行政机关违法颁发证照的作为性质的行为亦可提起行政诉讼。

4. 行政确认行为

行政确认是指行政机关对行政相对人的法律地位、法律关系或者有关法律事实进行甄别,给予确定、认可、证明并予以宣告的行政行为。[③]《行政诉讼

---

① 参见《行政处罚法》(2017 年)第 3 条,《行政处罚法》(2021 年)第 2 条。

② 参见《行政许可法》第 2 条。

③ 参见姜明安主编:《行政法与行政诉讼法》(第 6 版),北京大学出版社、高等教育出版社 2015 年版,第 243 页。

法》第12条第4项规定作为行政诉讼受案范围的确认行为主要是涉及行政机关确认行政相对人自然资源所有权或使用权的行为：公民、法人或者其他组织“对行政机关作出的关于确认土地、矿藏、水流、森林、山岭、草原、荒地、滩涂、海域等自然资源所有权或使用权的决定不服的”，可以提起行政诉讼。

5. 行政征收征用行为

行政征收征用行为是指行政机关依法定条件、法定程序和法定补偿标准对公民、法人或者其他组织的财产予以征收征用，以实现某种公共利益的行为。我国现行《宪法》第13条第3款规定，“国家为了公共利益的需要，可以依照法律规定对公民的私有财产实行征收或者征用并给予补偿”。可见，一项合宪合法的行政征收征用必须满足三项基本条件：一是出于公共利益的需要，政府纯粹出于商业利益或其他非公共利益的需要，不得启动行政征收征用程序；二是必须遵循法定程序，如《国有土地上房屋征收与补偿条例》规定的征求社会公众意见、科学论证、必要时举行听证会、经政府常务会议讨论决定、及时公告等程序；[①]三是依法定标准补偿，如《国有土地上房屋征收与补偿条例》规定的补偿包括：(1)被征收房屋价值的补偿；(2)因征收房屋造成的搬迁、临时安置的补偿；(3)因征收房屋造成的停产停业损失的补偿。[②] 行政机关进行其他动产或不动产的征收征用，同样要遵守相应法律、法规或者规章规定的补偿标准。行政机关进行征收征用如果没有满足上述三项基本条件，即构成违法征收征用，行政相对人可对之提起行政诉讼。

6. 行政机关拒绝履行保护人身权、财产权等合法权益的法定职责或者不予答复的行为

《行政诉讼法》第12条第1款第6项规定，行政相对人申请行政机关履行保护人身权、财产权等合法权益的法定职责，行政机关拒绝履行或者不予答复的，行政相对人可对之提起行政诉讼。行政相对人起诉这类行为应具备以下四个条件：其一，相对人人身权、财产权正受到或已受到或即将受到实际的(非想象的)侵害；其二，行政相对人已向行政机关提出了排除侵害，保护其人身权、财产权的请求；其三，被申请机关具有相应的法定职责；其四，行政机关

① 参见《国有土地上房屋征收与补偿条例》第8~16条。
② 参见《国有土地上房屋征收与补偿条例》第17条。

拒绝履行或不予答复。

7. 行政相对人认为行政机关侵犯其法定经营自主权或者农村土地承包经营权、农村土地经营权的行为

《行政诉讼法》第 12 条第 1 款第 7 项规定,行政相对人认为行政机关侵犯其法定经营自主权或者农村土地承包经营权、农村土地经营权的行为属于行政诉讼受案范围。侵犯经营自主权是指行政机关非法干预、截留、限制或取消法律、法规、规章赋予行政相对人在生产经营活动中处理其所属人、财、物以及决定产、供、销等方面的权利,特别是其对财产享有的占有、使用和依法处分的权利。行政机关对企业做出任何行政行为,都必须有法律根据,凡是法律没有授权行政机关干预的事项,都是企业自主权的范围。至于行政机关侵犯农村土地承包经营权和农村土地经营权的行为作为行政诉讼受案范围,其原理也基本同于上述侵犯企业经营自主权作为行政诉讼受案范围的原理。只是农村土地承包经营权的权利范围和农村土地经营权的权利范围有所不同,前者只有集体经济组织成员享有,既包括土地使用权,也包括经营权;后者可为非集体经济组织成员享有,其对土地的权利仅限经营权。

8. 行政相对人认为行政机关滥用行政权力排除或者限制竞争的行为

《行政诉讼法》之所以规定这一事项为行政诉讼受案范围,是为了保障和推进社会主义市场经济的良性发展:市场经济是与公平竞争紧密联系在一起的,没有公平竞争,就没有市场经济。而行政机关滥用行政权力排除或者限制竞争会从根本上破坏市场经济的秩序,同时损害社会公平正义。因此,《行政诉讼法》将此纳入行政诉讼的受案范围具有重要意义。

9. 行政相对人认为行政机关违法要求履行义务的行为

《行政诉讼法》第 12 条第 1 款第 9 项规定,行政相对人"认为行政机关违法集资、摊派费用或者违法要求履行其他义务"的行为。这里虽然仅列举了"违法集资和摊派费用"两项行为,但还使用了一个"其他"的概括性用语。"其他"一般包括三种情形:其一,违法要求相对人履行作出某种行为的非法定义务,如违法要求从事某种劳务、违法要求参加某种活动等;其二,违法要求相对人履行不作出某种行为的非法定义务,如违法要求企业不进行某项投资,不销售某种产品,违法要求个人不进行某种活动、不购买某种商品等;其三,违反法律、法规规定的条件、程序、标准、数额、时限等要求相对人履行某种

法定义务，如不按法定税种、税率收税，超法定标准收费等。

10. 行政给付行为

《行政诉讼法》第 12 条第 1 款第 10 项仅列举了支付抚恤金、最低生活保障待遇和社会保障待遇三项行政给付行为，[①]而没有规定“其他”兜底条款。因此，此项的行政给付在字面上仅指上述三项。那么，其他行政相对人对其他行政给付行为是不是不可以提起行政诉讼呢？并非如此。因为行政相对人对行政机关不依法实施的其他行政给付行为（如农村社会救济、城镇社会救济、社会福利金、自然灾害救济金等），可以根据《行政诉讼法》第 12 条第 1 款第 12 项确定的总的兜底条款“侵犯其他人身权、财产权等合法权益”提起行政诉讼。

11. 行政协议行为

行政协议指行政机关为了实施行政管理或者公共服务目标，与公民、法人或者其他组织协商订立的具有行政法上权利义务内容的协议。[②] 行政协议不是严格意义的行政行为。因为行政行为一般具有单方性，而行政协议是双方行为。但现行《行政诉讼法》以“行政行为”作为行政诉讼受案范围，故实际已将之归入广义的行政行为。《行政诉讼法》第 12 条第 1 款第 11 项仅列举了“政府特许经营协议”和“土地房屋征收补偿协议”等协议，而最高人民法院于 2019 年 11 月 12 日颁布的《关于审理行政协议案件若干问题的规定》第 2 条补充列举了其他四项作为对“等协议”的解释：（1）矿业权等国有自然资源使用权出让协议；（2）政府投资的保障性住房的租赁、买卖等协议；（3）符合行政协议性质的政府与社会资本合作协议；（4）其他行政协议。此外，《行政诉讼法》第 12 条第 1 款第 11 项将行政机关的行政协议行为作为行政诉讼受案范围仅规定为“不依法履行、未按照约定履行或者违法变更、解除”协议的行为。但最高人民法院《关于审理行政协议案件若干问题的规定》进一步明确包括“订立、履行、变更、终止”协议的行为。

---

① 1999 年第九届全国人大常委会第九次会议制定《行政复议法》时，已将“两保”明确列入行政复议的受案范围，2015 年的现行《行政诉讼法》则明确将之列入行政诉讼的受案范围。

② 引自最高人民法院 2019 年 11 月 12 日颁布的《关于审理行政协议案件若干问题的规定》第 1 条。

12. 行政机关侵犯其他人身权、财产权等合法权益的行政行为①

《行政诉讼法》第12条第1款第12项的规定是关于行政诉讼受案范围的一种概括式规定。所谓“概括式规定”是指相对于具体列举规定，不对行为的具体种类作出规定，而只是限定行为的性质，凡是具有某种性质的行政行为，一律可作为行政诉讼的受案范围，以免具体列举导致的不可避免的遗漏。不过，行政相对人现在要对其他涉及“人身权、财产权等合法权益”（如劳动权、受教育权、政治权利等）的行为提起行政诉讼，还有赖于《行政诉讼法》以外的其他法律法规的规定。在目前的情况下，行政相对人并非能对所有侵犯其合法权益的行政行为提起诉讼。当然，人民法院根据《行政诉讼法》的立法目的、司法环境和特定行政案件的具体情况，完全可以直接适用《行政诉讼法》第12条第12项的概括性条款，受理某些正面作用大，负面作用小的其他涉及“人身权、财产权等合法权益”（如劳动权、受教育权、政治权利等）的案件，而不应完全消极地等待其他法律、法规的出台。

除了上述列举的12种行为外，《行政诉讼法》第12条第2款规定，人民法院还“受理法律、法规规定可以提起诉讼的其他行政案件”。实际上，这只是为上述第12种行为增加了一个条件。因为其他涉及“人身权、财产权等合法权益”的行为已经包括了所有行政行为，除此之外不可能再有其他行政案件。这里加一个其他“法律、法规规定”，其意在于：相对人要对前11项列举行为以外的其他涉及“人身权、财产权等合法权益”的行为提起诉讼，还需要有其他法律、法规的规定。

《行政诉讼法》第12条从正面规定了行政诉讼的受案范围，第13条则从反面规定了行政诉讼排除受案的范围。排除范围包括下述四种行为：

1. 国家行为

国家行为又称“政治行为”“统治行为”“政府行为”，指涉及重大国家利益，具有很强政治性的行为。《行政诉讼法司法解释》（2018）第2条第1款对“国家行为”的解释是，指国务院、中央军事委员会、国防部、外交部等根据宪

① 上面我们阐释的是《行政诉讼法》第12条具体列举的作为行政诉讼受案范围的11种行政行为。下面我们阐释的第12、13种行为不是与上述行为并列的，而是《行政诉讼法》第12条的概括性（兜底条款）条款和补充性条款（其他法律法规补充规定的行政诉讼受案范围）。

法和法律的授权,以国家的名义实施的有关国防和外交事务的行为,以及经宪法和法律授权的国家机关宣布紧急状态等行为。国家行为排除司法审查的主要理由有:其一,国家行为具有紧急性,诉诸法院可能造成时间耽搁,丧失重要时机,导致国家利益的重大损失。其二,国家行为需要保密,而司法程序要求公开,法院审理国家行为可能造成泄密,导致国家利益的重大损失。其三,国家行为往往处于政治和策略上的考虑,而非单纯依据法律所为。虽然国家行为也要依法进行,但在紧急情况下可以突破某些法律界限,对此种突破,应事后报国家权力机关追认。对此,司法机关事前、事中都不宜加以干预。其四,国家行为影响的往往不是某一个或某几个行政相对人的利益,而是一定地区、一定领域、一定行业多数相对人或全体相对人的利益;虽然有时也仅影响特定相对人的利益,但此可以事后通过其他途径(如国家补偿等)予以救济,而不宜寻求事前、事后的司法审查。

2. 抽象行政行为

抽象行政行为包括两类:第一类是行政立法行为,包括行政机关制定行政法规和规章的行为。第二类是一般抽象行政行为,指行政机关制定、发布具有普遍约束力的决定、命令。《行政诉讼法司法解释》(2018)第 2 条第 2 款对"具有普遍约束力的决定、命令"的解释是:行政机关针对不特定对象发布的能反复适用的规范性文件。《行政诉讼法》排除抽象行政行为作为行政诉讼受案范围的主要理由是:其一,抽象行政行为具有较多政策性成分,具有较多自由裁量因素,不适于法院审查;其二,抽象行政行为涉及不特定相对人的利益,原告人数难于确定或太多,不便于诉讼,即使可通过集团诉讼选派代表解决原告人数过多的问题,之后执行对相对人救济的判决、裁定也会有很多困难;其三,我国现行体制中已有对抽象行政行为的监督机制,虽然不完善,但可通过立法予以完善,如果以司法监督取而代之或增加司法监督的环节,既不符合我国现行宪法所确定的政体,又非我们现在的法院所能完全胜任。当然,《行政诉讼法》排除抽象行政行为作为行政诉讼受案范围,只是确定行政相对人不能单独以抽象行政行为作为诉讼客体,不能直接对抽象行政行为提起行政诉讼,而并非不允许行政相对人在提起对具体行政行为的诉讼中,同时提起对据以作出具体行政行为的抽象行政行为合法性的异议。在行政诉讼中,法院虽然不能以抽象行政行为作为司法审查的直接对象,但是,如果行政相对人在起诉具体行政行为时提起对抽象行政行为的异议，它就应该审查，而且应该首先审查抽象行政行为的合法性，因为抽象行政行为的合法是具体行政行为合法的前提。《行政诉讼法》第 53 条第 1 款规定，“公民、法人或者其他组织认为行政行为所依据的国务院部门和地方人民政府及其部门制定的规范性文件不合法，在对行政行为提起诉讼时，可以一并请求对该规范性文件进行审查”。第 64 条规定，“人民法院审理行政案件中，经审查认为本法第五十三条规定的规范性文件不合法的，不作为认定行政行为合法的依据，并向制定机关提出处理建议”。

3. 内部行政行为

内部行政行为是指政机关对其所属机构及其工作人员所实施的不直接涉及行政相对人权益的组织、指挥、协调、监督等行为。内部行政行为分为两类：第一类是工作性质的，如上级机关对下级机关或行政首长对所属机构人员工作上的指示、命令、批准、批复等，以及行政机关的内部工作安排、计划、制度等；第二类是人事性质的，指行政机关对工作人员的奖惩、任免、考核、调动、工资、福利待遇等。第一类内部行政行为由于不涉及具体相对人的权益，行政机关之外的公民、法人或其他组织与之无直接利害关系，故没有必要将之列入行政诉讼受案范围。《行政诉讼法》第 13 条虽然没有对这类行为作出明确的排除，但其显然属排除之列。因为对这类行为起诉不利于行政机关的内部管理和运作，各国行政诉讼法通常不将之列入行政诉讼的受案范围。第二类内部行政行为则不同，它直接涉及国家公务员的权益。[①] 公务员在其实施行政行为时，它完全是代表行政机关而行为，是行政机关的化身，而在行政机关对其实施监督、任免、考核、调动、决定工资、福利待遇等行为时，它是作为行政机关的相对一方，与行政机关发生法律关系。这类法律关系介于第一类内部行政法律关系与外部行政法律关系之间，甚至更多的接近于外部行政法律关系，例如，行政机关辞退、开除公务员，给其人身权、财产权带来的影响几乎与行政机关吊销外部相对人从事某种职业、工作的许可证、执照相同。因此，有些国家允许公务员对行政机关实施的奖惩、任免、考核、工资、福利待遇等这类内部行

---

① 《行政诉讼法司法解释》(2018 年)第 2 条第 3 款规定，“对行政机关工作人员的奖惩、任免等决定”，是指行政机关作出的涉及该行政机关公务员权利义务的决定。

政行为提起行政诉讼。我国《行政诉讼法》第 13 条第 3 项排除了这类内部行政行为作为行政诉讼的受案范围，其理由主要有三：其一，我国行政系统内部已设有对这类行为的救济机制，如各级政府均设有受理申诉、控告、检举的机构，包括各种信访机构、监察机构，《监察法》和《公职人员政务处分法》还专门规定了公务员不服政务处分的复审、复核制度等。其二，有利于保障行政机关及其首长对工作人员的监督，保证行政首长负责制的实现。其三，这类内部行政争议更多的涉及行政政策问题、行政内部纪律和内部制度问题，不便于法院处理，而行政机关自行处理这类争议有利于保证行政管理的效率。不过，对于这类内部行政行为，《行政诉讼法》第 13 条第 3 项仅列举了奖惩、任免两项，这类内部行政行为自然不止这两项，其他均以“等”字概括。就所列举的两项而言，在实践中，可能引起行政争议的主要是这两项中的“惩”“免”，公务员对“奖”和“任”提起异议的情况实际上几乎是不可能发生的。

4. 终局行政行为

终局行政行为是指法律规定由行政机关最终裁决的行政行为。终局行政行为不同于国家行为、抽象行政行为、内部行政行为，其范围是不确定的，它随着法律规定的变化而变化。它不存在明确的实质标准，而只有明确的形式标准，那就是“法律”规定。① 这里的“法律”，是指全国人大和全国人大常委会制定的严格意义上的法律，它不包括法规、规章、司法解释等广义上的法。凡是法律规定由行政机关最终裁决的行政行为，不管该行为处于何种阶段，相对

---

① 从总的趋势看，法律排除司法审查的行政行为，即终局行政行为的范围会越来越小。在 20 世纪 90 年代，行政相对人对商标评审委员会裁决商标争议（相对人不服商标局驳回商标申请和不予公告的行为不服而申请的行为，商标评审委员会裁决）的行为、专利复审委员会裁决专利争议（相对人不服专利复审委员会作出的关于实用新型和外观设计的复审请求的决定）的行为等均不能提起行政诉讼。中国加入 WTO 后，《商标法》和《专利法》修改，这些排除都已废止。目前，终局行政行为主要指《行政复议法》第 14 条和第 30 条规定的行为。《行政复议法》第 14 条规定：“对国务院部门或者省、自治区、直辖市人民政府的具体行政行为不服的，向作出该具体行政行为的国务院部门或者省、自治区、直辖市人民政府申请行政复议。对行政复议决定不服的，可以向人民法院提起行政诉讼；也可以向国务院申请裁决，国务院依照本法的规定作出最终裁决。”《行政复议法》第 30 条规定，“公民、法人或者其他组织认为行政机关的具体行政行为侵犯其已经依法取得的土地、矿藏、水流、森林、山岭、草原、荒地、滩涂、海域等自然资源的所有权或者使用权的，应当先申请行政复议，对行政复议决定不服的，可以依法向人民法院提起行政诉讼。根据国务院或者省、自治区、直辖市人民政府对行政区划的勘定、调整或者征用土地的决定，省、自治区、直辖市人民政府确认土地、矿藏、水流、森林、山岭、草原、荒地、滩涂、海域等自然资源的所有权或者使用权的行政复议决定为最终裁决。”

人都不能对之向法院提起行政诉讼,法院都不能受理此种行政争议案件。《行政诉讼法》之所以作出这一排除规定,主要是基于行政管理的复杂性:有些行政行为具有很强的技术因素,需要运用非常专门的知识、技术、经验,不适于法院审查;有些行政行为在一定的时期、一定形势下可受司法审查,在一定时期、一定条件下又具有特殊紧急性或政治性,不宜由法院审查;有些行政行为,《行政诉讼法》第 13 条虽明确规定为行政诉讼的受案范围,但在某些领域,由于涉及某些特殊政策,不宜接受司法审查。为保证行政权与司法权的正确关系,保证国家利益与公民权益的协调,《行政诉讼法》将行政诉讼受案范围的限制权留给最高国家权力机关,国家最高权力机关可以根据各个时期各个行政管理领域的不同情况和特殊需要,运用具体法律灵活地、慎重地调整行政诉讼的受案范围。

(四)行政诉讼的判决

《行政诉讼法》第 69~78 条规定了人民法院对行政案件(一审案件)的六种判决形式:

1. 驳回诉讼请求判决

此种形式判决是指人民法院经过对被诉行政行为的审查,认定相应行政行为证据确凿,适用法律、法规正确,符合法定程序,或者认为原告申请被告履行法定职责或者给付义务理由不成立的,从而作出否定原告对被诉行政行为的指控和驳回其诉讼请求的判决。由此可见,对于原告起诉一般行政行为的案件,人民法院认定行为合法,作出驳回诉讼请求判决必须符合三个条件:其一,证据确凿;其二,适用法律、法规正确;其三,符合法定程序。这三个条件缺一不可,缺少一个即不能适用驳回诉讼请求判决。而对于原告起诉不作为和行政给付的案件,人民法院认定行政机关行为合法,作出驳回诉讼请求判决的条件只有一个,那就是原告请求理由不成立(当然也涉及证据、适用法律和法定程序问题)。

2. 撤销判决

此种形式判决是指人民法院经过对被诉行政行为的审查,认定相应行政行为具有《行政诉讼法》第 70 条规定情形的,作出满足原告请求,撤销被告所作出的行政行为的判决。撤销判决有三种具体形式:(1)判决全部撤销;(2)判决部分撤销;(3)判决撤销并同时判决被告重新作出行政行为。《行政诉讼法》第 70 条规定的六种情形为：(1)主要证据不足的；(2)适用法律、法规错误的；(3)违反法定程序的；(4)超越职权的；(5)滥用职权的；(6)明显不当的。“主要证据不足”是指行政机关实施被诉行政行为缺少必要的证据证明作为其行为根据的事实。所谓“必要”，就是必不可少的，缺少了就不能认定相应事实。这种认定事实必不可少的证据就是“主要证据”。“适用法律、法规错误”是指行政机关实施相应被诉行政行为依据了不相适应的法律、法规，依据的法律、法规不是调整相应行为而是调整其他事物的，或者说，相应行为是不应受行政机关所适用的法律、法规调整而应受其他法律、法规调整的。“违反法定程序”是指行政机关实施被诉行政行为违反法律、法规规定的方式、形式、步骤、顺序、时限等，未遵循法定“操作规程”而任意行为。“超越职权”是指行政机关超越了法律、法规授予的权限，实施了其无权实施的行为。“滥用职权”是指行政机关行使职权背离法律、法规的目的，背离基本法理，其所实施的行政行为虽然形式上在其职权之内，但其内容与法律、法规设定该职权的用意相去甚远。“明显不当”是指行为明显的不合理、不公正，是具有通常法律意识和道德水准的人均可发现和认定的不合理、不公正。

3. 履行判决

此种形式判决是指人民法院对行政案件经过审理，认定被告具有不履行或拖延履行法定职责的情形，作出责成被告在一定期限内履行法定职责的判决。所谓“不履行”，是指行政机关明确拒绝履行，且已超过法定履行期限而未履行。超过法定履行期限虽然属于违反法定程序，但对于此种情况不能适用撤销判决，因为无行为可撤；即使将不作为视为一种消极行为，将撤销此种消极行为视为确认该行为违法的话，此种判决也不能给予相对人以有效的救济。因此，对此种不作为，适用履行判决应该说是最适当的。所谓“拖延履行”，是指行政机关对于法律、法规未明确规定履行期限的有关事项故意拖延办理，或者对于某些紧急事项不及时办理(虽未超过法定期限)。拖延履行法定职责可以认为是一种滥用职权的行为，但此种行为不能适用撤销判决，而应适用履行判决；如履行已无意义，则应适用确认判决。

4. 确认判决(含责令采取补救措施或判决承担赔偿责任)

此种形式判决是指人民法院通过对被诉行政行为的审查，确认相应行政行为违法，或者确认相应行政行为无效。如确认相应行为违法或者无效，人民法院可以同时判决责令行政机关采取补救措施,如违法、无效行政行为给行政相对人造成损失的,还应依法判决行政机关承担赔偿责任。行政相对人亦可根据确认行政行为违法或者确认行政行为无效的判决,直接向行政机关申请行政赔偿。对具有下述两种情形的被诉行政行为,人民法院确认违法但不撤销相应行政行为:其一,被诉行政行为应当撤销,但撤销会给国家利益、社会公共利益造成重大损害的;其二,被诉行政行为的程序轻微违法,但对原告权利不产生实际影响的。对具有下述三种情形的被诉行政行为,人民法院不需作出撤销判决或履行判决,而作出确认违法的判决:其一,被诉行政行为违法,但不具有可撤销内容的;其二,被告改变原违法行政行为,原告仍要求确认原行政行为违法的;其三,被告不履行或者拖延履行法定职责,但判决其履行法定职责已没有意义的。根据《行政诉讼法》第 75 条的规定,确认无效判决适用于下述三类情况:一是被诉行政行为的实施主体不具有行政主体资格;二是被诉行政行为没有依据;三是被诉行政行为具有其他重大且明显违法的情形。

5. 变更判决

此种形式判决是指人民法院对于行政机关作出的明显不当的行政处罚或者其他涉及款项确定的行政行为通过司法裁判直接予以改变的判决。根据行政机关和司法机关的分工原则,《行政诉讼法》原则上没有赋予人民法院对被诉行政行为的变更权。被诉行政行为违法,人民法院一般只能判决撤销;对相应违法行为处理的问题需要重新作出处理的,在判决撤销的同时判决行政机关重新依法作出行政行为,而不是由人民法院直接改变行政机关原作出的行政处理决定。但是,对于行政机关作出的行政处罚决定和其他涉及款项确定的行政行为,《行政诉讼法》赋予了人民法院以有限的变更权,即对明显不当的行政处罚和其他涉及款项确定的行政行为可以变更。行政诉讼法之所以赋予人民法院这种有限的变更权,是为了及时有效化解行政争议,防止重复诉讼。

6. 行政协议判决

关于行政协议判决,《行政诉讼法》第 78 条有一个原则性的规定:被告不依法履行、未按照约定履行或者违法变更、解除本法第 12 条第 1 款第 11 项规定的协议(特许经营协议、土地房屋征收补偿协议等协议)的,人民法院判决被告承担继续履行、采取补救措施或者赔偿损失等责任。被告变更、解除本法

第 12 条第 1 款第 11 项规定的协议合法,但未依法给予补偿的,人民法院判决给予补偿。此外,最高人民法院《关于审理行政协议案件若干问题的规定》对行政协议判决的各种具体规则予以了明确和细化。

七、国家赔偿

(一)西方国家赔偿制度的建立和发展

西方国家赔偿制度一般认为源于法国的布朗戈(Blanco)判例。1873 年某日,法国公民布朗戈先生的女儿被纪龙德省国营烟草公司工人在开翻斗车作业时撞伤,其向普通法院提起诉讼,要求国家赔偿。纪龙德省作为国家代表,就该案提起管辖争议。于是该案被移交权限争议法院审理。权限争议法院经审理对该案作出判决:"因国家在公务中雇用的人员对私人造成损害的事实而加予国家的责任,不应受民法典为调整私人与私人之间关系确立的规则所支配。这种责任既不是通常的责任,也不是绝对的责任,这种责任有其固有的特殊规则(即公法规则),应依公务的需要和调整国家权力与私权利的必要性而变化。"[①]自此,法国国家赔偿责任不适用私法规则而开始适用公法规则,国家赔偿责任构成一种独立的公法赔偿制度。这种制度开始只适用于国家层面的赔偿而不适用于地方政府。20 世纪初,法国最高行政法院将布朗戈判例确立的国家赔偿责任扩大适用于地方政府,确定一切公权力主体的赔偿责任,在法律没有例外规定时,均适用国家赔偿规则,由行政法院管辖。但尽管如此,法国在 20 世纪以前,国家赔偿制度虽然确立,然适用的范围较窄,国家行政行为(特别是警察行为)大多免负赔偿责任。20 世纪以后,法国国家赔偿责任制度有了很大的发展,这表现在四个方面:一是国家赔偿适用的范围越来越大,几乎及于一切行政侵权行为和司法冤狱行为,甚至及于一定范围的立法侵权行为;二是归责原则越来越有利于赔偿请求人,从过错赔偿责任发展到很多事项上实行无过错赔偿责任。特别是警察行为,从免负赔偿责任发展到某些方面亦负危险责任;三是赔偿领域从单纯财产损失赔偿发展到既进行财产损失赔偿又进行精神损害赔偿;四是在国家赔偿和公务员赔偿关系方面从

---

① 应松年、胡建淼主编:《中外行政诉讼案例选评》,中国政法大学出版社 1989 年版,第 317~322 页。

二者分别赔偿发展到二者同时赔偿，且国家赔偿责任越来越大，公务员赔偿仅限于少数情况。因为公务员财力和赔偿能力有限，如其赔偿责任太大，会影响其执行公务的积极性和主动性。[①]

英美的国家赔偿制度远晚于和落后于法国。其国家赔偿制度运行的主要障碍是其早期的"国王不能为非"(The King can do no wrong)的理论和"主权豁免"(Sovereign Immunity)原则。既然"国王不能为非"，国王就不可能有侵权行为，不仅国王自己不能有侵权行为，而且作为其"公仆"的政府部门和政府公职人员也不能有侵权行为，政府部门和政府公职人员如果有侵权行为，那也是他(她)自己的侵权行为，由他(她)自己对被侵权人承担赔偿责任，国王(国家)不负赔偿责任。根据主权豁免原则，国家行为是主权行为，主权行为是豁免赔偿责任的。政府侵权行为的受害者不能以政府作为被告对政府提起诉讼和要求政府进行损害赔偿。这种理论和原则直到 1947 年英国制定《王权诉讼法》以后，才基本终结(并未完全终结)。根据《王权诉讼法》的规定，英王对于侵权行为要和普通人一样，承担赔偿责任。由于英王代表国家利益，因而实行和私人赔偿责任不完全一样的规则。政府公职人员作为英王的"公仆"，其侵权责任代其承担，有的仍要由其个人承担。英王的赔偿责任(国家赔偿)包括下述四项：

1. 对英王的公仆及代理人在执行职务中的侵权行为负赔偿责任。这种责任是英王就中央政府中的行政人员的侵权行为对被侵权人所负的责任。"公仆"的范围根据两个标准确定：其一，是英王所直接或间接任命的人员(包括各部部长)；其二，是由议会拨款或应由议会拨款支付工资的人员。英王对警察和公法人的侵权行为不负责任，因为警察的工资由地方政府支付；公法人的经费不由议会拨款。

2. 违反普通法上雇主对受雇人或代理人的义务的赔偿责任。英王是最大的雇主，其对雇主或代理人应提供安全的工作条件、创造符合卫生条件的工作环境等。否则，造成受雇人或代理人损失，即应负赔偿责任。

3. 作为财产所有人和占有人对其财产造成对他人的损害负赔偿责任。

4. 违反法定义务的责任。英王对其"公仆"违反制定法上的义务导致的

---

① 参见王名扬：《法国行政法》，中国政法大学出版社 1989 年版，第 686~692 页。

侵权赔偿责任,但此有三点限制:一是有明确的法律明示或默示的规定;二是地方政府、公法人和其他人也受相应法律的拘束;三是地方政府、公法人和其他人违反此种义务也要负赔偿责任。①

美国早期的法律制度(包括国家赔偿制度)深受英国普通法(Common Law)的影响,由于主权豁免原则的限制,政府不能作为被告。行政相对人对政府行为不服,不能控告政府。政府及其公务员的行为造成了对行政相对人的损害,相对人不能向法院起诉,要求政府进行损害赔偿。只有在公务员恶意侵犯相对人权益,造成相对人严重损失的情况下,相对人才对公务员个人提起诉讼,要求公务员个人承担侵权赔偿责任。这种制度在当时就已经暴露出了它的弊端:既不利于保障行政相对人的合法权益,又不利于监督政府依法行政,还不利于鼓励公务员积极执行公务促进行政管理。但这种制度在当时并没有引起很大的社会不满和导致普遍的社会批评,改革的呼声并不很强烈。因为当时的行政权相对来说并不是很强大,政府对社会经济和行政相对人活动的干预并不太多,政府的职能主要限于保障国家安全、维持社会秩序和收税等。政府与行政相对人发生关系的领域并不广泛。到 19 世纪末 20 世纪初,由于资本主义经济的迅速发展,社会关系较前大为复杂,各种社会问题、社会矛盾大量出现。为了调节各种新出现的社会关系,解决各种新出现的社会矛盾和社会问题,政府开始对社会经济活动和相对人的相应行为进行广泛的干预,从而政府职能较前大为增加,行政权大为扩张。与此相适应,行政机构也比过去大为膨胀。这时,行政权侵犯相对人权益的现象越来越多,社会矛盾越来越激烈。从而,建立国家赔偿制度的呼声越来越高。到 1946 年,美国制定了《联邦行政程序法》,该法规定:“因行政行为致使其法定权利受到侵害的人,或受到有关法律规定之行政行为的不利影响或损害的人,均有权诉诸司法审查……法院不得以此诉讼是以美利坚合众国为被告为理由,也不得以合众国是不可替代的当事人为理由不予受理或拒绝予以救济。”②从而初步否定了主权豁免原则。同年,美国国会又通过《联邦侵权赔偿法》。该法规定:“凡联

---

① 参见王名扬:《英国行政法》,中国政法大学出版社 1987 年版,第 241~243 页。

② 美国《联邦行政程序法》第 702 条。转引自行政立法研究组编译:《外国国家赔偿、行政程序、行政诉讼法规汇编》,中国政法大学出版社 1994 年版,第 120 页。

邦政府之任何人员于其职权范围之内因过失、不法行为或不作为，致人民财产上之损害或损失，或人身上之伤害或死亡，受害人可以以美国政府为被告，向联邦法院起诉，请求损害赔偿。”①这些规定即在法律上很大程度地扫除了主权豁免原则对建立国家赔偿制度的障碍。当然，1946年《联邦侵权赔偿法》仍然包括了大量的例外，在实际上仍一定程度地保留了主权豁免原则。直至20世纪60年代以后，法律才逐步取消了《联邦侵权赔偿法》规定的大部分例外，从而扩大了美国国家赔偿的范围。尽管如此，美国国家赔偿制度至现在也仍然落后于法国等欧洲国家。

(二)我国国家赔偿制度的建立和发展

我国国家赔偿制度建立较晚，自20世纪50年代以来，我国对于因政府违法或不当行为侵害，造成其人身或财产损害的公民一直实行一种政策性补偿制度。这种制度在不同的历史时期对于受害人虽然也起了积极的救济作用，但是其不足之处在于政策变化多，弹性大，标准不一，从而实行起来有失公正，导致很多应该得到救济的受害人得不到救济；同样的受害人有的能得到多种且较优厚的救济，有的却只能得到很微薄的救济或根本得不到救济。由于没有统一的救济标准，这种制度还可能导致执行政策的机关和工作人员的腐败。由于存在这些弊端，更由于20世纪90年代以来市场经济体制和“民告官”制度的推动，通过立法规范国家侵权责任，建立国家赔偿制度的呼声越来越高。正是在这种背景下，1989年第七届全国人大第二次会议通过的《行政诉讼法》专设“侵权赔偿责任”一章，规定“公民、法人或者其他组织的合法权益受到行政机关或者行政机关工作人员作出的具体行政行为侵犯造成损害的，有权请求赔偿。公民、法人或者其他组织单独就损害赔偿提出请求，应当先由行政机关解决。对行政机关的处理不服，可以向人民法院提起诉讼。”②“行政机关或者行政机关工作人员作出的具体行政行为侵犯公民、法人或者其他组织的合法权益造成损害的，由该行政机关或者该行政机关工作人员所在的行政机关负责赔偿。行政机关赔偿损失后，应当责令有故意或者重大过

① 美国《联邦侵权求偿法》第2675条。转引自行政立法研究组编译：《外国国家赔偿、行政程序、行政诉讼法规汇编》，中国政法大学出版社1994年版，第7页。

② 1989年第七届全国人大第二次会议通过的《行政诉讼法》第67条。

失的行政机关工作人员承担部分或者全部赔偿费用。”[①] 1994 年第八届全国人大常委会第七次会议则正式通过了专门的《国家赔偿法》。该法同时规定了行政赔偿和刑事赔偿(冤狱赔偿)两种国家赔偿制度。根据该法,公民不仅可以对行政机关及其工作人员的行政侵权行为造成的损害请求国家赔偿,而且可对司法机关及其工作人员在行使侦查、检察、审判、监狱管理职权时实施的侵权行为所造成的损害请求国家赔偿。2010 年第十一届全国人大常委会第十四次会议对《国家赔偿法》进行了重要修改,适当扩大了国家赔偿的范围(如精神损害赔偿),确立了刑事赔偿的结果责任归责原则,废除了刑事赔偿请求人请求赔偿必须先由赔偿义务机关确认其行为违法的极不合理的程序等,使我国国家赔偿制度开始逐步走向现代法治的道路。

(三)我国现行国家赔偿制度的主要内容

1. 国家赔偿请求人和赔偿义务机关

我国《国家赔偿法》第 6 条和第 20 条对赔偿请求人作出了明确规定,包括下述三类:其一,受害的公民、法人和其他组织;其二,受害的公民死亡,则为其继承人和其他有抚养关系的亲属;其三,受害的法人或者其他组织终止的,则为其权利承受人。

《国家赔偿法》第 7 条和第 8 条规定了国家赔偿中行政赔偿的义务机关,包括下述六种情形:其一,行政机关及其工作人员行使行政职权侵犯公民、法人和其他组织的合法权益造成损害的,该行政机关为赔偿义务机关。其二,两个以上行政机关共同行使行政职权时侵犯公民、法人和其他组织的合法权益造成损害的,共同行使行政职权的行政机关为共同赔偿义务机关。其三,法律、法规授权的组织在行使授予的行政权力时侵犯公民、法人和其他组织的合法权益造成损害的,被授权组织为赔偿义务机关。其四,受行政机关委托的组织或个人在行使受委托的行政权力时侵犯公民、法人和其他组织的合法权益造成损害的,委托的行政机关为赔偿义务机关。其五,赔偿义务机关被撤销的,继续行使其职权的行政机关为赔偿义务机关;没有继续行使其职权的行政机关的,撤销该赔偿义务机关的行政机关为赔偿义务机关。其六,经复议机关复议的,最初造成侵权行为的行政机关为赔偿义务机关,但复议机关的复

① 1989 年第七届全国人大第二次会议通过的《行政诉讼法》第 68 条。

议决定加重损害的,复议机关对加重的部分履行赔偿义务。

《国家赔偿法》第 21 条规定了国家赔偿中刑事赔偿的义务机关,包括下述五种情形:其一,行使侦查、检察、审判职权的机关以及看守所、监狱管理机关及其工作人员在行使职权时侵犯公民、法人和其他组织的合法权益造成损害的,该机关为赔偿义务机关。其二,对公民采取拘留措施,依法应当给予国家赔偿的,作出拘留决定的机关为赔偿义务机关。其三,对公民采取逮捕措施后决定撤销案件、不起诉或者判决宣告无罪的,作出逮捕决定的机关为赔偿义务机关。其四,再审改判无罪的,作出原生效判决的人民法院为赔偿义务机关。其五,二审改判无罪,以及二审发回重审后作无罪处理的,作出一审有罪判决的人民法院为赔偿义务机关。

2. 国家赔偿范围

国家赔偿范围分为行政赔偿的范围和刑事赔偿的范围。这两个范围是很不相同的,故分别规定。关于行政赔偿的范围,《国家赔偿法》第 3 条和第 4 条分别规定了行政机关及其工作人员应予赔偿的侵犯人身权的行政侵权行为情形和侵犯财产权的行政侵权行为情形。前者包括五种情形:其一,违法拘留或者违法采取限制公民人身自由的行政强制措施的;其二,非法拘禁或者以其他方法非法剥夺公民人身自由的;其三,以殴打、虐待等行为或者唆使、放纵他人以殴打、虐待等行为造成公民身体伤害或者死亡的;其四,违法使用武器、警械造成公民身体伤害或者死亡的;其五,造成公民身体伤害或者死亡的其他违法行为。之所以在列举相应侵权行为后另规定“其他违法行为”,是因为现实生活非常复杂,对未来可能发生的行政侵权行为,立法时不可能预料。故立法者使用“其他违法行为”一词,旨在赋予行政救济机关根据新的情况,对今后相对人可能受到的不法侵害给予救济的自由裁量权。后者(侵犯财产权)的情形有四:其一,违法实施罚款、吊销许可证和执照、责令停产停业,没收财物等行政处罚的;其二,违法对财产采取查封、扣押、冻结等行政强制措施的;其三,违反国家规定征收财物、摊派费用的;其四,造成财产损害的其他违法行为。此外,《国家赔偿法》第 5 条还规定了三种国家免责(国家不承担赔偿责任)的情形:其一,行政机关工作人员与行使职权无关的个人行为;其二,因公民、法人和其他组织自己的行为致使损害发生的;其三,法律规定的其他情形。

关于刑事赔偿的范围,《国家赔偿法》第 17 条和第 18 条规定了两类七种情形。第一类是行使侦查、检察、审判职权的机关以及看守所、监狱管理机关及其工作人员行使职权时侵犯人身权应予赔偿的情形，共五种：其一，违反刑事诉讼法的规定对公民采取拘留措施的，或者依照刑事诉讼法规定的条件和程序对公民采取拘留措施，但是拘留时间超过刑事诉讼法规定的时限，其后决定撤销案件、不起诉或者判决宣告无罪终止追究刑事责任的；其二，对公民采取逮捕措施后，决定撤销案件、不起诉或者判决宣告无罪终止追究刑事责任的；其三，依照审判监督程序再审改判无罪，原判刑罚已经执行的；其四，刑讯逼供或者以殴打、虐待等行为或者唆使、放纵他人以殴打、虐待等行为造成公民身体伤害或者死亡的；其五，违法使用武器、警械造成公民身体伤害或者死亡的。第二类是行使侦查、检察、审判职权的机关以及看守所、监狱管理机关及其工作人员在行使职权时侵犯财产权应予赔偿的情形，共两种：其一，违法对财产采取查封、扣押、冻结、追缴等措施的；其二，依照审判监督程序再审改判无罪，原判罚金、没收财产已经执行的。此外，《国家赔偿法》第 19 条还规定了六种国家免责（不承担赔偿偿责任）的情形：其一，因公民自己故意作虚伪供述，或者伪造其他有罪证据被羁押或者被判处刑罚的；其二，依照《刑法》第 17 条、第 18 条规定不负刑事责任的人被羁押的[①]；其三，依照《刑事诉讼法》第 16 条、第 177 条第 2 款、第 279 条第 2 款、第 290 条规定不追究刑事责任的人被羁押的；[②]其四，行使侦查、检察、审判职权的机关以及看守所、监狱管理机关的工作人员与行使职权无关的个人行为；其五，因公民自伤、自残等故意行为致使损害发生的；其六，法律规定的其他情形。

3. 国家赔偿的方式和计算标准。《国家赔偿法》确定的赔偿方式的基本

---

① 《刑法》第 17 条规定，不满 16 周岁的人犯罪（故意杀人等恶性犯罪除外）不予刑事处罚；《刑法》第 18 条规定，精神病人在不能辨认或者不能控制自己行为的时候造成危害结果，经法医程序鉴定确认的，不负刑事责任。

② 《刑事诉讼法》第 16 条规定：有下列情形之一的，不追究刑事责任，已经追究的，应当撤销案件，或者不起诉，或者终止审理，或者宣告无罪：（1）情节显著轻微、危害不大，不认为是犯罪的；（2）犯罪已过追诉时效期限的；（3）经特赦令免除刑罚的；（4）依照刑法告诉才处理的犯罪，没有告诉或者撤回告诉的；（5）犯罪嫌疑人、被告人死亡的；（6）其他法律规定免予追究刑事责任的。《刑事诉讼法》第 177 条第 2 款规定：对于犯罪情节轻微，依照刑法规定不需要判处刑罚或者免除刑罚的，人民检察院可以作出不起诉决定。《刑事诉讼法》第 284 条第 2 款规定，被附条件不起诉的未成年犯罪嫌疑人，在考验期内没有上述情形，考验期满的，人民检察院应当作出不起诉决定。《刑事诉讼法》第 290 条规定：……对于犯罪情节轻微，不需要判处刑罚的，可以作出不起诉决定。

规则主要有五:[①]其一,国家赔偿以支付赔偿金为主要方式;其二,能够返还财产或者恢复原状的,予以返还财产或者恢复原状;其三,应当返还的财产损坏的,能够恢复原状的恢复原状,不能恢复原状的,按照损害程度给付相应的赔偿金;其四,应当返还的财产灭失的,给付相应赔偿金;其五,财产已经拍卖或者变卖的,给付拍卖或者变卖所得的价款;变卖的价款明显低于财产价值的,应当支付相应的赔偿金。

关于国家赔偿的计算标准,《国家赔偿法》分别规定了四类标准:第一类是侵犯公民人身自由的赔偿计算标准;第二类是侵犯公民生命健康权的赔偿计算标准;第三类是精神损害赔偿计算标准;第四类是侵犯公民、法人和其他组织财产权的赔偿计算标准。

《国家赔偿法》第 33 条规定了侵犯公民人身自由的赔偿计算标准:侵犯公民人身自由的,每日赔偿金按照国家上年度职工日平均工资计算。例如,2016 年 5 月 13 日,海南省高级人民法院与宣布无罪释放的陈某就国家赔偿问题达成赔偿协议,向陈某支付国家赔偿金 275 万元。其中精神损害抚慰金 90 万元,人身自由赔偿金 185 万余元,其计算公式是:2015 年度职工日平均工资 219.72 元×8437 天(陈某从被捕到无罪释放,一共经历 23 年,合计失去了人身自由 8437 天)= 1,853,777.64 元。

《国家赔偿法》第 34 条规定了侵犯公民生命健康权的赔偿计算标准。此分为三种类别:一是造成公民身体伤害的赔偿标准;二是造成公民部分或者全部丧失劳动能力的赔偿标准;三是造成公民死亡的赔偿标准。造成公民身体伤害的赔偿标准是:支付医疗费、护理费;赔偿因误工减少的收入。减少的收入每日的赔偿金按照国家上年度职工日平均工资计算,最高额为国家上年度职工年平均工资的 5 倍;造成公民部分或者全部丧失劳动能力的赔偿标准是:支付医疗费、护理费、残疾生活辅助具费、康复费等因残疾而增加的必要支出和继续治疗所必需的费用,以及残疾赔偿金。残疾赔偿金根据丧失劳动能力的程度,按照国家规定的伤残等级确定,最高不超过国家上年度职工年平均工资的 20 倍。造成全部丧失劳动能力的,对其扶养的无劳动能力的人,还应当支付生活费;造成公民死亡的赔偿标准是:支付死亡赔偿金、丧葬费,总额为国

---

① 参见《国家赔偿法》第 32 条、第 36 条第 4~6 项。

家上年度职工年平均工资的20倍。对死者生前扶养的无劳动能力的人，还应当支付生活费。在《国家赔偿法》规定的上述三种类别的侵犯公民生命健康权的赔偿计算标准中，第二、三类别的生活费发放标准参照当地最低生活保障标准执行。被扶养的人是未成年人的，生活费给付至18周岁止；其他无劳动能力的人，生活费给付至死亡时止。

《国家赔偿法》第35条对精神损害赔偿计算标准没有明确具体的规定，仅确定了精神损害赔偿的前提条件：有本法第3条或者第17条规定情形（侵权行为造成了公民人身权损害的情形）之一，致公民精神损害的，在侵权行为影响的范围内，为受害人消除影响，恢复名誉，赔礼道歉；造成严重后果的，支付相应的精神损害抚慰金。至于精神损害抚慰金的标准，则通过司法实践逐步由具体案例或司法解释确定。

《国家赔偿法》第36条规定，侵犯公民、法人和其他组织财产权的赔偿标准按下列方式计算：其一，处罚款、罚金、追缴、没收财产或者违法征收、征用财产的，返还财产；其二，查封、扣押、冻结财产的，解除对财产的查封、扣押、冻结，造成财产损坏的，能够恢复原状的恢复原状，不能恢复原状的，按照损害程度给付相应的赔偿金；造成财产灭失的，给付相应的赔偿金；其三，应当返还的财产损坏的，能够恢复原状的恢复原状，不能恢复原状的，按照损害程度给付相应的赔偿金；其四，应当返还的财产灭失的，给付相应的赔偿金；其五，财产已经拍卖或者变卖的，给付拍卖或者变卖所得的价款；变卖的价款明显低于财产价值的，应当支付相应的赔偿金；其六，吊销许可证和执照、责令停产停业的，赔偿停产停业期间必要的经常性费用开支；其七，返还执行的罚款或者罚金、追缴或者没收的金钱，解除冻结的存款或者汇款的，应当支付银行同期存款利息；其八，对财产权造成其他损害的，按照直接损失给予赔偿。

（四）外国国家赔偿的一般标准

外国关于国家赔偿标准的规定，凡制定了国家赔偿法的，多在国家赔偿法中予以直接规定；没有制定国家赔偿法的国家，则多依民法规定或通过判例确定。关于财产损害的赔偿，许多国家规定赔偿全部实际损失，有的还规定另加利息；对于可得利益的赔偿，一般均予以确认，但多有条件或时间的限制。可赔偿的损失必须是很有可能得到的利益，而不是仅有很小可能得到的利益，必须是较近的时间内能获得的利益，而不是遥远的将来才能得到的利益等。关于精神损害的赔偿,各国多适用民事赔偿的原则。关于人身损害赔偿,各国多在国家赔偿法中规定特别的标准。例如,韩国《国家赔偿法》规定,人身损害赔偿适用下述标准:(1)予以必要的疗养和赔偿相应的疗养费。(2)在疗养治疗期间补给50%的月薪或月实际收入或月平均工资。(3)对被伤害致残者依残废等级,赔偿当时月薪或月实际收入或月平均工资乘以相应残废等级的法定月数或法定天数(如一级残废的法定赔偿月数为40个月,法定赔偿天数为1200日;九级残废的法定赔偿月数为6个半月,法定赔偿天数为200日)的赔偿金。(4)对被伤害致死者,向其遗属赔偿丧葬费以及12—16个月死者当时的月薪或月实际收入,或者360—700日死者当时的日平均工资。(5)对于被害人的直系尊亲属、直系卑亲属及配偶,斟酌被害人之社会地位、损失程度及遗属生活状况或遗属赔偿金数额,赔偿一定数额的抚恤金。①

对于某一领域或某种特定的损害,有些国家还规定一个最高赔偿限额,被害人各项损害赔偿之和不得超过该最高限额。这种最高赔偿限额不是由国家赔偿法规定,而是由特别法规定。美国有关国家赔偿的特别法有50多个,其中少数几个有最高赔偿限额的规定。例如,关于核能利用事故赔偿的特别法即有最高限额的规定。

---

① 参见韩国《国家赔偿法》第3条。转引自行政立法研究组编译:《外国国家赔偿、行政程序、行政诉讼法规汇编》,中国政法大学出版社1994年版,第90~91页。

主要参考文献

1.《邓小平文选》(第3卷),人民出版社1993年版。

2.《马克思恩格斯选集》(第3卷、第4卷),人民出版社2012年版。

3.《毛泽东选集》(第4卷),人民出版社1991年版。

4.《习近平谈治国理政》,外文出版社2014年版。

5. 柏桦:《中国政治制度史》,中国人民大学出版社2011年版。

6. 陈光中主编:《刑事诉讼法》(第4版),北京大学出版社、高等教育出版社2012年版。

7. 陈兴良:《刑法哲学》(第6版),中国人民大学出版社2017年版。

8. 陈业宏、唐鸣:《中外司法制度比较》,商务印书馆2000年版。

9. 高铭暄、马克昌主编:《刑法学》(第4版),北京大学出版社、高等教育出版社2010年版。

10. 龚祥瑞:《比较宪法与行政法》,法律出版社2003年版。

11. 龚祥瑞、罗豪才、吴撷英:《西方国家的司法制度》,北京大学出版社1980年版。

12. 谷春德主编:《西方法律思想史》,中国人民大学出版社2004年版。

13. 郭沫若:《中国史稿》(第1册),人民出版社1976年版。

14. 何勤华主编:《法律文明史(第13卷):现代公法的变革》,商务印书馆2017年版。

15. 江伟主编:《民事诉讼法》,北京大学出版社2012年版。

16. 姜明安主编:《行政法与行政诉讼法》(第7版),北京大学出版社、高等教育出版社2019年版。

17. 梁西:《国际组织法(总论)》(第5版),武汉大学出版社2001年版。

18. 刘小冰等:《软法原理与中国宪政》,东南大学出版社 2010 年版。

19. 罗豪才、宋功德:《软法亦法》,法律出版社 2009 年版。

20. 罗豪才等:《软法与公共治理》,北京大学出版社 2006 年版。

21. 马克思:《摩尔根〈古代社会〉一书摘要》,人民出版社 1965 年版。

22. 莫于川:《行政指导论纲:非权力行政方式及其法治问题研究》,重庆大学出版社 1999 年版。

23. 秦晖:《政府与企业以外的现代化——中西公益事业史比较研究》,浙江人民出版社 1999 年版。

24. 任进:《政府组织与非政府组织》,山东人民出版社 2003 年版。

25. 萨孟武:《政治学与比较宪法》,商务印书馆 2013 年版。

26. 邵津主编:《国际法》(第 4 版),北京大学出版社、高等教育出版社 2011 年版。

27. 王建芹:《第三种力量》,中国政法大学出版社 2003 年版。

28. 王名扬:《法国行政法》,中国政法大学出版社 1989 年版。

29. 王名扬:《英国行政法》,中国政法大学出版社 1987 年版。

30. 王世杰、钱端升:《比较宪法》,中国政法大学出版社 1997 年版。

31. 吴庚:《行政争讼法论》,台北,三民书局 1999 年版。

32. 肖蔚云等:《宪法学概论》,北京大学出版社 2002 年版。

33. 肖永清主编:《中国法制史简编》,山西人民出版社 1981 年版。

34. 杨鸿年、欧阳鑫:《中国政制史》,安徽教育出版社 1989 年版。

35. 应松年、胡建淼主编:《中外行政诉讼案例选评》,中国政法大学出版社 1989 年版。

36. 曾宪义主编:《中国法制史》(第 2 版),北京大学出版社、高等教育出版社 2009 年版。

37. 张光直:《中国青铜时代》,生活・读书・新知三联书店 1999 年版。

38. 张晋藩:《中国法制史》(第 2 版),高等教育出版社 2007 年版。

39. 张文显:《法哲学范畴研究》,中国政法大学出版社 2001 年版。

40. 张文显等:《法理学》,人民出版社、高等教育出版社 2010 年版。

41. 周鲠生:《国际法》(上册),商务印书馆 1976 年版。

42. 周叶中主编:《宪法》(第 3 版),高等教育出版社 2011 年版。

43. 周一良、吴于廑:《世界通史》(上古部分),人民出版社 1973 年版。

44. [古希腊]柏拉图:《理想国》,郭斌和、张竹明译,商务印书馆 2012 年版。

45. [古希腊]亚里士多德:《政治学》,吴寿彭译,商务印书馆 1996 年版。

46. [古希腊]亚里士多德:《雅典政制》,日知、力野译,商务印书馆 1999 年版。

47. [英]霍布斯:《利维坦》,黎思复、蔡廷弼译,商务印书馆 1997 年版。

48. [英]约翰·洛克:《政府论两篇》,赵伯英译,陕西人民出版社 2004 年版。

49. [法]让·雅克·卢梭:《卢梭文集 1:论人类不平等的起源与基础》,李常山译,红旗出版社 1997 年版。

50. [法]让·雅克·卢梭:《卢梭文集 2:社会契约论》,何兆武译,红旗出版社 1997 年版。

51. [法]孟德斯鸠:《论法的精神》,张雁深译,商务印书馆 2006 年版。

52. [法]莱昂·狄骥:《公法的变迁·法律与国家》,郑戈、冷静译,辽海出版社、春风文艺出版社 1999 年版。

53. [法]莱昂·狄骥:《宪法学教程》,王文利等译,辽海出版社、春风文艺出版社 1999 年版。

54. [英]沃尔特·白芝浩:《英国宪法》,夏彦才译,商务印书馆 2005 年版。

55. [英]戴雪:《英宪精义》,雷宾南译,中国法制出版社 2017 年版。

56. [日]美浓部达吉:《公法与私法》,黄冯明译,中国政法大学出版社 2003 年版。

57. [日]美浓部达吉:《宪法学原理》,欧宗祐等译,中国政法大学出版社 2003 年版。

58. [美]斯科特·戈登:《控制国家——西方宪政的历史》,应奇等译,江苏人民出版社 2001 年版。

59. [英]卡罗尔·哈洛、理查德·罗林斯:《法律与行政》,杨伟东等译,商务印书馆 2004 年版。

60. [英]马丁·洛克林:《公法与政治理论》,郑戈译,商务印书馆 2002 年版。

61. [美]罗纳德·德沃金:《认真对待权利》,信春鹰、吴玉章译,中国大百科全书出版社 1998 年版。

62. [英]A. J. M. 米尔恩:《人的权利与人的多样性——人权哲学》,夏勇、张志铭译,中国大百科全书出版社 1995 年版。

63. [美]路易斯·亨金、阿尔伯持·J. 罗森塔尔编:《宪政与权利》,郑戈等译,生活·读书·新知三联书店 1996 年版。

64. [法]让-马克·夸克:《合法性与政治》(第 2 版),佟心平、王远飞译,中央编译出版社 2008 年版。

65. [加]大卫·戴岑豪斯:《合法性与正当性》,刘毅译,商务印书馆 2013 年版。

66. [美]斯科特·夏皮罗:《合法性》,郑玉双、刘叶深译,中国法制出版社 2016 年版。

67. [美]阿兰·S. 罗森鲍姆编:《宪政的哲学之维》,郑戈、刘茂林译,生活·读书·新知三联书店 2001 年版。

68. [法]托克维尔:《论美国的民主》(上卷),董果良译,商务印书馆 1996 年版。

69. [英]汤姆·宾汉姆:《法治》,毛国权译,中国政法大学出版社 2012 年版。

70. [德]齐佩利乌斯:《德国国家学》,赵宏译,法律出版社 2011 年版。

71. [德]奥托·迈耶:《德国行政法》,刘飞译,商务印书馆 2002 年版。

72. [美]古德诺:《比较行政法》,白作霖译,中国政法大学出版社 2006 年版。

73. [爱尔兰]J. M. 凯利:《西方法律思想简史》,王笑红译,法律出版社 2002 年版。

74. [德]马克斯·韦伯著、韩水法编:《韦伯文集》,中国广播电视出版社 2000 年版。

75. [英]弗里德利希·冯·哈耶克:《法律、立法与自由》,邓正来等译,中国大百科全书出版社 2000 年版。

76. [英]哈特:《法律的概念》,张文显等译,中国大百科全书出版社 1996 年版。

77. [英]登特列夫:《自然法:法律哲学导论》,李日章等译,台北,联经出版公司1996年版。

78. [美]本杰明·内森·卡多佐:《法律的生长》,刘培峰、刘晓军译,贵州人民出版社2003年版。

79. [瑞典]本特·维斯兰德尔:《瑞典的议会监察专员》,程洁译,清华大学出版社2001年版。

80. [英]A. W. 布拉德利、K. D. 尤因:《宪法与行政法》(上册),程洁译,商务印书馆2008年版。

81. [英]安东尼·奥格斯:《规制:法律形式与经济学理论》,骆梅英译,中国人民大学出版社2008年版。

82. [美]欧内斯特·盖尔霍恩、罗纳德·M. 利文:《行政法和行政程序概要》,黄列译,中国社会科学出版社1996年版。

83. [新西兰]迈克尔·塔格特:《行政法的范围》,金自宁译,中国人民大学出版社2006年版。

84. [英]威廉·韦德、克里斯托弗·福赛:《行政法》(第10版),骆梅英等译,中国人民大学出版社2018年版。

85. [德]哈特穆特·毛雷尔:《行政法学总论》,高家伟译,法律出版社2000年版。

86. [德]汉斯·J. 沃尔夫、奥托·巴霍夫、罗尔夫·施托贝尔:《行政法》(第二卷),高家伟译,商务印书馆2002年版。

87. [日]盐野宏:《行政法总论》,杨建顺译,北京大学出版社2008年版。

88. [法]古斯塔夫·佩泽尔:《法国行政法》(第19版),廖坤明、周洁译,国家行政学院出版社2002年版。

89. [韩]金东熙:《行政法Ⅰ》,赵峰译,中国人民大学出版社2008年版。

90. [美]丹尼斯·C. 缪勒:《公共选择理论》,杨春学等译,中国社会科学出版社1999年版。

91. [日]大桥洋一:《行政法学的结构性变革》,吕艳滨译,中国人民大学出版社2008年版。

92. [美]肯尼斯·F. 沃伦:《政治体制中的行政法》,王丛虎等译,中国人民大学出版社2005年版。

93. [德]柯武刚、史漫飞:《制度经济学:社会秩序与公共政策》,韩朝华译,商务印书馆2000年版。

图书在版编目(CIP)数据

宏观公法学导论 / 姜明安著. -- 北京 : 法律出版社, 2021
(姜明安公法著作系列丛书)
ISBN 978-7-5197-5665-9

Ⅰ. ①宏… Ⅱ. ①姜… Ⅲ. ①公法-法的理论-研究 Ⅳ. ①D90

中国版本图书馆 CIP 数据核字(2021)第 102197 号

宏观公法学导论
HONGGUAN GONGFAXUE DAOLUN

姜明安 著

策划编辑 朱 峰
责任编辑 朱 峰 李缙漪
装帧设计 贾丹丹

出版发行 法律出版社
编辑统筹 辞书·融出版编辑部
责任校对 晁明慧 王 皓
责任印制 张建伟
经 销 新华书店

开本 710 毫米×1000 毫米 1/16
印张 24.75 **字数** 375 千
版本 2021 年 6 月第 1 版
印次 2021 年 6 月第 1 次印刷
印刷 中煤(北京)印务有限公司

地址:北京市丰台区莲花池西里 7 号(100073)
网址:www.lawpress.com.cn
投稿邮箱:info@lawpress.com.cn
举报盗版邮箱:jbwq@lawpress.com.cn
销售电话:010-83938349
客服电话:010-83938350
咨询电话:010-63939796

书号:ISBN 978-7-5197-5665-9
定价:128.00 元
凡购买本社图书,如有印装错误,我社负责退换。电话:010-83938349